KB170433

미국 외교의 거대한 환상

자유주의적 패권 정책에 대한 공격적 현실주의의 비판

■ ■ ■ ■ ■ ■ ■

미국의 한국에 대한 개입은 양극적 냉전 초기에 시작되었으며,

미국이 유일 패권국이던 시기에도 변함없이 지속되었고,

다가오는 다극적 세계에서도 변하지 않을 것이다.

존 J. 미어샤이머

■ ■ ■ ■ ■ ■ ■

JOHN J. MEARSHEIMER

미국 외교의 거대한 환상

자유주의적 패권 정책에 대한 공격적 현실주의의 비판

The Great Delusion

존 J. 미어샤이머 지음 | 이춘근 옮김

김앤김북스

The Great Delusion

Copyright © 2018 by John Mearsheimer
Originally published by Yale University Press

Korean translation copyright © 2020 by KIM & KIM BOOKS
Korean edition is published by arrangement with Yale Representation Limited
Through DuranKimAgency.
All rights reserved.

이 책의 한국어판 저작권은 DuranKimAgency를 통해
Yale Representation Limited와 독점계약한 김앤김북스에 있습니다.
저작권법에 의해 한국 내에서 보호를 받는 저작물이므로
무단전재와 복제를 금합니다.

미국 외교의 거대한 환상
자유주의적 패권 정책에 대한 공격적 현실주의의 비판

초판 1쇄 발행 2020년 12월 30일
　　2쇄 발행 2021년 9월 20일

지은이 존 J. 미어샤이머
옮긴이 이춘근
펴낸이 김건수
디자인 이재호 디자인
펴낸곳 김앤김북스

출판등록 2001년 2월 9일(제12−302호)
주소 서울시 마포구 월드컵로42길 40, 326호
전화 (02) 773−5133 I 팩스 (02) 773−5134
E−mail apprro@naver.com
ISBN 978−89−89566−81−6 (03340)

T h e   G r e a t   D e l u s i o n

한국은 비극적인 역사를 가진 나라다. 한국의 불행은 주로 지정학적 위치에서 유래했다. 한국은 한국보다 크고 강한 세 나라—중국, 일본, 러시아—에 이웃해 있으며, 이들의 침략 앞에 위험한 상태로 놓여 있다. 실제로 한국은 1910년부터 1945년에 이르는 기간 동안, 일본의 합병으로 인해 지도에서 사라져버린 적도 있었다. 제2차 세계대전에서 일본이 완전히 패망한 이후 소련과 미국은 한반도를 반씩 나누었으며, 이로 인해 남한과 북한은 처절한 라이벌이 되었을 뿐만 아니라 냉전의 최전선에 놓인 중요한 두 나라가 되었다.

1950년 6월 북한이 남한을 침략했으며, 김일성의 독재적 통치 하에 한반도를 통일시킬 수 있는 전격 전쟁에 거의 승리할 뻔하기도 했다. 그러나 미국이 이 전쟁에 개입했고 북한군을 38도선 이북으로 몰아냈다. 냉전 기간 내내 미군은 한국에 주둔하고 있으면서 북한이 다시 통일을 위한 침략 전쟁을 벌이지 못하도록 했다.

냉전이 종식된 후, 국제체제는 단극체제가 되었고, 이로 인해 미국이 동아시아 주둔 미군을 미국 본토로 철수시킬 가능성이 제기되었다. 아시아에는 미군의 주둔을 정당화하는 경쟁 관계에 있는 강대국이 없었다. 결국 세계는 일극체제가 되었고 이는 미국이 지구 상의 유일 초강대국이 되었음을 의미했다. 또한 중국, 일본 혹은 러시아가 한국을 침략 공격할 위험성도 별로 없었고, 더 나아가 한국은 북한의 공격을 방어할 수 있는 능력을 갖추고 있었다. 그러나 미국은 한국에 그리고 더 일반적으로 말하자면 동아시아 지역에 미군을 계속 주둔시켰다.

2016년 무렵, 세계는 중국의 부상 그리고 블라디미르 푸틴이 통치하는 러시아의 국력 재건을 통해 다극체제로 변하고 말았다. 실제로 만약 중국이 앞으로 수십 년 동안도 과거와 같은 놀라운 발전을 지속하게 된다면 중국은 대단히 막강한 나라가 될 것이며, 아시아의 지역 패권국이 되겠다고 위협할 수 있을 것이다. 이 같은 상황은 한국에게는 재앙적인 상황이 될 것인데, 왜냐하면 중국은 한국 국민 거의 모두가 도저히 용납할 수 없을 정도로 한국의 정치에 개입하기 위해 자신의 힘을 휘두를 것이며, 반면 한국은 그에 도전할 만한 능력이 없기 때문이다.

오랜 세월 동안 서반구에서 지역 패권국이었던 미국은 중국이 아시아의 지역 패권국이 되는 것을 막기 위해 온갖 노력을 펼치게 될 것이다. 간단하게 말하자면, 미국은 미국과 맞먹는 경쟁자의 존재를 용납할 수 없는데, 이는 20세기 세계 역사를 통해 보여졌던 일들이다. 미국은 독일 제국, 나치 독일, 그리고 소련이 유럽을 지배하는 것을 막는 데 핵심적인 역할을 담당했고, 일본 제국과 소련이 아시아 지역을 장악하는 것을 막았다. 실제로 미국은 패권의 야망을 가졌던 이 4개의 강대국 모두를 격파하는 데 핵심적인 역할을 담당했다. 그렇기 때문에, 적어도 예측 가능한 미래에 미국의 정책결정자들이 중국 (그리고 북한)으로부터 한국을 보호하는 데 깊이 개입할 것은 분명하다. 요약하자면, 이미 70년 가까이 지속된 한국 방어에 대한 미국의 약속은 앞으로도 끝날 전망이 보이지 않는다.

이처럼 끈질기고 깊은 한국과 미국의 동맹관계를 고려해 볼 때, 한국인들로서는 미국 외교정책의 동기가 무엇인지를 이해할 필요가 있다. 특히 전 지구적 세력균형이 크게 변화했음에도 불구하고, 왜 미국이 한국에 대규모의 군사력을 지속적으로 유지하려고 하는지를 이해하는 것이 중요하다. 미국의 한국에 대한 개입(commitment)은 양극적 냉전 초기에 시작되었으며, 미국이 유일 패권국이던 시기에도 변함없이 지속되었고, 다가오는 다극적 세계에서도 변하지 않을 것 같다는 점을 기억하자. 한국에 미군이 계속 주둔하도록 하는 힘을 어떻게 설명할 것인가?

나는 미국의 대 한반도 정책, 보다 일반적으로 미국의 대 동아시아 정책을 이끄는 원동력이 무엇인지를 이해하는 데 도움이 될 수 있는 2권의 책을 저술했다. 한국어로도 번역된 『강대국 국제정치의 비극』은 냉전 시대 동안 미국의 정책결정자들이 왜 한국의 안보에 그토록 신경을 썼는지, 또한 다가오는 다극체제에서도 미국은 왜 한국의 안보에 계속 관심을 가질 것인지에 대해 잘 설명해준다. 그러나 『강대국 국제정치의 비극』은 냉전이 종식된 이후, 세계가 단극체제가 되었던 시대의 미국의 대 한반도 정책에 대해서는 별로 언급하지 않고 있다. 결국 『강대국 국제정치의 비극』은 강대국들 사이의 관계를 설명하는 이론을 제공하지만, 단극체제는 그 정의상 강대국이 하나뿐이며, 이는 강대국들 사이의 정치가 존재할 수 없다는 것을 의미한다.

『미국 외교의 거대한 환상The Great Delusion』이 목표하는 바는 미국만이 지구 상의 유일한 초강대국이었기 때문에 다른 막강한 국가들과 경쟁하지 않아도 되었던 시절, 미국 외교정책의 동기가 되었던 요인들이 무엇이었나를 설명함으로써 공백을 메우려는 것이었다. 내 주장의 주요 관점은, 냉전이 종식될 무렵 미국은 일반적으로 '자유주의적 패권'이라고 불리는 근본적으로 자유주의적인 외교정책을 채택하기 시작했다는 것이다. 이 야심찬 정책의 목표는 가능한 한 많은 수의 나라들을 자유민주주의 국가로 바꾸어놓는 동시에 개방적 국제경제 체제를 조성하고, 또한 더욱 효과적인 국제기구들을 건설하는 것이었다. 즉 미국은 세상을 자신의 모습대로 다시 만들고자 했던 것이다.

미국의 정책결정자들은 이 같은 목적을 달성하기 위해 군사력에 크게 의존했다. 1989년 이래 미국은 매 3년 중 2년을 전쟁을 치르고 있었으며, 총 7개의 전쟁에 빠져들었다는 사실을 생각해보라. 실제로 미국이 단극체제의 주도국가였던 시절, 미국은 대단히 군사화된 나라였다. 이 같은 사실이 한국에 대해 의미하는 바는, 미국은 세계 어느 곳에서도 철군할 의사가 없었다는 사실이다. 그 반대로 미국은 가능한 한 군사적인 족적을 확장하고자 했으며, 동부 유럽을 향한 북대서양조약기구의 확산, 그리고 미국이 중동 지역에서 야기한 여러 차례의 전쟁들이 그 증거라 할 수 있다.

『미국 외교의 거대한 환상』에서 길게 다루었듯이, 자유주의적 패권 정책은 미국을 위해 성공적인 결과를 가져다주지 못했다. 그 정책은 실패할 가능성이 높았으며 때로 그 실패는 이라크와 아프가니스탄 전쟁이 분명히 보여주었듯이 재앙적인 것이었다. 나토의 확장으로 야기된 러시아와 서방측의 관계 악화는 말할 것도 없다. 그렇지만 미국의 자유주의적 패권 정책은 한국에게는 좋은 것이었을지도 모른다. 왜냐하면 그 정책은 미국이 유일 패권국이던 시기, 동아시아 지역에는 그다지 위협적인 안보 환경이 존재하지 않았다는 사실을 고려할 때 별로 타당성이 없어 보였음에도 불구하고, 동아시아 지역에 미국의 군사력이 지속적으로 주둔하도록 했기 때문이다. 더 나아가 미국의 정책결정자들은 대체로 동유럽과 중동 지역에 국한해 문제를 일으켰고 동아시아는 예외였다.

그러나 자유주의적 패권 정책은 한 가지 중요한 정책을 추구하도록 했는데, 이는 그로부터 수년 후에 한국과 미국에 거대한 영향을 미치게 될 정책이었다. 특히 탈냉전 시대 미국의 정책결정자들은 중국과 평화적인 관계를 유지하기 위한 열쇠는 냉전 시대 동안 미국이 소련을 봉쇄했던 것처럼 중국을 봉쇄하기보다는 포용하는 것이라고 믿었다. 포용 정책은 중국을 민주화시키고, 미국이 주도하는 경제질서에 통합시킬 것이며, 그리고 중국을 세계의 주요 국제기구 회원국으로 가입시키게 될 것이라고 여겨졌다. 그리고 국제체제의 "책임 있는 당사국"이 된 중국은 다른 나라들과 평화로운 관계를 유지하려는 강력한 동기를 갖게 되리라 생각되었다.

중국에 대한 포용 정책은 실패로 돌아갔다. 중국은 민주주의 국가가 아니며, 동중국해, 남중국해 그리고 타이완에 대한 행동과 선언을 통해 확실해진 바처럼 중국은 동아시아에서 현상 타파를 추구하는 나라이다. 동시에 중국에 대한 포용 정책은 중국의 경제성장을 지원함으로써 중국이 강대국이 되는 것을 도왔으며, 이는 중국이 막강한 군사력을 구축해 동아시아의 현상 변경을 추구할 수 있게 했다. 동아시아에 강대국 국제정치가 다시 돌아왔으며, 한국과 미국 양국은 중국을 봉쇄하기 위해 전력을 다하게 될 것이다. 동시에 중국이 야기하는 위협은 앞으로 상당 기간 동안 한미 동맹관계를 더욱 굳건히 해줄 것이다.

존 J. 미어샤이머

John J. Mearsheimer

우리나라 독자들에게는 너무나도 잘 알려진 미어샤이머 교수의 국제정치학 교과서『강대국 국제정치의 비극』은 국제정치학의 지배적 패러다임인 현실주의를 보다 정교화시킨 '공격적 현실주의'라는 현실주의 국제정치학의 제3세대 이론을 성립시킨 책이었다. 이 책에서 미어샤이머 교수는 세계의 모든 강대국들은 무정부 상태인 국제체제로 인해 언제라도 자국의 생존을 걱정하지 않을 수 없다는 이유 때문에 모두들 스스로의 힘을 늘이지 않을 수 없는 상태라고 봄으로써 제2세대 현실주의 이론인 방어적 혹은 구조적 현실주의에 동의했다. 그러나 미어샤이머 교수는 제2세대 현실주의자들이 국가들은 무한정으로 힘을 늘이기보다는 상대방과 힘의 균형을 추구한다는 주장에 의문을 제기하고, 강대국들은 상대방과 힘의 균형을 이룬 이후에도 힘의 추구를 중지하지 않으며, 결국 모든 강대국들의 궁극적인 목표는 전 지구적 패권국이 되는 것이라고 주장하고 이를 역사적, 경험적으로 논증했다.

『강대국 국제정치의 비극』초판이 간행된 지 18년, 같은 책 수정판이 간행된 지 4년 후인 2018년, 미어샤이머 교수는 패권의 지위를 차지한 미국의 외교정책을 분석한 책을 다시 펴냈으니 바로 이 책『미국 외교의 거대한 환상』이다.『강대국 국제정치의 비극』이 강대국의 행태 일반을 분석한 책인 데 비해『미국 외교의 거대한 환상』은 초강대국이 된 미국의 행태를 분석한 책이라는 점에서『강대국 국제정치의 비극』후속판이라고 보아도 된다.

『미국 외교의 거대한 환상』에서 미어샤이머 교수가 목표하는 바는, 미국만이 지구 상의 유일한 초강대국이었기 때문에 다른 막강한 강대국과 경쟁하지 않아도 되었던 시절, 미국 외교정책의 동기가 되었던 것들이 무엇이었나를 설명하고 이를 비판한 것이었다. 미어샤이머 교수는 냉전이 종식될 무렵부터 미국은 '자유주의적 패권'이라고 불리는 심오하고 야심찬 자유주의적 외교 정책을 채택하기 시작했다고 주장하며, 자유주의적 패권 정책의 목표는 가능한 한 많은 수의 나라들을 자유민주주의 국가로 바꾸어놓는 동시에 개방적 국제경제 체제를 건설하고, 또한 더욱 효과적인 국제기구들을 건설하는 것이었다고 본다. 즉 미국은 지구 전체를 미국과 같은 자유민주주의 국가들로 가득찬 세상으로 만들려 했다고 분석한다.

미어샤이머 교수는 미국의 정책결정자들은 이 같은 목적을 달성하기 위해 군사력에 대단히 크게 의존했고, 거의 모든 경우 미국의 자유주의적 패권 정책은 실패했으며 미국이 개입한 국가들은 오히려 더욱 나쁜 상황으로 빠져들어갔다고 보았다. 현실주의자인 미어샤이머 교수는 이상주의에 기초했던 자유주의적 패권주의를 비판하고 향후 미국의 대외정책 노선을 바꿀 것을 제안한다. 이 같은 목적을 위해 미어샤이머 교수는 민주당의 클린턴 대통령, 공화당의 부시 대통령을 거쳐 다시 민주당의 오바마 대통령이 백악관에 재임했던 24년 동안 꾸준히 지속되었던 자유주의적 패권 외교의 사상적 기반인 자유주의 철학을 심도 있게 분석하고, 미국과 같이 막강한 나라가 채택한 자유주의가 왜 미국이 개입했던 허약한 나라들의 정치 체제를 바꾸어놓는 데 지속적으로 실패하며 미국을 끊임없는 전쟁으로 빠져들게 했는가를 분석했다.

이론적인 설명이 많은 부분을 차지하고 있는 이 책은 미어샤이머 교수의 다른 책보다 읽기 쉬운 책은 아니지만, 미어샤이머 교수의 주장은 다른 책에서와 마찬가지로 분명하고 강력하다. 이 책에서 미어샤이머 교수가 주장하는 바를 요약하자면, '패권국이 된 이후 미국이 자국 외교정책의 기본으로 삼았던 자유주의는 미국이 표적으로 삼았던 허약한 나라들의 민족주의를 이길 수 없었다.'라고 정리될 수 있을 것이다.

미어샤이머 교수는 이 책의 앞부분 거의 절반에서 자유주의, 민족주의 이론에 대해 설명하고 있으며, 후반부에서 이 같은 이론적 분석을 토대로 패권국이 된 이후의 미국 외교정책을 묘사하고 그 실패 원인을 상세하게 분석하고 있다. 미국 국제정치학에 대한 또 다른 중대한 학술적인 도전을 제기한 이책은 이미 국제정치학계의 거인인 미어샤이머 교수의 입지를 더욱 강화시켰다고 볼 수 있다. 미어샤이머 교수는 미국의 이상주의적 외교정책이 실패할수밖에 없는 정치사상적 본질을 설명했을 뿐만 아니라 지난 수십 년 동안 미국 국제정치학의 지배적인 견해였던 민주주의적 평화론에 정면 도전을 제기했기 때문이다.

그동안 미국의 학계는 물론 미국의 정치가들은 그들이 비록 현실주의적 성향을 가진 사람들이라 할지라도 '민주주의 국가들끼리는 결코 전쟁을 하지 않는다', '민주주의 국가들은 전쟁을 할 가능성보다는 분쟁을 평화적으로 해결할 가능성이 높다', '민주주의는 평화를 촉진한다'는 소위 '민주주의적 평화론'에 함몰되어 있었다. 그래서 클린턴, 부시, 오바마 대통령은 세계 방방곡곡에 산재해 있는 독재국가들의 국내 정치에 개입하여 그들을 민주주의 국가로 바꾸어놓음으로써 세계 평화를 도모할 수 있다고 생각했다.

지난 24년 동안 미국의 대통령들은 이 같은 고상한 목표를 위해 군사력을 사용해도 된다고 생각했다. 사실 미국은 그 정도로 막강했다. 손자의 말과는 달리, 패권국이 된 미국에게 작은 나라들과의 전쟁은 국가의 대사(大事)는 아니었다. 미국 국민들은 TV와 신문을 통해서 미국이 전쟁을 하고 있다는 사실을 알고 있었지만 그 여파를 피부로 느끼지는 못했다. 미국 국민들은 패권국이 된 이후 미국이 빠져들어간 전쟁들에 대해 베트남 전쟁 당시처럼 심각한 반전 데모도 벌이지 않았다. 미어샤이머 교수를 위시한 미국의 현실주의 국제정치학자들이 미국의 이라크 전쟁 개입에 반대하는 성명을 내는 수준의 반대밖에 없었다. 이 같은 상황에서 패권국인 미국은 늘 전쟁을 치르고 있는 국가가 되고 말았다. 패권국이 된 막강한 미국 정부가 택한 자유주의적 패권 정책은 곧 영원한 전쟁(permanent warfare)에 빠져드는 것을 의미하고 말았다.

미어샤이머 교수는 1989년 이래 미국은 매 3년 중 2년을 전쟁을 치르고 있었으며 총 7개의 전쟁에 빠져들었다는 사실을 생각해보라고 말한다. 미국이 단극체제의 주도국가였던 시절, 미국은 대단히 군사화된 나라였다. 미국은 대적인 구소련이 붕괴되었음에도 불구하고 세계 어디에서도 철군할 계획이 없었다. 오히려 미국은 가능한 한 군사적인 족적을 확장하고자 했으며, 이 같은 사실은 동부 유럽을 향한 북대서양조약기구의 확산, 그리고 미국이 중동에서 야기한 여러 차례의 전쟁에서 그 증거가 나타났다. 미어샤이머 교수는 소련이 붕괴한 이후 미국의 공격적인 나토 확장 정책 등 군사화된 미국의 외교정책이 현실에 의거한 정책이었기보다는 환상에 의거한 것이었다고 비판하며 현실주의에 근거한 새로운 외교정책을 수립해야 한다고 권유하고 있다.

미어샤이머 교수의 이 책 역시 대단히 수준 높은 학술 서적이지만, 우리는 이 책을 정독함으로써 향후 미국의 외교정책이 어떻게 바뀔 것인가, 그리고 그것은 우리나라의 안보 상황에 어떤 영향을 미치게 될 것인가를 분석하는 막강한 이론적 도구로 활용할 수 있을 것이다.

『미국 외교의 거대한 환상』을 읽고 이 책을 한국의 독자들에게 소개해야겠다는 욕구가 생겼다. 번역을 할 때마다 다시는 번역을 안 하겠다는 결심이 또 다시 무너졌다. 마침 국제정치학 양서를 본격적으로 출간하기 시작한 김앤김 북스의 제의도 있었다. 또다시 번역을 시작했지만 이번에는 참 시간도 많이 끌었고 고생도 많이 했다. 계획한 시간보다 많이 지체되었다. 그리고 어려웠다. 그래서 저자의 의도가 한국 독자들에게 잘 전달될 수 있는 번역이 되었는지에 대해서도 의문이 든다. 미진한 부분들에 대한 독자들의 가르침이 있기를 기대한다.

그럼에도 불구하고 이 책의 한국어판이 나오게 되었다는 사실은 학자로서 인생을 살기로 결심한 역자에게는 하나의 작은 보람이 추가되는 일이 아닐 수 없다. 역자 혼자 번역한 책으로 8번째 책이 되었다. 저서 혹은 역서를 펴낸다고 일을 벌일 때마다 뒤치다꺼리를 도맡아준 내 글의 영원한 첫 번째 독자이며 첫 번째 교정자요 비평자인 아내에게 감사의 말을 전한다. 또한 최근 수년간 국제정치학 양서 보급에 열정을 가지고 국제정치학을 공부하는 학생들에게는 좋은 읽을거리를 제공함은 물론 한국 국민들의 국제정치학적 소양을 높이는 데 기여하고 있는 김앤김북스에도 감사의 말씀을 드린다.

이렇게 공부할 수 있는 열정과 건강과 함께 일할 수 있는 좋은 분들과 충성을 바칠 수 있는 대한민국을 주신 하나님께 감사드리며, 이 책이 언제라도 백척간두의 국가안보 위기에 처해 있을 수밖에 없는 조국의 운명을 개선하는 데 작은 기여가 되기를 바라는 마음이다.

이춘근

10년 전 이 책을 쓰기 시작했을 때, 나는 주제가 무엇이어야 할지에 대해 두 가지 다른 생각을 가지고 있었다. 첫째로 나는 냉전 이후 왜 미국의 외교 정책은 그토록 쉽게 실패하고 말았는가 혹은 아주 처절하게 실패했는가를 설명하고 싶었다. 나는 특히 중동 지역에서의 미국 외교정책의 대실패를 설명하고 싶었다. 중동에서의 실패는 지금도 누적되고 있으며, 러시아와의 점진적인 관계 악화도 진행 중이다. 러시아와 미국의 관계 악화는 2014년 우크라이나에서의 파탄으로 정점에 도달했다. 이들 주제는 대단히 재미있는 주제가 될 것이다. 왜냐하면 1990년대 초반, 미국 사람들은 자신들이 세계에서 행할 역할에 대해서 대단한 낙관적인 생각에 빠져 있었기 때문이다. 나는 무엇이 잘못되었는지를 밝히고 싶었다.

둘째로, 나는 자유주의, 민족주의 그리고 현실주의가 국제관계에서 어떻게 상호 작용하는지에 대한 책을 쓰고 싶었다. 나는 오랫동안 민족주의를 국제 정치에서 특별히 강력한 영향력을 가지고 있는 이념이라고 생각하고 있었지만 그 주제에 관해 자세히 연구한 적은 없다. 그러나 나는 현실주의에 대해서는 많은 글을 썼고, 이미 저술한 여러 권의 책에서 현실주의와 자유주의가 어떻게 다른가에 대해서 탐구한 바 있다. 나는 이 세 가지 주의(ism)들을 비교하고 대비시켜보는 책을 쓰는 일이 재미있을 것이라고 생각했다. 특히 이 주제들에 관해 기술된 기왕의 책이나 논문이 없기 때문이다.

자유주의, 민족주의 그리고 현실주의의 관계에 대해 생각하고 있는 동안, 나는 이 세 가지 이념들이 1989년 이후, 특히 2001년 이후 야기된 미국 외교의 실패를 설명하는 데 이상적인 틀을 제공해준다는 것을 깨닫게 되었다. 바로 그 시점에 이 책을 쓰기로 한 나의 두 가지 이유가 아주 그럴듯하게 맞아떨어진 것이다.

나의 기본적인 주장은 냉전이 종료된 이후 미국은 너무나도 강력했으며, 그래서 미국은 흔히들 "자유주의적 패권(liberal hegemony)"이라고 부르는, 거의 완벽할 정도의 자유주의적 외교정책을 채택할 수 있었다는 점이다. 이 야심찬 전략은 가능한 한 많은 수의 국가들을 자유민주주의로 변화시키는 한편, 개방적인 국제 경제를 촉진하고 막강한 국제기구들을 설립하는 것을 목표로 삼았다. 미국은 세계를 본질적으로 미국의 이미지와 닮은 곳으로 만들고자 했다. 이 같은 정책을 지지하는 사람들은 미국의 외교정책을 결정하는 기구들에서 막강한 영향력을 행사하고 있었고, 그 정책을 시행한다면 세계는 더욱 평화로워지고 핵확산 및 테러리즘이라는 두 가지 문제는 완화되리라고 믿었다. 이 정책은 인권 유린을 줄이고 자유민주주의를 내부의 위협으로부터 더욱 안전하게 만들어줄 것이라고 여겨졌다.

그러나 자유주의적 패권 정책은 시작부터 실패할 수밖에 없는 운명에 놓여 있었고, 실제로 실패했다. 이 같은 전략은 언제라도 미국의 입장을 민족주의 및 현실주의와 어긋나는 상황에 처하게 했다. 민족주의와 현실주의는 국제정치에 대해 궁극적으로 자유주의보다 훨씬 큰 영향력을 가지고 있다. 미국 사람들은 이 같은 삶의 기초적인 사실을 받아들이기 아주 어려워 한다. 미국은 뼛속 깊이 자유주의적인 국가로서 미국의 외교정책 엘리트들은 언제라도 민족주의와 현실주의에 대해 조건반사적인 적대감을 가지고 있다. 그러나 이 같은 생각은 외교정책의 전선에서 골치 아픈 문제를 야기할 뿐이다. 미국의 정책결정자들은 자유주의적 패권 정책을 포기할 수 있는 현명함을 갖추어야 하며, 강대국들의 개입을 제약하는 민족주의에 대한 적절한 이해와 현실주의에 기초한 절제된 외교정책을 추구해야 한다.

이 책의 더 깊은 뿌리는 내가 코넬 대학 대학원에 재학하던 시절로 거슬러 올라간다. 1976년 가을, 나는 아이작 크램닉(Issac Kramnick) 교수가 가르치는 정치이론 강좌를 수강한 적이 있었다. 이 강좌는 플라톤, 마키아벨리, 홉스, 로크, 루소 그리고 마르크스 등 기라성 같은 사상가들을 소개했는데, 나는 당시 수강했던 어떤 강좌보다도 이 강좌를 통해 가장 큰 영향을 받았다. 나는 지금도 당시 정리했던 노트를 가지고 있으며 지난 세월 동안 적어도 50번 이상 이 노트를 참고했다.

그 세미나는 세 가지 측면에서 나의 지적인 발전에 핵심적 요소가 되고 있다. 첫째, 나는 자유주의, 민족주의 그리고 현실주의를 포함하는 모든 종류의 사상(ism)에 대해 많은 것을 배웠고 이 강좌는 다양한 사상들을 대비시켜볼 수 있는 기회를 제공했다. 둘째, 이 강좌는 세계가 어떻게 작동하는지를 알기 위해서는 정치 이론들에 대한 이해가 필수적이라는 사실을 가르쳐주었다. 내가 당시의 노트를 그토록 자주 반복적으로 참조하는 이유는, 그 이론가들이 주장하는 특이한 관점들이 현대의 정치적 문제들을 이해하는 데 대단히 중요한 의미를 제공하고 있기 때문이다. 셋째, 나는 이 과목을 수강함으로써 중요한 이론적인 이슈들을 일반인들도 이해할 수 있도록 단순 명료한 언어로 말하고 쓸 수 있다는 사실을 배웠다. 비록 그 과목의 참고문헌 목록에 있었던 여러 저자들의 주장이 무엇인지 정확하게 이해하기 어려운 경우도 있었지만, 크램닉 교수는 그들의 이론들을 간단하고 쉬운 언어로 설명하는 능력을 보여줌으로써 우리들이 그들의 이론들을 쉽게 이해할 수 있도록 해주었을 뿐 아니라 그 이론들이 왜 중요한지에 대해서도 알 수 있게 해주었다.

『미국 외교의 거대한 환상』은 본질적으로 이론적인 책이다. 이 책은 정책적인 이슈를 이해하기 위해 이론은 필수적이라는 전제를 깔고 있다. 그러나 아이작 크램닉 교수의 정신에 따라 나는 잘 교육받은 어떤 독자들이라도 내가 주장하는 바의 의미를 쉽게 알아차릴 수 있도록 나의 주장을 가능하면 명료하게 하도록 엄청난 노력을 기울였다. 투박하게 말하자면 나의 목표는 훌륭한 의사소통자가 되는 것이지 사안을 애매하게 만드는 사람이 되는 것이 아니다. 오로지 독자들만이 내가 이 같은 목표를 성취했는지 판단할 수 있을 것이다.

나는 대단히 현명한 많은 사람들의 도움이 없었다면 이 책을 집필하지 못했을 것이다. 내가 가장 큰 빚을 진 네 사람이 있는데, 그들의 족적은 이 책 전체에서 발견할 수 있다. 엘리사 게오르그, 마이야 그린버그, 세바스찬 로사토, 그리고 스티븐 월트다. 그들은 결정적으로 중요한 개념적인 관점을 비판해주었고 나는 몇 가지 특정한 주장들을 수정하였다. 그들은 또한 내가 놓친 모순적인 주장들을 찾아내주었고, 책의 전반적인 구조뿐만 아니라 각 장들을 어떻게 구성할 것인가에 대해 조언해주었다.

나는 최종 원고를 예일 대학 출판부에 넘기기 전에 다섯 번의 초고를 작성했다. 2016년 11월 두 번째 초고를 마쳤을 때, 나는 6명의 시카고 대학 교수들 —다니엘 두드니, 매튜 코처, 존 오엔, 세바스찬 로사토, 스티븐 월트, 알렉산더 웬트—로 구성된, 이 책을 출판하기 위한 연구 모임이 있었는데 그들은 초고를 전부 읽고 내용을 비평하기 위해 시간을 할애해주었다. 이 분들의 지적사항들은 연구 모임은 물론 이메일, 전화통화로도 계속되었고, 나는 그 지적을 통해 일부 본질적으로 중요한 곳을 포함해 여러 군데를 수정할 수 있었다.

나의 친한 친구 토머스 더킨을 포함해 출간을 위한 연구 모임에 참여한 다른 교수님들은 자유주의적 패권 추구가 어떻게 미국 내의 시민적 자유를 위협하고 미국을 안보 국가(national security state)라고 말할 수 있는 나라로 변질시켜 왔는지에 대해 현명한 조언을 해주었다. 나는 시카고 대학의 국제정치학 동료 교수들—오스틴 갈슨, 로버트 걸로티, 찰스 립슨, 로버트 페이프, 폴 포스트, 마이클 J. 리스—과 함께 토론할 수 있는 행운을 얻었다. 그들 역시 내가 주장을 더욱 강력하게 하거나 혹은 주장을 변화시킬 수 있도록 탁월한 조언을 해주었다.

나는 숀 린 존스 교수에게 더 큰 빚을 졌는데, 그는 초고를 다 읽은 후 마지막 버전을 보다 정교화할 수 있게 상세한 조언과 비평을 해주었다. 나는 또한 이 책을 편집해준 예일 대학 출판부의 윌리엄 프럭트 씨에게 감사드린다. 그는 마지막 버전 편집에 탁월한 능력을 발휘했는데, 특정 주장들을 더욱 강력하게 전달하도록 나를 압박했고, 문장을 다듬어서 일반 독자들이 더욱 쉽게 읽을 수 있게 해주었다. 존 도나후의 지원을 받은 리즈 슈엘러는 원고 교열을 해주었고, 케이런 오슬란은 출판의 모든 과정들을 효과적으로 그리고 즐겁게 해주었다.

그 밖에도 수많은 사람들이 크고작은 도움을 주었다. 세너 아크터크, 제이넵 부룻길, 존 케벌리, 마이클 데시, 알렉산더 다운스, 찰스 글레서, 부락 카더칸, 브라이언 라이터, 제니퍼 A. 린드, 가브리엘 메어스, 막스 미어샤이머, 니콜라스 미어샤이머, 라잔 메논, 누노 몬테이로, 프란체스카 모건, 발레리 모르케비치우스, 존 무엘러, 산카 무투, 데이비드 니렌버그, 린제이 오루르크, 조셉 페어런트, 돈 르노, 마리-이브 레니, 마이클 로졸, 존 슈에슬러, 제임스 스코트, 유빈 성, 톰 스위처, 그리고 예일 대학 출판부 평자 두 분께 감사드린다.

나는 특히 예일 대학 맥밀런 국제 및 지역연구 센터의 헨리 R. 루스 소장인 아이언 샤피로에게 감사드린다. 그는 2017년 헨리 L. 스팀슨 강좌의 강의를 맡도록 나를 초청해주었다. 내가 예일 대학에서 했던 세 개의 강좌는 이 책의 핵심적인 구성 요소가 되었다. 나는 또한 지난 35년 이상 나의 학문적 고향이었던 시카고 대학에 감사를 드리고자 한다. 시카고 대학은 1982년, 내가 조교수로 부임한 후 쓴 모든 글과 책들의 기초가 된 연구를 최대한 지원해주었다. 더불어 나는 연구비와 이 책을 위한 연구모임을 지원해준 찰스 코크 재단과 이 재단의 연구지원 부장인 윌리엄 루서 씨에게 특별히 감사드린다.

나는 지난 수년간 교수이자 연구자의 삶을 살아가는 데 큰 지원을 해주었을 뿐만 아니라 나를 위해 많은 연구를 수행해준 최상급 행정 조교들을 곁에 두는 행운을 누렸다. 메건 벨런스키, 엠마 칠톤, 수빅 드 엘리자베스 젠킨스와 마이클 롤리는 나를 위해 충실하게 봉사했고, 이 책을 만드는 데 크게 기여했다. 나는 또한 나를 적극적으로 지원해준 가족들, 특히 내가 원고를 쓰고 또 고쳐 쓰는 동안, 아무 불평도 하지 않은 아내 파멜라에게 감사드린다.

마지막으로 나는 내가 가르친 학생들에게 이 책을 바치려 한다. 나는 1974년 뉴욕 북부에 있는 모호크 밸리 초급대학에서 첫 강의를 시작했다. 나는 여기서 학생이라는 말을 가능한 한 넓은 의미로 사용하려 한다. 나의 과목을 직접 수강하지 않았지만 내가 쓴 글을 읽고 그들의 생각을 형성하는 데 도움을 받았다고 연락해 온 사람들을 포함하기 위해서다. 나는 가르치는 일을 좋아한다. 학생들에게 지식을 전달하고, 학생들 스스로 세상이 어떻게 작동하는가에 관한 그들의 이론을 개발할 수 있게 돕는 일이 즐겁기 때문이다.

동시에 나는 지난 수십 년 동안 학생들과 견해를 주고받으며 엄청나게 많은 것들을 배웠는데, 특히 세미나에서 그러했다. 강의 계획표에 제시된 책과 논문들에 대해 특정한 생각을 가지고 세미나에 들어갔다가 세미나가 끝난 뒤 그 책과 논문들에 대해 다른 생각을 가지게 된 경우도 있었다. 학생들의 말을 듣고 내 생각이 바뀌었기 때문이다. 큰 강의 역시 중요한 학습 경험이 되었다. 큰 강의들은 큰 주제들에 대한 나의 생각을 정리하고 그것을 어떻게 분명하고 이해하기 쉽게 전달할 것이냐에 대해 고민하도록 만들었기 때문이다.

학생들을 가르치고 연구하는 이 모든 일들은 국제정치에 대한 나의 사상을 형성하는 데 기여했고, 다양한 방식으로 이 책 속에 스며들어 있다고 말할 수 있음은 나의 영원한 기쁨이다.

01

불가능한 꿈

**The Impossible
Dreams**

자유주의적 패권(Liberal Hegemony)을 추구한다는 것은 야심적인 전략이다. 그것은 가능하다면 더 많은 나라들을 미국을 닮은 자유주의적 민주주의 국가들로 만들고, 동시에 개방적인 국제경제를 촉진하고, 이에 부응하는 국제기구를 만들고자 하는 전략이기 때문이다. 자유주의 국가들은 당연히 자신의 고유한 가치를 더 멀리 그리고 더 널리 전파하고 싶어 한다. 이 책에서 내가 목표로 하는 바는 막강한 힘을 보유한 국가가 세력균형의 정치(balance of power politics)를 무시하고 자유주의적 패권 정책을 추구하는 경우 어떤 일이 일어나는가를 묘사하는 것이다.

서구 세계의 많은 사람들, 특히 외교정책을 담당하는 엘리트들은 자유주의적 패권 추구를 국가들이 당연히 추구해야 할 현명한 정책이라고 믿는다. 자유민주주의를 세계로 확산시키려는 노력은 도덕적, 전략적 관점 모두에서 아주 탁월하며 선량한 일이라고 말해진다. 경험 없는 사람들은 이 같은 정책을 때로 독재 국가들에서 심각하게 유린되고 있는 인권을 보호할 수 있는 탁월한 방안으로 생각한다. 이 정책은 자유민주주의 국가들은 상호 간 전쟁을 하지 않기 때문에, 궁극적으로 현실주의를 초월하고 국제적인 평화를 보장할 수 있는 공식(formula)을 만들어낼 수 있을 것이라 생각된다. 마지막으로 이 같은 정책을 주창하는 사람들은 이 같은 정책을 채택함으로써—그렇게 하지 않을 경우 독재 국가들은 자유주의 국가 내부에 항상 존재하고 있는 반자유주의적 세력들을 도움으로써 자유 국가들을 위험하게 할지도 모르는데—세상의 독재 국가들을 소멸시킬 수 있고 미국의 자유주의를 더욱 잘 보호할 수 있다고 믿는다.

그러나 이 같은 상식적인 지식은 잘못된 것이다. 강대국이 완전한 수준의 자유주의적 외교정책을 추구할 만한 위치에 있는 경우는 드물다. 지구 상에 강대국이 둘 혹은 그 이상 존재하는 한, 강대국들은 세계적인 차원의 세력균형 체제에서 자신이 차지하는 지위에 신경 쓰는 것 외에는 다른 선택이 있을 수 없을 것이며, 현실주의가 지시하는 정책을 따르지 않을 수 없을 것이다. 강대국일지라도 언제나 자신의 생존에 신경을 쓸 수밖에 없으며 양극체제 혹은 다극체제 속에 존재하는 강대국은 언제라도 다른 강대국에 의해 공격받을 수 있는 위험한 상황에 직면할 수 있다. 이 같은 상황에서 자유주의적 강대국들은 주기적으로 자신들의 냉철한 행동을 자유주의적 수사학으로 포장하게 된다. 그들은 말은 자유주의자처럼 하면서 행동은 현실주의자처럼 하는 것이다. 강대국들이 현실주의에 배치되는 자유주의적 정책을 채택하는 경우 그들은 항상 후회하게 될 것이다.

그러나 어떤 자유민주주의 국가가 자유주의적 패권 정책을 채택할 수 있을 정도로 압도적으로 유리한 세력균형 상태를 맞이하는 경우가 있을 수 있다. 이러한 압도적으로 유리한 세력균형 상황은 하나의 강대국이 다른 강대국으로부터 공격받을 것을 염려하지 않아도 되는, 즉 자신 이외에 다른 강대국이 존재하지 않는, 일극체제의 국제정치 상황에서 나타날 가능성이 제일 높다. 이 같은 상황에 당면할 경우, 자유주의적 유일 초강대국은 대체적으로 현실주의를 방기(放棄)하고 자유주의적 외교정책을 택하기 마련이다. 자유주의 국가들은 체질적으로 십자군적 사고방식(crusader mentality)을 가지고 있는데 이를 자제하기란 쉬운 일이 아니다.

자유주의는 양도할 수 없는, 혹은 자연적인 인간의 권리를 소중히 여긴다. 열정적인 자유주의자들은 지구 상에 있는 거의 모든 사람들의 인권에 대해 관심을 가지고 있다. 이 같은 보편주의적 논리는 다른 나라들이 그들 국민의 권리를 심각하게 유린하는 경우 자유주의 국가들로 하여금 그 나라들의 내정에 간섭해야만 한다는 강력한 동기를 제공한다. 이 단계에서 더 나가면 외국 사람들의 인권이 유린되지 않도록 하는 가장 좋은 방법은 외국 국민들 모두가 자유민주주의 정치 체제를 가진 국가에서 살 수 있도록 하는 것이다. 이 같은 논리는 독재 국가들의 독재자들을 권좌에서 끌어내리고, 자유민주주의 정권으로 대체하려는 정권 교체(regime change) 정책으로 직결된다.

자유주의자들은 이 같은 정권 교체 정책을 추진하는 것을 망설이지 않는다. 그들은 국내 혹은 타국에서 사회공학적(social engineering) 역할을 수행할 수 있는 자국의 능력을 크게 신뢰하고 있기 때문이다. 이들에게 자유민주주의 국가들로 가득 찬 세상을 만드는 일은 국제평화를 이루기 위한 공식으로 인식된다. 민주주의 국가들로 채워진 세상은 전쟁이 없는 세상이 될 뿐 아니라 핵확산과 테러리즘이라는 두 가지 고뇌—비록 모두 없애지는 못한다 할지라도—로부터 나오는 위협이 대폭 경감된 세상이 될 것이다. 그리고 마지막으로 이 같은 정책은 미국 내의 자유주의를 보호하는 이상적인 방법이기도 하다.

이 같은 열정에도 불구하고 자유주의적 패권 정책은 본래의 목적을 달성할 수 없으며 정책의 실패는 감당하기 어려운 대가를 초래할 수밖에 없다. 자유주의 국가들은 끝날 날이 보이지 않는 영구적 전쟁(permanent warfare)에 빠져들 수밖에 없고, 결국 국제정치에서 갈등의 수준을 오히려 더욱 높일 수밖에 없게 되며, 그 결과 핵확산 문제와 테러리즘 문제를 더욱 악화시키게 된다. 더 나아가 자유주의 강대국의 군사적인 행태는 그 자신의 자유주의적 가치마저 훼손하게 될 게 거의 확실하다. 마지막으로, 자유주의 국가들이 자신들의 목표를 달성하는 경우라고 해도—즉 자유민주주의를 가까운 곳이나 먼 곳에 확산시키고, 국가들 간의 경제적 교류를 촉진하고, 국제기구들을 건설하는 데 성공했다 할지라도—그것이 평화를 산출하는 만병통치의 묘약은 아니다.

자유주의의 한계를 이해하기 위한 관건은 자유주의와 민족주의 그리고 자유주의와 현실주의의 관계를 이해하는 데 있다. 이 책은 궁극적으로 이 세 가지 이념들에 관한 것이며, 이 세 가지 이념들이 상호작용함으로써 국제정치에 어떤 영향을 미치는지를 분석하는 것이다.

민족주의는 정말로 막강한 정치 이념이다. 민족주의 이념은 세계를 다양한 국가들로 나누어 놓는 중심적인 이념이고, 국가는 막강한 힘을 가진 사회 단위이며, 그들은 각각 자신만의 특이한 문화를 보유하고 있다. 세계의 거의 모든 민족은 비록 그들의 소원이 모두 이루어질 수는 없지만, 자신들만의 고유한 국가를 가지고 싶어 한다. 그런데도 우리는 이미 거의 민족국가들로 가득 찬 세계 속에서 살고 있으며 이 같은 현실은 자유주의가 도리 없이 민족주의와 함께 존재할 수밖에 없다는 점을 보여준다. 자유주의적인 국가들 역시 민족국가들이다. 민족주의와 자유주의가 공존할 수 있다는 사실에는 의문의 여지가 없다. 그러나 민족주의와 자유주의가 충돌할 경우 승자는 언제라도 민족주의였다.

민족주의의 영향력은 때때로 자유주의적 외교정책을 파탄낸다. 예로서 민족주의는 자결(自決, self-determination)을 대단히 강조하는데, 이는 곧 지구상의 거의 모든 국가들은 자유주의적 강대국이 자신의 국내정치에 개입할 경우 저항할 것임을 의미한다. 다른 나라에 대한 내정 간섭은 자유주의적 패권국가가 하고 싶어 하는 일이다. 이 두 가지 이념은 개인의 권리에 대해서도 충돌한다. 자유주의자들은 모든 사람은 그들이 어느 국가에 속해 있는지 관계없이 모두 동등한 권리를 가지고 있다고 믿는다. 반면 민족주의란 그 바닥부터 꼭대기까지 특수성을 강조하는 이념으로서 인간의 권리를 양보할 수 없는 불가양(不可讓)의 것으로 보지 않는다. 실제로 세상에 사는 대부분의 사람들은 다른 나라 사람들의 권리에 대해 그다지 많은 신경을 쓰지 않는다. 그들은 같은 나라의 동료 시민들의 권리에 대해 더욱 큰 관심을 가지고 있으며, 그럴 경우라 해도 그들의 열정은 제한적이다. 자유주의는 개인 권리가 가진 중요성을 과도하게 강조한다.

자유주의는 또한 현실주의와도 맞상대가 되지 않는다. 자유주의는 어떤 사회를 구성하고 있는 개인들은 같은 사회에 살고 있다 할지라도 좋은 삶이 무엇인가에 대해 서로 대단히 다른 생각을 가질 수 있으며, 이 같은 차이들은 그들이 서로를 죽이려는 마음을 먹게 만들 수 있다고 가정한다. 그래서 평화를 유지하기 위해 국가가 필요하게 된다. 그러나 이 세상에는 서로 다른 생각을 가지고 있는 국가들이 서로 싸우는 것을 막을 수 있는 세계국가(world state)는 존재하지 않는다. 국제체제의 구조는 위계적(位階的, hierarchic)인 구조가 아니라 무정부적(無政府的, anarchic)인 구조인 것이다. 이는 자유주의가 적용하고 싶은 국제정치학적 원리가 작동하지 못한다는 것을 의미한다. 국가들은 살아남기 위해서는 세력균형의 논리에 따라 행동하는 것 외에 다른 대안이 없다. 그러나 어느 한 국가는 너무나 안전해서 현실주의적 세상에서 한숨 돌릴 수 있고, 진정 자유주의적인 정책을 추구할 수 있는 특별한 경우가 있기는 하다. 그렇지만 그러한 정책을 추구한 결과는 언제라도 나쁠 수밖에 없었는데, 왜냐하면 대체로 민족주의는 자유주의적 십자군보다 훨씬 막강하기 때문이다.

나의 주장을 요약해서 말하자면, 현실주의와 민족주의는 언제라도 자유주의를 격파할 수 있다는 것이다. 우리가 사는 세상은 그 큰 부분이 이 두 가지 이념—민족주의, 현실주의—에 의해 형성된 것이지 자유주의에 의해서 형성된 것이 아니다. 정치의 세계가 지금보다 훨씬 복잡다단했던 500년 전의 세상을 생각해보자. 그때는 도시국가(city state), 공국(duchies), 제국(empires), 대공이 다스리는 공국들(principalities), 그리고 다른 형태의 정치적인 단위들이 존재하고 있었다. 그랬던 세상이 오늘날에는 지구 전체가 거의 전적으로 민족국가(nation state)에 의해 지배되는 곳으로 바뀌어버렸다. 물론 이 같은 전환을 이룩하는 데 기여한 요소들이 많이 있지만 현대 국가체제의 배후에 있는 가장 막강한 두 개의 추진력은 민족주의와 세력균형의 정치였다.

미국인이 택한 자유주의적 패권 정책
The American Embrace of Liberal Hegemony

이 책을 쓰게 된 동기 중 하나는 미국의 최근 외교정책을 이해하기 위해서이다. 미국은 냉전 종식 이후의 국제체제에서 압도적으로 막강한 국가로 출현한 뼛속 깊은 자유주의 국가다.[1] 1991년 소련이 멸망한 후, 미국은 자유주의적 패권을 추구하기 딱 좋은 상황을 맞이했다.[2] 미국의 외교정책을 형성하는 집단과 인물들은 아무런 주저함이 없이, 그리고 미래의 세계와 미국에 대해 대단한 낙관론을 가지고 이 같은 야심한 외교정책 목표를 추구했다. 적어도 초기에는 미국의 일반 시민들도 이 같은 열정에 동참했다.

당시의 시대정신은 냉전이 종식된 직후 발표되었던 프란시스 후쿠야마의 유명한 논문 〈역사의 종언?〉에서 말해졌던 바에 몰입되어 있었다.[3] 후쿠야마는 자유주의는 20세기 전반에는 파시즘을 파괴했고, 20세기 후반에 들어와서는 공산주의를 파괴했으며, 이제 자유주의에 대항할 이데올로기는 보이지 않는다고 주장했다. 궁극적으로 모든 나라가 자유민주주의 국가가 되는 세상이 될 것이라고 기대되었다. 후쿠야마는 국가들은 더 이상 의미 있는 분쟁거리들을 가지지 않게 되었으며 강대국 간의 전쟁은 더 이상 존재하지 않을 것이라고 주장했다. 이 새로운 세계에서 시민들이 당면하게 될 가장 큰 도전은 할 일이 없기 때문에 야기되는 무료함일 것이라고 말했다.

자유주의의 확산은 궁극적으로 세력균형 정치의 종말을 초래할 것이라고 널리 믿어졌다. 오랜 세월 동안 강대국들의 관계를 특징지었던 냉혹한 안보 경쟁은 소멸하게 될 것이고 그동안 국제관계를 지배했던 지적인 패러다임인 현실주의도 역사의 쓰레기통에 처박히게 될 것이라고 기대되었다. 대통령 선거전을 치르고 있던 빌 클린턴(Bill Clinton) 후보는 1992년 "전체주의가 아니라 자유가 지배하는 세상이 오고 있습니다", "순수한 권력 정치적 계산 방식은 이제 더 이상 통하지 않습니다. 그것은 대사들이 자신들에게 전달된 공문을 읽기도 전에 모든 아이디어와 정보들이 방송으로 전파되는 새로운 세상에는 맞지 않는 것입니다."라고 연설했다.[4]

아마도 최근 대통령 중에서 자유주의의 확산에 가장 열정적인 노력을 기울인 대통령은 조지 부시(George W. Bush) 대통령이라고 말할 수 있을 것이다. 그는 이라크를 침공하기 2주일 전인 2003년 3월에 행한 한 연설에서 다음과 같이 말했다.

> "현재의 이라크 정권은 중동 지역에 불화와 폭력을 확산시키고 있는 전체주의의 힘을 과시하고 있습니다. 해방된 이라크는 수백만 시민들의 삶에 희망과 발전을 가져다줌으로써 이 결정적으로 중요한 지역을 변화시킬 자유주의의 힘을 과시하게 될 것입니다. 국가안보에 대한 미국인의 관심과 자유를 향한 미국인들의 신념은 모두 자유롭고 평화로운 이라크를 만들어야 한다는 같은 목적을 지향하고 있습니다."[5]

같은 해 후반인 9월 6일, 부시 대통령은 다시 이렇게 말했다.

> "우리 시대의 소명은 자유주의를 증진하라는 것입니다. 그것은 우리나라(미국)에 주어진 사명입니다. 14개 조항에서부터 4대 자유, 그리고 웨스트민스터 연설에 이르기까지 미국 사람들은 이 같은 신념에 봉사하기 위해 힘을 사용해왔습니다. 우리는 자유가 자연 상태의 모습이라고 믿습니다. 우리는 자유가 역사의 진행 방향임을 믿습니다. 우리는 자유의 책임 있는 행동을 통해 인간의 만족과 탁월함을 성취할 수 있다고 믿습니다. 그리고 우리가 중요시하는 자유는 미국 자신만을 위한 것이 아니라 모든 인류에게 권리와 능력이 되는 것임을 믿습니다."[6]

무엇인가 대단히 잘못되고 있었다. 현재 미국의 외교정책에 관한 미국 국민들 대부분의 관점은 1990년대 초반은 물론, 2003년의 당시의 관점과도 현저하게 달라졌다. 미국이 현실주의로부터 휴가를 즐길 수 있었던 기간 동안 미국이 성취한 것이 무엇이냐에 대한 평가에는 낙관주의 대신 비관주의가 압도하고 있다. 오바마와 부시 대통령이 재임하던 시절, 미국은 중동 지역 전역에서 행해진 죽음과 파괴에서 중요한 역할을 담당하고 있었다. 그러나 현재 중동 지역의 파탄 상황이 가까운 시일 내에 종료될 수 있을 것이라는 어떤 증거도 보이지 않는다. 자유주의적인 논리에 근거한 미국의 대 우크라이나 정책은 현재 진행되고 있는 러시아와 서방 간 위기 발발에 일차적인 책임을 져야 한다. 미국은 1989년 이래 매 3년 중 2년 동안은 전쟁을 치르고 있었으며 총 7개의 다른 전쟁들을 치르고 있었다. 이것을 놀라운 일이라고 생각할 필요는 없다. 서방측 사람들이 대부분 믿고 있는 생각과는 달리, 자유주의적 외교정책은 협력과 평화를 위한 공식이 되기보다는 오히려 불안정과 갈등을 초래하는 공식이 되고 말았다.

이 책에서 나는 1993년부터 2017년에 이르는 기간에 초점을 맞추고자 한다. 이 기간은 클린턴·부시·오바마 대통령이 재임했던 기간으로, 세 대통령은 모두 8년씩 미국의 외교정책을 담당했으며 미국의 자유주의적 패권을 열정적으로 추구했다. 오바마 대통령은 이 같은 정책을 추구하는 데 약간의 주저함을 보이기는 했지만, 오바마 정부도 실제로 해외에서 어떻게 행동했는가를 보았을 때 다른 대통령들과 별 차이가 없었다. 나는 트럼프 행정부의 외교정책은 다음과 같은 두 가지 이유 때문에 고려하지 않기로 했다. 첫째, 비록 트럼프가 2016년 선거 캠페인 중 했던 말들에 의하면 그가 자유주의적 패권주의는 비참한 실패로 끝났다고 인식하고 있었으며 대통령에 당선되면 자유주의적 패권주의의 주요 전략들을 폐기하겠다고 했음이 분명하지만, 내가 이 책의 집필을 끝낼 무렵 트럼프의 외교정책이 어떤 모습일 것인가를 파악하기에는 아직 시간적으로 부족한 시점이었다. 둘째, 중국의 부상과 러시아의 재기는 다시 강대국 국제정치의 논리를 테이블 위로 올려놓게 될 것이라고 생각할 수 있는 합당한 이유가 있으며, 국내 정치적인 반대에 봉착할 가능성이 있기는 하지만 트럼프는 궁극적으로 현실주의에 근거한 대전략을 추구하는 것 외에는 다른 선택지가 없을 것이라고 믿기 때문이다.

인간의 본성은 국제정치 분석의 핵심 요인
The Centrality of Human Nature

학자들이 국제정치에 대한 자유주의의 영향을 평가하려는 경우, 그들은 대체로 현실주의에 대한 자유주의적 대안이라고 여겨지는 일단의 다른 이론들을 분석하는 일부터 시작한다. 민주주의적 평화론(democratic peace theory)은 민주주의 국가들이 비민주적인 국가들보다 더 평화적인 것은 아닐지라도 자기들(민주주의 국가들)끼리는 전쟁을 하지 않는다고 주장한다. 경제적 상호의존론(economic interdependence theory)은 경제적으로 상호 의존 관계가 높은 국가들은 서로 전쟁을 할 경우, 양측 모두에게 전쟁의 대가가 너무나 클 것이기 때문에 서로 싸우는 경우가 거의 없다고 주장한다. 자유주의적 제도주의(liberal institutionalism)는 국제기구들에 가입한 국가들은 제도의 규율에 의해 제약을 받고 있으며, 규율에 복종하는 것이 장기적으로 이득이 되는 일이라고 보기 때문에 그들은 상호 협력할 가능성이 높다고 주장한다.

나는 이 이론들을 주의 깊게 평가할 것이다. 그러나 평가에 앞서, 국제정치 문제를 잠시 비켜두고 더욱 본질적인 문제를 다루는 일이 중요하다고 생각된다. 자유주의란 무엇이고 자유주의의 지적(知的) 기초는 무엇인가? 다른 말로 하자면, 나의 목표는 자유주의 그 자체의 핵심적인 논리적 근거와 가정부터 살펴보는 것이며 그것들이 과연 그럴듯한 것인지 알아보는 것이다. 이론들을 평가할 경우 그것이 인간의 본성에 대해 어떤 기초적인 가정을 하고 있는가를 살펴보는 것이 대단히 중요하다. 자유주의의 시조(始祖) 격인 존 로크(John Locke)는 이 점을 잘 지적하고 있다. "정치권력을 올바로 이해하기 위해… 우리는 인간의 자연 상태가 무엇인지에 대해 살펴보아야만 한다."7

"인간의 자연 상태"란 무엇인가? 인간들이 공통으로 가지고 있는 현저한 성격은 무엇인가? 이 같은 질문에 대해 답하는 것은 자유주의를 이해하기 위해서는 물론, 민족주의와 현실주의를 이해하는 데도 필수적인 일이다. 인간의 본질에 대해 정확히 이해하는 이념일수록 현실 세계를 더 잘 이해할 수 있는 적실성을 갖기 마련이다. 그래서 나는 내 자신이 인식하고 있는 인간 본성에 관한 견해를 제시하고, 인간들이 공통으로 보유하고 있는 본성이 정치적 삶에 어떻게 영향을 미치는지를 설명하고자 한다. 이렇게 하는 것은 궁극적으로 자유주의, 민족주의, 현실주의를 비교하고 평가할 수 있는 정치 이론을 도출하기 위해서다.

우리는 인간 본성에 대해 두 가지 중요한 질문을 해야 한다. 첫째, 사람들은 무엇보다도 사회적인 존재들로 보아야 하는가? 혹은 그들의 개인적 속성(individuality)을 강조하는 것이 보다 타당한 일인가? 다른 말로 해보자. 인간은 본질적으로 사회적 동물이지만 그들이 개인적 속성을 구현하기 위해 노력하는 존재들인가? 혹은 그들은 사회적인 계약을 체결한 개인들인가? 둘째, 우리는 좋은 삶(good life)이란 무엇인가를 정의하는 어떤 대략적인 도덕적 합의에 도달할 수 있는 중요한 판단력(critical faculty)을 보유하고 있는가? 우리는 첫 번째 원칙들(first principles)에 동의할 수 있는가?

나는 인간이 삶의 처음부터 끝까지 본질적으로 사회적 존재들이며, 개인적 속성은 부차적인 중요성을 갖는다고 본다. 이는 개인적 속성이 중요하지 않다고 말하는 것은 아니다. 둘째로, 나는 우리가 첫 번째 원칙들에 대해 공통의 이해에 도달하는 것은 불가능한 일이라고 본다. 비록 서로 다른 집단들 내에서 폭넓은 합의가 있을 수 있다고 할지라도 말이다. 그렇지만 좋은 삶이 무엇으로 구성되는지에 대해 보편적 진리는 존재하지 않기 때문에, 개인과 집단 사이의 의견 불일치는 그 정도가 대단히 심각할 수 있다고 본다.

자유주의는 인간의 사회적 본질을 과소평가하거나 혹은 전적으로 무시하며 그 대신 인간을 그 자체 원자적(原子的)인 행위자로 간주한다. 그러나 자유주의자들은 현명하게도, 좋은 삶을 구성하는 것이 무엇인가에 관한 어떤 보편적인 합의에 도달하는 것은 불가능하다는 사실을 강조한다. 그래서 자유주의는 인간의 본성에 관한 두 가지 질문 중 하나에 대해서는 올바른 관점을 가지게 되었다. 반면 민족주의와 현실주의는 두 질문 모두에 대해 올바른 관점을 가지고 있다. 이는 자유주의가 민족주의 혹은 현실주의와 충돌할 경우 왜 패배하는지를 잘 설명할 뿐만 아니라, 자유주의가 아니라 민족주의와 현실주의가 국제정치의 원동력이 된 이유를 설명한다. 민족주의와 현실주의는 개인과 권리에 대해 그다지 신경을 쓰지 않는 대신, 서로 다른 민족국가들의 관점에서 세계를 바라보는데, 이는 인간이란 좋은 삶이 무엇인가에 대해 근본적으로 다른 견해를 가진 사회적인 존재들이라는 사실을 반영하는 것이다.[8]

이 같은 차이점에도 불구하고 세 가지 이념들은 한 가지 공통점을 가지고 있는데, 바로 어떻게 살아남을 것이냐에 관해 지대한 관심을 가지고 있다는 것이다. 나는 민족들은 모두 자신의 고유한 국가를 가지기 위해 전적으로 노력한다고 주장한다. 국가를 보유하는 것은 결코 저절로는 보장되지 않는, 인간들의 생존을 위해 가장 좋은 보장책이기 때문이다. 국제체제 속에 있는 나라들은 자국의 생존에 대해 신경을 쓰지 않을 수 없으며, 그래서 모든 나라들은 국가들 간의 세력균형에 주의를 기울이며, 궁극적으로는 패권을 추구하기 위해 노력하게 된다. 최종적으로, 생존은 자유주의의 핵심적인 측면이다. 결국, 자유주의 이론은 개인들이 때로 서로를 죽이려고 할 만큼 첫 번째 원칙들에 대해 너무나도 심각한 견해 차이를 가지고 있다는 믿음에 입각하고 있다. 국가의 가장 중요한 목적은 경찰관으로서 행동하는 것이며 각 개인의 생존 가능성을 극대화하는 것이다.

정치적 자유주의
Political Liberalism

나는 아직 정치적 자유주의라는 개념에 대해 자세한 정의를 내리지 않았다. 이제는 그 정의를 내려야 한다. 왜냐하면 정치적 자유주의라는 개념은 사람들에 따라 제각기 다르게 해석되기 때문이다. 민족주의와 현실주의라는 개념도 마찬가지다. 이 개념들에 대한 분명한 정의는 대단히 중요하다. 그래야 이 개념들이 서로 어떻게 연결되어 있으며 국제정치에 어떤 영향을 미치는지에 대해 일관성 있는 논리를 전개할 수 있기 때문이다. 정확한 정의는 학자들로 하여금 사실들의 혼란하고 복잡한 상황을 깔끔하게 정리할 수 있게 해준다. 정확한 정의는 또한 독자들로 하여금 나의 주장이 막강한 것이냐 혹은 그렇지 않다면 어떤 면에서 그렇지 않은가를 판단하게 하는 데 도움을 준다.

정의(definition)란 진실이냐 혹은 거짓이냐와는 달리 그 자체가 옳거나 그른 것은 아니다. 우리는 우리가 타당하다고 보는 한, 핵심적인 개념들을 자유롭게 정의할 수 있다. 그러나 이렇게 말하는 것이 정의들을 구별할 수 있는 방법이 없음을 의미하는 것은 아니다. 어떤 정의가 얼마나 유용한 것인지를 판단하는 일차적인 기준은 그것이 우리가 연구하려는 주제를 이해하는 데 얼마나 가치가 있느냐의 여부다. 나는 이 같은 목적에 부합하는지를 기준으로 삼아 나의 정의를 선택했다.

나의 사전(lexicon)에 의하면, 정치적인 자유주의는 본질적으로 개인주의적인 것이며 천부(天賦)의 권리라는 개념을 대단히 강조한다.[9] 권리에 대한 이러한 관심은 보편성—즉 지구 상의 모든 사람은 하늘이 준 고유한 권리를 보유하고 있다—의 기초이며, 이것은 바로 자유주의 국가들로 하여금 야심적인 외교정책을 추구하게 만드는 동기가 된다. 제2차 세계대전 이후 자유주의에 대한 공적인 혹은 학술적인 토론들은 일반적으로 인권(human right)을 대단히 강조했다. 이 같은 사실은 서방에서뿐만 아니라 전 세계적으로도 마찬가지였다. 새뮤얼 모인(Samuel Moyn)은 "인권은 사회적인 운동과 정치적인 실체—국가와 국제관계—모두의 가장 높이 고양된 열망(most elevated aspiration)으로 정의되기에 이르렀다."고 말했다. 그것들은 희망을 불러일으켰고 행동을 촉구했다.[10]

정치적 자유주의는 또한 개인들은 때로 근본적인 정치적 혹은 사회적 이슈들에 대해 대단히 다른 생각을 가지고 있다는 가정에 기초하고 있으며, 이 같은 상황에서 야기되는 논란들이 폭력으로 비화하는 것을 막고 질서를 유지해야 하기 때문에 국가가 필요하게 된다고 주장한다. 이와 관련하여, 자유주의자들은 사람들이 서로 생각이 다를지라도 상대방을 존중할 것을 권면하는 규범인 관용(tolerance)에 큰 중요성을 부여한다. 그러나 자유주의자들은 이 같은 관점들에 대해 동의함에도 불구하고 몇 가지 본질적인 차이점들로 인해 서로 분열되어 있다.

정치적 자유주의는 실제로 두 가지로 나뉘어져 있는데, 하나는 일상적 자유주의(modus vivendi liberalism, 적당한 한국어 표현을 찾기 어려운 개념이다. 미어샤이머 교수가 적극적 혹은 진보적 자유주의에 반하는 개념으로 사용한 용어이기 때문에 이 책에서는 '일상적 자유주의' 로 번역한다—옮긴이)이고, 다른 하나는 진보적 자유주의(progressive liberalism)이다. 나는 이 두 가지 개념을 이 책 전체를 통해 활용할 것이다.[11] 이들 사이에는 본질적으로 다른 두 가지 중요한 차이점이 존재하는데, 그중 하나는 그들이 개인의 권리에 대해 어떻게 생각하느냐에 관한 것이다. 일상적 자유주의자들은 권리를 거의 전적으로 개인적인 관점에서 본다. 즉 그들은 권리를 정부의 간섭을 두려워하지 않은 채 자유롭게 행동할 수 있는 것으로 본다. 언론의 자유, 출판의 자유, 재산을 소유할 자유 등은 이들이 말하는 자유를 대표하는 것들이다. 정부는 국내적 혹은 국제적으로 야기되는 위협으로부터 자국 국민들에게 이 같은 자유를 보호하기 위해 존재하는 것이다. 진보적 자유주의자들도 마찬가지로 개인의 자유를 강조하는데, 이러한 자유들은 때로 진보적 자유주의자들에 의해 소극적인 권리(negative right)라고 불린다. 진보적 자유주의자들은 정부에 의해 적극적으로 촉진되어야 하는 일단의 자유들에 대해 더욱 큰 관심을 갖는다. 예를 들자면 그들은 모든 사람들은 똑같은 기회를 가져야 하는데 이 같은 권리는 오로지 정부의 적극적인 개입을 통해서만 가능하다. 일상적 자유주의자들은 진보적 자유주의자들의 적극적 권리(positive right)에 대해서 적극적으로 반대한다.

개인적인 권리에 관한 논의는 일상적 자유주의자들과 진보적 자유주의자들 사이의 두 번째 큰 차이점으로 연결된다. 그들은 국내에서 평화를 유지하는 국가의 기본적인 역할을 넘어서는 국가의 역할에 대해 큰 견해 차이를 보인다. 일상적 자유주의자들은 개인의 자유를 보호하는 일에 대한 그들의 강조와 적극적 권리에 대한 그들의 비판적 관점에서 보여지는 바와 같이, 국가는 가능한 한 사회에 개입을 하지 말아야 한다고 주장한다. 놀라운 일도 아니지만 일상적 자유주의자들은 사회공학적 역할을 수행할 수 있는 국가의 능력을 무시하는 경향이 있다. 진보적 자유주의자들은 일상적 자유주의자들과 반대되는 의견을 갖고 있다. 진보적 자유주의자들은 국가들이 개인의 자유를 증진시키기 위해 적극적으로 행동하는 것을 선호하며, 정부는 사회공학적 역할을 수행할 수 있는 충분한 능력을 갖추고 있다고 믿는다.

이 두 가지 정치적 자유주의가 이념의 세계에서 큰 주목을 받고 있다는 사실에 별 의문은 없지만, 실제 세계에서는 진보적 자유주의가 일상적 자유주의를 압도해 왔다. 현대 세계에서의 삶이 지닌 복잡성과 요구들은 국가들로 하여금 적극적 권리(positive right)를 증진하는 일을 비롯한 사회공학적인 행동에 깊게 전념하는 것 외에는 다른 방법이 없도록 한다. 이렇게 말하는 것은 국가들은 저마다 이 같은 일에 개입하는 정도가 다르다는 사실을 부정하는 것이 아니며, 같은 국가라도 시대가 변화함에 따라 이 같은 일에 개입하는 정도가 달라진다는 사실을 부정하는 것도 아니다. 그러나 우리는 아직도 국가가 개인의 삶에 깊이 개입하는 시대에 살고 있으며 이 같은 시대가 곧 종식된다고 생각할 수 있는 근거도 없다. 그렇기 때문에 이 책에서 정치적 자유주의를 말할 때 그것은 의도적으로나 목적적으로, 진보적 자유주의와 동의어라고 볼 수 없다.

나의 자유주의 정의에는 세 가지 관점이 더 추가되어야 할 것 같다. 첫째, 두 개의 상이한 이념들인 공리주의(utilitarianism)와 자유주의적 이상주의(liberal idealism)는 때로 같은 자유주의적 이데올로기로 분류된다. 물론 이 같은 이데올로기들을 정치적 자유주의의 변형이라고 보아도 될 것이다. 그러나 나는 그렇게 보지 않는데, 왜냐하면 이 이데올로기들은 진보적 자유주의 혹은 일상적 자유주의와는 상이한 논리에 따라 작동하기 때문이다. 특히 공리주의 혹은 자유주의적 이상주의는 그 어느 것도 정치적 자유주의의 핵심인 개인들의 권리에 대해 큰 관심을 두지 않는다. 공리주의의 아버지 제러미 벤텀(Jeremy Bentham)은 자연권을 "수사적인 허튼소리 혹은 애들이나 하는 허튼소리"라고 말했다.[12]

1930년대에 저술된 E. H. 카의 유명한 책 『20년간의 위기The Twenty Years' Crisis 1919-1939』는 국제정치학에 나타나는 자유주의적 이상주의에 대한 고전적인 비판서로 널리 간주되는 책이다.[13] 실제로 카의 비판 대상은 내가 여기서 논하고자 하는 권리에 근거한 자유주의가 아니다. 카는 당시 아직 그다지

고상한 이데올로기로 간주되지 않았던 일상적 자유주의 혹은 진보적 자유주의에 대해 별 관심을 기울이지 않았다. 그 대신 카는 자유주의적 이상주의 혹은 공리주의를 정조준했는데, 이 두 가지는 1930년대 영국에서 훨씬 큰 영향력을 가진 이데올로기였다.[14] 그렇기 때문에 나와 카는 자유주의에 대해서 말하더라도 서로 다른 것을 의미하는 것이며 그와 나의 비판이 겹치는 부분은 별로 없을 것이다.

이렇게 말하는 것 역시 자유주의적 이상주의와 공리주의가 중요하지 않다든가 혹은 국제정치 체제를 이해하는 데 무용지물이라고 말하는 것은 결코 아니다. 그러나 이들은 정치적 자유주의에서 연유하는 다른 이론들이며 그들이 국가의 행동을 설명하는 데 어떤 효용성을 가지고 있는지를 알기 위해서는 별도의 연구가 필요할 것이다.

둘째, 자유주의와 민주주의라는 용어는 서로 교환적으로 사용되며 혹은 "자유민주주의"라는 용어에서 보듯이 상호 연계되기도 한다. 그러나 두 개념이 같은 의미를 갖는 것은 아니며, 양자의 차이점을 구분하고 양자가 상호 어떻게 관련되어 있는지를 설명하는 일은 중요하다. 나는 민주주의를 시민들이 자신들의 지도자를 주기적인 선거를 통해 선출하는 폭넓은 선거권이 있는 정부의 한 가지 형태라고 정의한다. 이렇게 선택된 지도자들은 정치 체제를 통치하는 규칙을 작성하고 행사한다. 반면에 자유주의는 거의 전적으로 개인의 권리에 관한 것이다. 자유주의 국가는 자국 시민들의 권리에 특권을 부여하고 법을 통해 그것을 지키고자 한다.

선거를 통해 집권한 다수가 소수의 권리를 짓밟는 비자유주의적 민주주의 국가도 있을 수 있다. 이 같은 경우는 종종 다수의 독재라고 불리며, 현실 세계에서 분명 그 같은 사례들을 찾아볼 수 있다. 그러나 자유주의 국가들은 거의 모든 경우 민주주의 국가일 것이다. 왜냐하면 양도할 수 없는 권리라는 개념은 선거를 통해서 그들 자신의 통치에 대한 목소리를 낼 수 있는 권리를 분명히 내포하고 있기 때문이다. 마커스 피셔(Markus Fischer)는 이 같은 측면을 잘 지적하고 있다. "자유주의와 민주주의의 관계는 불균형적이다. 자유주의는 상당한 정도로 민주주의적 제도를 의미한다. 반면 민주주의는 최소한의 정도로 자유주의적 권리들을 수반한다."[15]

그러나 혹자는 소수가 권리에 근거한 주장을 함으로써 다수의 결정을 차단하는 경우, 자유주의적 국가들은 반민주적일 수 있다고 주장할 수 있을 것이다. 이 같은 일이 때로 야기될 수 있다는 사실에 의문을 제기할 수는 없지만 나는 이 같은 행위를 반민주주의라고 보지는 않겠다. 왜냐하면 이 같은 경우는 시민들이 민주적으로 채택한 법 혹은 규칙에 의거하는 것이기 때문이다. 그래서 이 책에서 사용되는 자유주의 국가(liberal state)라는 용어는 자유민주주의 국가를 의미한다.[16]

셋째, 일부 독자들은 이 책을 자유주의에 대한 전면적인 공격으로 생각하고 나를 자유주의 정치 이데올로기에 대해 적대적인 사람으로 결론 내릴지도 모른다. 그러나 그렇게 보는 것은 잘못이다. 자유주의가 한 나라 내부에서 작동되는 방식과 국제체제 내에서 작동되는 방식을 구분하는 것이 대단히 중요하다. 자유주의에 대한 나의 관점은 국내적인 측면과 국제적인 측면이 다르다.

국가 내부에서의 자유주의는 선(善)을 위한 진정한 원동력이며, 개인적 자유에 특권을 부여하고 보호해주는 나라에서 사는 일은 대단히 소망스러운 것이다. 나는 자유주의적인 나라인 미국에서 태어나고 평생을 살게 된 것을 대단한 행운으로 생각한다. 그러나 국제적 차원에서의 자유주의는 다른 문제다. 자유주의적 외교정책을 야심차게 추구하는 나라들은, 최근 미국과 같은 나라들이 그랬던 것처럼, 오히려 세계를 평화롭지 않은 곳으로 만들고 말았다. 더 나아가 그런 나라들은 자국 내의 자유주의조차 망치게 되며, 결국 모든 자유주의자들의 마음에 두려움을 불러일으키는 결과를 낳게 된다.

이 책의 계획
A Road Map

나는 2장에서 인간의 본성과 정치에 관한 나의 입장을 길게 설명할 예정이다. 여기서 정치에 관한 나의 기초 이론을 제시하고 이를 기반으로 다음 장들에서 자유주의, 민족주의, 그리고 현실주의를 분석할 것이다. 3장에서 나는 정치적 자유주의를 묘사할 것인데 진보적 자유주의와 일상적 자유주의의 차이점과 유사점에 대해 깊은 관심을 기울일 것이며, 오늘날의 정치적 자유주의는 왜 대체로 진보적 자유주의라고 말할 수 있는지를 설명할 것이다. 나는 공리주의와 자유주의적 이상주의에 대해서도 간단히 설명할 것이며, 내가 왜 이 이론들을 자유주의적 이론으로 분류하지 않는지를 설명할 것이다.

4장에서 나는 정치적 자유주의의 기본적인 문제점들을 지적할 것이다. 나는 자유주의자들이 말하는 보편적인 권리의 한계에 대해서는 물론, 자유주의와 민족주의의 관계에 대해서도 살펴볼 것이다. 이 부분에 이를 때까지 나는 자유주의가 국제정치와 어떻게 연관되어 있는지에 대해서는 거의 관심을 기울이지 않을 것이다. 이 책의 전반부는 단순히 자유주의란 무엇인가를 이해하기 위한 것이다.

나는 5장에서 어떻게 자유주의가 국제체제에 영향을 미치는가를 집중적으로 다룰 것이다. 이곳에서 나는 자유주의와 현실주의의 관계를 보다 자세하게 다룰 것이다. 나의 기본적인 주장은 아주 드물게, 국가들은 자유주의적 패권 정책을 채택할 수 있는 위치에 놓일 수 있게 된다는 것이며, 이 같은 정책의 추구는 대부분 실패한 외교 혹은 실패한 전쟁으로 귀결된다는 것이다. 나는 또한—자유주의가 아니라—민족주의와 현실주의가 어떻게 국민국가들로 가득 찬 현대 국제체제를 형성하는 데 가장 큰 역할을 담당하게 되었는지를 설명하고자 한다. 마지막으로 나는 만약 실현될 수만 있다면 국제정치학에서 자유주의의 적실성을 완전하게 바꾸어놓게 될 '세계국가'의 가능성에 대해 평가하고자 한다.

6장의 핵심적인 주장은 자유주의적 패권을 추구하는 국가는 단순히 정책적으로 실패하게 될 뿐만 아니라, 그렇게 하는 동안 큰 대가를 치르게 된다는 점이다. 그런 나라들은 예외 없이 끝이 없는 전쟁에 빠져들게 되며, 그 결과 국제분쟁은 줄어드는 것이 아니라 오히려 늘어나게 된다. 나는 이 같은 자유주의적 군국주의(liberal militarism)가 어떻게 일반적으로 표적(공격의 대상)이 된 나라들로 하여금 심각한 대가를 지불하게 하며 동시에 본국(공격국)의 자유주의를 위태롭게 만드는지에 대해서도 묘사할 것이다.

나는 7장에서 자유주의적 외교정책은 자신이 목표하는 가장 중요한 것을 이룩할 수 있다고 할지라도—자유민주주의를 널리 확산시키고, 개방적인 세계 경제를 촉진하고, 의미 있는 여러 가지 국제기구를 설립하는 것과 같은—궁극적으로 세계를 더 평화로운 곳으로는 만들지 못한다고 주장할 것이다. 세계는 여전히 전쟁 발발의 가능성이 심각하게 존재하는 안보 경쟁의 세상으로 남아 있을 것이다. 그 이유는 자유주의적 패권주의가 세상을 과격하게 변화시킬 것이라는 기대의 핵심 축을 이루는 세 가지 이론들에 각각 본질적인 결함이 내재되어 있기 때문이다. 나는 8장에서 미국 외교정책의 미래 진행 방향에 대한 약간의 해석과 더불어 결론을 내릴 것이다.

나는 미국이 민족주의가 강대국들이 다른 나라의 정치에 직접 개입할 수 있는 능력을 심각하게 제한한다는 사실을 인식함으로써, 자유주의적 패권주의를 포기하고 현실주의에 근거한 보다 절제된 외교정책을 채택할 가능성에 대해 논의할 것이다. 나는 또한 트럼프 대통령이 백악관에 재임하는 기간 동안 그가 미국 외교정책에 어떤 영향을 미칠 것인지에 관한 조심스런 관찰을 제시할 것이다.

요약하자면, 2장에서 행한 인간의 본성에 관한 논의는 개인의 성향에 초점을 맞추고 있으며 3장과 4장에서의 정치적 자유주의에 대한 분석은 그것이 한 국가의 국내정치와 어떻게 관련되어 있는지에 집중한다. 5장부터 8장까지의 분석은 그 같은 주의(Ism)들이 국제정치와 어떻게 관련되어 있는지를 다룬다. 이상의 기본적인 연구 계획은 당연히 모든 국제정치 학도들의 궁극적인 관심사인 3차원의 분석—개인, 집단, 국제체제—과 관련 있다.[17]

02

인간의 본성과
정치

Human Nature and
Politics

인간의 본성에 관한 믿음들은 정치학의 이론적 주장들의 기본 구성요소(building block)이며, 자유주의도 예외가 아니다. 자유주의의 핵심적인 주장들도 역시 모든 인간들에게 공통으로 적용될 수 있는—개인들마다 달라지는 속성과는 반대되는—인간의 본성에 대한 몇 가지 가정들에 근거하고 있다. 그렇기 때문에 자유주의를 평가하기 위해서 우리는 우선 자유주의가 인간의 본성에 대해 어떻게 말하고 있는지를 묘사하고 그 같은 주장들이 우리가 이해하고 있는 인간의 조건들과 맞아떨어지는 것인지를 판단해보아야 한다.

프랑스의 보수주의 사상가 조세프 드 마에스트르(Joseph de Maistre)는 "인간이라고 불릴 수 있는 것은 세상에 없다. 나는 내 생애 동안 프랑스인, 이탈리아인, 러시아인 등등을 보았을 뿐이다. 몽테스키외(Montesquieu) 덕분에 나는 어떤 사람이 페르시아인이 될 수 있다는 사실을 알았다. 그러나 나는 내 인생을 사는 동안 결코 그냥 인간을 만난 적은 없었다고 선언한다. 만약 그런 인간이 있다면 나는 그런 인간을 결코 만난 적이 없다."[1]고 선언했다. 사람들만큼이나 서로 다른 나라의 국민들 간에도 큰 차이가 있으며, 그 차이는 이 책이 주장하는 논점의 핵심적 부분이다. 그러나 어떤 특성들은 거의 모든 인간들에게 영구적이고 뚜렷하게 나타나는데, 이러한 특성들은 자유주의를 평가하고 자유주의와 민족주의 및 현실주의와의 관계를 평가하기 위한 단순한 정치 이론의 미시적 근거를 제공할 수 있다. 이 장에서 나의 주요 목표는 인간의 본성과 정치에 관한 나의 생각을 제시하는 것이다.

나는 두 가지 단순한 가정으로부터 출발하고자 한다. 첫 번째는 인간의 비판 능력(Critical Faculties)과 관련된 것이다. 인간이 사고(思考)할 수 있는 능력을 가지고 있다는 사실은 의심할 필요가 없다. 그러나 이 능력은 상당한 제약 조건들 아래 놓여 있는데, 특히 좋은 삶을 구성하는 것이 무엇인가에 관한 본질적인 질문에 당면할 경우 그러하다.

모든 사람은 개인들에게 있어서 가장 중요한 목표는 살아남는 것(生存)이라는 데 동의한다. 생존하지 못하면 다른 목적을 추구할 수 없기 때문이다. 그러나 살아남는다는 것을 넘어서면 사람들은 중요한 윤리적, 도덕적, 정치적인 질문들에 대해 대단히 서로 다른 대답들을 하게 되는데 이처럼 서로 다른 대답들은 우리의 일상적인 삶에 대단히 큰 영향을 미치게 된다. 첫 번째 원칙(first principle)들에 대한 이러한 차이들은 때로 너무 열정적이 되어서 죽음을 초래할 정도의 갈등을 유발하는 요인이 되기도 한다. 폭력을 야기할 수 있는 잠재적 가능성은 개인들로 하여금 서로를 두려운 존재로 인식하게 하고, 스스로의 생존에 대해 걱정하도록 만든다. 이러한 관점은 개인들 사이에서는 물론 사회들 사이에도 적용된다.

　나의 두 번째 가정은 인간은 본질적으로 사회적 존재라는 것이다. 인간은 외로운 늑대처럼 혼자서 살아갈 수 없으며, 자신의 개인주의를 주장할 수 있기 이전에 사회적인 집단 혹은 그들의 동질감(identity)을 형성시켜주는 사회에서 태어날 수밖에 없다. 더 나아가 개인들은 그들이 소속된 집단에 강력한 귀속감을 보이며, 때로 동료들을 위해 기꺼이 대단한 희생을 할 의지를 보이기도 한다. 인간들은 본질적으로 부족적(tribal)이라고 말할 수 있다. 우리의 사회적 본질은 생존하기 위해 가장 좋은 방법은 홀로 사는 것이 아니라 사회에 포함되어 다른 사람들과 함께 살아가는 것이며, 동료들과 협력하는 데 있다. 이렇게 말하는 것이 개인들이 때때로 이기적으로 행동하고, 집단 내의 다른 구성원들로부터 이익을 갈취하려 하는 경우가 결코 없다는 것을 의미하는 것은 아니다. 그러나 일반적으로 보았을 때 협력적인 행동이 개인주의적 행동을 압도한다. 사회 집단은 생존을 위한 도구이다.[2]

　혹자들은 개인들이 본질적인 신념에서 그토록 큰 차이를 보이고 합의를 이루기 힘든데 어떻게 제대로 기능하는 사회를 만들 수 있을지에 대해 의문을 가질 수 있을 것이다. 내가 제시한 두 가지 핵심적인 가정(assumption) 사이에 긴장이 존재한다는 사실을 부인할 수 없다. 그렇기 때문에 사회 집단들은 때로 와해되기도 하며, 그것은 또한 왜 지구 전체가 결코 통일된 하나의 사회가 될 수 없는지에 대한 이유를 말해준다. 그럼에도 불구하고 지구에 인간이 처음 나타나서 살기 시작한 이래, 인간들은 오랫동안 사회 집단으로서 함께 살아갈 수 있는 능력을 보유해왔다.

사회가 하나로 유지되기 위해서는 우선 '좋은 삶'이란 무엇인가에 대해 개인들의 생각에 상당한 공통 부분이 존재해야 한다. 그리고 심각한 의견 불일치가 야기될 수밖에 없는 경우, 인간들은 서로의 견해를 존중할 수 있어야 한다. 이 같은 차이점이 존재함에도 불구하고 사회 집단 내부에서 첫 번째 원칙들에 대한 상당 수준의 합의가 이루어질 수 있는데, 이는 구성원들이 대개 궁극적 가치에 대한 다양한 종류의 믿음을 포함하는 공통의 문화를 공유하고 있기에 가능한 것이다. 일반적으로 사람들은 태어날 때부터 사회화되며 그들의 문화를 공경(venerate)하게 된다. 즉 그들은 어떤 특정한 핵심적 원칙들을 존중하도록 사회화되는 것이다. 문화는 개인들이 사회 속에서 함께 존재할 수 있도록 엮어주는 일종의 끈끈이 풀과 같은 역할을 한다.

그러나 문화 그 자체만으로는 충분하지 못하다. 서로 소통하며(intact) 존재하기 위해서 사회는 반드시 집단 내의 행동들을 통제할 수 있는 정치 제도를 갖추어야 한다. 사회는 집단의 구성원들이 어떻게 함께 살아갈지를 규정(stipulate)할 수 있는 규칙을 필요로 할 뿐만 아니라 그 규칙을 강제적으로 집행할 수 있어야 한다. 이는 일반적으로 사법 제도의 형성을 의미하는 것인데 "법에 의한 지배"(법치, 法治)를 기본으로 한다. 사회 집단들은 외부의 다른 사회 집단들이 야기하는 위협으로부터 생존하기 위해서도 정치 제도를 갖추어야 한다. 이러한 정치 제도들은 폭력의 수단을 장악해야만 하는데, 그래야만 사회 내에서 규칙을 강제할 수 있고 외부로부터의 위협도 막아낼 수 있기 때문이다.

정치 제도와 함께 정치가 생겨나며 그것은 어떤 사회라도 일상생활에서 가장 중요한 요소 중 하나다. 정치란 본질적으로 집단을 통치하는 규칙을 누가 만드는가에 관한 것이다. 이러한 책임은 대단히 중요한데 어떤 사회의 구성원일지라도 그들 사이의 이해는 갈등적일 수밖에 없으며, 그들이 결코 첫 번째 원칙들에 대해서 합의를 이룰 수도 없기 때문이다. 인생사에 나타나는 이 같은 본질적인 사실을 염두에 두고 분석한다면, 어떤 특정 파벌이 규칙을 만들고 그 규칙을 해석한다는 것은, 그 특정 파벌이 그들 자신의 이익을 위한 것이거나 사회에 관한 자신들의 비전을 반영하는 것이지 경쟁 상대의 이익 혹은 비전을 반영하는 것은 아닐 것이다. 물론 어떤 파벌이 경쟁에서 승리할 것인가를 결정하는 주요한 요인은 힘(權力, power)일 것이다. 어떤 개인 혹은 집단이 권력을 위한 더 많은 자원을 보유하고 있을 경우, 그들이 통치제도를 장악할 가능성은 더 높아진다. 요약하건대, 이성적 사고가 전적으로 지배하지 않는 세계에서 누가 규칙을 쓰고 강요할지는 일반적으로 힘의 균형(balance of power)에 의해 결정되게 된다.

사회적 집단들이 기능하기 위해 궁극적으로 정치가 필요하다고 보는 한, 인간은 사회적 존재라고 말하는 것은 인간은 정치적 존재라고 말하는 것이나 마찬가지다. 이 같은 관점은 당연히 때로 홉스적(Hobbesian)인 세상에서 혼자 돌아다니는 것으로 잘못 묘사된 수렵-채집 시대의 인간들에게도 해당된다. 실제로 그 같은 인간들은 권력과 지배와 파벌—즉 정치—이 회피될 수 없는 작은 집단에서 함께 살았다. 인간 조건의 정치적, 사회적 차원은 함께 병존한다. 좋은 삶을 산다는 것이 무엇을 의미하는가라는 질문은 당연히 사회적인 문제이면서 정치적인 문제이다. 나는 이 책에서 사회적 집단(social group)이라는 말을 자주 사용할 예정인데, 이 단어는 사회정치적 집단(sociopolitical group)을 줄여서 말한 것과 같다.

정치는 스스로 통치하는 사회적 집단들의 관계에서도 사활적으로 중요하다. 그러나 집단들 사이에는 상호 간에 행동을 규정하고 그것을 믿을 수 있을 정도로 강제할 수 있는 권위(權威, authority)를 가진 상위의 정치 제도가 존재하지 않는다. 규칙을 작성할 수 있는 힘은 사회 내부에서 특히 더 중요하기 때문에 사회 집단들 사이의 차원에서는 덜 중요한 것처럼 보인다. 그러나 집단들 간의 관계를 설정하는 데 있어서도 힘은 대단히 중요하다. 더 강한 힘을 보유한다는 것은 어떤 집단이 다른 집단과 견해가 다를 경우 자신의 견해를 밀어붙일 수 있음을 의미하기 때문이다. 무엇보다도 우월한 힘은 한 집단이 다른 집단으로부터 야기되는 위협을 방어하고 자신의 생존을 보장할 수 있게 한다. 그래서 독립적인 사회 집단들은 힘(권력)을 확보하기 위해 투쟁한다. 집단들 사이의 정치는 결국 각 집단들이 자신의 상대적인 힘을 어떻게 증대시키느냐 여부에 그 모든 것이 귀결된다.

사회적 집단들은 팽창하려는 속성을 가지고 있기 마련인데, 이는 더 큰 규모는 다른 집단에 대해 상대적으로 더 큰 힘을 보유할 수 있게 하며, 그럼으로써 집단의 생존 가능성을 높이기 때문이다. 집단들은 다른 이유로도 확장하려는 경향을 갖는다. 예로서 그들은 자신들이 진정한 종교 혹은 정치 이데올로기를 가졌다고 믿을 수 있으며, 자신들의 자랑스러운 청사진을 다른 사회 집단에 수출하려는 십자군적 의도를 가질 수 있다. 집단들은 주로 다른 집단을 점령함으로써 확대될 수 있지만 때로 공통의 이익을 가진 집단들이 자발적으로 통합하는 경우도 있다. 정복자들은 일반적으로 패배당한 집단을 지배하거나 그들의 자율성을 박탈하고 혹은 그 집단을 자신의 집단으로 흡수해버린다. 승자는 때로 패배한 집단을 완전히 소멸시켜버리기도 한다. 어떤 집단이 어느 정도까지 확대될 수 있느냐에 대해서는 한계가 존재하는데, 왜냐하면 잠재적인 희생자들은 언제라도 다른 집단의 확장에 대해 저항하고 자신의 생존을 확보하려고 노력할 것이기 때문이다.

요약하겠다. 나는 인간의 본성에 대해 두 가지 가정으로부터 출발한다. 첫 번째 원칙들에 대한 우리의 사고 능력에는 심각한 한계가 있다는 점과 우리는 본질적으로 사회적 동물이라는 점이다. 이 두 가지 가정들은 서로 합쳐져서 세상에 관한 세 가지 중요한 사실을 도출해낸다. 첫째, 세상은 각각 독특한 문화를 갖춘 상당히 많은 숫자의 사회적 집단들로 가득 차 있다. 이 같은 상황이 가까운 장래 혹은 먼 훗날에는 변화되리라고 기대할 만한 근거는 없다. 그 결과 인간이 지닌 이러한 중요한 보편적 속성들은 우리를 그 특수성(particularism)에 의해 서로 구별되는 세계로 이끈다.

둘째, 사회적 집단들은 정치 제도를 건설하는 것 외에는 다른 선택 방안이 없는데, 이는 정치와 권력은 사회 내부에서의 삶은 물론 사회 집단들 사이의 삶에도 핵심적으로 존재하는 것이기 때문이다. 셋째, 개인은 물론 사회 집단의 경우에도 생존(生存, survival)은 그 무엇보다도 중요한 가치라는 점이다. 이 같은 사실은 인간 역사를 관통하는 것이다.

나의 주장을 구성하는 기본적인 요소들을 자세히 논하기에 앞서 몇 가지 중요한 개념들에 대해 정의를 내려야 할 필요가 있다.

핵심적 정의들
Key Definitions

다음에 이루어질 논의들은 대략 다섯 가지 기본적 개념을 주제로 삼는다. 문화, 집단, 정체성(identity), 정치 제도 그리고 사회다. 이 중에서 적어도 두 가지—문화와 정체성—개념은 너무 포괄적이어서 정의하기가 쉽지 않다. 놀라운 일도 아니지만 이 두 가지 개념은 학술적 문헌들 혹은 대중적 논의에서 다양한 의미로 사용되고 있다. 그렇기 때문에 내가 여기서 어떤 의미로 이런 용어들을 사용할 것인지에 대해 가능한 한 정확히 설명하는 것이 반드시 필요하다.

이 개념들은 상호 밀접하게 연계되어 있으며 분리하기도 어렵다는 사실을 먼저 말해야겠다. 예로서 혹자는 문화, 정체성 그리고 사회는 각각 촘촘한 그 물망의 일 부분이라고 주장할 수 있을 것이다. 이들은 확실히 서로 겹친다. 그렇지만 나는 나의 핵심적 주장들을 더 쉽게 이해할 수 있는 것으로 만들겠다는 희망으로 이 개념들을 각각 조심스럽게 정의하고자 한다.

사회란 일상적이고 조직화된 방식들로 지속적으로 상호작용하는 사람들로 이루어진 큰 집단이다. 사회 구성원들은 상호 의존적으로 살아가며, 그렇기 때문에 일부 사람들은 사회라는 용어를 공동체와 같은 의미로 사용하기도 한다. 모든 사회들은 자신들만의 독특한 문화를 보유하고 있으며 일반적으로 특정 영토를 차지하고 있다. 이들 대부분은 주권을 가진 정치적 실체인데, 이는 이들이 자신의 운명을 스스로 통제한다는 의미다. 일부 사회들은 주권을 가지고 있지 못한 채 큰 정치 질서의 일 부분으로 존재하기도 한다.

문화는 어느 사회에서든지 그 기초가 되는 관계의 양식에 의미를 부여한다. 문화는 오직 사회라는 맥락에서만 존재한다. 나의 어법에 의하면 문화란 사회의 심장 속에 놓여 있는 공유된 실천과 믿음의 집합이다. 실천(practice)에는 관습(custom), 의례(rituals), 의복(dress), 음식, 음악, 통상적 순서와 방법(routines), 상징(symbols), 그리고 사람들의 언어가 포함된다. 문화에는 미묘한 몸짓(subtle gesture), 버릇(혹은 타성, mannerism), 사람들이 상호 작용하는 소통 방식과 인생을 헤쳐나가면서 살아가는 방안도 포함된다. 프랑스의 사회학자 피에르 브르디외(Pierre Bourdieu)는 이것들을 습관(habitus)이라고 통칭하고 있다.[3] 다른 한편으로 한 사회의 믿음은—그 사회의 정치적, 사회적 가치들로 구성되며, 도덕과 종교 그리고 사회의 역사에 대한 관점을 의미하는—첫 번째 원칙들과 관련 있다. 이것들은 어떤 특정 사회가 무엇이 좋은 삶을 구성하는가를 결정할 수 있게 한다. 문화는 역시 교회 혹은 축구 경기장과 같은 시민적인 제도를 포함하며 실천(practice)과 믿음(belief)을 반영한다.

문화는 한 사회가 다른 사회와 구분될 수 있는 특징을 제공한다. 그러나 때로 특정한 양태(樣態)들은 결코 완벽하게 겹쳐지는 것은 아닐지라도, 상호 공유되는 경우도 있다. 문화가 서로 구분되는 이유는 지구 상에 사는 사람들이 서로 다양한 삶의 경험과 역사를 가지고 있기 때문이다. 다른 말로 한다면, 환경(environment)은 인간 행동을 형성하는 큰 요인이 된다. 인간들은 또한 자율성을 갖고 있다. 즉 그들은 자신의 삶을 사는 최선의 방법을 결정할 수 있는 판단력을 가지고 있다. 그러나 서로 다른 사회에 살고 있는 사람들은 종종 첫 번째 원칙들에 대해 서로 다른 결론을 내린다. 그것은 문화가 서로 상이하기 때문에 나타나는 또 다른 차이들이다. 이렇게 말하는 것이 문화들은 진화하고(evolve) 때로는 극적으로 변화한다는 것을 부인하는 것은 아니다. 역사는 나아가면서 끊임없이 새로운 환경과 새로운 이념을 가져오며, 서로 다른 문화들은 이 같은 변화에 상이하게 반응한다.

서구의 엘리트들이 "지구 사회(global society)" 혹은 "인간 사회(human society)"를 말할 경우, 이는 지구 전체의 문화적인 차이가 엄청나게 줄어들었다는 의미를 담고 있다. 지난 200년 동안 산업혁명, 세계화, 영국과 미국의 세계적인 영향력 등을 통해 세계가 동질화된 부분이 없지는 않지만, 아직 지구 사회의 전제 조건이 되는 보편적 문화(universal culture)라고 부를 수 있는 것이 만들어지지는 않았다. 맥도날드와 스타벅스가 세계적으로 확산되고 세계의 수많은 지식인들이 영어를 말할 수 있게 되었다고 할지라도 세계가 문화적으로 동질성을 이룩하게 된 것은 아니다. 세계에는 아직도 다양한 문화가 풍부할 정도로 많으며 그들은 다양한 사회의 토대를 이루고 있다. 단일성이 아니라 다양성이 현재 지구 문화의 더욱 우세한 현상이다. 그렇기 때문에 지구 사회 혹은 인류 사회라는 용어는 유용한 용어가 되지 못하고 있다.

집단은 상호 간 규칙적으로 관계를 맺고 있는 개인들의 모임이며, 동류 의식을 가지고 있고, 많은 같은 생각을 공유하고 있으며, 공동의 목표를 가지고 있다. 비록 사회는 분명히 집단이라고 볼 수 있지만 그 개념은 탄력적이어서 온갖 종류의 사람 무리들을 포함한다. 그러나 나의 초점은 자신들의 정치적 제도를 갖추고 있는 대규모 사회 집단에 맞춰져 있다. 그래서 이 책에서 집단이라고 말하는 경우 그것은 사회와 같은 의미로 쓰이게 될 것이다.

정체성(identity)은 대단히 사회적인 개념으로서 개인 혹은 집단들의 자아(自我)에 대한 인식을 의미한다. 나는 누구인가? 혹은 우리는 누구인가?[4] 정체성은 주로 "타자"와의 관계에 의해 정의된다. 개인적인 차원에서 정체성이란 개인이 다른 개인 혹은 집단과 관련하여 자신을 어떻게 생각하는가를 의미한다. 물론 개인들은 그들이 여러 집단에 소속될 수 있는 것처럼 다양한 정체성을 갖는 일이 가능하다. 여기서 나의 초점은 한 사회 속에서 개인이 다른 개인과 어떤 관계를 갖는가 여부에 맞춰진다. 물론 개인의 정체성은 그가 속한 사회의 문화에 의해 깊은 영향을 받을 것이다. 왜냐하면 문화는 집단에 속한 모든 구성원들이 일상적으로 관련될 수밖에 없는 일단의 관행 및 신념을 제공하며, 구성원들로 하여금 그들을 유사한 사람들로 생각하도록 장려하기 때문이다. 그럼에도 불구하고 각 구성원들의 정체성은 다른 사람들과의 중요한 차이에 의해 다르게 형성된다. 어떤 사회의 개인들이라도 서로 다른 능력과 선호를 가지고 있고 다른 집단들과 연계될 수 있으며, 이 같은 사실은 그들이 타자와의 관계에서 자신들을 어떻게 생각하는지에 영향을 미친다. 개인의 정체성은 간단하게 정의될 수 없는 것이다.

사회 그 자체의 정체성은 어떠한가? 어떤 큰 집단의 자아에 관한 인식은 어떻게 그 집단의 신념이나 행동이 그 집단을 다른 사회와 구별짓는가에 달려 있다. 즉 한 사회의 문화와 그 정체성은 불가피하게 밀접히 연계되어 있다. 이 책에서 나는 지구 상의 가장 막강한 사회 집단인 국가 및 국가의 정체성에 대해서 특별한 관심을 기울이고자 한다. 현대 세계에서 개인의 정체성은 전적이라고 말할 수는 없을지라도 압도적으로 그가 속한 국가가 지닌 문화의 영향을 받는다고 말할 수 있다.

마지막으로, 정치 제도란 일상생활을 규정하고 질서를 유지하는 규칙을 만드는 통치 기구를 의미한다. 이러한 통치 기구는 상이한 수준들에서 작동하지만, 한 사회에는 모든 것을 아우르는 정치적인 권위가 존재해야만 한다. 어떤 사회도 효과적인 정치 제도 없이는 생존할 수 없다. 물론 문자가 존재하기 이전의 사회에서는 관습적인 행동과 규범들이 성문화된 규칙과 정식의 통치 제도를 대신했을 것이다.[5] 그러나 이 책에서 나는 보다 현대적인 사회에 초점을 맞추고자 한다.

이제 인간의 본성에 관한 나의 주요한 전제들로 돌아가보자.

이성의 한계와 좋은 삶
The Limits of Reason and the Good Life

인간은 다른 모든 동물과 달리 이성적이고 비판적으로 생각할 능력을 가지고 있으며 그 결과 지구를 지배할 수 있게 되었다. 그리고 인간의 이 같은 능력은 세상이 어떻게 작동하는가에 관한 그럴듯한(impressive) 이론들을 만들 수 있게 했다. 그러나 인간이 합리적으로 사고하는 능력에는 한도가 있으며 이는 정치적, 사회적인 삶에 중요한 결과를 초래한다. 그 같은 한계의 하나가 바로 우리는 무엇이 좋은 삶을 구성하는가에 관해 공통의 견해에 도달하지 못하고 있다는 사실이다. 이 같은 사실은 때로 사회 집단들뿐만 아니라 개인들이 서로 미워하고 상대방을 해치려 하게 만들며, 결국 다른 개인들이 자신의 생존에 관해 우려하지 않을 수 없는 상황을 조성하게 된다.

우리의 선호와 그것을 성취하기 위한 가장 훌륭한 전략이 무엇인지를 구분하는 일이 중요하다. 이들 차이점은 다음의 두 질문에 반영되어 있다. 첫째, 우리의 선호는 합리적인 것인가? 그리고 그 목적들은 우리의 생존 가능성을 높이거나 혹은 다른 측면에서 의미를 가지고 있는 것일까? 둘째, 우리는 우리의 목표를 달성하기 위해 전략적으로 행동하는 것일까? 이 같은 두 가지 종류의 합리성은 때로 각각 중요한 것을 다루는 실체적(substantive) 합리성과 도구적 합리성으로 불린다. 나의 중요한 관심은 중요한 것을 다루는 실체적 합리성에 관한 것이며, 이것은 정치 현상을 이해하는 데 더 중요하다. 물론 도구적 합리성 역시 나의 이야기에서 중요하다. 왜냐하면 도구적 합리성은 정부가 사회공학적 역할을 효과적으로 수행하는 것과 직결되는 일이기 때문이다. 이 주제에 관해 의견 일치는 물론 존재하지 않는다.

우리의 선호에 관한 핵심적 질문들이 존재한다. 이성은 우리에게 좋은 삶이란 무엇이라고 말해줄 수 있는가? 이성은 우리는 어떻게 행동해야 하고, 어떻게 우리 삶을 영위해야 하며, 사회는 어떻게 조직되어야 하고 어떤 규칙이 구성원들의 행동을 지배해야 할 것이라고 가르쳐주는가? 우리가 지닌 판단력은 모든 개인과 사회가 당면하게 되는 기본적인 윤리적, 도덕적, 정치적 질문들에 대해 무엇을 말해주는가? 우리는 어떻게 올바른 것과 그른 것을 구분할 수 있는가? 이상의 모든 질문들은 첫 번째 원칙들, 즉 우리가 어떻게 생각하고 행동해야 하는가에 대한 본질적인 지침과 관련 있다.

질문들을 좀 더 구체적으로 말해보자. 이성은 우리에게 어떤 종교가 —만약 그런 종교가 있다면—우리의 일상적인 삶을 영위해 나가는 진정한 안내자가 될 수 있다고 말해주는가? 우리는 이상적인 정치 체제에 도달하는 방법을 이성적으로 생각해낼 수 있는가? 우리의 판단력은 낙태, 차별철폐 정책(affirmative action) 혹은 사형제도 등에 관한 논쟁에 종지부를 찍어 줄 수 있는가? 우리의 판단력은 개인의 권리, 즉 한 개인의 언론의 자유가 다른 개인의 사생활(privacy)을 향유할 권리와 충돌할 때 나타나는 갈등을 해결해줄 수 있는가? 이성은 우리가 외부인들을 우리 사회의 구성원들과 다르게 대우해야 하는지에 대해 어떻게 보는가? 혹은 다른 나라들과 전쟁하는 것이 용인되는 경우는 언제인가? 이 질문들은 사회는 어떻게 조직되어야 하고 그 구성원들은 어떻게 행동해야 하는가에 관한 몇 가지 질문일 뿐이다.

우리는 태생적으로 사회적 존재이기 때문에 이 같은 질문들을 회피할 수 없다. 우리는 서로 어떻게 함께 살아갈 것인가에 대해 생각하는 것 외에 다른 방도가 없으며, 그런 과정이 결코 장기적인 동의에 도달할 수 없다고 할지라도, 공동선(共同善, common good)에 관한 공유된 인식을 발전시키지 않을 수 없다. 레오 스트라우스(Leo Strauss)는 다음과 같이 말한 적이 있는데 그렇게 큰 과장은 아니다. "모든 정치적 행동은 그 자체로 무엇이 선(善), 즉 좋은 삶 혹은 좋은 사회인지 표명하는 것이다."[6] 사람들은 핵심적인 문제들에 대해 자신의 견해를 말할 기회가 별로 없으며, 때로 그런 문제에 당면하는 일을 회피하려고 한다. 그러나 어떤 사회라도 이 같은 문제에 어떤 방식으로든 대처하지 않을 수 없다.

개인들의 행동의 지침이 되는 도덕적 원칙들을 구성하는 경우를 생각해 보자. 도덕적 행동을 구성하는 것이 무엇인지에 대해 합의가 없다면 어떤 사회도 효과적으로 기능할 수 없다. 어떤 사회라도 협력을 도출해내는 규칙은 그 사회의 도덕률(code)에 근거한다. 세계적인 법률 이론가로서 도덕적 원칙에 근거한 법률적 결정을 별로 좋아하지 않는 리처드 포스너(Richard Posner) 판사조차도, 도덕은 "사회생활의 일반적 특징이며 수많은 법적 원칙의 배경이다."라고 말했다.[7]

이성(理性)이 세상을 지배한다
Reason Rules the World

다수의 사람들은 거의 모든 개인들이 확인할 수 있는 객관적인 첫 번째 원칙들의 집합이 존재한다고 믿고 있다.[8] 다른 말로 한다면, 이성은 인간들에게 무엇이 좋은 삶을 구성하는 것인가에 대해 대체적인 합의를 이룰 수 있는 능력을 부여한다는 것이다. 만약 우리 중 일부가 스스로의 능력만으로는 무엇이 좋은 삶을 구성하는지 잘 모를 경우, 그들은 다른 사람들의 협력을 얻어 좋은 삶에 대한 생각을 명료하게 만들 수 있다는 것이다. 이는 이성은 사실과 논리를 특별히 중시하고, 체계적인 사고를 방해할지 모르는 문화적 혹은 사회적인 요인으로부터 거의 영향을 받지 않기 때문에, 그러한 이성은 거의 모든 사람들이 유사한 진리를 도달할 수 있게 한다고 가정하는 것이다.[9]

이성에 대한 믿음은 유럽 역사에서 1650년부터 1800년까지 이어진 계몽주의 시대에 특히 현저하게 나타났었는데, 이 시대는 이성의 시대(Age of Reason)라고도 불린다.[10] 당시 많은 유럽의 지성인들은 프로테스탄트 개혁의 결과 발발한 장기적인 종교 전쟁들에 경악했으며, 종교는 서서히 '소멸될 세력'으로 보기 원했고, 과학과 교육의 성장은 인간들에게 좋은 삶이란 무엇인가에 대한 궁극적인 진리를 인식할 수 있는 도구를 제공하게 될 것이라고 믿었다. 이성의 힘은 신앙의 힘을 능가하는 승리를 거둘 것이고, 종교가 해답을 제시하지 못했던 당대의 수많은 문제들에 대해 해결책을 제시할 것이라고 믿었다. 좋은 삶에 관한 객관적인 진리는 가능할 것이라고 생각되었다.

프랑스의 철학자 니콜라 드 콩도르세(Nicolas de Condorcet)는 1794년에 간행된 자신의 책 『인간의 마음에 대한 역사적 스케치』에서 이처럼 낙관적인 관점을 개진했는데, 그의 목표는 "이성과 사실을 통해 인간의 능력이 증진되는 데에는 한도가 없다는 사실을 보여주고, 인간의 완전함은 절대적으로 무한정한 것이며… 자연이 우리에게 가져다준 지구가 존속하는 한 인간 능력의 증진에는 한계가 없을 것"[11]임을 알리는 것이었다. 1793년 영국의 철학자 윌리엄 고드윈(William Godwin)은 "인간은 완벽하다."고 말하고 정의(Justice)에 대한 우리의 이해는 궁극적으로 정부의 존재가 불필요해지는 수준에까지 이르게 될 것이라고 말했을 정도였다.[12] 계몽주의 시대의 철학자들 대부분의 주장은 보다 온건하기는 했지만, 그들은 대체로 인간의 이성은 인간의 조건을 현저하게 증진시킬 수 있는 능력을 보유하고 있다는 사실에 대해 대단한 신념을 가지고 있었다.

우리의 판단력에 대한 믿음은 지난 두 세기 동안 많이 약화되었다.[13] 비록 같은 기간 동안 과학이 대단한 발전을 이룩했음에도 불구하고 무엇이 좋은 삶을 대변하는지에 대해 일관되고, 보편적으로 받아들여질 수 있는 이해에 도달하는 데 거의 아무런 진전이 없었다. 개인들은 여전히 핵심적인 가치에 대해 다른 생각을 갖고 있고, 가장 좋은 사회가 무엇이냐에 대해서도 서로 다른 관점을 갖고 있다. 그리고 이러한 대립되는 생각들은 대개 서로 양립하기 어렵다. 정치 철학자 알래스데어 매킨타이어(Alasdair MacIntyre)는 인간들이 첫 번째 원칙들에 대해 합의를 이루는 데 거의 아무런 진전을 보이지 못하는 현실을 파악하고 있었다. "오늘날 도덕적 언사(言辭, utterance)의 가장 놀라운 특징은 그 대부분이 견해가 일치하지 않음을 표현하기 위해 사용된다는 점이다. 또한 그러한 의견 불일치가 표현되는 논쟁의 가장 현저한 특징은 그것이 끝없이 계속된다는 사실이다. 나는 이 같은 논쟁이 영원히 지속된다거나—비록 영원히 지속될지라도—그 논쟁들이 명백히 어떤 종착역도 찾을 수 없다고 말하는 것은 아니다. 우리 문화 속에서 도덕적인 합의를 이룩하는 합리적인 길은 존재하지 않는 것처럼 보인다."[14]

그러나 많은 사람들은 압박을 받게 되면, 합의될 수 있는 보편적 원칙들이 있으며 그 원칙들이 무엇인지 알 수 있다고 주장한다. 객관적 진리에 대한 이러한 믿음의 힘은 어떤 인간들이 도덕적으로 상대주의자—인생의 큰 문제들에 대해 올바르다거나 그른 답은 있을 수 없다고 믿는 사람들—라고 비난받는 경우 종종 표면적으로 나타나게 된다. 대부분의 경우 인간들은 이 같은 비난에 격렬하게 저항할 것이다. 상대주의자들은 허무주의자(Nihilist)라고 비난당할 경우가 있는데, 이는 그들이 어떤 형태의 행동이라도 기꺼이 용인하려고 한다는 것을 의미하고, 니힐리즘의 사악함은 거의 보편적인 합의에 해당하는 소수의 도덕적 기준 중 하나이다. 그러나 서로 다른 사람들은 같은 질문들에 대해서 서로 다른 방식으로 대답하며 그들의 대답 중에서 선택을 하기 위한 어떤 기제(機制, mechanism)도 존재하지 않는다. 질문이 더 구체적일수록 의견 불일치는 더욱더 커진다. 어떤 사람이 올바른 해답을 가지고 있는지를 결정한다는 것은 불가능한 일이다. 모든 것은 개인적인 선호 혹은 의견일 뿐이다.

상대주의라는 비난을 회피하기 위한 똑똑한 대책은 첫 번째 원칙들에 대한 객관적인 합의가 존재하고, 자신은 그것들이 무엇인지를 알고 있지만 다른 모든 사람들이 그것들을 인식하도록 설득할 수는 없다고 주장하는 것이다. 나와 견해를 같이하지 않는 사람들은 틀렸는데도 그런 사실을 인정하지 않으려 한다는 것이다. 이 같은 방식의 주장은, 많은 사람들이 명시적 혹은 묵시적으로 그렇게 하고 있는 것인데, 그들로 하여금 상대주의자라는 비판에서 벗어날 수 있게 해 준다.

이러한 관점은 이성을 활용해 보편적이거나 혹은 널리 받아들일 수 있는 좋은 삶에 대한 이해를 도출해내는 우리의 집단적 능력에 관해 무엇을 말해 주는가? 이것은 판단력(critical faculties)이 도덕적인 진리를 발견하도록 도울 수 있다고 믿는 것은 스스로를 속이는 것에 지나지 않는다는 사실을 말해 준다. 이성은 그 자체만으로 이러한 근본적인 질문들에 대해 답을 주지 못한다. 이성은 세상을 지배하지 못한다. 이성은 수 많은 개인들이 그들의 핵심적인 선호에 대해서 의견일치를 이루도록 도와주는 데 있어 제한적인 가치를 지니고 있다.

우리의 견해는 얼마나 다른가
How Little We Agree

이성의 한계를 묘사하기 위해 이성이 도덕적, 윤리적 문제에 큰 영향을 미치는 종교에 대해 무엇이라고 말하는지 이야기해보자. 우리의 판단력으로 세계의 수많은 종교 중에서 어떤 종교가 개인의 행동에 관해 가장 훌륭한 규칙서를 제공할 수 있는지 혹은 무신론이 차라리 더 좋은 길을 제공하는지 결정할 수 있는 방법은 없다. 우리는 가톨릭보다 개신교를 선호해야 하는가 혹은 그 반대여야 하는가를 결정할 수 있는 객관적 기준을 갖고 있지 못하다.[15] 이같은 사실은 왜 가톨릭 교도들과 프로테스탄트 교도들이 종교개혁 시대 동안 서로를 수없이 죽였는지에 관한 상당 부분을 설명해준다. 다른 종교들도 동일한 다양성을 보여준다. 시아파 무슬림과 수니파 무슬림의 간극, 혹은 보수파, 정통파, 개혁파 그리고 극 정통파 유대교의 간극을 생각해보라.

역사적 기록은 시대를 거치면서 종교들이 파편화되는 경향을 보였음을 알려준다. 특정 신도들은 기왕의 지혜가 해석하는 바에 대해 불만을 갖게 되고, 결국 갈라져 나가곤 했다. 예로서 기독교의 경우 1054년 첫 번째 큰 분열이 발생했는데, 당시 기독교 세계는 로마 가톨릭과 동방 정교회 두 개로 크게 쪼개졌다. 1517년 마틴 루터가 가톨릭 교회의 관례(practice) 95개 조항을 비판하면서 시작된 종교개혁과 더불어 두 번째 큰 분열이 일어났다. 당시의 분열은 개신교와 가톨릭의 분리였을 뿐 아니라 개신교 내에서도 수많은 분열이 야기되었다. 앵글리칸 교회, 침례교회, 칼빈주의, 복음주의, 루터 교회, 감리교회, 청교도, 퀘이커 외에도 여러 분파가 나타났다.

역사학자 브래드 그레고리(Brad Gregory)는 종교개혁 및 그 결과에 관한 중요한 연구에서 개혁가들의 첫 번째 목표는 가톨릭교회의 교리에 나타나는 중요한 하자들을 수정하는 것이었다고 주장한다. 그들의 의도는 첫 번째 원칙들에 대해 비판적으로 생각하는 것이었다. 그레고리는 그들은 "의도와 달리, 원치 않았던 의견 불일치의 다양한 원천들을 소개했고" "교리적인 논쟁은 문자 그대로 끊임없는 것"이라는 사실을 발견하게 되었다고 기술하고 있다. 이 같은 사실은 서로 다른 모습의 기독교의 확산을 초래했을 뿐만 아니라 서방 자유주의 국가들에서는 종교의 사유화를 초래했으며 이는 결국 종교의 세속화를 촉진하기도 했다. 그래서 오늘날 우리는 "현대의 초다원주의(hyper pluralism)를 구성하는, 저마다 다른 실천 방식을 지닌 세속적 혹은 종교적인 진리가 극도로 확산된 사태에 당면하게 된 것이다."[16] 요약하자면, 종교의 역사는 우리의 판단력이 핵심적인 원칙들에 대해 폭넓은 합의에 도달할 수 있게 해주리라는 믿음이 옳은 것이 아니었음을 증거한다.

일부 사람들은 미국의 법률 체계를 이성과 신중함이 선과 악에 관한 폭넓은 합의를 도출할 수 있게 하는 영역이라고 생각한다. 많은 미국 사람들은 정의(正義)란 궁극적으로 잘 정의(定意)된 그리고 잘 성립된 도덕적 원칙들에 기반을 두고 있다고 믿고 있다. 그러나 이것처럼 진실과 전혀 다른 이야기도 없다. 영미 법학 이론의 주요 분파들은 법이 보편적인 도덕적 질서에 근거를 두고 있거나 혹은 두어야만 한다는 개념을 거부한다. 이들 분파에는 비판적 법학 연구, 법경제학, 법률적 실증주의(positivism), 법률적 현실주의 그리고 자유주의적 법률주의 등이 포함된다.

예로서 법률적 현실주의자들은 판사들이 사건들, 특히 기존의 법률이 규정하고 있지 않는 사건을 어떻게 판결하는지에 초점을 맞춘다. 그들은 판사들이 이처럼 소위 처리하기 어려운 사건(hard case)에 대한 판결을 내리는 데 있어 상당한 재량권을 가지고 있으며, 그들의 판결은 궁극적으로 "공정함에 대한 판단이나 상업적 규범에 대한 고려"에 의해 결정된다고 믿는다.[17] 다른 말로 하자면, 판사들이란 실질적인 사람들이란 것이다. 판사들은 자신들의 결정이 실제 세상에서 어떤 역할을 할지에 대해 큰 관심을 가지고 있다는 의미다. 이렇게 말하는 것이 판사들의 도덕적 원칙(moral code)이 그의 판결에 영향을 미치지 않는다는 것을 의미하지는 않는다. 다만 판사들이 보편적인 도덕적 원칙에 입각해서 판결을 내리는 것만은 아니라는 사실이다.

법경제학도 같은 논리에 기반을 두고 있다.[18] 이 접근 방법을 지지하는 사람들은 판사들은 처리하기 어려운 사건들을 널리 받아들여지고 있는 도덕적 원칙에 의해서가 아니라 경제적 효율성에 입각해서 판결해야 한다고 주장한다. 이는 법에 관한 공리주의적 접근 방법(utilitarian approach)인데, 가능한 한 많은 사람들에게 좋은 것이 가장 좋은 것이라는 사실을 강조한다. 물론 모든 판사들이 한 가지 사례에 한 가지 결과만 있을 수 있다는 사실에 동의하지 않는다. 누가 궁극적인 결정자인가는 법경제학에서는 물론 법률적 현실주의에서도 중요한 문제이다.

물론 판사들은 보편적인 도덕적 원칙에 의거해서 재판해야만 한다고 주장하는 법학자들도 있다. 자연법 이론가들이 이 범주에 맞아떨어지는 사람들이다. 아마도 이 같은 입장을 가장 강력하게 주장하는 유명한 사람은 로널드 드보르킨(Ronald Dworkin)일 것인데, 그는 비록 자신의 견해가 소수 견해임을 인정하면서도, "판결(adjudication)은 그 특성상 정책보다는 원칙의 문제"라고 말했다. 그는 "영미 계열의 법률가들은 진정으로 처리하기 어려운 사건에 있어 '올바른 답'이 존재할 수 있는지에 대해 회의적인 견해를 갖고 있다."고 쓰고 있다. 그들이 회의적인 데에는 그럴만한 이유가 있다. 법률가들과 판사들이 첫 번째 원칙들에 대해 동의할 가능성이 거의 없고, 따라서 그 원칙들을 어려운 사건들에 어떻게 적용시킬 것인가에 대해서도 견해가 서로 다를 것이기 때문이다. 드보르킨에게 있어서 법원이 재판의 기초로 삼아야 할 "뿌리가 되는 원칙"은 "정부는 모든 사람들을 평등하게 대해야 한다."는 것이다. 이는 정부가 평등을 촉진하기 위해 비록 그것이 자유의 원칙을 제한한다고 할지라도 모든 사람에게 경쟁할 수 있는 동등한 자원을 제공해야 한다는 것을 의미한다. 이것은 정당한 관점일 수 있지만 널리 공유되는 관점은 아니다.[19]

문제는 법률 분야에서 모든 사람들(혹은 거의 모든 사람들)이 받아들일 수 있는 도덕적 코드를 찾기는 불가능하다는 점이다. 드보르킨은 "가장 좋은 해석에 관한 어떤 판사들의 의견은 그러므로 다른 판사들이 공유할 필요가 없는 믿음들의 결과일 것이다."[20]라고 말함으로써 그러한 사실을 인정한다. 어떤 판사는 자신이 도덕적인 진리를 발견했다고 생각할 수 있겠지만 그는 자신의 견해에 적극 찬동하는 다수의 다른 판사들을 찾아낼 가능성은 별로 없을 것이다. 대부분의 판사들은 올리버 웬델 홈스(Oliver Wendel Holmes)의 "절대적 진리는 환상이다."[21]라는 선언에 동의할 것이다.

판사들이 올바름과 그름에 대해 합의하지 못한다는 사실은 왜 대법관 임명을 둘러싸고 보수주의자들과 진보주의자들이 그토록 처절한 정치적 투쟁을 벌이는지를 설명해준다. 이념적으로 양편으로 갈라져 있는 사람들은 대법원이 주기적으로, 법 규정이 불분명하기 때문에, 판사의 의견에 따라 판결이 결정될 수 있는 중요한 사건들을 다루게 된다는 사실을 알고 있다. 그들은 이념적 적대 세력들이 대법원을 장악하는 걸 원치 않으며, 그래서 상대 진영의 후보가 대법관에 인준되는 것을 막기 위해 그토록 노력한다. 2005년 당시, 상원의원 버락 오바마가 존 로버트(John Roberts)의 대법원장(chief justice) 인준에 반대하는 투표를 하면서 했던 다음과 같은 언급은 이 같은 생각을 반영한다.

> 내가 당면한 문제는… 법원이 다루게 될 사건 중 법률 판례(legal precedent)와 법적 혹은 헌법적 규정을 따르는 경우, 그중 95%가 성공적으로 처리되기는 하지만… 대법원에서 문제가 되는 것은 나머지 5%의 사건이 진정으로 처리하기 어려운 사건이라는 점이다. 이 5%의

사건들은 전례와 규정, 그리고 해석을 원용한다고 해도 마라톤 경주로 치면 25마일밖에 도달하지 못하게 한다. 나머지 1마일은 판사 개인의 마음속 깊은 곳에 간직되어 있는 가치, 그의 핵심적인 관심, 세계는 어떻게 작동하는가에 관한 그의 관점, 그리고 그의 감정이입의 폭과 깊이 등에 의해 결정될 수밖에 없다. 이 5%에 불과한 어려운 사건들은 헌법의 조문이 딱 들어맞지는 않는다. 법령의 언어가 완전하게 명료하지는 못하다. 법적인 과정 그 자체만으로는 판결에 도달할 수 없다.… 이러한 어려운 사건들에서 결정적으로 중요한 요소는 판사의 마음속에 있는 그 무엇이다.[22]

경제학자들은 무엇을 좋은 삶이라고 말할까? 대부분의 경제학자들은 개인들은 자신의 판단력을 자신의 이익을 위해 100% 사용할 수 있을 것이라고 가정한다. 그러나 이 같은 가정은 도구적인 가정일 뿐 실제적이며 합리적인 것은 아니다. 경제학자들이 우리가 이곳에서 다루고자 하는 합리성의 문제에 관해, 인간들이 선호 혹은 유익(utility)을 선택하는 과정에서 이성이 동원된다고 말하는 경우가 거의 없다. 그 대신 경제학자들은 인간들의 개인적인 선호는 미리 주어진 것이라고 보며, 제시된 어떤 선호들을 선택할 수 있느냐 여부와는 관계없이 가장 적당한 전략을 찾아내는 데 주력한다. 어빙 크리스톨(Irving Kristol)이 말했던 바처럼 경제학은 "우리에게 중요하고 유용한 많은 말들을 해주지만, 좋은 사회란 무엇인가에 대한 큰 그림에 대해서는 아무 말도 해주지 못하고 있다."[23]

마지막으로 레오 스트라우스(Leo Strauss)가 좋은 삶이 무엇인지를 알아내는 우리의 능력에 대해 어떻게 생각했는지에 대해 한마디 할 필요가 있다. 그는 이 주제에 관한 탐구를 정치 철학의 중요한 목적으로 간주했다. 대단히 영향력 있는 정치사상가인 레오 스트라우스에 대한 일반적 견해는 그가 어떤 사회일지라도 가장 훌륭하고 총명한 이들에 의해 자연법과 권리에 대한 일관성 있는 체계(coherent body)가 찾아질 수 있다고 믿었다는 것이다. 선택된 소수의 인간들은 우수한 지적 능력을 사용해서 영원한 진리를 발견해내고, 이는 그들이 현명한 통치를 하도록 돕게 된다.

이것은 스트라우스의 사상을 정확하게 해석한 것이 아니다. 아마도 스트라우스가 이렇게 생각하지 않았음을 보여주는 가장 중요한 근거는 그의 방대한 저술 중에서 그는 결코 한 번도 도덕적인 진리라고 알려진 것들이 무엇인가에 대해 이야기한 적이 없다는 점이다. 이러한 빈틈을 발견한 C. 브래들리 톰슨(C. Bradley Thompson)과 야론 브룩(Yaron Brook)은 스트라우스의 제자들에게 "객관적인 진리로서 체계적이고, 세속적이고, 합리적으로 입증될 수 있는 도덕률을 분명히 밝히라고 요구했다."[24] 그들의 요구에 대한 응답은 없었다. 그러나 이처럼 절대적인 진리의 실체가 없다는 사실은 놀라운 일이 아니다. 레오 스트라우스 자신이 "본질적으로 선하고 올바른 것이 무엇이냐에 관한 어떤 진정한 지식을 얻어낼 수 없는 우리의 무능력"[25]에 대해 분명히 언급했기 때문이다. 스트라우스에게 있어서 정치 철학이란 누군가가 발견할 수 있을 것이라고 결코 약속된 바 없는 진리를 추구하는 일이다. 그는 다음과 같이 말했다. "철학이란 본질적으로 진리를 소유하는 것이 아니라 진리를 추구하는 것이다. 철학자를 남들과 다른 사람으로 인식하게 해주는 것은 '그가 그 자신이 아무것도 모른다는 사실을 알고 있다' 는 것이며, 가장 중요한 것과 관련한 우리의 무지에 대한 철학자의 통찰력은 그로 하여금 지식을 얻기 위해 온 힘을 쏟게 만든다.… 이러한 문제들에 대한 가능한 대답에 있어, 찬성과 반대는 항상 균형상태에 있게 되고, 그럼으로써 철학은 토론과 논쟁의 무대에서 벗어나지 못하게 되며, 결코 결정의 단계에 도달하지 못하게 될지 모른다.[26] 이렇게 말하는 것은 우리의 판단력이 이룩할 수 있는 것에 대한 낙관적인 관점은 아니다. 우리가 비록 지적으로 막강한 능력을 소유하고 있을지라도 말이다.

스트라우스의 글을 자세히 살펴보면, 그가 주장하려는 바는 이성의 장점은 진리를 발견해내는 데 있는 것이 아니라 기왕에 존재하는 도덕률 혹은 널리 받아들여지는 다른 믿음들에 대해 의문을 제기하는 데 있다는 것이다. 그는 언젠가 "우리가 이성을 발전시킬수록 우리는 더 큰 허무주의(nihilism)에 도달하게 된다. 이성의 크기가 오히려 작을 때 우리는 사회에 대한 보다 충성스러운 구성원으로 남을 가능성이 높다."고 쓴 적이 있다.[27] 이 같은 이성의 해체적(deconstructive) 힘에 대한 믿음은 스트라우스가 왜 정치 철학자들을 사회의 위험 요인이라고 보는지를 설명해주며, 또한 그가 왜 정치 철학은 니체(Nietzsche)와 더불어 막다른 골목에 도달하게 되었다고 믿는지를 설명해준다.[28] 다른 말로 한다면, 정치 철학은 좋은 삶이란 무엇인가에 관한 고상한 추구에 깊은 관심을 가지고 있다 할지라도 그것은 궁극적으로 자기 파괴적인 일이 되고 만다. 왜냐하면 그것은 이성(理性, reason)에 특전을 부여하기 때문이다.

진리란 왜 그렇게 모호한 것인가
Why Truth Is So Elusive

이상의 근거들로 보았을 때, 이성이 우리에게 좋은 삶이란 무엇인가를 말해주기에는 한계가 있다는 사실이 분명해 보이며, 그러한 근거는 얼마든지 늘어날 수 있다. 그렇다면 왜 그럴까? 왜 사람들은 첫 번째 원칙들에 대해 합의에 도달하기가 그렇게 어려운가? 여기에는 두 가지 중요한 이유가 있다. 첫째, 우리의 판단력만으로는 우리 모두가 당면하게 되는 핵심적인 질문들에 대해 보편적인 해답들을 찾을 수 없기 때문이다. 둘째, 우리의 선호를 결정하는 이성 이외의 다른 요인들은 심지어 우리가 인식하는 범주 밖에 놓여 있는 것인지도 모르기 때문이다.

좋은 삶에 대한 개인들의 생각은 주로 다음과 같은 세 가지 요소에 의해 형성된다. 첫째, 가장 중요한 요소는 사회화(社會化, socialization)이다. 태어날 때부터 우리의 부모 그리고 우리가 살고 있는 사회는 우리에게 옳고 그른 것이 무엇인지에 대해 융단폭격을 가한다. 우리가 배우게 되는 원칙들은 대개 우리 사회의 문화적 규범을 반영한다. 그러나 모든 사회가 서로 다른 환경에서 진화하는 것이기 때문에 각 사회들은 서로 다른 문화적 규범을 갖게 된다. 가족의 경우도 마찬가지다. 이것은 개인들이 좋은 삶이란 무엇인가에 대해 저마다 다양한 생각을 가질 수 있음을 의미하며, 그 생각들은 그들이 성장해 온 환경에 따라 달라진다는 것이다. 사회심리학자 조너선 하이트(Jonathan Haidt)는 "아이들은 자신들이 속한 문화 혹은 집단에 고유한 도덕적 관점을 갖게 된다."고 결론 내렸다.[29]

우리의 도덕적 사고 형성에 영향을 미치는 두 번째 요소는 우리가 태어날 때부터 우리 각자의 내면에 자리하는 선천적 감정(innate sentiment)이다. 우리는 태어날 때부터 별개의 태도 혹은 열정을 지니게 되는데 이것들은 우리가 살아나가는 동안 우리 사회가 우리에게 주입시키고 있는 각종 소프트웨어 패키지와는 독립적으로 우리 내부에 선천적으로 존재하는 감정에 의한 것이다. 우리는 빈 서판(blank slate) 상태로 태어나지 않는다. 다른 말로 하자면, 모든 인간은 가족 혹은 사회가 그들이 어떻게 생각해야 하는가에 대해 주입시키기 전에 이미 인생의 큰 주제들에 대해 서로 다른 성향(inclination)을 갖고 태어난다는 것이다.

이 같은 태생적인 감정들은 측정하기 어렵다. 우리는 인간의 뇌가 어떻게 작동하는지에 대해 제한된 지식만 갖고 있을 뿐이다. 그렇지만, 우리는 같은 가족 안에서 성장했고 유사한 방식으로 사회화되었음에도 불구하고 서로 다른 성격을 갖고 있고, 좋은 삶이란 무엇인가에 대해 대단히 다른 견해를 갖고 있는 개인들을 우리 주변에서 볼 수 있다. 이렇게 말하는 것이 사회화의 영향력을 부정하는 것은 아니지만 사회화만이 유일한 동인이라고 본다면, 같은 가족과 사회 속에서 살아가는 사람들은 사상적으로 보다 더 일체감이 있어야 할 것이다.

이성은 개인의 핵심적인 원칙들에 영향을 미치는 마지막 요인이다. 그것은 직관에 의존하는 사회화 혹은 감정 등과는 다른 정신적인 과정을 내포한다. 개인들은 결정을 내리는 경우 당면한 문제(matter)를 의식적으로 인식하지 않은 채 직관을 통해 결정을 내릴 수 있다. 사람들은 어떤 입장을 취해야 할지를 본능적으로 알 수 있는 경우가 있다. 때때로 이 같은 입장은 신속하게 알 수 있는데 마치 어떤 상황을 보거나 듣자마자 본능적으로 반응하는 경우다. 어떤 주제에 대해 어떻게 느껴야 하는가에 대해서 천천히 알게 되는 경우도 있다. 아마도 유사한 상황에 반복적으로 노출됨으로써 어떻게 느껴야 할지를 알게 되는 경우일 것이다. 때로는 항상 그렇게 느껴왔지만 지금 갑자기 그렇다는 인식을 새로이 가지게 될 경우도 있다. 그러나 인식이 빠르게 오든 늦게 오든, 선천적 감정과 사회화는 개인들로 하여금 자신이 여러 가지 이슈들에 대해 통찰력을 발휘할 수 있는 능력이 있다고 믿게 만든다. 그러나 이성은 본질적으로 다른 방식으로 작동한다.

이성은 인간이 결정을 내려야 할 때 그들의 직관을 배제하고 사실과 논리를 동원하도록 한다. 이성을 동원하는 인간들은 문제를 체계적이고 원칙적인 입장에서 바라보며 편견 혹은 감정이 사고 과정에 개입되지 못하게 한다. 이성적 활동은 시간이 많이 소비되는 정신 활동인데, 왜냐하면 이성적 과정은 즉각적인 반응을 거부하는 대신 어떤 주장을 하는 경우 그 주장을 어떻게 구성할지 그리고 그 주장을 어떻게 평가할지에 관한 깊은 사고를 요구하기 때문이다.[30] 물론 개인들은 심사숙고의 과정을 택하는데 그들은 어려운 이슈를 해결하기 위해 자신들이 보유한 판단력을 집단적으로 동원하기도 한다. 이성은 직관과 비교할 때 보다 더 원칙적인 형태의 추론(inference)이며, 그것은

종종 문제들에 대해 사회화에 의한 것보다 더 투명한 방식의 해답을 제시한다.[31]

감정을 배제하는 일이 성공하지 못할 때도 있다. 안토니오 다마시오(Antonio Damasio)가 분명하게 말했듯이, 당신의 판단력을 당신의 편견과 감정으로부터 완전히 분리한다는 것은 불가능한 일이며, 실제로 편견과 감정은 개인이 논리정연한 결론을 도출하도록 하는 데 도움이 될 수도 있다.[32]

비록 그 위상이 높아지기는 했지만, 이성은 우리의 선호를 결정하는 데 있어서 그 중요성이 세 가지 중에서 가장 작다. 이성은 분명히 사회화보다 덜 중요하다. 사회화가 중요한 이유는, 인간은 오랜 기간 어린 시절을 보내야 하고 가족과 사회로부터 보호받으며 양육되어야 하는데, 그동안 강력한 사회화 과정에 노출될 수밖에 없기 때문이다. 동시에 그들은 단지 자신들의 판단력을 개발하기 시작하는 단계에 있고, 그래서 그들은 스스로 생각할 준비가 되어 있지 않다. 인간들이 이성적으로 생각할 수 있는 능력이 완전히 개발된 시점에 도달했을 때, 그의 가족과 사회는 이미 그에게 엄청난 가치를 주입시켰을 것이다. 더 나아가 인간은 태어날 때부터 갖고 있는 감정이 있을 터인데 그것 역시 사람이 어떻게 세상을 보아야 할 것인가에 대해 영향을 미친다. 이 모든 것들은 인간이 도덕적 코드를 형성하는 데 제한적인 선택이 있을 뿐이라는 사실을 의미한다. 왜냐하면 올바름과 그름에 대한 사고의 많은 부분이 타고난 태도(attitude)와 사회화로부터 형성되기 때문이다.

일부 사회심리학자들은 이성은 좋은 삶이란 무엇인가에 대한 개인들의 견해를 형성하는 데 별 영향력이 없다고 주장한다. 그들의 주장을 따르면, 이성이 가장 잘할 수 있는 일은 일반적으로 보았을 때 직관에 의해 형성된 견해에 정당성을 부여하는 일이다.[33] 이 같은 관점은 영국의 유명한 철학자 데이비드 흄(David Hume)에 의해 가장 강력한 형태로 언급되었는데, 그는 "도덕적 법칙들은… 우리의 이성에 의거한 결론이 아니다."라고 말했다. 그에게 있어서

"이성이란 열정의 노예이며 또한 그래야 한다. 그리고 이성은 열정을 위해 봉사하고 복종하는 것 이상인 척하면 안 된다."[34] 흄의 이야기에 의하면, 이성적 사고가 설 자리가 있지만 그것은 도덕적인 코드가 성립된 이후의 일이며, 이성의 주요 역할은 열정을 정당화시킬 수 있는 영리한(clever) 방법을 찾는데 있다. 이것이 바로 도구적 합리성이라는 것이다. 흄의 이야기에서는 실체적 합리성(substantive rationality)은 존재하지 않는다.

흄은 사실을 과장하고 있다. 이성은 한계가 있기는 하지만 우리가 깊게 믿고 있던 바를 단순히 합리화시켜주는 일 그 이상을 한다. 예로서 이성은 우리에게 있어서 생존은 가장 중요한 목표라는 사실을 말해준다. 우리가 살아있지 않다면 어떤 목표를 추구할 수 없을 것이기 때문이다. 비록 이성은 인생의다른 목표들이 무엇이어야 하는지 결정하는 데 있어 제한적인 유용성을 가지고 있을지라도 그것은 여전히 유용하다. 이성은 상이한 직관들이 서로 충돌하는 경우 조율(arbitrate)해주는 역할을 할 수 있다. 개인의 첫 번째 원칙들이바보 같은 혹은 파괴적인 행동을 도출하는 경우, 이성은 그것들을 조정(adjust)하는 역할을 할 수 있다. 이 같은 상황은 드물지 않다. 개인들이 처한환경은 변하며, 그들은 변화된 환경에서 기존 사고 방식은 더 이상 타당하지않다는 것을 발견하기 때문이다. 마지막으로 깊은 확신을 냉혹할 정도로 분석적으로 따져볼 수 있는 능력을 가진 예외적인 사람들이 있다. 이성은 이 같은 사람들로 하여금 새로운 방식으로 세상을 바라보게 하고, 다른 사람들은그들을 따르게 된다. 우리는 자율성(agency)을 가지고 있다. 우리는 단지 사회화 혹은 우리에게 선천적으로 내재된 감정의 노예가 아니다.

물론 모든 사람이 정교한 방식으로 자기 성찰을 하는 것은 아니며, 혹은 그들이 그렇게 한다고 할지라도, 제한받지 않는 이성(unfettered reason)이 무엇이 좋은 삶을 구성하는가라는 질문에 대한 보편적인 답을 도출해낼 것이라고 생각할 수 있는 근거는 없다. 순수한 이성은 어느 정도까지만 우리를 인도

해줄 수 있을 뿐이다.

혹자는 교육―사회의 엘리트뿐만 아니라 모든 시민들을 위한―은 이 같은 문제를 해결할 수 있다고 주장할지도 모른다. 20세기 초반 미국의 철학자로서, 적절한 교육을 통해 "보통 사람들도 정치적, 경제적 지능을 꿈꾸지 못했던 수준으로 높일 수 있다."[35]고 믿었던 존 듀이(John Dewey)가 바로 이 같은 견해를 가지고 있었다. 듀이는 사회에 핵심적인 정치적, 사회적 이슈들에 대해 갈등적인 견해들이 난무하고 있다는 사실을 잘 알고 있었지만, 교육과 민주주의는 이 같은 "갈등적인 주장들"의 문제를 해소할 수 있을 것이라고 믿었다. 그는 "민주주의라는 방법은―그것이 조직화된 지혜인 한―사회의 갈등들을 공개된 장소로 끌고 나와서 그들의 특별한 주장이 무엇인지 보여주고 평가받을 수 있게 하며, 그곳에서 토론되고 판단될 수 있게 한다.… 각각의 주장들이… 더욱 공개적으로 그리고 과학적으로 평가받는다면 공공의 이익이 무엇인지 밝혀지고 또 더욱 효율적이 될 가능성이 높아질 것이다."[36]라고 기술했다.

교육을 더 많이 받을 경우, 공적인 이익에 대해 더 높은 수준의 합의를 이루어낼 수 있으리라는 믿음은 직관적으로 보았을 때 매력적이기는 하다. 그러나 자세히 살펴보면 그렇지 않다는 사실이 드러난다. 사람은 사회적 존재이기 때문에 자기 집단 내의 사람들과 강력한 유대관계를 형성하고자 한다. 자신이 소속된 집단에 대한 충성심은 집단의 지혜(group wisdom)에 감히 도전하기 어렵게 만든다. 집단사고의 힘(the power of groupthink)―강하기는 하지만 절대적인 것은 아니다―은 대부분의 사람들이 자신이 속한 사회적 집단 밖으로 나가 독자적으로 행동하고 싶어 하지 않는다는 것을 의미한다. 사람들은 자신이 정말 냉혹할 정도로 합리주의자라고 할지라도, 여러 해 동안 형성된 사회화에 기반을 둔 가정(假定)으로부터 시작하는 경향이 있다.

시민들에게 더 많은 교육을 제공하면 그들이 인생을 살아가며 따라야 할 반드시 필요한 원칙들에 대한 폭넓은 합의를 이뤄낼 것이라고 생각할 이유들은 별로 없다. 실제로는 그 반대일 가능성이 더 높다. 어떤 형태의 교육은 학생들에게 명시적으로 특정한 도덕적 견해를 가르친다. 오늘날 마드라스(종교교육을 중시하는 이슬람 교육기관—옮긴이)는 극단적 이슬람에 의해 주도되고 있으며, 과거 공산권의 마르크주의를 추종하는 대학들, 혹은 20세기 이전 미국과 유럽에 존재했던 종교에 기반을 둔 고등교육 기관들은 도덕적 삶에 대한 공식 견해를 제공했었다. 몇 가지 사례들에서 교육은 의식화나 다름없었다. 이 같은 형태의 교육은 사회 내에 이미 존재하고 있던 차이점들을 오히려 더욱 악화시키는 데 기여했다.

교육이 사람들에게 다양한 견해를 접할 수 있도록 해주는 곳에서는, 교육은 학생들에게 반대되는 견해들에 대해, 비록 그러한 견해를 존중할 수는 없다고 해도, 인내심을 가지도록 지도한다. 듀이가 규정하는 종류의 교육은 사람들의 지평을 좁히는 것이 아니라 넓혀준다. 예를 들어 현대 서구 대학들에서 대부분의 교육자들은 가치 판단적인(value laden) 문제들에 대해서 어떻게 생각해야 하는가를 가르치는 일을 회피한다. 왜냐하면 그들은 남을 개종시키는(proselytizing) 일은 자신의 업무가 아니라고 생각하기 때문이다.[37] 본질적으로, 사람들이 더 많은 교육을 받을수록, 세상은 더 복잡한 것처럼 보이고, 시간을 초월하는 진리를 믿기도, 발견하기도 더 어려워진다.

마지막으로, 교육에 관한 듀이의 이상은 변함없이 학생들로 하여금 비판적으로 사고하도록 가르치는 것이다. 그것이 바로 우리가 이성을 우리 자신에 내재한 비판적 능력이라고 말하는 이유다. 교육자들(적어도 훌륭한 교육자들)은 학생들에게 어려운 질문을 하고, 자신의 것까지 포함하여 기왕에 받아들여진 지혜에 도전하라고 가르친다. "가장 오래된 과학 아카데미"임을 자부하는 영국 왕립학회의 모토가 다음과 같다는 사실은 놀라운 일이 아니다. "누구의 말도 당연한 것으로 여기지 말라(Take nobody's word for it)."[38] 질 높은 교육의 결과는 학생들로 하여금 이미 알려진 진리를 비판하는 데 탁월해질 수 있도록 해준다. 그러나 경험적으로 입증 가능한 사실이 아닌 진리를 발견하는 훈련은 거의 제공하지 않는다. 교육은 우리가 이성적으로 사고하는 능력을 연마시키지만, 결국은 첫 번째 원칙들에 대한 합의에 도달하는 것을 더욱 어렵게 만든다.

루소가 오래전에 말했다. "나는 왕과 국민들이 하나의 동일한 관심을 가진 나라에서 살기를 원했다. 즉 국가의 모든 것들이 언제나 공통의 행복을 향해 움직이는 그런 나라 말이다."[39] 물론 루소는 결코 현실 세계에서는 이루어질 수 없는 국가를 꿈꾼 것이다. 어떤 집단의 사람들일지라도 결코 본질적인 문제들에 대해 그 정도로 높은 수준의 합의를 이루어낼 수는 없기 때문이다. 우리 대부분이 비록 자신을 상대주의자라고 생각하지 않을지라도 우리는 인생의 거의 모든 것이 상대적인 세상에서 살고 있다.

우리의 사회적 본질
Our Social Essence

우리는 개인과 그들이 속한 사회와의 관계를 어떻게 생각해야 할까? 일반적으로 자유주의자들의 생각이라고 일컬어지는 하나의 인식 방법은, 개인이 사회보다 우선한다고 보며 개인을 중시하는 것이다. 이들은 사회를 집단으로서의 개인이 모여서 자발적으로 창조한 인위적 건축물로 본다. 자연 상태에서 개인은 자유로운 행위자이며 개인은 대체로 스스로 자신의 정체성을 계발한다. 개인들은 상호 이익을 위해 사회와 정부를 형성하기로 선택한다. 그러나 개인들이 형성한 사회적 집단들은 본질적으로 개인들의 군집(aggregates of individual)이며 개인들의 정체성을 의미 있게 대표하는 것은 아니다. 그것들은 정략 결혼과 같은 것이다.

이것은 인간의 본질에 대한 잘못된 견해다. 인간은 태어날 때부터 사회적 동물이다. 인간이 태어난 후 짧은 기간 동안이라도 사회와 연결되지 않은 채 자연 상태로 인생을 시작한다는 것은 분명히 잘못된 견해다.[40] 우리 모두는 정말로 무력한 어린아이의 상태로 삶을 시작하며, 적어도 우리 인생 중 10년 정도는 남에게 의존하면서 산다. 이 기간 동안 우리 주변에 있는 사람들은 우리에게 세상을 어떻게 보아야 하고 어떻게 생각해야 할지에 대해 깊은 영향을 미친다. 다른 방법은 없다. 우리의 개인주의는 필연적으로 우리가 이성적으로 사고할 수 있는 능력에 의존하며, 이성을 계발하기 위해서는 적어도 여러 해가 필요하다.

우리가 아무도 살지 않는 섬으로 들어간다고 할지라도, 우리는 다른 사람들에 의해 이미 여러 방면에서 폭넓게 사회화된 현실에서 벗어날 수 없다. 배가 난파되어 절망의 섬에서 28년 동안 혼자 살아야 했던 로빈슨 크루소를 생각해보자. 그가 그 섬에서 했던 생각과 행동들 전부는 그가 어렸을 적 살았던 영국의 요크에서 형성된 것이었다. 로빈슨 크루소를 쓴 작가인 대니얼 디포(Daniel Defoe)는 훗날 이 책을 회상하면서 다음과 같이 썼다. "인간은 사회를 이루어 살도록 만들어진 존재다. 그래서 인간은 혼자 사는 것이 좋지 않을 뿐 아니라 혼자 산다는 것은 사실상 불가능하다."[41]

디포가 암시하듯이 우리는 다른 사람들과 교류하면서 사는 것을 좋아한다. 인간이 심리적으로 사회의 한 부분이 되어 살기를 원한다는 증거는 압도적으로 많다. 인간은 애초부터 자신의 직계가족 이외의 다른 인간들과도 자주 소통하기를 원하도록 타고났다. 어떤 사람도 고립된 곳에서 외부 세계와 단절된 채 혼자 살 수는 없다. 유명한 연쇄 폭탄 테러범인 테드 카친스키(Ted Kaczynski)마저도, 비록 사악하고 은밀한 방식일지라도 미국 사회와 계속 교류하며 살았다.

생존의 요구
The Survival Imperative

사람들이 자연적으로 가족보다 더 큰 단위의 집단에 소속되어 살고자 하는 가장 강력한 이유는 생존(生存)을 위해서다.[42] 우선 개인들은 성적(sexual) 파트너를 필요로 하는데 이는 단순히 욕구를 만족시키기 위해서일 뿐만 아니라, 가족을 형성하고 유지하며 더 일반적인 의미에서 종족을 유지하기 위해서다.[43] 어떤 종족일지라도 재생산은 일반적인 욕구인데, 모든 영장류에게 있어서 이 같은 욕구는 자신의 직계가족 밖에서 성적 파트너를 찾도록 하는 요인이 된다. 물론 아이를 가진다는 것은 가족의 규모가 커진다는 사실뿐만 아니라 다른 가족들과 연계를 형성하게 된다는 것을 의미한다. 이 같은 패턴을 통해 사회적 집단이 성장하게 되는 것이다.

집단은 개인 혹은 단일 가족과 비교할 때, 식량을 제공한다든가 혹은 삶의 다른 필요를 제공하는 데 훨씬 더 효율적이다. 어떤 규모 있는 집단을 구성하는 사람들은 다양한 종류의 기술과 재능을 가지고 있으며, 이러한 과정을 통해 분업이 나타난다. 이 같은 방식의 전문화와 협력은 우리의 일상생활에서 필요한 기본적 욕구를 충족시키기 쉽게 하며 더 큰 번영을 이룩할 수 있게 한다. 더욱이 가정이 홀로 존재하는 데 심각한 어려움에 빠진다면, 예로서 부모가 다 죽거나 어느 한쪽이 죽는 경우, 남은 아이들을 돌봐줄 사람이 없을 것이다. 그러나 이들이 사회적 집단 속에 함께 존재할 경우, 그들은 거대한 지원 네트워크를 갖게 되고 이를 통해 입양이 되거나 도움을 받을 수 있다. 마지막으로 인간들이 집단에 속하게 될 경우, 그들은 숫자를 늘임으로써 그 집단에 속한 개인을 해칠지도 모르는 다른 개인 혹은 집단으로부터 스스로를 보호할 수 있게 된다. 물론 큰 규모 그 자체가 항상 생존을 보장해주는 안전장치는 아니다.

사회적 집단은 생존을 위한 도구라고 볼 수 있다. 집단의 구성원들은 상호 협력함으로써 그들의 생존 가능성을 높일 뿐 아니라 아이를 낳아 가족을 늘이는 일을 포함하여 그들의 이익을 추구할 수 있게 될 것이다. 물론 개인들이 사회에서 반드시 생존할 수 있다는 보장은 없다. 그러나 홀로 사는 경우보다 사회 속에서 함께 사는 경우, 생존 가능성은 더욱 높아진다. 개인들이 협력을 포기하고 이기적으로 행동하는 특정 상황이 있을 수 있다고 해도, 서로 협력해야 한다는 필요성은 개인들로 하여금 집단 내에서 개인적인 욕망을 취하려는 욕구를 억제하고 상호 협력하게 만든다.

문화의 중요성
The Importance of Culture

모든 사회는 상이한 행동과 믿음으로 특징되는 자신만의 독특한 문화가 있다. 두 사회는 서로 다른 언어를 사용할 수 있고 다른 신을 숭배할 수도 있으며, 상이한 도덕률과 습관 그리고 역사적 경험을 갖고 있을지도 모른다. 프랑스의 사회학자 에밀 뒤르켐(Emil Durkeim)은 "사회"는 "개인의 단순한 총합이 아니다. 개인들의 결합으로 형성된 체계는 그 자신만의 독특한 성격을 가진 특정한 현실을 반영한다."[44]고 말했다.

문화의 이 같은 다양성은 지구 사회의 형성을 방해하는 방향으로 작용하며, 지리적 요인에 의해서도 큰 영향을 받는다. 지구는 거대하고, 수많은 지역에서 인간들이 당면하는 환경은 매우 다양하며, 이는 세상의 여러 집단들이 저마다 특이한 일상생활의 모습과 생각의 방법을 개발하게 한다. 그러나 그러한 다양성은 인간들이 자신들의 판단력을 활용해서 과연 좋은 삶이란 무엇인가에 대해 서로 다른 결론을 도출하기 때문에 존재하는 것이기도 하다. 문화를 형성하는 것은 환경만이 아니다. 개인들도 문화를 형성한다. 삶에 관한 이 같은 단순한 진실은 사회적인 집단 내에서 합의를 이루는 것을, 비록 불가능하지는 않을지라도, 대단히 어렵게 한다. 다양한 사회들 사이에 그들의 행동과 믿음과 관련한 실질적인 합의를 이루는 것이 때때로 가능하기는 하지만, 매우 중요한 차이점들이 거의 항상 남아 있어서 이들 사회가 항상 독립된 단위로 기능하도록 만든다. 사회를 동질적인 것으로 만들 수 있는 능력이 없다는 사실은, 왜 세상에는 수많은 독특한 문화를 가진 사회적 집단들로 가득 차 있는지에 대한 설명을 제공한다.

문화는 개인이 어떻게 생각하고 행동해야 할지에 대한 생각을 형성하는 데 있어서 매우 중요한 요인이다. 개인이 태어나 살아가는 사회 집단은 그의 정체성(identity)의 영원한 한 부분이다. 안토니오 그람시(Antonio Gramsci)가 말했듯이 우리 모두는 역사적 과정의 산물이며, 우리는 그 무한한 흔적들로부터 떠날 수 없다.[45] 우리는 우리를 길러준, 그래서 우리의 정체성에 깊이 각인되는 문화를 선택할 권한이 없다. 사회가 개인들에게 그들의 인격을 형성하는 중요한 시기 동안 제공하는 문화적 소프트웨어는 개인이 자기 자신과 세상에 대해 어떻게 생각하고, 매일매일 어떻게 살 것인가에 대해 지대한 영향을 미친다.

개인들은 문화를 바꾸려고 시도하거나 혹은 다른 사회에 소속됨으로써 자신이 태어나서 살아온 문화를 거부할 수 있다.[46] 그러나 사회의 문화를 변화시키는 일은 대단히 어려울 뿐만 아니라—문화는 뿌리가 깊은 것이기 때문에—기껏해야 부분적인 성공을 거둘 수밖에 없다. 개인의 경우 문화를 바꾸는 데 성공했을지라도 결국 자신을 형성하는 데 크게 기여했던 본래의 문화로부터 바뀐 것이라는 사실은 변하지 않으며, 그는 여러 측면에서 결국은 자신을 형성했던 문화의 포로로 남아 있을 수밖에 없다. 마찬가지로, 과거의 삶을 떠나 자신의 새로운 삶을 살게 되는 사람일지라도 결국 그는 지속적으로 자신을 형성시켰던 문화적 가방을 들고 다닐 수밖에 없다.

미국의 이민자들을 생각해보라. 그들이 아무리 미국 문화를 열정적으로 껴안는다고 해도, 그리고 이전에 살았던 나라의 가치와 전통을 거부한다고 해도, 이민자들의 정체성은 그들이 젊은 시절에 당면했던 문화에 의해 깊게 영향받을 수밖에 없다. 예를 들어 한스 모겐소(Hans J. Morgenthau)와 레오 스트라우스(Leo Strauss)는 1930년대 젊은 시절에 유럽을 떠나 미국으로 이민을 와서 미국 지성계의 거목이 되었다. 그러나 세계에 관한 그들의 사고는 독일의 지성인인 마틴 하이데거(Martin Heidegger), 프리드리히 니체(Friedrich Nietzsche), 카를 슈미트(Carl Schmitt), 그리고 막스 베버(Max Weber) 등에 의해 큰 영향을 받았다. 모겐소와 스트라우스는 학생이자 유럽의 풋내기 학자로서 이러한 유럽 대가들의 글을 읽었다.[47]

문화는 또 다른 요인 때문에 중요하다. 문화는 사회가 하나로 엮일 수 있도록 도와주는 고무 풀과 같다. 인간은 사회적 동물일 수 있지만, 사회를 구성하는 인간들은 공동체의 구성원인 동시에 개인이기도 하다. 그들은 자신들이 거쳐 간 모든 사회화에도 불구하고, 스스로 생각할 수 있는 능력이 있고 자주 그렇게 한다. 그들은 때때로 중요한 문제를 해결하기 위해 다른 사람들과 협력하기보다는 사익을 추구하며, 남에게 해를 끼치는 행동을 할 때도 있다. 더욱 중요한 것은, 우리가 보아왔던 것처럼 어떤 사회적 집단에 속한 사람들이라도 첫 번째 원칙들에 대해 공통된 합의에 도달하기는 어렵다는 사실이다. 다양한 강도의 원심력이 모든 사회에 작동하고 있으며, 이 힘은 때로 사회를 쪼개놓을 수 있을 정도로 강력하다.

문화는 이 같은 원심력을 억제하는 데 본질적으로 중요한 기능을 담당한다. 첫째, 사회 집단 내부에는 일반적으로 첫 번째 원칙들에 대한 상당한 정도의 (결코 완벽한 수준은 아닐지라도) 합의가 이루어지고 있는데, 이는 집단 구성원들이 유사한 삶과 공통의 역사를 공유하고 있기 때문이다. 대부분의 사람들은 태어나면서부터 그들의 문화에 대해 공경심을 갖게 하는 강력한 사회화 과정을 거치며, 그들의 사회는 (에드먼드 버크의 말을 인용하자면) "살아있는 사람들 간의 동반자 관계일 뿐만 아니라, 살아있는 사람과 죽은 사람 그리고 앞으로 태어날 사람들 간의 동반자 관계이다."[48] 집단 구성원들은 서로를 존중하려는 경향이 있을 뿐 아니라, 견해가 일치하지 않더라도 함께 잘 지낼 수 있도록 하는 집단에 대한 강력한 충성심을 개발하게 된다. 집단 구성원들은 그들이 집단의 이익을 도모하기 위해 함께 노력해야 하는 공동 사업체의 한 부분이라고 생각할 가능성이 높다. 집단 구성원들 대부분은 집단의 생존을 자기 자신의 생존과 동일시한다. 그래서 그들은 중요한 사안에서 의견이 다를지라도 서로 협력해야 한다는 강력한 동기를 갖게 된다.

그러나 문화가 사회를 하나로 엮을 수 있는 능력에는 한계가 있다. 때로 단 하나의 이슈가 사회를 분열시킬 정도로 심각한 갈등을 야기할 수도 있다(남북 전쟁 이전 미국의 노예 문제에 대해 생각해보라). 때로 급격히 달라진 새로운 환경은 사회의 핵심적인 행위와 신념을 망가트릴 수 있으며, 무엇이 좋은 삶을 구성하는 것인가에 대한 구성원들의 관점을 재형성하는 과정에서 심각한 견해 차이를 만들어낼 수 있다(제1차 세계대전에서 패배한 이후의 독일을 생각해보라). 때로 기대 이상으로 스트레스가 너무 커서 사회가 일체성을 잃어버릴 경우도 있다(19세기 유럽의 식민 정책에 당면했던 중국 사회를 생각해보라).

사회 내 상당한 수의 사람들이 자신들 문화의 중요한 측면을 거부하거나 혹은 자신들이 더 이상 그 사회의 구성원이 아니라고 생각하고 이기적으로 행동하는 경우, 불만에 찬 그들을 달래거나 혹은 쫓아내지 않는다면 공동체는 살아남기 어려울 것이다. 간단하게 말하자면, 개인들은 자연스럽게 사회 집단 속에서 활동할지 모르지만, 개인들이 사회 집단에 얼마나 열정적으로 관여하느냐는 크게 다를 수 있다. 집단에 대한 개인들의 애착은 집단의 단결성을 촉진시킬 것이 분명하다. 반면 집단에 대한 환멸감이 널리 퍼져 있는 경우 집단은 쇠락하고, 그 집단을 대체할 새로운 집단이 탄생하게 된다.

모든 사회 속에 이 같은 원심력이 작동하고 있으며, 이 원심력은 때때로 사회를 해체하기도 하는데, 이 같은 경우 문화의 힘만으로 사회의 해체를 막는다는 것은 역부족이다. 사회의 결집력을 유지할 수 있게 하는 세 가지 다른 요인이 더 존재한다. 하나는 외국이라는 귀신(bogeyman, 아이들에게 겁을 줄 때 들먹이는 귀신)을 만들어내는 것인데, 그럼으로써 사회 구성원들이 외부의 귀신이 야기하는 위협에 대처하기 위해 하나로 뭉치도록 동기부여한다. 두 번째는 사회 자체 내의 일부 사람들을 반역적인 '타인'으로 정의하고 몰아 붙임으로써 다수가 단합을 이루게 하는 것이다. 그러나 사회가 와해되는 것을 막는 가장 중요한 방법은 대체물이 있을 수 없을 정도로 막강한 정치 제도를 구축하는 것이다.

정치 제도와 권력
Political Institutions and Power

사회들은 다른 사회 집단들에 대항하기 위해, 그리고 자신의 구성원들이 평화적, 생산적으로 함께 살 수 있도록 하기 위해 정치적 제도를 가져야 한다. 집단 내에서 개인들은 지속적으로 상호작용하며, 때로 자원과 돈 등을 두고 경쟁을 벌이기도 한다. 개인들은 더 폭넓은 사회적 목표들과 어떻게 그것을 가장 잘 성취할 수 있는가의 문제를 두고 심각한 논쟁을 벌일 수 있다. 그래서 개인들이 형성하는 분파나 사회조직뿐만 아니라 개인들은 받아들일 수 있거나 혹은 받아들일 수 없는 행위들을 규정하고, 또한 논란이 어떻게 해결될 수 있는가를 규정하는 규칙들을 필요로 한다.[49]

사회 집단들은 이 규칙들을 해석하고 강제할 수 있는 기제(mechanism)를 필요로 한다. 분쟁을 중재하고 법을 위반한 자들을 처벌할 수 있는 방법도 필요하다. 때로 그들은 자기 집단 구성원 간의 폭력 발생을 사전에 막거나 중지시켜야만 한다. 그들은 집단의 구성원이 다른 구성원의 생존을 위협하지 못하도록 하기 위해 일상생활을 조직하고 관리할 책임을 지닌 사람 혹은 기구를 가지고 있어야 한다. 간단하게 말하자면, 그들은 권위 있는 조직을 가져야 한다. 사회 집단들은 무정부 상태를 넘어서서 위계질서를 형성해야 하는 강력한 유인책을 가지고 있다.[50]

사회들은 또 다른 이유 때문에 정치적 제도를 필요로 한다. 바로 자신을 공격하거나 혹은 자신을 파괴할지도 모를 다른 사회 집단의 공격으로부터 자신을 보호하는 것이다. 이러한 경우에 그들의 목표는 단지 자기 사회 내의 무정부 상태를 넘어서는 것이 아니라, 문제에 봉착했을 때 의지할 수 있는 상위의 권위 있는 조직체가 없는 세계에서 어떻게 가장 잘 생존할 수 있을지를 결정하는 것이다. 이 같은 집단들은 일정한 군사력을 보유함으로써 자신의 생존 가능성을 극대화시킬 수 있을 것이다. 이 모든 것은 사회의 정치 제도들은 단순히 국내에서 규칙을 강제하기 위해서 뿐만 아니라 외부의 적을 막아내기 위해서 폭력의 수단을 통제해야 한다는 것을 말해준다. 이 같은 제도들은 보다 일상적인 문제들에 대해서도 외부 세계를 상대해야 할 것이다. 생존은 사활적으로 중요한 일이지만, 그렇다고 집단의 유일한 관심일 수는 없기 때문이다.

지금까지 나는 정치적 제도를 대체적으로 어떤 개인 혹은 파벌에 대해 선호를 갖지 않는 중립적인 도구처럼 말했다―내 이야기 속에는 정치가 개입되지 않았던 것이다. 그러나 실제로 존재하는 정치 제도가 정치적으로 중립적일 수는 없을 것이다. 사회 집단을 통치하는 규칙들은 좋은 삶에 대한 특정한 비전을 반영하는 것이며, 언제라도 다른 파벌 혹은 사람보다 특정한 파벌 혹은 사람에게 더 유리하기 마련일 것이다. 그렇기 때문에 누가 규칙을 쓰고, 해석하고, 강제하느냐가 대단히 중요하다. 왜냐하면 이 일을 하는 사람은 누구든지 자신의 이익과 좋은 삶에 대한 견해를 반영하도록 일상생활을 규정할 수 있기 때문이다. 어떤 사회 집단이라도 그 내부에서는 항상 누가 정치 제도를 통제할 것이냐를 놓고 치열한 경쟁이 있을 수밖에 없다. 어떤 사회에서도 정치는 일상생활의 중요한 부분이 아닐 수 없다.

가장 깊은 차원에서 정치란 첫 번째 원칙들에 관한 갈등을 의미하는데, 이렇게 말하는 것이 정치의 보다 일상적인 측면들을 부정하는 것은 아니다. 정치적 경쟁은 사회가 어떻게 구성되어야 하는가 혹은 집단 속의 개인과 파벌은 어떻게 상호작용을 해야 하는가에 대한 대립적인 비전을 둘러싸고 이루어진다. 경쟁은 대체로 치열하며 때로 이 경쟁은 교묘한 속임수, 강압, 그리고 폭력을 동반하게 된다. 미국의 전직 대통령 빌 클린턴(Bill Clinton)은 정치란 "접촉 스포츠(contact sport)"로서 비록 그 지위가 영구적으로 보장되지는 않는다 할지라도, 항상 승자와 패자가 나오는 경기라고 말했다.[51]

더 현실적인 차원에서 본다면, 어느 사회에 있어서도 정치는 통치제도를 장악하기 위한 경쟁이라고 말할 수 있다. 여기서는 돈, 사회적 자본, 그리고 미디어에 대한 접근권에 기반을 둔 권력이 중요한 역할을 한다. 개인 혹은 파벌의 힘이 막강하면 할수록 그들이 정치 영역에서 우위를 차지할 가능성이 높아지며, 그럴 경우 우위를 차지한 개인이나 파벌은 자신들의 이익과 권력을 증진시키도록 사회의 정치 제도를 형성할 수 있게 된다.[52] 다른 말로 하면, 해롤드 라스웰(Harold Lasswell)의 유명한 말처럼, 힘센 자가 "누가 무엇을 언제 어떻게 얻을까"[53]를 결정하게 된다는 것이다. 승자들은 자기 집단에 속한 대부분의 사람들에게 이익이 되는 정책을 방해받지 않고 추구할 수 있다. 승자 집단에 속한 각 개인이 얼마나 많은 이익을 취할 것인가는 다른 문제일지라도 말이다. 어떤 사회를 통치하는 제도는 공정한 중재자도 야경꾼도 아니다. 그것들은 본질적으로 정치적인 행위자들이다.

사회 집단 간의 정치
Politics among Social Groups

　사회 집단들 사이의 상호작용도 역시 정치적이다. 세력균형은 집단 내 관계에서 뿐만 아니라 집단 간 관계에서도 중요하지만 둘 사이에는 큰 차이가 있다. 사회 내부에 있어서는 누가 규칙을 쓰고 해석하느냐의 여부가 대단히 중요하다. 그러나 사회적 집단들 사이에서 규칙은 그다지 중요하지 않을 수 있다. 왜냐하면 집단들 사이에는 규칙을 강제할 수 있는 더 높은 권위 있는 조직이 존재하지 않기 때문이다. 사회 집단들은 무정부적인 상태에서 작동한다.[54] 더욱 중요한 사실은 집단들 사이에서 한 집단이 다른 집단의 생존에 위협을 가하는 행동을 하지 못하도록 하는 경찰의 역할을 담당할 수 있는 상위의 권위 있는 조직이 존재하지 않는다는 것이다. 물론 집단 내부에서는 생존이 저절로 보장된다고 말하는 것은 아니다. 사실 생존이 완전하게 보장되지는 않는다. 그러나 집단 내부에는 정치적 제도가 있으며 그 제도는 상당 수준의 강제력을 사용해 집단 구성원들의 생명을 보호해줄 수 있다.[55]

　무정부 상태에서 힘이 중요하다는 사실은 힘이 누가 규칙을 쓰느냐를 결정하기 때문은 아니다. 집단과 집단 사이의 관계에서 규칙이란 별로 중요하지 않다. 집단들 사이에서 힘이 중요한 이유는 각 사회가 다른 사회로부터 야기되는 위협에 대항하여 자신을 보호하기 위한 가장 좋은 수단이 바로 힘이기 때문이다. 집단들은 다른 집단으로부터 야기되는 폭력적 위협에 대항하기 위해 풍부한 물질적 자원을 보유하기 원하는데, 특히 군사적인 자원을 보유하기 원한다. 상위의 권위가 존재하지 않는 곳에서 두려움은 언제라도 강력한 동기부여 요인이 된다. 사회 집단들은 또한 힘을 원하는데, 힘은 그들이 다른 목표들도 추구할 수 있도록 해주기 때문이다. 사회 집단들은 투키디데스(Thucydides)의 금언을 이해하고 있다. 무정부 체제에서 "강자는 자신이 할 수 있는 일을 하고, 약자는 그들이 감당해야 할 고통을 당한다."[56] 어떤 사회 집단이 자신의 경쟁자들에 비해 지나치게 막강한 경우란 결코 있을 수 없다.

확장의 요구
The Imperative to Expand

사회적 집단들은 다른 사회적 집단의 손해를 통해 자신의 이익을 확대하려는 강한 경향이 있다. 모든 사회 집단들이 다 확장할 수 있는 능력을 가지고 있지는 않지만 확장하려는 동기는 언제라도 존재한다. 확장하려는 동기는 몇 가지가 있는데 그중 하나는 이데올로기이다. 사회 지도자들은 자신들이 진정한 종교를 찾았다거나 혹은 이상적인 정치 체제를 찾았다고 생각할 수 있으며 그것을 다른 사회에까지 확산시키려 한다. 그들은 그렇게 하는 것이 인류에게 이익이 된다고 생각한다. 그러나 확장하려는 보다 더 강한 충동은 경제적인 것에 있다. 한 집단은 다른 집단의 영토 혹은 천연자원을 장악하고 싶어 할지도 모른다. 혹은 단순히 다른 집단의 경제를 자신의 것으로 합병하기를 원한다. 그럼으로써 자신을 더 크게, 더 부유하게 만들 수 있기 때문이다.

그러나 사회가 확장하려고 하는 가장 중요한 이유는 생존에 있다. 집단들은 서로 다른 이익을 가지고 있고 핵심적인 원칙들에 대해 심각한 견해차가 있기 때문에 한 집단이 다른 집단의 생존을 위협할 가능성은 언제라도 존재한다. 위협은 다양한 형태로 나타난다. 어떤 집단은 다른 집단의 구성원 모두를 죽이려 할지도 모른다. 혹은 표적이 된 사회를 그대로 놓아두지만 그 사회의 자치권(autonomy)을 박탈할 수도 있다. 침략자는 정복당한 집단의 자원을 통제하고 정치에 심각한 영향력을 발휘하거나 혹은 그 사회를 노예로 만들 수도 있다. 마지막으로 침략의 표적이 된 사회는 승자의 사회에 흡수되는 경우도 있다. 이 같은 것들 모두는 어떤 사회에 대해서도 재앙적인 일이며, 이 같은 재앙을 당할지 모른다는 공포심은 각 사회들로 하여금 서로를 무서

위하고 자신의 생존을 걱정하게 만든다.

사회가 자신의 생존 가능성을 극대화하기 가장 좋은 방안은 가능한 한 더 강력한 힘을 보유하는 것이다. 가장 확실한 방법은 다른 모든 사회들을 다 합친 것보다 더 막강해지는 것이다. 강자가 언제나 약자를 파괴할 수는 없겠지만, 강자는 대체적으로 약자를 파괴할 수 있다. 그렇기 때문에 자신의 안전보장을 극대화하기 위해 사회 집단들은 다른 사회 집단들을 자신과 통합하거나 (incorporate), 지배하거나 혹은 제거해 버리려는 강한 경향을 보인다. 이렇게 함으로써 사회들은 더욱 강해질 뿐 아니라 잠재적인 도전자들을 소멸시킬 수 있다. 이 같은 논의를 통해 분명해진 사실은, 경제적인 동기와 생존의 동기를 구분하기는 어려운 일이라는 점이다. 왜냐하면 부(富)는 군사력의 가장 중요한 전제 조건이기 때문이다.

지금까지의 논의는 무력에 의한 확장을 강조했다. 그러나 집단이 확장되기 위한 다른 방법들도 있다. 마음이 비슷한 집단들은 서로 사회 계약을 맺을 수 있다. 그 가능성은 별로 높지 않지만, 유사한 문화를 공유하고 있고 핵심적인 가치들에 대해 동의하며, 그리고 갈등적인 이해관계가 별로 없기 때문에 두 개의 사회가 자발적으로 서로 합쳐지는 것도 가능하다. 연방은 원래 따로 존재했던 사회들 모두에게 더 큰 번영을 약속할 수도 있다. 이집트와 시리아는 1958년 연합 아랍 공화국을 형성한 적이 있었는데 그것은 연방 국가의 좋은 사례가 되었다. 그러나 놀라운 일도 아니지만 아랍 연방 공화국은 3년 만에 분열되고 말았다. 비록 그 가능성은 대단히 낮지만 두 개의 사회적 집단이 좋은 삶에 대해 서로 다른 생각을 가지고 있을 경우, 한 집단이 상대 집단을 설득해서 자신의 사고방식을 받아들이게 하고, 더 큰 조직을 형성하기 위해 연합하는 경우도 가능하기는 하다. 두 사회가 하나로 합쳐질 가능성이 가장 높은 경우는 공통의 위협이 존재하는 경우인데, 공통의 위협은 더욱 강력한 집단으로의 통일을 이룩할 수 있게 하며, 그것은 생존 가능성을 증대시킬 수 있

는 좋은 방안이 될 것이다.[57]

이와 같은 사회 집단들의 자발적인 연합은 도모하기가 대단히 어렵다. 사회 집단들이 스스로 독립성을 포기하고 더 큰 전체의 한 부분이 되는 것을 원하는 경우란 별로 없다. 확장이란 언제라도 한 사회가 다른 사회를 강압하거나 혹은 정복한 결과이다. 사회들은 삶의 첫 번째 원칙들에 대한 본질적으로 다른 견해와 현저하게 다른 문화를 가지는 경향이 있으며, 어떤 집단이 다른 집단을 설득해서 자신들이 지닌 삶의 방식을 포기하고 새로운 믿음 혹은 관행을 갖게 하기는 어렵다. 어떤 사회도 자신의 경계선을 확대하려고 하는 경우 힘에 호소할 가능성이 대단히 높은 것이다.

그러나 힘을 통해 성취할 수 있는 것에는 한계가 있다. 강압과 정복은 때로 효과가 있을 수 있지만 항상 그런 것은 아니다. 확장된 사회가 당면할 하나의 문제는, 표적이 되는 사회는 적극적으로, 때로는 거의 광적인 열정을 가지고 저항하리라는 점이다. 공격하는 집단이 저항하는 집단을 패망시키는 경우라도 패배자는 교묘한 방식으로 통합에 저항하게 된다.[58] 더구나 사회 규모가 커질수록 분열의 가능성도 커지는데, 그것은 인구가 많아질 경우 당연히 좋은 삶을 구성하는 것이 무엇인가에 대한 심오한 차이가 더 커질 가능성이 많기 때문이다. 통합된 문화들 간의 차이가 크면 클수록 이러한 가치의 차이는 더욱 심각하게 벌어질 수밖에 없을 것이다.[59]

더군다나 한 사회가 다른 많은 집단들을 정복하고 흡수한 경우라 할지라도 그 사회는 확장을 계속 추진하는 데 있어 여전히 중대한 한계들에 직면하게 된다. 하나의 문제는 지구 상의 수많은 집단 중에서 싸움도 하지 않은 채 항복해버릴 집단은 별로 없다는 점이다. 그리고 이 같은 집단들은 지구 전역에 산재해 있기 때문에 다른 모든 집단을 지배하겠다는 집단은 힘을 투사하는 일이 지리적 거리로 인해 점점 더 어려워진다는 사실을 깨닫게 된다. 거대한 바다, 산맥 그리고 사막이 가로놓여 있을 경우 문제는 더욱 어려워진다.[60] 어떤 사회도 수확체감의 법칙이 적용되기 이전의 수준까지만 확장될 수 있다.

확장을 막는 이 같은 장벽은 왜 아직도 '지구 전체를 아우르는 사회(global society)'가 존재하지 못하고 있는지, 그리고 국제체제는 왜 아직도 무정부적인지를 설명해준다.

생존과 인간의 조건
Survival and the Human Condition

내가 말하려는 바의 요점은 분명하다. 우리의 판단력은 무엇이 좋은 삶인가에 대해 최종적인 답을 제시해주지 못하며 그렇기 때문에 이 주제에 관해서는 언제라도 의견 불일치가 존재하고 있으며, 이러한 사실은 개인과 사회 모두에게 심각한 문제가 아닐 수 없다는 것이다. 이 같은 차이는 때로 정말로 심각한 적대감을 야기하며, 한편 혹은 양자 모두로부터의 공격적 행동을 유발하게 되는 것이다. 많은 수의 사람들이 보편적인 진리가 존재하고 있다는 사실을 믿고, 자신들이 바로 보편적인 진리를 알게 되었다고 믿는 경우, 상황은 오히려 더욱 나빠질 뿐이다. 절대적인 것이 있다는 생각은 타협과 관용을 더욱 어렵게 만들기 때문이다. 만약 거의 모든 사람들이 스스로 자신들은 도덕적인 상대주의자라고 인정한다면, '각자 원하는 바대로 살도록 내버려두어라'라는 시대정신이 지배할 것이며, 그러한 시대 정신은 세상을 더욱 평화로운 곳으로 만드는 데 도움이 될 것이다. 그러나 사람들은 그렇지 못하며, 당신과 다른 생각을 가진 사람들은 당신을 죽이고 싶어 할지도 모른다는 사실은 사회들은 물론 개인들도 서로를 두려워하며 생존에 신경을 쓰게 된다는 것을 의미한다.

다행스럽게도 인간이 만든 사회 집단들은 두려움과 생존이라는 두 가지 문제에 대처할 수 있는 방안을 마련했다. 어떤 사회의 경우라도 지배적인 문화는 행동과 믿음의 패키지를 포함하고 있는데, 그것들은 사회 구성원들에게 어렸을 때부터 주입되었으며 그들이 살아가는 생애 동안 지속적으로 듣게 되는 것이다. 이러한 원칙들 대부분은 그 사회를 구성하는 사람들 거의 대부분에 의해 거의 모든 시기 동안 받아들여지고 있으며, 그것을 둘러싼 갈등을 완전히 소멸시키지는 못한다고 해도 갈등을 대폭 감소시키는 데 기여한다. 문화는 *끈끈이 풀*과 같은 기능을 하는데—그것은 사회의 일체성을 위해 본질적으로 중요한 것이다—문화 그 자체만 가지고는 완전하지 못하다. 사회는 또한 정치적 제도를 구성하게 되는데 정치 제도는 규칙을 만들고 질서를 유지하며, 그것을 통해 관용을 촉진하고 그들의 구성원들이 중요한 문제들을 놓고 충돌할 때 서로를 죽이는 것을 방지한다. 그러나 갈등의 잠재력을 완전하게 소멸시키는 것은 불가능한 일이다.

간단하게 말하자면, 우리가 인상적이지만 한계가 있는 판단력을 지닌 사회적인 존재들로 가득 차 있는 세계에서 살고 있다는 사실이 바로 인간들이 겪는 갈등의 뿌리이다.

더욱 명쾌하게 말하자면, 나는 인간이 본질적으로 나쁘다거나 악마와 같은 존재라고 말하지 않는다. 정치 철학자 카를 슈미트(Carl Schmitt)는 궁극적으로 모든 정치이론은 인간이 본질적으로 선하다든가 혹은 본질적으로 나쁘다는 전제 위에서 맴돈다고 말했다. 실제로 일부 유명한 정치 사상가들은 그 같은 전제 위에 자신들의 이론을 수립하고 있다.[61] 예로서 루소(Rousseau)는 인간들은 그들이 자연 상태에 있을 때에는 본질적으로 선(善)한데 사회가 그들을 부패하게 만들었다고 주장한다.[62] 이와 반대로, 라인홀드 니버(Reinhold Niebuhr)는 인간은 원죄(原罪, Original Sin)를 가지고 태어난다고 믿었는데, 이는 사람들은 인생을 살아가는 동안 여러 가지 다양한 방식으로 잘못된 행동을 저지를 준비가 되어 있다는 의미이다.[63]

슈미트의 관점에서 나타나는 한 가지 문제는, 선과 악이란 모호한 개념이기에 그 정확한 의미를 파악하기가 어렵다는 점이다. 여러 가지 논의들을 종합한다면, 사람들은 선과 악 두 가지 성향을 다 가지고 있다고 말해야 할 것이다. 어쨌든 우리가 선과 악의 구분을 수용한다면, 무엇이 사람을 선하게 하거나 악하게 하는 것일까? 그 원인을 원죄나 혹은 다른 유사한 것의 탓으로 돌린다 하더라도, 우리는 인간이 왜 선하거나 혹은 악한가를 분명한 증거를 대며 설명할 수 없을 것이다.

나는 일부 사회학자들이 주장하는 바처럼, 혹은 한스 모겐소 교수가 했던 유명한 주장처럼 인간은 권력 욕구(animus dominandi)를 가지고 있다거나,[64] 인간은 본능적으로 공격적이라고 주장하지 않는다. 분명히 어떤 사람들은 이같은 모델로 설명이 가능하다. 그러나 그렇지 않은 사람들도 많다. 인간은 서로 대단히 상이하다. 우리는 모두 한 가지 타입의 성격을 가지고 있는 것은 아니다. 더구나 자연선택(natural selection) 이론에 의하면 사람들은 무엇보다도 공격이 아니라 협력을 추구하게 된다. 개인들은 남들과 협력하려는 강력한 동기를 갖는다. 특히 자신과 같은 집단에 속한 동료들과 협력하려는 동기를 갖는데 그것은 생존 가능성을 극대화시키기 위해서다. 물론 사람들은 때로 공격적으로 행동하지만—공격 성향은 사람마다 다르다—내가 말하려는 바는 그러한 공격적 행동은 사람들이 종종 첫 번째 원칙에 대해 본질적인 차이를 가지고 있기 때문이지, 어떤 주어진 상황에 대한 일차적인 반응이기 때문은 아니라는 것이다. 사람들은 공격적으로 행동할 경우도 있는데 그것은 그들이 처한 환경이 공격적으로 행동하도록 만들기 때문이다. 예로서 그들은 무정부 상태에 놓여 있고 그래서 자신의 생존 가능성을 극대화시키기 위해 확장하려고 하는 사회 집단의 구성원일 수 있다. 똑같은 사람일 경우라도 위계적 체제에 놓여 있을 경우 공격성은 줄어들 것이다.

자유주의, 현실주의 그리고 민족주의라는 위대한 사상들은 수학적으로 추상화시킬 수 있는 영역에서 작동하지 않는다. 그 사상들이 작동하는 방식은 인간이 작동하는 방식과 같기 때문이다. 자유주의에 관해 분석할 때(다음 장의 주제이다), 나는 자유주의를 방금 설명한 인간의 본성과 정치에 관한 개념들에 기초해 살펴볼 것이다.

03

정치적 자유주의

Political Liberalism

우 리는 정치적 자유주의를 두 가지 형태로 생각할 수 있는데, 일상적 자유주의(modus vivendi liberalism)와 진보적 자유주의(progressive liberalism)가 그것이다. 양자는 인간의 본성에 대한 공통된 관점을 가지고 있는데, 개인주의를 강조하며 좋은 삶에 관한 집단적 진리를 찾아내는 데 있어 우리의 판단력에 한계가 있다고 본다. 양자 모두는 불가양의 권리(빼앗을 수 없는 혹은 스스로 포기할 수 없는 권리)의 중요성, 관용, 그리고 공공 질서를 유지하기 위한 국가의 필요성을 강조한다.

그러나 일상적 자유주의와 진보적 자유주의 사이에는 크게 두 가지 다른 점이 있다. 양자는 개인의 권리에 속하는 내용은 무엇이고 국가의 역할은 무엇인가 하는 문제들에서 차이를 나타낸다. 일상적 자유주의자들에게 권리란 정부의 간섭 없이 자유롭게 행동할 수 있는 개인의 자유에 관한 것이다. 언론의 자유와 사유재산권이 두 가지 예다. 진보적 자유주의자들 역시 개인의 자유를 중시하지만, 진보적 자유주의자들은 정부가 자국의 시민들을 위해 해야할 일이 많다고 믿는다. 그들은 모든 개인들은 평등한 기회를 가져야 한다고 믿으며, 이를 보장하기 위해서 국가의 사회공학적인 역할이 필요하다고 생각한다. 일상적 자유주의자들은 그러한 권리를 인정하지 않으며, 대체로 사회공학의 효과에 대해 회의적이다. 일상적 자유주의자들은 국가가 국민의 일상생활에 가능한 한 적게 개입해야 한다고 생각하는 반면, 진보적 자유주의자들은 정부가 보다 적극적으로 개입하는 것을 선호한다.

혹자는 일상적 자유주의자들과 진보적 자유주의자들은 첫 번째 원칙들을 결정할 수 있는 인간의 판단력에 대해 근본적으로 다른 견해를 가지고 있다고 생각할지도 모른다. 진보적 자유주의자들은 이성(理性)이 자유주의 사회에서 높은 수준의 관용을 가능하게 하며, 도덕적인 사안들에 대한 보편적인 합의를 향해 나아가도록 도울 수 있다고 강조하는 경향이 있다. 일상적 자유주의자들은 이 같은 주장들을 단호히 거부하며, 대신 인간 이성에는 한계가 있음을 강조한다. 일상적 자유주의자들은 관용의 중요성을 인정하지만, 진보적 자유주의자들과 달리 관용에 한계가 있다는 사실도 강조하는 경향이 있다. 그러나 자세히 살펴보면 이 같은 문제들에 있어 두 가지 자유주의 계열은 그다지 의미 있는 차이를 나타내 보이지 않는다. 진보적 자유주의자들은 이성이 좋은 삶이란 무엇인가에 대해 말해줄 수 있다는 낙관주의적 주장을 뒷받침하는 근거를 제시할 수 없으며, 결국 일상적 자유주의자들과 별로 다르지 않은 결론에 도달한다.

　이성의 능력에 대해 논할 때, 진보적 자유주의자들과 일상적 자유주의자들은 사회공학의 효과성에 대해 다르게 생각한다. 사회공학은 궁극적인 목표를 결정하기 위해서가 아니라 도구적인 목적을 위해 우리의 판단력을 활용한다. 진보적 자유주의자들은 일상적 자유주의자들에 비해 도구적 합리성에 대해 더 큰 믿음을 가지고 있다. 그래서 진보적 자유주의의 근간은 첫 번째 원칙들을 결정하는 데 도움을 주는 이성에 있는 것이 아니라, 사회공학적 역할을 할 수 있는 국가의 능력에 대한 믿음과 이와 결부된 개인의 권리에 관한 확장적인 관점이다.

　현대의 자유주의 사회는 어떻게 조직되어 있는가를 간략하게 훑어볼 때, 분명한 사실은 진보주의적 자유주의가 일상적 자유주의를 누르고 승리를 거두었다는 사실이다. 물론 이렇게 말하는 것이 자유민주주의 국가들에 상당수의 일상적 자유주의자들이 존재하고 있다는 사실을 부정하거나 혹은 진보적 자유주의가 지적으로 더 우수하다고 주장하는 것은 아니다. 다만 오늘날 현실적인 영향력이라는 측면에서 보았을 때 진보적 자유주의가 더 우세하게 되었다고 말하는 것이다. 오늘날의 자유주의 사회들은 일상적 자유주의자들이 처방하는 방식으로 조직될 수는 없는데, 그 이유는 현대 국가를 지탱하는 구조적인 힘들은 진보적 자유주의의 핵심에 있는 특정 종류의 국가적 개입을 요구하고 있기 때문이다. 정치 지도자들은 일상적 자유주의자들의 자유방임적인 접근 방법이 적용되기에는 너무나 복잡한 세상에서 활동하고 있다. 개입주의적 국가를 대체할 방안이 없기에 오늘날 정치적 자유주의를 말하는 경우 그것은 진보적 자유주의와 동의어가 되었다.

정치적 자유주의를 분석하기 위한 가장 좋은 출발점은 일상적 자유주의와 진보적 자유주의 양자가 공통으로 보유하고 있는 특징들을 정의하는 것이다. 이것이 자유주의의 핵심적 내용이다. 다음으로 나는 두 가지 정치적 자유주의들의 변형된 모습을 분석할 예정인데 그것들의 차이점을 강조한 후, 왜 진보적 자유주의가 오늘날 더욱 우세해졌는지를 설명할 것이다. 마지막으로 나는 때로 자유주의라고 명명되지만 실제로는 자유주의가 아닌 한 쌍의 이론들—즉 공리주의(utilitarianism)와 자유주의적 이상주의(liberal idealism)—을 간략하게 설명할 것이다. 두 이론들은 정치적 자유주의가 강조하는 자연권 개념을 공유하고 있지 않다. 두 이론들은 일상적 자유주의 혹은 진보적 자유주의와는 본질적으로 다른 논리에 따라 작동한다. 공리주의와 자유주의적 이상주의는 중요한 이론일지는 모르지만 자유주의적 이론이 아니며, 따라서 이 이론들은 이 책의 범주 밖에 있다.

정치적 자유주의
Political Liberalism

자유주의 이야기는 자연 상태에 있는 원자화된 개인으로부터 출발하는데 그 같은 개인들은 공통적인 속성을 가지고 있다고 말해진다. "완벽한 자유의 상태"에서 원자화된 개인들은 모두 불가양(不可讓)의 권리를 부여받았으며 모두가 평등하다. 자유주의의 창시자인 존 로크(John Locke)는 자연 상태를 "모든 권력과 사법권은 상호적이며, 어떤 사람도 다른 사람보다 더 우월할 수 없는 평등의 상태이다. 같은 종류의 피조물들은 저마다 자연의 이점을 모두 똑같이 누리며 똑같은 능력을 사용하도록 태어났기에 모든 사람들은 다른 사람과 평등해야만 하며 지배하거나 지배당하지 않아야 한다는 사실보다 자명한 것은 없다."[1]라고 묘사했다.

　개인주의를 이처럼 강조하는 것은 아리스토텔레스, 아퀴나스, 오거스틴, 마키아벨리, 플라톤과 같은 근대 이전 정치사상가들의 저술들과 과감하게 결별하는 것이다. 근대 이전 정치사상가들은 모두 인간은 당연히 정치적 혹은 사회적인 존재라고 가정했다. 알렉시스 드 토크빌(Alexis de Tocqueville)이 말했던 것처럼, "우리 선조들은 개인주의에 해당하는 단어를 가지고 있지 않았다. 이 용어는 우리 자신이 사용하기 위해 새로 고안한 것이다. 근대 이전 사상가들이 살았던 시대에는 집단에 속하지 않는 개인, 혹은 자기 자신이 완전하게 혼자 존재한다고 여기는 개인은 존재하지 않았기 때문이다."[2] 이러한 "선조"들은 모든 개인을 동등하게 보아야 한다고 생각하지도 않았다. 그들은 어떤 사람은 태어날 때부터 우수한 재능을 가지고 있었으며, 그렇기 때문에 능력이 덜한 사람들을 통치할 수 있는 권리가 있다고 생각했다.[3]

　정치적 자유주의의 두 번째 기반이 되는 가정은 우리의 이성적인 사고 능력과 관련된 것이다. 인간이 상당한 수준의 판단력을 보유하고 있다는 사실은 의문의 여지가 없다. 그러나 우리가 이미 살펴본 바처럼, 좋은 삶이란 무엇으로 구성되는가를 결정하는 데 있어 이성적인 사고 능력은 제한적으로만 쓸모가 있을 뿐이다. 이성 그 자체는 사람들이 삶의 큰 문제를 어떻게 생각해야 하는가를 가르쳐주지 못할 뿐 아니라 감정이나 사회화에 종속되어 있다. 개인들이 의도적으로 첫 번째 원칙들에 대한 타당한 판단을 하고, 이런 원칙들로부터 도덕적 추론을 하는 경우조차도, 모든 개인들은 태어날 때부터 일단의 권리들을 부여받았다는 (자유주의자들 사이의) 보편적인 합의를 제외하고, 적어도 약간의 의견 불일치는 존재한다.

개인들이 첫 번째 원칙들에 대해 다른 견해를 가지고 있을 때, 그들은 상대방을 미워하거나 혹은 상대방을 해치려 하게 될 수 있다. 이 같은 논리의 기초는 토머스 홉스의 저술들에서 제시되었는데, 홉스는 비록 자유주의 이론가는 아니었지만 자유주의 이론의 근간을 이루는 몇 가지 획기적인 개념을 제시했다.[4] 홉스는 한눈에 보아도 로크와 다른 생각을 가지고 있었다는 점을 알 수 있다. 존 로크는 『시민정부론The Second Treatie』에서 이성의 덕목을 찬양하면서 인간의 자연 상태를 홉스가 『리바이어던』에서 묘사했던 바와는 달리 목가적(牧歌的)인 곳으로 묘사했다. 그러나 로크는 곧 자신의 이야기를 바꾸어 자연 상태를 끔찍하고(nasty), 잔인한 곳으로 묘사한다. 왜냐하면 자연 상태에서는 "다양한 의견이 존재하고 이익의 충돌이 있기 때문이다. 그것은 인간들이 모여 있는 집단에서는 회피할 수 없는 것이다."[5]라고 말했다.

갈등의 위협은 정치적 자유주의의 핵심에 놓여 있다. 가장 중요한 문제는 그 같은 위험을 완화시키기 위해 어떤 일을 해야 할 것인이다.

질서 유지를 위한 자유주의자들의 공식
The Liberal Formula for Maintaining Order

정치적 자유주의자들은 치명적인 갈등의 가능성에 대비하여 세 가지 갈래의 전략을 가지고 있다. 첫째, 그들은 모든 사람들이 가지고 있는 불가양의 권리 중에는 생명의 권리가 포함된다는 사실을 강조한다. 생명의 권리란 생존은 물론이거니와 우리들이 보기에 적당한 좋은 삶을 살 권리도 포함된다. 사람들은 무엇이든 그것이 다른 사람들의 권리를 해치는 것이 아닌 한 자신들이 원하는 삶의 방식을 선택할 수 있다. 여기에는 특히 "양심의 자유"가 포함되는데 양심의 자유란 자신의 종교적 신념에 따라서 삶을 살 수 있음을 말한다. 권리들은 개인들이 일상생활에서 누리는 자유의 양을 최대화하려 한다. 미국 독립 선언서의 가장 유명한 문장은 정치적 자유주의 전략의 첫 번째 갈래를 간결하게 포착하고 있다. "모든 사람들은 평등하게 창조되었으며, 그들은 창조주로부터 양도할 수 없는 권리를 부여받았다. 여기에는 생명, 자유, 그리고 행복 추구에 관한 권리가 포함된다. 우리는 이 같은 진리를 자명한 것으로 믿는다."

정치적 자유주의 전략에서 두 번째 갈래는 관용의 규범을 확산하는 것이다. 만약 개인들이 자신들의 삶을 추구할 권리가 있다면, 다른 사람들은 이 같은 권리를 인정해주어야 할 적극적인 의무가 있다.[6] 관용의 규범은 다른 사람들이 때로 핵심적인 원칙들에 관해 우리와 다른 견해를 가진다는 사실을 받아들여야 하고, 다른 사람들이 생각하고 말하는 것을 우리가 아주 싫어하거나 경멸한다고 할지라도 우리는 그들의 견해 때문에 그들을 처벌하거나 죽이지 말아야 한다고 우리에게 말한다. 대신, 우리 모두는 '각자 원하는 대로 살게 하라'는 삶에 대한 접근 방식을 채택하고, 갈등을 평화적으로 해결하며, 법에 대한 건강한 존중심을 유지해야 한다.[7] 혹자는 우리가 차이를 받아들임으로써 함께할 수 있다고 주장할 수 있을 것이다. 그러나 사람들이 최소한 자신과 심오한 견해 차이가 있는 사람들을 관용하는 것이 필수적이다.

그러나 관용에도 한계가 있다. 어떤 사람은 좋은 삶이란 무엇인가에 관한 어떤 특정 부분에 대해 차이를 용납할 수 없을 정도로 열정적인 태도를 가질 수 있다. 그들은 선의로 다른 세계관을 가질 수 있다고 믿는 일이 불가능하다고 여긴다. 그들은 그런 세계관을 가진 사람들은 의도적으로 진리를 회피하는 사람들이거나 혹은 악마(惡魔)일지도 모른다고 상상한다. 이처럼 관용할 수 없는 마음 자세는 자신들과 반대되는 입장에 있는 이들에게 위협이 될 뿐 아니라 자유주의 사회 그 자체에 대한 위협이 된다. 모든 사람이 가치의 다원주의를 신봉하지는 않는다는 현실은 우리로 하여금 정치적 자유주의 전략에서 세 번째 갈래에 이르게 한다. 즉, 사회 위에 군립하며 질서를 유지하는 강력한 국가 말이다. 국가는 이 같은 임무를 수행하기가 아주 적합한데 그 이유는 막스 베버(Max Weber)가 한 유명한 말처럼, 국가는 "주어진 영토 내에서 물리적 폭력을 정당하게 사용할 수 있는 권리를 독점적으로 보유"[8]하고 있기 때문이다.

국가는 질서를 유지하기 위해 세 가지 기본적인 역할을 담당한다. 이 중 가장 중요한 역할은 야경꾼과 같은 역할인데 개인의 권리를 보호하고, 서로 다른 생각을 가지고 있는 개인 혹은 파벌들 사이에 치명적인 싸움이 벌어지는 것을 막아주는 기능이다. 토머스 칼라일(Thomas Carlyle)의 문장을 빌린다면, 자유주의는 "무정부 상태에 경찰이 있는 것이다."[9] 국가는 또한 법을 만드는데 이를 통해 개인의 자유를 가능한 한 침해하지 않는 범위에서 받아들일 수 있는 혹은 받아들일 수 없는 행동들을 규정한다. 법은 좋은 삶이 무엇인가에 대해 생각을 달리하는 사람들과 집단들이 자신의 비전을 추구하는 과정에서 상호 점잖은 방식으로 행동하게 한다. 마지막으로, 국가는 심각한 분쟁이 발발했을 때 중재자 역할을 담당함으로써 갈등이 폭력으로 확산되는 것을 막는다.[10] 국가는, 다른 말로 한다면 법을 만드는 역할, 심판의 역할, 그리고 야경꾼 역할을 담당한다.

자유주의 국가는 분명히 국내 질서를 유지하는 것 이상의 더 큰 기능을 담당한다. 진보적 자유주의자들은 국가가 시민들에게 평등한 기회를 증진시키기 위한 노력과 더불어 다른 형태의 사회공학적 역할을 하기를 원한다. 일상적 자유주의자들은 국가의 사회공학적 역할에 대해서는 분명히 반대하겠지만, 그들은 국가가 경제를 관리하고 외교정책을 수행해야 한다는 데 대해서는 대부분 동의할 것이다. 교육, 사회안전, 주거, 노사관계 등과 같은 다른 문제들 역시 경제적 파탄, 혼란, 불안정을 회피하기 위해서, 심지어 자유 방임주의적 정부조차 관심을 가지지 않을 수 없을 것이다. 짧게 말하자면, 현대적 자유주의는 막강한 국가 없이는 아무런 일도 할 수 없다.

그러나 모든 종류의 정치적 자유주의자들은 국가의 역할에 대해 복합적인 견해를 가지고 있다. 비록 그들은 국가가 질서를 유지하고 시민사회의 발전을 위해서는 필수적임을 알고 있지만, 동시에 국가는 개인의 권리를 파괴할 수 있는 막강한 잠재력을 가지고 있다는 사실 또한 인식하고 있다. 정치이론가 주디스 슈클라(Judith Schklar)가 자유주의에 관한 중요한 논문에서 언급했던 바처럼, "자유 안에 언제나 존재하고 있는 두려움과 호의감은 압도적으로, 정부에 의해, 공식적 혹은 비공식적으로 생성되는 것이다. 사회적 압제의 요인들은 정말로 다양하지만, 어떤 것도 마음대로 사용 가능한 물리적인 힘과 설득력이라는 독특한 자원을 보유하고 있는 현대 국가들처럼 치명적인 효과를 가지고 있지는 않다."[11] 그럼에도 불구하고, 뼛속까지 자유주의자인 토머스 페인(Thomas Paine)조차 정부는 궁극적으로 분석한다면 "필요악(necessary evil)"[12]이라고 말했다.

그래서 자유주의자들은 국가의 힘을 제약할 수 있는 방안을 찾는다. 예로서 자유주의 국가들은 견제와 균형에 근거한 정치 질서를 수립하거나 혹은 연방주의를 채택할 수 있을 것이다. 연방주의란 정부가 상당 부분의 권력을 지방 정부에게 양도하는 것이다. 자유주의 국가들은 모두가 민주주의 국가들인데, 그곳에서도 다수가 소수를 향해 권력을 휘두를 위험성이 언제나 존재한다. 이 같은 위험을 감소시키는 하나의 방법은 헌법 속에 분명하게 표현된 인권 조항을 넣어두는 것이다.

국가의 야경꾼적 기능을 제외하고라도 자유주의 국가들은 어떤 행동이 도덕적으로 옳은지 혹은 그른지에 대한 국민들의 판단에 관여하지 않는다는 점을 강조하는 것이 중요하다. 자유주의 국가들은 관용을 권장 혹은 요구하고, 그럼으로써 자국 시민의 번영과 안전을 확실히 보장하려 한다. 그러나 가장 중요한 목표는 가능한 한 국민들이 자신들의 원칙대로 삶을 살도록 하는 것이다. 자유주의는 공화주의(republicanism)와 다르다. 공화주의는 개인의 임무와 책임을 강조하고 시민적 덕성을 적극적으로 증진시키려는 국가를 선호한다.

공화주의는 아리스토텔레스의 견해, 즉 "정치의 목표"는 "특정 종류의 시민—즉, 선량한 국민, 고상한 행동을 하는 사람들"[13]을 생산하는 것이라는 주장과도 본질적으로 조화를 이루지 못한다. 순수한 자유주의 국가는 영혼이 없는 국가다. 순수한 자유주의 국가는 시민들과 그들 정부 사이의 감정적 연대를 거의 만들어내지 못한다. 순수한 자유주의 국가라면 정부는 국민들에게 국가를 위해 나가서 싸우고 희생당할 것을 요구하는 것이 때로는 아주 어려운 일일 수도 있다.[14]

이제 자유주의의 이야기는 국가와 시민사회의 영역을 분명하게 구분하기 원한다는 사실이 분명해졌을 것이다.[15] 국가는 사회계약의 산물이며 다수의 개인들로 구성되는데, 이들은 자신들이 창조한 정부가 자신들의 삶에 너무 깊게 간섭하지 말 것을 분명히 하고 싶어 한다. 그들의 목표는 허버트 스펜서가 명명한 "정부의 감독(ministerial overseeing)"를 제한하여, 시민들이 스스로 규정한 좋은 삶을 살 수 있는 자유를 극대화하는 것이다.[16] 일상적 자유주의와 진보적 자유주의는 정부에 의한 감독의 적절한 수준이 어느 정도여야 할지에 대해서는 견해를 달리한다.

또한 자유주의자들은 가능한 한 정치의 중요성을 감소시키려고 노력한다. 앞에서 지적한 바대로, 정치란 가장 기본적인 차원에서 보았을 때 좋은 삶이란 무엇인가라는 본질적인 질문을 둘러싼 갈등과 관련 있다. 이것이 바로 정치를 적대적인 사업으로 만드는 것이다. 자유주의는 개인들에게 자신들이 원하는 삶을 살 수 있는 충분한 자유를 보장함으로써 정치적 갈등을 완화시키고자 하며, 그럼으로써 첫 번째 원칙들에 대한 싸움의 이유를 부분적으로 제거하고자 한다. 마커스 피셔(Markus Fischer)가 말했던 것처럼, "자유주의는 그 의미를 공허한 것으로 만듦으로써 정치 생활을 평화롭게 만들었다."[17] 혹은 스티븐 홈스(Stephen Holmes)가 말하는 바처럼, 자유주의는 "논쟁 혹은 타협에 의해 해결될 수 없는 이슈들을 아예 공적인 아젠다(agenda)에서 빼버렸다."[18]

정치의 역할을 감소시키기 원하지만 자유주의자들은 개인들이 자유롭게 경제활동에 참여할 수 있도록 하는 것이 중요하다는 사실을 인정한다. 그들의 궁극적인 목표는 경제가 정치를 압도하는 세상을 창조하는 것이다.[19] 존 로크의 저작들에서 분명하게 나타나는 이 같은 사고방식은 애덤 스미스에 의해 가장 포괄적인 방식으로 진전되었다. 애덤 스미스는 가능한 한 정부가 경제에 개입하지 못하도록 하고, 그럼으로써 개인들이 자신의 사적 이익을 자유롭게 추구할 수 있도록 하는 것이 궁극적으로 전체 사회를 위해 이익이 되는 일이라고 주장했다. 스미스는 "보이지 않는 손"은 시장으로 하여금 더욱 많은 부를 창출하도록 이끄는 반면, 국가가 경제를 이끌려 하는 경우 국가는 경제 발전을 위해 도움이 되기보다는 오히려 장애가 될 것이라고 주장했다. 자본주의와 자유주의는 함께 간다고 말하는 것은 과장이 아니다.

자유주의자들은 개인들과 파벌들 사이에 언제라도 심각한 정치적 논란이 존재한다는 사실을 이해한다. 그러나 그 같은 다툼들은 법을 만들고 그 법을 집행하는 국가에 의해 해결된다. 국가는 분쟁의 평화적 해결이라는 과정에서 마지막 중재자가 된다. 정치적 자유주의자들은 정치적 영역이 아니라 법적 체계 내에서 정치적 문제를 해결하기 원하기 때문에 법원 혹은 법치를 강조할 것이라 예측할 수 있다. 존 그레이(John Gray)는 존 롤스(John Rawls)의 사상을 평가한 글에서 문제의 핵심을 포착했다. "롤스의 정치적 자유주의의 핵심적 제도는 의회와 같은 의도적인 집합체(deliberative assembly)가 아니다. 롤스의 핵심적 제도는 법원이다. 모든 본질적인 문제들은 정치적 고려로부터 제외되는데, 이는 대법원이 판결하기 위해서다. 롤스 독트린을 정치적 자유주의라고 스스로 묘사하는 것은 정말로 모순적인 일이 아닐 수 없다. 사실 롤스의 독트린은 반정치적 법치주의(anti-political legalism)라고 말할 수 있다."[20]

물론 자유주의 국가가 정치를 최소화할 수 있는 능력에는 한계가 있다. 가장 중요한 한계는 국가는 중립적일 수가 없다는 점인데, 왜냐하면 국가는 국민의 일상생활을 지배하는 규칙을 만들고, 그 규칙의 상당 부분은 첫 번째 원칙을 다루는 것이기 때문이다. 좋은 삶을 구성하는 것이 무엇인지에 대해 견해 차이가 필연적으로 극명히 다른 상황임을 고려한다면, 사회의 어떤 파벌이 규칙을 작성하느냐의 여부는 대단히 중요한 문제가 아닐 수 없다. 이는 사람들이 최고의 공직을 차지하기 위해 경합을 벌인다는 사실을 의미한다. 이 같은 경합은 자유주의 국가의 경우 더욱 치열할 수 있는데, 자유주의 국가들은 동시에 민주주의 국가로서 선거를 통한 정권 교체가 적어도 이론적으로 가능하기 때문이다. 독재 국가들은 실제로 정치의 공간이 별로 없는데, 왜냐하면 최상위에 위치한 사람의 철권 통치는 공직을 향한 경쟁을 제거하거나 제한할 것이기 때문이다. 요약하자면, 자유주의 국가에서라야만 정치가 일상생활의 일부로서 보장될 수 있다. 첫 번째 원칙들에 관한 견해의 불일치를 완전히 제거할 수는 없는 일이기 때문이다.

국가와 시민사회를 구분하고 가급적 정치의 영향력을 줄이려 하는 자유주의적 공식은 정치적 질서의 바람직한 형태는 무엇인가에 관한 과거의 생각들과 본질적으로 결별했다. 아리스토텔레스, 플라톤 같은 고대 정치사상가들의 저술에 의하면 정치 제도와 시민사회는 긴밀하게 엮여 있으며, 정치에 능동적으로 참여하는 것은 좋은 삶의 필수적 요소였다. 공적인 영역에 관여하는 것은 고상한 일로 간주되었고, 그런 일은 유명한 공인(公人)임을 나타내는 표식이었다. 『군주론The Prince』에서 정치의 냉혹하고 잔혹한 측면을 강조한 마키아벨리조차도 국가와 시민사회를 하나로 엮여져 있는 그물망으로 보았다. 마키아벨리는 영리한 정치 전략들이 고상한 정치적 목표, 특히 공화주의를 추구하는 데 기여할 수 있다고 강조했다.[21] 자유주의는 정치와 좋은 삶에 대한 대단히 상이한 사고방식을 제공한다.

자유주의의 역설
Liberalism's Paradoxes

우리가 일상적 자유주의와 진보적 자유주의의 차이점을 분석하기 전에 자유주의에 내포되어 있는 역설(逆說)을 분석하는 것이 좋을 듯하다. 첫 번째 역설은 관용에 관한 것이다. 어떤 자유주의 사회라고 할지라도 일부 시민들은 자유주의를 배척할 것이며, 기회가 주어진다면 기존의 정치 질서를 무너뜨리고 싶어 할 것이다. 만약 상당수의 사람들이 이 같은 생각을 가지게 된다면 그들은 분명히 자유주의에 치명적인 위협이 될 것이다. 이 같은 상황이 도래했을 때 자유주의자들이 그들의 적에 대해 관용을 베푼다는 것은 말이 되지 않을 것이다. 그들을 '각자 원하는 대로 살게 놔둬라'라는 방식으로 대한다면 그것은 정치 체제를 붕괴시키는 일이 될 것이기 때문이다.

물론 자유주의자들은 이 같은 위험을 인지하고 있는데, 바로 자유주의자들도 그 핵심적인 부분에서의 취약성을 인식하고 있음을 의미하며, 이는 자유주의자들 사이에서도 불관용의 경향을 자극한다. 이 같은 논리는 왜 로크가 관용의 덕에 관해 기술한 유명한 논문에서 무신론자들과 가톨릭에 대해서 불관용적인 입장을 취했는지를 말해준다. 로크는 가톨릭은 신뢰할 수 없다고 믿었는데 그 이유는 교황에 대한 그들의 충성심과 그들의 불관용적 태도 때문이었다. 로크는 무신론자들도 신뢰할 수 없다고 믿었는데 무신론자들의 주장은 하나님의 허가(sanction)에 의해 뒷받침되지 않기 때문이다. 로크는 이 두 개 집단 모두를 자유주의에 대한 위협이라고 생각하였다.[22] 현실적으로는 위협의 정도가 다양하고 이 같은 불관용은 대개 자제되고 있다.

자유주의는 또 다른 이유로 인해서도 불관용적인 경향을 갖는다. 대부분의 자유주의자들은 자유주의를 다른 종류의 정치 질서와 비교할 때 더욱 우수한 것이라고 생각하고 있으며 만약 세계가 자유주의 국가들에 의해 채워진다면, 그런 세계는 더욱 살기 좋은 곳이 될 것이라고 믿는다. 자유주의에 내재(內

在)되어 있는 취약감과 우월감은 자유주의가 국내정치의 조화를 위해 관용을 강조함에도 불구하고 불관용적 태도를 야기하는 요인이 된다.

자유주의의 핵심에는 또 다른 모순이 존재한다. 자유주의 이론은 보편주의와 특수주의라는 속성을 모두 포함하고 있는데 양자는 상호 모순적이다. 보편주의적인 요소는 자유주의에 깊이 내재하고 있는 개인의 권리에 대한 열정에서 나온다. 인권에 관한 한 경계선 혹은 국경선은 존재하지 않는다. 인권은 지구 상에 살고 있는 모든 사람들에게 보편적으로 적용되는 것이다. 분명히 말하건대, 인권은 개인이 아니라 모든 사람이 공리적으로 자명하게 보유해야 하는 것이다. 우리가 인권을 이해하는 데 있어 우리의 이성적인 사고 능력에 의미 있는 한계란 없다. 혹자는 이것을 자유주의의 평화적 측면이라고 말할 수 있을 것이다. 왜냐하면 다른 사람의 권리를 존중하는 것은 관용을 확대하고 폭력적인 행동을 억제하기 때문이다.

반면, 특수주의자(particularist strand)들의 입장은 무엇이 좋은 삶을 구성하는지에 대한 만장일치의 합의를 이루는 것은 불가능하다는 자유주의적 믿음으로부터 나온다. 여기서 우리는 이성의 한계를 볼 수 있다. 일부 사람들이 특정한 경우에 합의를 이룰 수 있지만 모든 사람이 모든 경우에 합의를 이룬다는 것은 불가능하다—그리고 그들의 의견 불일치는 너무 열정적으로 비화되어 상대방을 해치는 수준까지 도달할 수 있다. 혹자는 이것을 국가가 야경꾼과 같은 역할을 해야 할 필요성을 뒷받침하는 자유주의의 갈등적 측면이라고 말할 수 있을 것이다.

그렇기 때문에 정치적 자유주의는 이성의 한계, 첫 번째 원칙들에 대한 의견 불일치, 그리고 정치의 갈등적 속성을 강조하는 특수주의적 요소는 물론 이성의 힘, 불가양의 권리, 그리고 비폭력을 강조하는 보편주의적 요소를 가지고 있다. 그렇다면 이처럼 서로 배치되는 자유주의의 요소들은 어떻게 서로 연관되어 있는 것일까? 그리고 어떤 속성들이 더 막강한 것일까?

전반적인 이론은 특수주의적 입장을 더 중시하는 것처럼 보지만 이렇게 말하는 것이 보편주의자들의 입장이 중요하지 않다는 것을 의미하지는 않는다. 그 이유는 간단 명료하다. 만약 권리에 관한 자유주의의 이야기가 진정 강력한 것이라면 질서를 유지하기 위해 강한 국가가 존재해야 할 필요는 없을 것이다. 개인의 권리에 관한 완전한 존중은 완전한 포용을 가능케 할 것이며 이같은 경우 살인 혹은 대혼란(mayhem)을 방지하고 질서를 유지하기 위한 상위의 권위 있는 조직이 있어야 할 필요도 없을 것이다. 그러나 거의 모든 자유주의 이론가들은 관용의 한계를 인정하고 그렇기 때문에 평화를 유지할 수 있는 능력을 보유한 국가의 존재가 필요함을 인정한다. 좋은 삶이란 어떤 것인가를 놓고 열정적인 혹은 상대방을 죽이려 들 가능성이 있는 격론은 언제든 우리 주위에서 벌어질 수 있다. 관용은 그 자체로 충분하지 않으며, 이는 자유주의의 이야기에서 특수주의적 입장이 보편주의적 입장보다 궁극적으로 설명력이 더 강하다고 말하는 또 다른 방식이다.

일상적 자유주의
Modus Vivendi Liberalism

일상적 자유주의와 진보적 자유주의 양자 모두에 의해 제시된 주요 논점들은 정치적 자유주의에 관해 위에서 기술한 바와 완전히 궤(軌)를 같이한다. 이 절과 다음 절의 목표는 양자의 세부적인 요소들을 검토하고 두 가지가 어떤 차이가 있는지를 보여주는 것이다.

일상적 자유주의자임을 자부하는 많은 정치이론가들은 내가 다음에 묘사할 복잡한 그림들의 모든 세세한 부분에 반드시 동의하지는 않을 것이다. 존 로크는 애덤 스미스, 그리고 프리드리히 하이에크와 마찬가지로 뼛속까지 일상적 자유주의자이다. 현대의 정치사상가들 중 이 같은 범주에 포함될 수 있는 사람은 존 그레이(John Gray)와 스티븐 홈스일 것이다. 그 외 많은 자유주의 사상가들은 일상적 자유주의에 완전히 부합하는 주장들을 하지만, 일상적 자유주의와 충돌하는 다른 이념을 장려하기도 한다. 존 스튜어트 밀(John Stuart Mill)이 그중 하나인데 이런 사람들을 일상적 자유주의자 진영에 포함시키기는 어렵다. 적당한 곳에서 나는 나의 주요한 입장을 설명하기 위해 이러한 일상적 자유주의자들의 글을 인용할 것이다.

일상적 자유주의자들은 핵심적 원칙들에 관해 우리가 의견 일치를 이룩할 가능성에 대해 심각하게 비관적인 입장을 취한다. 그레이는 "합리적인 연구 결과들은 훌륭한 삶은 여러 가지 다양한 형태로 나타난다는 사실을 보여준다.… 이성은 윤리적인 갈등에 관해 우리를 깨우쳐줄 수 있다. 이성은 때로 그러한 갈등에 대해 우리가 생각하고 있는 것보다 더 깊은 측면을 보여주며 그 문제들을 어떻게 해결할지를 놓고 우리를 곤경에 빠뜨린다."[23] 이 같은 비관주의는 인간들은 때로 이성의 도움 없이 결정을 해버린다는 사실로 인해 더욱 증폭된다. 홈스가 지적한 바처럼, "모든 고전적 자유주의자들은 인간의 행동은 대부분 계산될 수 없는 것이고, 습관적이고 감정적이며, 그래서 인간들이 가진 목표의 대부분은 비물질적(非物質的, nonmaterial)이라는 사실을 완전히 인식하고 있었다."[24] 이성은 우리에게 어떤 정치 질서가 최선인지에 대해 어떤 객관적인 진리도 제시해주지 못하는 것처럼 보인다.

일상적 사유주의는 권리의 본질적인 기능은 개인들에게 최대한의 자유를 부여함으로써 그들 자신의 이익을 추구하게 하는 것이라고 믿는다. 그들의 강조점은 언제라도 소극적인 권리에 배타적으로 집중된다. 소극적인 권리란 정부를 포함하는 타자들에 의해 개인의 활동이 제약당하지 않도록 보호하는 것을 의미한다. 그들은 재산을 소유하고 교환할 수 있는 권리를 대단히 강조하는데 이것이 바로 자유주의자들이 왜 자본주의와 밀접한 관련이 있는지를

112

설명해주는 요소다. 마지막으로 비록 일상적 자유주의자들은 개인들은 모두 평등하다고 믿지만, 그들은 정부가 개입해서 시민들이 공정한 바탕 위에서 경쟁할 수 있게 해주어야 한다고 믿지 않는다.

일상적 자유주자들에게 관용이란 분명히 핵심적인 개념이다. 비록 그들은 사람들이 각자 일상생활에서 원하는 대로 살게 하는 접근 방식을 옹호하지만, 인간들이 공존하는 데는 한계가 있다. 일상적 자유주의자들은 질서를 유지할 수 있는 강한 국가의 존재가 중요하다고 믿는다. 그러나 그 이상은 아니다. 그들은 가능한 한 국가가 시민사회에 개입하는 것을 막기 위해 애쓴다.

이 같은 관점은 전혀 놀라운 일은 아니다. 왜냐하면 일상적 자유주의자들은 국가가 기회의 균등을 촉진하는 일에 나서는 것을 반대하기 때문이다. 그 같은 일은 중대한 정부 조치들을 수반하게 된다. 기회의 균등을 촉진하는 일은 자원의 재분배를 포함하게 되고, 이는 분명히 사유재산에 부정적인 결과를 초래할 것이며 그 결과 개인의 자유를 침해하게 될 것이다. 일상적 자유주의자들은 보다 일반적으로 국가가 개인의 자유를 증진하기 위해 개입하는 일체의 행위에 대해 반대한다. 그 대신 그들은 국가의 가장 고매한 목표는 위협당할지 모를 개인의 권리를 보호하는 데 있다고 본다. 이들은 또한 정부가 절대적으로 필요한 경우가 아닌 한, 경제를 관리하려 해서는 안 된다고 믿는다. 대신에 그들은 개방된 시장에서 제약 없는 경쟁에 기반한 경제를 구축하는 것을 선호한다.

우리의 판단력(critical faculty)에 대한 일상적 자유주의자들의 비관론은 우리가 첫 번째 원칙들에 대해 합의를 이루지 못한다고 말하는 것에서 그치지 않는다. 그들은 국가들이 야심찬 목표를 달성하기 위해 지적으로 행동할 수 있는 능력이 부족하다고 생각하는 경향이 있다. 그들은 정부를 통해 의미 있는 발전을 이룰 수 없다고 주장한다. 정부는 오히려 방해 요인이다. 본질적으로 일상적 자유주의자들은 국가가 도구적인 측면에서 합리적인가라는 문제에 대해 의문을 제기한다. 그 결과 그들은 어떤 형태든 간에 정부가 주도하는 사회공학은 거의 대부분 실패할 것이라고 본다. 일상적 자유주의자들에게 확대된 복지국가라는 개념은 설 자리가 없다.

궁극적으로 일상적 자유주의는 낙관적이거나 진보적인 정치학 이론이 아니다.[25] 일상적 자유주의는 국가가 자유방임적인 방식으로 통치해야 한다고 주장한다. 정부의 목표는 사람들이 의견 불일치가 치명적인 폭력으로 비화하지 못하게 관리하는 것이며, 국민에게 그들이 원하는 삶을 살 수 있도록 가능한 한 많은 자유를 허용하는 것이다.

진보적 자유주의
Progressive Liberalism

진보적 자유주의자들은 정치 생활에 대해 보다 희망적인 이야기를 한다. 진보적 자유주의자들의 글을 읽어보면, 이들이 좋은 삶에 관한 결정적인 질문들에 대답할 수 있는 인간 이성의 능력에 대해 보다 낙관적이라는 사실을 알 수 있다. 이들 중 일부는 우리는 절대적인 진리조차 발견할 수 있다고 믿는다. 다른 진보적 자유주의자들은 이성은 자유주의 사회의 시민들 사이에서 높은 수준의 관용을 촉진(promote)하며, 그럼으로써 폭력의 가능성을 대폭 낮출 수 있다고 본다. 그러나 자세히 살펴보면 이 같은 주장들은 진실이 아니다. 진보적 자유주의자들은 언제라도 자신들의 주장을 철회하고, 일상적 자유주의자들처럼 우리의 판단력으로는 좋은 삶을 구성하는 것이 무엇인가에 대해 보편적인 합의에 이를 수 없다는 사실을 인정한다.

진보적 자유주의자들의 관점이 실제로 일상적 자유주의자들의 관점에 비해 희망적으로 보이는 것은, 그들이 개인의 권리에 대해, 그리고 그러한 권리를 위해 국가가 사회공학적인 활동을 할 수 있는 능력에 대해 생각하는 방식에서 연유한다. 그들은 인간의 권리에 대해 보다 확장적인 견해를 가지고 있는데, 특히 모든 사람들은 평등한 기회를 가질 권리가 있다고 믿는다. 그들은 또한 정부는 개인들이 평등한 기회를 갖도록 보장하는 정책을 추구해야 할 책임과 능력을 가지고 있다고 믿는다. 진보적 자유주의자들은 정부가 도구적인 합리성을 가지고 행동할 수 있는 능력을 보유하고 있다고 믿는데, 바로 이 점에서 정부는 그런 능력을 가지고 있다고 믿지 않는 일상적 자유주의자들과 구분된다. 진보적 자유주의자들은 또한 국가가 야경꾼의 역할을 해야 한다고 믿는다. 그들은 첫 번째 원칙에 대한 합의를 이룩한다는 것은 불가능하다는 사실을 이해하고 있기 때문이다.

진보적 자유주의는 계몽주의에 그 뿌리를 두고 있는데, 계몽주의는 아이작 크램닉(Isaac Kramnick)이 말한 것처럼, "개인과 사적 이익의 도덕적 정당성을 규정"하였지만 또한 "신념이나 전통이 아닌, 독자적인 인간 이성"의 중요성을 강조했다.[26] 제러미 월든(Jeremy Waldon)이 말하는 것처럼, "자유주의 사상과 계몽주의 유산(legacy)의 관계는 대단히 밀접하다. 계몽주의는 세상을 이해하고, 세상의 법칙과 기본 원리를 파악하고, 미래를 예측하고, 그리고 인류의 이익을 위해 세상의 힘들을 동원할 수 있는 인간의 능력에 대한 막강한 확신으로 특징지어진다."[27]

지난 50년 동안 가장 저명한 진보적 자유주의자들 중에는 로널드 드보르킨(Ronald Dworkin), 프란시스 후쿠야마(Francis Fukuyama), 스티븐 핑커(Steven Pinker)와 존 롤스(John Rawls) 등이 있다. 후쿠야마는 1989년에 발표한 유명한 논문인 〈역사의 종언?The End of History?〉에서 공산주의의 붕괴로 인해 정부의 이상적인 형태에 대한 문제는 거의 답이 나왔는데, 그 답은 자유 민주주의에 유리한 것이라고 주장했다. 바로 이 논문이 진보적 자유주의의 장르에 속하는 대표적인 사례다. 롤스 역시 현대의 가장 영향력 있는 정치 철학자 중 한 사람이며, 드보르킨은 법철학계의 거인 중 한 사람이다. 핑커는 아마도 이성의 승리와 자유주의적 가치가 세계 도처에서 폭력을 감소시키는 데 가장 큰 역할을 하고 있다고 주장하는 제일 유명한 학자일 것이다. 역사를 좀더 거슬러 올라가면 프랑스의 철학자 니콜라스 드 콩도르세(Nicolas de Condorcet)가 이 부류에 포함될 것이며 "당신의 이성을 활용하는 일에 용기를 가져라—그것이 계몽주의의 모토다."[28]라고 말한 임마누엘 칸트 역시 이 범주에 포함될 것이다.

이성의 힘
The Power of Reason

많은 진보적 자유주의자들은 이성이, 몇 가지 발견 가능한 원칙들과 함께 세상을 더 좋은 곳으로 만드는 데 있어 핵심이라 믿는다. 이는 드보르킨의 언급인 "자유주의는 회의주의(skepticism)에 기반을 둘 수 없다."[29]라는 데서도 잘 나타난다. 진보적 자유주의에는 두 가지 다른 변형이 있는데 각각은 우리의 판단력이 우리에게 무엇을 말해 줄 수 있는지에 대해 견해를 달리한다. 이 두 가지를 '경계 있는 진보주의(bounded progressives)'와 '경계 없는 진보주의(unbounded progressives)'라고 부르기로 하자.

경계 없는 진보주의자들은 이성에 대해 가장 큰 신뢰를 가지고 있다. 그들은 우리가 집단적으로 첫 번째 원칙들을 발견하고, 그 원칙들을 개인의 권리에 관한 보편적인 존중심과 결합하면 폭력적인 갈등의 가능성을 효과적으로 없애버린다고 주장한다. 경계 있는 진보주의자들은 비록 그들이 일상적인 자유주의자들에 비교할 때 이성에 대해 더 큰 신뢰를 하고 있기는 하지만, 세계의 모든 사람들이 좋은 삶이란 무엇인가에 대해 합의를 이룩할 수는 없다고 생각한다. 그러나 그들은 자유주의 사회의 사람들은 상호 간의 차이점을 받아들일 수 있을 정도로 현명하며, 그럼으로써 차이점 때문에 싸움을 하지는 않으리라 믿는다. 충분한 관용은 평화적인 갈등 해결과 법치에 대한 존중심과 더불어, 자유주의가 지배하는 어느 곳에서라도 일상 생활을 통치한다

두 가지 종류의 진보주의(progressivism)는 모두 우리의 판단력이 우리를 위해 할 수 있는 일에 대해 비현실적일 정도로 과대평가한다. 사실상 거의 모든 사람이 동의하는 첫 번째 원칙들에 관한 진리가 존재한다고 주장하는 것은(최소한 성공적으로 주장한다는 것은) 불가능한 일이다. 또한 자유주의 사회에서 이성만으로 충분한 수준의 관용이 형성될 수 있다고 믿을 수 있는 근거도 없다. 이렇게 말하는 것이 자유주의 제도들은 사회화를 통해 사람들을 고도로 관용적이 되게 하고, 법을 존중하게 하고, 자신들의 갈등을 평화적으로 해결하게 만들 수 없다고 말하는 것은 아니다. 더욱이 그들의 글을 주의 깊게 살펴볼 때, 진보적 자유주의자들은 스스로 이성의 한계를 인식하고 있으며, 그럼으로써 자신들의 낙관적인 주장을 허물고 있음을 알 수 있다.

경계 없는 진보주의
Unbounded Progressivism

드보르킨, 후쿠야마, 핑커 등의 글은 경계 없는 진보주의 범주에 속하는 주장들을 포함하고 있다. 앞에서 지적한 것처럼 드보르킨은 대법원 판사들이 "어려운 사건(hard case)"들에 있어 "올바른 대답"을 도출하는 것이 언제라도 변함없이 가능한 일인지 답하는 데 큰 관심을 기울였다. 특히 그는 이런 사건들에서 특정한 판사 자신들이 선호하는 가치가 아니라 객관적으로 옳은 대답을 제공할 수 있는 보편적인 도덕적 원칙이 있는지에 관심을 기울였다. 그는 판사들이 올바른 해답에 도달할 수 있도록 해주는 자유주의적인 "기본 원칙들"이 존재한다고 믿었다. 그는 "법적인 질문이 우리의 법률 체계 내에서 올바른 대답을 구할 수 없는 경우는 우리가 일반적으로 가정하는 것보다 훨씬 드물다."고 썼다. 그는 계속해서 "복잡하고 포괄적인 법률 체계 내에서는, 두

가지 이론이 어떤 사건에서 서로 다른 대답을 도출할 정도로 다르면서도 적절한 법적 자료들과 똑같이 맞아떨어지는 경우는 선행적으로 존재할 가능성이 없다."고 썼다. 드보르킨은 자유주의는 비관론에 근거를 둘 수 없다고 말한 후, "자유주의의 기본 도덕은 인간들이 반드시 그들 정부로부터 동등하게 대우받아야 한다고 규정하는데, 이는 정치적 도덕에는 옳고 그름이 없기 때문이 아니라 그것이 옳은 일이기 때문이다."고 썼다.[30] 우리는 드보르킨이 보편적인 진리가 존재한다고 말한 사례들을 더 찾아낼 수 있을 것이다.

역사의 종언에 관한 유명한 논문에서 후쿠야마는 더욱 과감한 주장을 하고 있다. 그는 역사의 종언이란 "근본 원칙들과 제도에 있어 더 이상 진보의 가능성이 없음을 의미하는 것인데, 왜냐하면 정말로 큰 문제들에 대해 이미 모든 대답이 다 나왔기 때문"[31]이라고 주장했다. 후쿠야마는 다른 모든 종류의 정치 형태들에 대한 서구 자유주의의 승리와 더불어 "우리는 인류의 이념적 진보의 종점에 도달했다."고 썼다. "그러한 보편적인 동질 상태에서 이전의 모든 모순(contradiction)들이 해소되었고 모든 인간의 욕구가 충족되었다. 앞으로 '큰' 주제들에 대한 갈등은 더 이상 없을 것이며, 그 결과 더 이상 장군들과 정치가들이 필요하지 않게 될 것이다. 앞으로 남아있을 행동은 주로 경제적인 행동일 것이다." 사람들 사이에서 첫 번째 원칙들에 대해 의미 있는 의견 불일치가 더 이상 존재하지 않는 세상이 존재한다고 할 때, 그들의 가장 큰 문제는 "심심함"이 될 것이다. 그 같은 심심함이 아직 우리에게 도래하지 않았다는 사실을 말해야 할 필요는 없을 것이다.

마지막으로 "이성의 에스컬레이터"라는 개념을 강조하는 핑커도 경계 없는 진보주의자의 전형적인 특성을 보이고 있다. 그는 우리에게 "믿거나 말거나 우리는 점점 더 똑똑해지고 있다."고 말한다. 그리고 "똑똑해질수록 사람들은 더욱더 자유주의적이 된다." "우리의 심리학적 공통성이 가지는 중요한 함의는 사람들이 아무리 서로 다를지라도 거기에는 원칙적으로 생각의 일치가 있을 수 있다는 것이다." 그 이유는 단순하다. "세계주의적인 조류가 다양한 사람들이 서로 토론하도록 만들 때, 언론의 자유가 토론이 자유롭게 이루어지게 할 때, 그리고 역사의 실패한 실험들이 왜 그랬었는지가 명확하게 밝혀질 때, 증거들은 가치 체계가 자유주의적 인본주의 방향으로 진화한다는 사실을 보여준다."[32]

경계 없는 진보주의의 주장들은 궁극적으로 설득력이 결여되어 있다. 인간들 사이에서는 어떤 것이 좋은 삶이냐에 대해 보편적인 합의에 근접하는 어떤 것도 이루어진 적이 없으며, 그 같은 합의가 이루어지리라고 기대할 좋은 이유도 없다. 우리가 우리의 판단력을 활용해서 첫 번째 원칙들에 대해 보편적으로 받아들여지는 진리를 찾아낼 수 있다는 주장은 존립 가능하지 않다. 이렇게 말하는 것이 개인들이 그들이 궁극적인 진리라고 믿는 것에 도달할 수 없다는 의미는 아니다. 다만 자신들이 믿는 궁극적인 진리를 다른 모든 사람들도 역시 궁극적인 진리라고 믿을 것이냐는 별개의 문제라는 것이다. 또한 이렇게 말하는 것이 상당수의 사람들이 그들의 삶에 영향을 미치는 공적인 문제들에 대해 합의를 이루는 것이 불가능하다고 말하는 것도 아니다. 다만 그런 합의를 이룩하는 일은 어려울 뿐만 아니라 보편적인 합의에 이르기는 특히 어렵다고 말하는 것이다. 월드런(Waldron)은 바로 이 같은 점을 법적 영역에서의 진리에 관한 드보르킨의 견해를 비판하면서 정확히 지적했다. "객관성에 관한 이들 논의 중 어느 것도… 드보르킨의 법학이 요구하는 가치에 대한 객관적인 질문을 던지고 대답해야 하는 서로 다른 판사들이 서로 다른 답을 제시하게 될 것이라는 사실을 조금도 훼손하지 못한다." 다른 말로 한다면 "법이 아니라 사람에 따라 그 대답이 달라지게 된다는 것이다."[33]

이성의 분명한 한계를 고려할 때, 경계 없는 진보주의자들이 궁극적으로 그들의 용감한 주장에서 후퇴해, 마치 일상적인 자유주의자처럼 말하게 되는 것은 놀라운 일이 아니다. 불행하게도 그들이 이처럼 중요한 일에 대해 이리

저리 입장을 바꾼다는 것은 변명의 여지가 없는 일이다. 우리는 서로 반대되는 접근 방법들 중에서 하나를 택해야만 한다. 첫 번째 원칙들에 대해 보편적인 진리를 얻을 수 있다고 믿든가 혹은 그렇지 않다고 믿든가 둘 중 하나여야 한다.

후쿠야마의 역사의 종언에 관한 글들은 아마도 이 같은 현상에 대한 가장 좋은 사례가 될 것이다. 이미 지적한 바처럼 후쿠야마는 그의 유명한 1989년도 논문에서 모든 큰 문제들이 해결되었고, 이제 더 이상 싸울 일이 남아 있지 않다고 주장했다. 후쿠야마가 1992년에 논문을 더욱 확대해 출간한 책에서도 같은 주장을 반복하고 있지만 그는 기존 주장과 모순되는, 일상적 자유주의의 범주에 들어갈 수 있는 수많은 언급들을 하고 있다. 예로서 후쿠야마는 "현대의 상대주의가 우리에게 가져다준 지적인 교착상태(impasse)"를 상당히 강조하는데, 그것은 "전통적으로 이해되어온 자유주의적 권리에 대한 방어를 허용하지 않는다."라고 말한다. 그는 다른 곳에서 쓰기를, "권리의 본질에 관한 우리의 논의에서의 모순(incoherence)은 인간에 대한 합리적 이해가능성과 관련된 더 깊은 철학적 위기로부터 연원하는 것이며… 오늘날 우리 모두는 인간의 존엄성(dignity)을 이야기하고 있지만, 왜 인간이 존엄성(human dignity)을 가지는지에 대해서는 합의가 없다." 우리는 "현대 사상의 상대주의적인 교착상태"에 대해 말하면서 동시에 첫 번째 원칙에 대한 폭넓은 의견일치가 있다고 주장할 수는 없다.[34]

후쿠야마는 그의 책 다른 부분에서 다가올 위험에 대해 경고하고 있지만, 거기에 심심함(boredom)은 포함되지 않는다. 예로서 그는 이렇게 쓰고 있다. "돌이켜 보면, 인류의 구(舊)시대를 살고 있는 우리들은 다음과 같은 결론에 도달하게 될 것이다. 어떤 체제라도—어떤 사회경제적 체제일지라도—모든 사람들을 모든 경우에 만족시킬 수는 없다. 여기에는 자유민주주의도 포함된다.… 오히려 민주주의가 완전히 승리한 곳에서 바로 불만이 야기될 수 있다.

이는 자유와 평등이 야기하는 불만족이다. 그래서 불만족스러운 상태에 있는 사람들은 언제라도 역사를 새로 시작할 수 있는 잠재력을 가지고 있다." 그는 꼭 집어서 지적하기를 "현대 사상은 자유민주주의에 대항하는 미래의 허무주의자들의 전쟁에 맞설 어떤 방법도 제공하지 못한다. 그러한 허무주의는 바로 자유주의의 품에서 야기된 것이다." 마찬가지 논리로 후쿠야마는 "다른 형태의 불평등에 근거한 자유민주주의에 대한 새롭고 잠재적으로 더 급진적인 도전에 어떤 끝이 있을지는 불분명하다."고 말한다. 아마도 후쿠야마의 가장 놀라운 언급은 "우리는 미래의 히틀러 혹은 폴 포트(Pol Pots)가 결코 없으리라는 사실을 보장할 수 없으며, 미래 세대들에게 확언할 수도 없다."라는 말일 것이다.[35]

스티븐 홈스(Stephen Holmes)는 이처럼 이율배반적인 입장을 다음과 같이 간단 명료하게 요약했다. "후쿠야마는 이 같은 선제적인 양보가 스스로 패배를 시인하고 있는 것과 같다는 사실을 모르는 것 같다."[36]

이성의 힘에 대해 논하면서 이처럼 상반되는 견해를 동원하는 경향은 칸트의 저술들에도 나타나는데, 바로 그런 이유 때문에 일부 학자들은 칸트를 진보적 자유주의자로 분류하는 반면 다른 학자들은 그를 일상적 자유주의자(modus vivende liberal)로 분류한다. 예로서 드보라 부코야니스(Deborah Boucoyannis)와 케네스 왈츠(Kenneth Waltz) 두 사람은 모두 칸트를 일상적 자유주의자로 분류하는 반면 마이클 데쉬(Michael Desch)와 존 그레이(John Gray)는 칸트를 진보적 자유주의자로 분류한다.[37] 이 같은 혼동이 야기되는 이유는 왈츠가 지적하는 바처럼, 칸트의 글들이 두 가지 관점 모두를 지지할 수 있는 총알을 제공하고 있기 때문이다.[38]

요약하자면, 경계 없는 진보주의자들이 가지고 있는 인간의 이성적인 능력에 대한 심오한 낙관주의는 그들의 글 자체에 의해 깎아내려지고 있으며, 동시에 그들이 왜 인간의 본성이 불과 몇 세기 만에 그토록 본질적으로 변했는지에 대한 설득력 있는 설명을 제공하지 못한다는 사실로 인해 더욱 훼손되고 있다.

경계 있는 진보주의
Bounded Progressivism

진보적 자유주의의 두 번째 변형에서 이성은 인간 삶에 관한 큰 질문에 모두가 동의하는 대답을 제시하지는 못하지만, 서로 반대되는 견해들에 대한 깊은 관용을 발휘하게 한다. 롤스는 가장 중요한 경계 있는 진보주의자이다. 그는 자유주의 사회의 시민들 모두가 "선(善)에 대한 포괄적인 개념"을 가지고 있지는 않다고 분명히 믿었다. 그는 "도덕적, 정치적 삶의 모든 부분에 대해 타당성을 가지는 보편적 원칙"에 대한 어떤 합의도 없다고 주장했다.[39] 실제로 그는 자유주의 사회의 시민들은 "이성적인 종교적, 철학적 도덕적 교리에 의해 심각하게 분열되어 있을 것"이라고 생각했다.[40] 더 나아가 롤스는 자신은 자유주의 사회에서 발견되는 모든 "이성적인 포괄적 교리"가 "자유주의적인 포괄적 교리"일 것으로 기대하지 않는다고 말했다.

그럼에도 불구하고 롤스는 자유주의 국가에서 살고 있는 시민들은 어떤 "특정한 도덕적 특성"을 가지고 있을 뿐만 아니라 그들은 대단히 합리적이기 때문에 "합의를 이룰 수 없는 포괄적 원칙"을 두고 다투지 않을 것이며, 대신 그들은 "무엇이 이성적인가에 관한 그들의 인식에 의해 서로 자제하게 될 것"이라고 보았다. 결국 "공적 이성(public reason)"은 시민들을 타협을 통한 해결(compromised solution)로 이끌 것이며 상대방의 견해를 존중하게 만들 것이다. "이성을 갖춘 시민으로서" 그들은 "공정한 기준에 근거해서 다른 시민들과 협력할 것이다." 롤스는 자유주의 사회에 깊이 각인된 관용의 규범은 "현실적인 이상향"을 만들어내지는 못할지라도 "이성적인 다원주의"로 이끌 수 있을 것이라고 기술했다.[41]

경계 없는(unbounded) 진보주의자들에게 관용은 그다지 중요하지 않다. 왜냐하면 이들은 첫 번째 원칙에 대한 폭넓은 합의가 이미 존재하고 있어서 관용은 불필요하다고 보기 때문이다. 의미 있는 견해차가 존재하지 않는 세계에서는 관용에 대해 걱정할 필요가 없을 것이다. 어떤 사회라도 진리를 인정하지 않는 소수의 괴짜(oddball)가 있을 것이지만 경계 없는 진보주의자들은 이들의 잘못된 견해를 관용하려 하지 않을 것이다. 대신 그들을 강제로 혹은 꼬드겨서라도 깨우치려 할 것이다.

경계 있는(bounded) 진보주의자들은 직관적으로는 더욱 매력적인데, 왜냐하면 그들은 본질적인 문제에 대한 보편적 동의에 도달하기 어렵다는 사실을 인정하기 때문이다. 그럼에도 불구하고 문제점이 남아 있는데, 그것은 자유주의 사회에서 관용이 삶의 첫 번째 원칙들에 대한 본질적인 견해차 때문에 야기되는 격렬한 열정을 제압할 것이라고 기대한다는 점이다.

우선 자유주의 사회에서 살고 있는 사람들이 롤스와 다른 경계 있는 진보주의자들이 말하는 것만큼 관용적인 사람들이라는 증거가 보이지 않을 뿐 아니라 오히려 그 반대라는 증거가 더 많다. 정치 철학자 조지 클로스코(George Klosko)는 관용에 대한 롤스의 주장을 직접 연구했는데 "여러 증거들에 의해 살펴보았을 때, 자유주의 시민들은 대단히 불관용적이었다."고 말했다. 이 주장은 정말로 많은 사례들에 의해 지지를 받고 있다. 클로스코는 "미국의 여론 조사에 대해 익숙한 사람이면 누구라도 놀랄 일이 아니다."라고 말했다.[42] 나는 이 주제를 개인의 권리가 지나치게 강조되는 것에 대해 논하는 다음 장에서 더 자세히 다룰 것이다. 그러나 이 장에서는 심오한 관용(deep tolerance)에 관한 경계 있는 진보주의자들의 주장은 경험적 근거가 희박한 주장이라고 말하는 것만으로도 충분하다.

롤스는 사람들이 본능적으로 이성 또는 관용에 이끌리는 것은 아니라고 주장했다. 그는 분명히 세계에는 자유주의적인 사회뿐만 아니라 자유가 없는 사회들도 많다는 사실을 믿고 있으며, 자유가 없는 곳에서 사는 사람들을 자유주의 사회에 살고 있는 사람들을 표준으로 삼아 비교하는 것은 이성적이지 않다고 말한 것이다. 예로서 그는 "괜찮은 사회(decent society)"는 물론 "무법 사회(outlaw society)"에 대해서도 말했는데, 무법 사회는 "공격적이고 위험하다."고 보았다. 그는 괜찮은 사회에 살고 있는 개인들의 믿음과 관련하여, "나는 그들이 이성적이라고 말하는 것이 아니다. 다만 그들은 완전하게 비이성적이지는 않다고 말하는 것이다."라고 썼다. 혹자는 무법 사회에서 살고 있는 사람들은, 적어도 그곳에 사는 대다수가 비이성적일 것이라고 가정하게 된다. 롤스 자신의 기준에 의거할 때, 세상에 살고 있는 아주 많은 사람들이 이성적이지 않다는 사실은 단지 그가 사람들은 본래 이성적이지 않다고 믿고 있음을 말해준다.[43]

이러한 관점은 관용이라는 개념의 역사에 관한 롤스의 견해로 인해 더욱 강화되었다. 특히 존 로크(John Locke)와 다른 학자들이 17세기에 자유주의 이론을 형성하기 이전에는 오히려 롤스는 관용이 아니라 불관용이 더욱 일반적인 일이었음을 인정한다. 그 당시까지 "불관용은 사회적인 질서 혹은 안정의 조건으로 용납되어졌던 것이다." 롤스는 그 당시 "수세기 동안 지속된 불관용이 존재"했다고 썼다. 그래서 자유주의 사회에서 이성이 압도하고 관용이 우세하다는 것은 인간의 본능에서 나온 산물은 아닌 것이다. 이를 설명할 수 있는 다른 요인이 필요한 것이다.[44]

자유주의 사회의 관용과 이성적 특성은 어디에서 오는 것일까? 무슨 근거로 롤스는 자유주의적 시민들이 "특정한 도덕적 성격"을 보유하고 있다고 말할 수 있는 것일까? 그는 이 중요한 질문에 대해 별로 많은 이야기를 하지 않았다. 그의 중요한 주장은 "이성적인 다원주의"에는 관용이 깊게 자리 잡고 있는데, 그것은 대체로 자유주의 사회 내에서 오랜 시간에 걸쳐 진행된 사회화의 결과라는 것이다. 그것은 "자유주의적 제도의 맥락에서 한 사회가 지닌 문화의 장기적 결과물"[45]이다.

그러나 이 같은 주장은 관용에 대한 진지한 헌신이 처음 어디에서 비롯되었으며 그 규범을 널리 전파시킨 책임이 누구에게 있는지에 대한 물음에 대답하지 못한다. 우리는 국가가 자기 나라 국민들의 행태를 형성하는 데 1차적인 책임이 있다고 믿을 수 있을지 모르지만 롤스는 그렇게 주장하지 않으며, 그의 이론에서 국가의 역할은 그다지 크지 않다. 더구나 국가가—혹은 어떤 조직이든—관용과 같은 규범을 그토록 효과적으로 국민들에게 전파하고 그럼으로써 좋은 삶이란 무엇인가에 대한 상충하는 견해들을 둘러싼 폭력적 충돌을 제거할 수 있다는 사실을 믿기 힘들다. 요약하건대, 롤스는 자신의 이론에서 중요한 견인차 중 하나인 이성적 특성(reasonableness)이 어떻게 자유주의 사회에서 번성하게 되었는지에 대해 충분한 답을 제시하지 않고 있다. 놀라운 일도 아니지만 그는 관용에 관한 자신의 대담한 주장에 대해 어떤 경험적 증거도 제시하지 못하고 있다.

경계 없는 진보주의자들과 마찬가지로 롤스는 때때로 자유주의 사회의 평화적 속성에 대해 자신의 본질적인 주장과 배치되는 이야기를 하며, 그럼으로써 일상적 자유주의자와 다를 바 없는 말을 하는 것도 놀라운 일이 아니다. 예를 들어 롤스는 "어떤 진리는 너무나도 중요하기 때문에 그 진리와 배치되는 견해는 반드시 배격해야만 한다. 그것이 심지어 내전(civil war)을 의미할 수도 있다."[46]고 말한 바 있다. 롤스는 또한 많은 사람들이 자유주의를 거부하기 때문에 "그들을 설득하는 데에는 심각한 한계가 있다."고 말하며, 이에 덧붙여 "많은 사람들이… 내가 묘사한 바와 같은 사회적 세상(social world)에 융화될 수 없다."고 말했다. "자유주의를 거부하는 이들에게 정치적인 자유주의가 구상하는 사회적 세상은, 진정한 악은 아닐지라도 사회적 분열과 잘못된 주의들로 가득 찬 악몽 같은 세상이다."[47] 더 나아가 롤스는 자유주의 국가는 때때로 자유주의를 포기해야거나 혹은 적어도 자유를 제약해야 하는

비상사태에 처하게 될 수 있다는 점을 인정했다.[48]

우리는 이러한 주장들을 어떻게 보아야 하는가? 진보적 자유주의자들이 때때로 우리들의 판단력에 대해 과감한 주장을 하고 있기는 하지만, 이 같은 주장들은 설득력을 가지지 못한다. 경계 있는 진보주의자들이 좀더 제한된 주장을 하기는 하지만 진보주의자들의 두 가지 버전 모두는 같은 약점을 공유하고 있다. 양자 누구도 왜 이성은 좋은 삶이란 무엇인가에 대해 궁극적인 해답을 제시할 수 있다거나 혹은 자유주의 사회에서 엄청난 정도로 관용을 증진시킬 수 있는지에 대해 설득력 있는 설명을 제시하지 못하고 있다. 대신 이 같은 전통을 따르는 이론가들은 자신들의 입장을 주로 (증거를 제시하지는 못하고) 주장만 할 뿐이다. 둘째로, 경계 있는 진보주의자들과 경계 없는 진보주의자들 모두 어떻게 이성이 갈등을 완화시킬 수 있는 것인지에 대해 그들의 주장과 배치되는 논리를 제시하며, 그렇게 말함으로써 자신들의 말이 일상적 자유주의자들의 말처럼 들리게 한다.

마지막으로 이성이 어떻게 세상을 평화롭게 하는 효과가 있는가에 대해 일상적 자유주의자들과 진보적 자유주의자들 사이에 의미 있는 차이점은 존재하지 않는다. 정치적 자유주의의 두 가지 변형 사이에서 나타나는 진정한 차이점은 그들이 개인의 자유와 국가가 행하는 사회공학에 대해 어떻게 생각하는가에서 나타날 뿐이다.

권리와 사회공학
Rights and Social Engineering

일상적 자유주의자들과 진보적 자유주의자들은 모두 개인의 권리를 제일 중요하다고 보는 점에서 별 차이가 없다. 그러나 이들은 그러한 권리란 것이 무엇이며 권리들이 서로 충돌할 경우 어떻게 균형을 이룰 수 있는가에 대해 견해를 달리한다. 일상적 자유주의자들은 소극적인 권리(negative right)를 강조하는데, 소극적 권리란 주로 개인의 행위에 대한 정부의 간섭으로부터의 자유를 의미한다. 결사의 자유, 언론의 자유, 말할 수 있는 자유 등은 그 좋은 예가 된다. 사유재산을 획득하거나 교환할 수 있는 자유는 일상적 자유주의자들에게 있어 특별히 중요한 자유이며, 존 로크와 애덤 스미스의 책들에 잘 반영되어 있다.[49]

개인의 자유에 대한 강조는 프리드리히 하이에크의 글들에 잘 반영되어 있는데, 그는 교과서적인 일상적 자유주의자라고 말할 수 있다. 예를 들어 하이에크의 책 『자유의 헌법The Constitution of Liberty』 제1장의 첫 문장은 다음과 같다. "우리는 이 책에서 사회에서 타인들에 의한 어떤 강압이 가능한 한 감소될 수 있는 인간 조건에 대해 관심을 갖고 있다. 우리는 이러한 상태를 자유의 상태 혹은 해방의 상태로 묘사할 것이다."[50]

놀라운 일도 아니지만 많은 일상적 자유주의자들은 적극적인 권리(positive right)에 대해 극도의 혐오감을 가지고 있는데 그것은 국가의 큰 역할, 즉 자신의 시민을 돕기 위해 진지한 노력을 기울일 것을 요구하기 때문이다. 적극적 권리는 개인들을 정부의 행동에 종속되게 만드는데, 그러한 정부의 행동은 개인들에게 그들이 권리를 가진 상품과 서비스를 제공하는 것을 목표로 한다. 이러한 노력들은 정부의 간섭으로부터의 자유와는 거리가 먼 것이며, 심지어 정부의 간섭을 수반할 수도 있다. 동등한 기회(equal opportunity)를 가질 권리는 적극적 권리의 좋은 사례이며, 일상적 자유주의자들이 극도로 혐오하는 것이다. 이 같은 권리는 정부의 간섭적 행동을 요구하게 되는데, 이는 모든 사람들이 성공을 위한 경쟁에서 동등한 수준의 자원을 보유할 수 있도록 하기 위해서이다. 목표는 동등한 결과를 추구하는 것이 아니라 단지 동등한 기회를 주는 것이다.

하이에크는 일상적 자유주의자들이 동등한 기회라는 개념에 대해 가지는 반감을 잘 보여주고 있다. 그는 쓰기를, "법과 행동의 일반 규칙의 평등이 자유를 증진하는 유일한 종류의 평등이며, 우리가 자유를 파괴하지 않은 채 확보할 수 있는 유일한 평등이다. 자유는 어떤 다른 종류의 평등과는 관계가 없을 뿐만 아니라 많은 측면에서 불평등을 야기할 수도 있다."[51] 일상적 자유주의자들은 동등한 기회가 불가양의 권리라는 말은 있을 수 없다고 믿을 뿐만 아니라 국가는 그런 것을 제공하기에 적절한 기구도 아니라고 믿는다. 하이에크가 지적하듯 평등한 기회를 위한 정부의 노력은 오히려 불평등을 초래할 수 있다. 그들은 정부가 적극적인 권리를 증진하는 일을 해서는 안 된다고 주장하며, 그러한 권리가 정당한 권리도 아니라고 여긴다.

진보적 자유주의자들은 일상적 자유주의의 핵심에 있는 기본적인 자유들을 중시한다. 그러나 그들은 다른 종류의 권리들을 추가한다. 드보르킨과 롤스의 저작에서 평등한 기회는 압도적으로 중요한 주제이다.[52] 이들에게 평등한 기회란 공정성(fairness)과 동의어이며, 그게 바로 그들이 믿는 정의에 관한 모든 것이다. 그들은 정의에 관해 대단히 관심이 많다. 롤스의 가장 유명한 책 제목도 『정의론A Theory of Justice』이고, 드보르킨의 『원칙론A Matter of Principle』에서 "자유주의 이론의 현 상황을 탐구하는" 섹션의 제목도 "자유와 정의"[53]이다. 일상적 자유주의자들은 정의에 대해 거의 이야기하지 않는다.

진보적 자유주의자들은 다른 적극적 권리들도 존재한다고 믿는데, 예를 들면 건강을 보호받을 권리(right to health care) 혹은 교육을 받을 권리, 빈곤으로부터 해방될 권리 등이다. 이 같은 권리들은 어느 정도 기회의 평등과 연계되어 있다. 왜냐하면 가난한 집안에서 태어나서 자랐다거나 좋은 교육을 받지 못했다거나 혹은 건강하지 못할 경우, 성공한다는 것은 대단히 어려운 일이기 때문이다. 물론 이 같은 권리들이 동등한 기회와는 관계없는 중요한 권리라고 주장하는 사람들도 있을 것이다.

그러나 적극적인 권리를 증진하는 데 있어 한 가지 문제는 그것들이 때로 소극적 권리와 충돌을 일으킨다는 점이다.[54] 평등한 기회라는 권리가 특히 그러한데, 이 권리는 사유재산권과 자주 충돌을 일으킨다. 평등한 기회를 증진시키기 위한 어떤 노력도 결국은 사회의 자원을 상당 규모로 재분배하는 과정을 포함하지 않을 수 없기 때문이다. 이는 사유재산인 돈을 부자들로부터 빼앗아 가난한 사람들에게 이전해주는 것을 의미할 수도 있다. 진보적 자유주의자들은 기회의 평등을 증진하기 위해 부자들에게 세금을 부과하는 것을 거의 주저하지 않는데, 이는 그들이 재산권을 인정하지 않는다는 것을 의미하지는 않는다. 그들은 재산권을 인정한다. 다만 그들은 일상적 자유주의자들이 그러는 것만큼 재산권에 중요성을 부여하지 않을 뿐이다. 롤스는 자신의 글에서 개인의 재산권을 강조하지 않았다. 특히 재산권을 신성불가침한 것으로 간주하는 로크와 스미스와 비교할 경우 그러했다.

두 가지 종류의 자유주의는 또한 국가의 역할과 사회공학에 대해 근본적인 차이점을 가지고 있는데, 그러한 차이점은 권리에 대한 그들의 서로 다른 견해와 직접 관련 있다. 일상적 자유주의자들은 국가가 질서를 유지해주기를 원하지만, 동시에 개인의 자유를 극대화하기 위해 모든 가능한 노력을 기울여야 한다고 보며, 적극적인 권리라는 개념에 근거한 복지국가를 원하지 않는다. 진보적 자유주의자들은 국가의 야경꾼적 역할을 인정하지만, 국가는 또한 개인들의 복지를 강화하기 위한 목적으로 적극적인 권리(positive right)를 증진시켜야 한다고 요구한다. 그들의 견해를 따르면 이 방법이 사회의 전반적인 복지를 증진시키는 가장 좋은 방법이다. (그래서 그들을 진보적 자유주의자들이라 부른다.) 그들의 국가는 전문가들에게 크게 의존하고 전문가들을 직접 채용하기도 하며, 대학 혹은 싱크탱크에 자리 잡고 있는 사람들로부터 자문을 구하게 된다. 전문가들 대부분은 사회과학자들인데, 국가의 일이란 결국 사회공학적인 일이기 때문이다.[55]

진보적 자유주의자들은 분명히 시민사회에 심오한 영향을 미치는 개입주의적인 국가 건설에 큰 관심을 갖고 있는데, 동시에 큰 정부에 대해서 의구심도 갖고 있다. 그들은 철학자 헤겔(Hegel)이 생각했던 것처럼, 국가를 최고의 것으로 보지는 않는다. 그들은 국가는 거대한 괴물(leviathan)로 변할 잠재적 가능성이 있고, 개인의 자유를 위협할 가능성이 있다고 인식하고 있기 때문이다.[56] 요약하자면, 진보주의적 자유주의자들은 국가에 대해 상반된 견해를 가지고 있다. 그들은 국가를 선(善)을 위한 기구라고 생각하는 동시에 두려워해야 할 존재로 보고 있다.

진보적 자유주의자들이 국가의 사회공학적 능력에 관한 가장 큰 신뢰를 보이고 있다는 사실은 그들이 도구적 합리성(instrumental rationality)에 큰 가치를 두고 있음을 말해준다. 그들은 사람들이 자신의 판단력을 활용해서 야심적인 사회적 목표를 달성하기 위한 현명한 전략을 수립할 수 있다고 믿는다. 일상적 자유주의자들은 정부의 사회공학적 능력을 그다지 신뢰하지 않는다. 즉 그들은 도구적인 합리성을 가지고 일할 수 있는 국가의 능력에 대해 확신을 갖고 있지 않다. 도구적인 합리성에 대한 이 같은 분명한 차이점이 있음에도 불구하고 일상적 자유주의자들과 진보적 자유주의자들은 실체적 합리성(substantive rationality)에 대해서는 같은 생각을 가지고 있다. 즉 이성은 우리가 좋은 삶에 관한 집단적 진리를 밝혀내는 데 아무런 도움도 줄 수 없다는 것이다.

앞에서 지적했듯이, 정치는 자유주의 사회에서 항상 작동되고 있다. 국가는 첫 번째 원칙을 다루는 최소한 몇 가지 법과 규칙을 만들어야만 하기 때문에 시민들에게는 그들 중 누가 정부를 운영하는가는 중요한 문제이다. 진보적 자유주의자들이 지배하는 국가에서 사는 사람들은 이 같은 문제에 더욱 신경 쓰기 마련인데, 진보주의적 국가는 시민사회에 더 많은 간섭을 할 것이기 때문이다. 일상적 자유주의자들이 아니라 진보적 자유주의자들이 정권을 장악하고 있는 국가들에서 정치적인 경쟁의 강도가 더 높아진다. 이 같은 환경에서 일상적 자유주의자들은 국가의 개입을 제한하기 위해 더욱 열정적으

130

로 정치에 참여하기 때문이다.

요점은 두 가지 유형의 정치적 자유주의자들 간의 핵심적 차이는 그들이 권리와 국가의 역할을 어떻게 인식하느냐에 있다는 것이다. 지난 200년 동안 양자 간의 힘의 균형은 결정적으로 진보적 자유주의자들이 우세를 점하는 방향으로 변화해 왔다.

자유주의적 진보주의의 승리
The Triumph of Liberal Progressivism

정치적 자유주의는 그 본원적 형태에 있어 일상적 자유주의와 동의어였다. 그러나 정치적 자유주의에 대한 관심은 흥미가 점차 줄어들게 되었는데 그 부분적인 이유는 자유방임적 통치는 극심한 경제적 불평등과 빈곤의 만연을 초래했기 때문이었다. 더 나아가, 앞으로 논할 예정이지만, 그것은 산업화된 국민국가를 통치하는 데 적당한 청사진이 되지 못했다. 공리주의와 자유주의적 이상주의가 정치적 자유주의의 약점을 보완하려는 목적으로 출현했다. 진보적 자유주의 역시 일상적 자유주의의 약점을 보완하려는 대안이었는데, 진보적 자유주의는 20세기 초반에 이르렀을 때 미국과 영국의 정치에서 가장 지배적인 정치 형태가 되었다. 존 롤스는 진보적 자유주의의 사상적 대부가 되었다.

진보적 자유주의가 승리했음을 보여주는 가장 핵심적인 지표는 자유주의적 입장에서 다른 적극적 권리는 물론 경제적 기회를 증진시키고자 하는 개입주의적인 국가가 실제로 존재하고 있다는 사실이다. 그러나 진보적 자유주의의 승리는 일상적 자유주의를 완전히 쓸모없는 것으로 만들어버릴 정도로 결정적인 것은 아니었다. 어떤 자유주의 국가들에서도 일상적 자유주의는 아직 막강한 영향력을 행사하고 있으며, 일상적 자유주의를 지지하는 사람들은 공적인 논쟁에서 상당히 큰 영향력을 발휘하고 있다. 그러나 현실적으로 일상적 자유주의자들이 할 수 있는 최대의 일은 국가의 과도한 개입주의적 행동을 제한하는 것뿐이다.[57] 개입주의적 국가가 사회공학적 역할을 포기하고 적극적 권리의 증진을 위해 노력하지 않는 국가로 대치될 희망은 사실상 존재하지 않는다.

미국에서의 진보주의
Progressivism in America

미국의 경우를 보면 왜 그렇게 되었는지를 알 수 있다. 자유주의적 진보주의는 19세기 말엽에서 20세기 초엽, 미국 정치에서 막강한 세력이 되었다.[58] 1932년까지 대통령 선거에서 지배적 우위를 차지하고 있었던 공화당은 진보주의와 거의 동일시되었다. 이 시대에 이루어진 몇 가지 헌법 수정은—연방 소득세 창설, 대중 선거를 통한 상원의원 선출, 여성 투표권 부여, 주류 판매 금지 등—진보주의적 정책에 따라 이룩된 것이었다. 일반적으로 알려진 바와는 정반대로, 허버트 후버 대통령마저도 그가 1921년부터 1928년까지 상무장관으로 재직하던 시절, 사회공학적인 활동에 깊숙이 개입했었다.[59] 그러나 자유주의적 진보주의는 부침을 겪었으며 이 이념에 대해 큰 기대를 가진 사람들의 낙관주의도 점차 쇠락해 갔다. 그러나 일반적으로 보았을 때 미국 정부는 폭넓은 사회공학적인 활동에 깊이 개입하고 있었다.[60] 프랭클린 루즈벨트 대통령의 뉴딜(1933-1938) 정책과 린든 B. 존슨 대통령의 위대한 사회(1964-1965) 프로그램은 사회공학에 관한 궁극적으로 야심찬 계획이었으며 적극적인 권리를 증진시키려는 목표 아래 추진되었다.

진보주의가 어떻게 완전한 승리를 거두었는지를 이해하기 위해서는 오늘날 자유주의가 미국의 주요 정당들과 어떻게 관련되어 있는지를 알아야 한다. 민주당을 지배하는 이데올로기는 분명히 진보적 자유주의이며, 민주당은 워싱턴의 주요 권력을 장악할 때마다 이 같은 이념에 따라 행동했다. 공화당이 하는 말을 들어보면, 공화당은 일상적 자유주의를 추종하고 있다고 생각할 수 있을 것이다. 이 같은 점은 대개 그들의 어법만 놓고 보면 타당하지만 두 정당이 통치하는 방식도 그렇다는 것은 아니다. 권력을 잡았을 경우 공화당도 민주당처럼 행동한다. 예를 들면 1982년 이후 연방정부의 지출 증가 상황을 보면, 공화당 대통령(레이건, 부시 41대, 부시 43대)의 재임 중에 민주당 대통령(클린턴, 오바마)의 재임 시절보다 오히려 더 많이 늘어났다. 1982년부터 1985년 사이 레이건 대통령 재임 중에 연방지출이 8.7% 증액되었는데 2010년부터 2013년 사이 오바마 대통령 재임 중에는 단 1.4%만 늘어났을 뿐이다.[61]

레이건 대통령은 1986년 긴급의료 치료법과 적극적 노동법에 서명했는데 긴급의료 치료법은 병원들이 치료를 위해 응급실에 온 환자를 거부할 수 없도록 만든 조치였다. 이 법안은 응급실에 온 환자가 미국 시민인가, 그들의 법적 상태가 무엇인가 혹은 그들이 응급치료를 받을 돈이 있는가 여부에 관계없이 적용되었다. 결국 이 법안은 적절한 치료를 받는 것(health care)은 인권이라고 말한 것이나 다름없었다. 실제로 레이건은 이미 1961년에 "미국에 있는 사람들 중 치료를 받아야만 하지만 스스로의 힘으로 그렇게 할 수 있는 능력이 없는 사람들은 누구든지 국가에 의해 치료를 제공받아야 한다."[62]고 말했다. 공화당도 이 같은 권리를 인정하고 있다는 사실은 그들이 반복적으로 사용하던 구호인 "폐기하고 대체하라(repeal and replace)"에도 잘 나타나 있다. 공화당은 건강보험개혁법(Affordable Care Act)을 단순히 폐기시킬 수 없다는 사실을 알고 있었고, 반드시 미국 국민들에게 적당한 건강을 제공할 수 있는 다른 제도로 대체되어야만 한다고 생각했다. 공화당 대통령들은 미국의 주간 고속도로 체계(Inter State Highway System)를 건설했고, 환경보호국(Environmental Protection Agency)을 설립했으며 국토안보국(Department of Homeland Security)을 건설했다. 요약하자면, 공화당은 개입주의적 국가를 만드는 데 깊이 관여했고 그와 함께 사회공학적 정책을 폭넓게 실시했다.

미국에는 진정으로 일상적 자유주의를 따르는 한 정당이 있는데, 그 정당은 자유당(Libertarian Party)이라는 적절한 이름을 가지고 있다. 자유당은 시민의 자유와 자유방임적 자본주의를 증진시키고 복지국가를 폐지하려고 한다. 자유당의 강령은 적극적인 권리들을 강력히 반대한다. "우리는 자유의 세상을 추구한다. 자유주의 사회란 모든 개인이 그들의 삶에 대한 주권자이며 누구도 다른 사람의 이익을 위해 그들의 권리를 강제로 희생시킬 수 없는 사회를 의미한다."63 자유당은 미국 의회의 의석을 단 한 석도 확보한 적이 없으며 백악관을 장악할 가능성도 전혀 없는 정당이다. 2016년 대선 당시, 자유당 후보는 총 득표의 3.3%를 획득했다. 자유당이 정권을 획득하는 경우라 할지라도 그들은 분명 자신들이 개입주의 국가 및 원대한 사회적 계획의 포로가 되어 있다는 사실을 깨닫게 될 것이다.

왜 진보주의가 승리했는가
Why Progressivism Won

진보적 자유주의는 일상적 자유주의를 꺾었는데 그 이유는 19세기 초반 세계를 휩쓸었던 거대한 변화가 국가들로 하여금 사회공학을 위한 대규모의 제도를 구축하도록 강요했기 때문이다. 자유민주주의 국가들에게 있어 이 같은 사회공학은 권리를 증진시키기 위한 시민사회에 대한 개입을 포함했다. 이 새로운 역할은 그 같은 권리들을 다룰 수 있는 국가의 능력이 증진되었다는 사실로 인해 가능해졌다. 예로서 교통과 통신수단의 발달은 정부가 시민사회에 침투해 들어가는 것을 점점 더 용이하게 만들었다. 1914년 월터 립프만(Walter Lippmann)은 자신의 글에서 이 같은 시대정신을 포착했다. "우리는 더 이상 삶을 우리에게 흘러들어 오는 것으로 치부할 수 없다. 우리는 삶을 사려 깊게 다루고, 삶의 사회적 조직을 고안하고, 삶의 도구를 바꾸고, 삶의 방법을 만들어내고, 삶을 교육하고 통제해야 한다."[64]

세 가지 중요한 힘이 진보적 자유주의를 번성하게 만든 요인이 되었다. 첫 번째는 산업혁명인데 18세기 영국에서 시작되어 오늘날까지도 이어지면서 대규모의 경제적, 사회적 변화를 초래하고 있다. 무엇보다도 산업혁명은 대규모 조직—몇 가지만 말하자면 제조회사, 금융회사, 무역협회, 연구중심 대학, 그리고 노동조합 등—을 출현시켰으며, 이는 수백만 명의 삶에 큰 영향을 미쳤다. 존 듀이(John Dewey)는 이 같은 사실을 잘 지적하고 있다. "생산과 상업에 적용된 새로운 기술은 사회혁명을 초래했다. 지방의 공동체들은 의도했거나 예측하지 못했음에도 불구하고 먼 곳의 보이지 않는 조직들에 의해 영향을 받게 되었다."[65]

산업화의 또 다른 결과, 즉 앞에서 언급했던 교통과 통신망의 발달은 단지 국가차원에서뿐만 아니라 국제적인 차원에서도 일어났다. 산업혁명은 세계화를 촉진했는데, 이는 어떤 특정한 나라의 대규모 경제 발전이 필연적으로 같은 체제에 있는 다른 나라에게도 영향을 미칠 수밖에 없으며, 세계를 더욱더 상호 의존적으로 만든다는 것을 의미했다. 산업화는 또한 아동 노동, 노동자 착취, 환경 훼손으로 이어졌다. 이 같은 심각한 영향을 미치는 변화들을 생각할 때, 국가들은 그 나라의 경제를 포함한 사회의 다양한 측면에 심각하게 개입하는 것 말고는 선택의 여지가 없었다.[66] 관련 업무의 엄청난 규모나 기술의 발전 속도를 고려할 때, 그리고 산업자본주의의 전 지구적인 본질을 고려할 때, 계획을 수립하고 규제를 가하는 일은 지방정부의 능력을 한참 초월하는 것이었다.

일상적 자유주의자들에게는 원통한 일이겠지만, 국가 경제를 보이지 않는 손의 마술에 맡겨둔다는 것은 현실적인 전략이 아니다. 자유주의 국가들은 대개 자본주의와 시장경제와 연계되어 있지만, 그런 사실이 개입주의적인 국가가 국내경제는 물론 국제경제까지도 규제하려 드는 것을 막지는 못한다.[67] 이 같은 과제들은 불가피하게 개인의 권리에 영향을 미치는 정책들을 만들고 집행하는 일을 포함한다.

진보적 자유주의가 승리하도록 만든 두 번째 중요한 힘은 민족주의인데, 그것은 산업화와 마찬가지로 19세기 중 국제정치의 지배적인 힘으로 자리 잡게 되었다. 나는 다음 장에서 민족주의에 관해 길게 논하겠지만 이 장에서는 모든 국가들은 자국 국민들에게 강한 국가의식을 강조하는 강력한 이유(행정적, 경제적, 군사적 이유)가 있으며 그 이유들은 광범한 사회공학을 요구하기 마련이라는 말을 하는 것만으로도 충분하리라 생각한다. 이 같은 국가의 과제는 결코 끝날 수가 없는데, 이는 새로 태어나는 시민들을 국민으로 만들기 위한 사회화가 필요할 뿐만 아니라 일부 국가들은 대규모의 이민을 받아들이고 있기 때문이다. 더 나아가 대부분 국가는 다민족 국가인데, 그래서 국가들은 자국의 국민을 구성하는 다양한 집단을 공통의 아이덴티티(동질감)를 가진 하나의 집단으로 만들기 위해 대단한 노력을 기울이지 않을 수 없다.

동시에 민족주의는 시민들과 국가들 사이에 강력한 연계를 형성하도록 하는데, 이 과정에서 국민들로 하여금 국가를 향한 자신들의 충성심의 대가로 국가가 자신들에게 복지를 제공해 보상해야 할 것이라는 기대를 갖게 한다. 이 같은 요구들은 국민국가의 개입을 증대시키는 요인이 되며, 자유민주주의 국가들의 경우 국민의 권리를 증진시키는 것도 여기에 포함된다. 민주주의는 이 같은 종류의 개입을 더욱 조장한다. 투표권을 가진 국민들은 정치가들에게 자신들을 위한 복지의 증진을 초래하는 정책을 추구하도록 강요하며 과감한 약속을 하고 그것을 집행하는 정치가들이라야 당선되거나 재선될 가능성이 높아진다. 이 같은 포퓰리즘적 압박은 모든 정치가들로 하여금 동등한 기회를 제공하거나 혹은 적극적 권리를 증진시키는 정책을 선호하도록 만든다.

최소한 정치가들은 이 같은 정책들에 대해 강한 반대를 할 수는 없게 된다.

진보적 자유주의가 지배적 이데올로기가 될 수 있도록 만든 세 번째 중요한 힘은 변화된 전쟁의 본질과 평화 시대에도 대규모의 상비군을 유지해야 한다는 필요성이었다. 현대의 군사력은 거의 예외 없이 많은 수의 민간 고용인들뿐 아니라 군복을 입은 다수의 개인들을 포함한다. 현대 군사력은 대규모의 지속적으로 변화하는 정교한 무기를 장비한 병기창(兵器廠, arsenal)을 필요로 하며, 일부 국가들은 대량파괴적인 핵무기까지 보유하고 있다. 현대 군사력은 또한 제조업, 군수(軍需, logistics), 그리고 사기업의 서비스에 의존하면서, 아이젠하워(Dwight D. Eisenhower) 대통령이 군산복합체(軍産複合體, Military Industrial Complex)라고 불렀던 것을 만들어냈다. 국가들은 이 거대한 괴물을 관리하는 것 외에는 다른 방법이 없다. 왜냐하면 군사력은 국가의 통합적인 한 부분이기 때문이다.[68] 국가의 군사력을 건강하고 잘 교육받은 국민들로 채워야 할 필요성은 국가들로 하여금 국민들에게 좋은 복지를 제공해야 한다는 강력한 동기를 부여한다. 그리고 국가들은 그런 다음 궁극적으로 군복을 입고 국가를 위해 복무하게 될 국민들에게 복지를 제공해야 한다.[69]

이 같은 현대 군사력이 주요한 전쟁을 치를 경우, 특히 양차 세계대전과 같은 "총력전"을 치를 경우, 국가는 국민 일상생활의 거의 모든 측면에 간섭하지 않을 수 없는 상황이 된다. 국가가 전쟁에서 승리하기를 원한다면 이를 위해 국가의 자원을 총동원해야 하며 다른 대안은 없다. 하지만 그 결과 국가들은 대규모의 사회공학을 수행할 능력을 가지게 되었다는 사실을 발견하게 된다. 제2차 세계대전에 대해 이야기하면서 사회학자 모리스 자노비츠(Morris Janowitz)는 다음과 같이 언급했다. "총력전을 위해 동원할 수 있는 능력을 가진 사회는 사회적인 복지를 위해서도 동원할 수 있는 사회로 정의되었다. 이는 전쟁 당시 중앙 정부가 실제로 했던 일이며 그것은 복지국가를 향해 나가는 데도 결정적으로 중요한 일이다. 본질적으로 정치 엘리트들은 그들이 복지국가를 관리할 수 있는 지식과 확신을 얻었다."[70]

대규모의 군사력이 직접 맞부닥치는 전쟁이 아닌, 냉전 혹은 전 지구적인 반 테러전쟁 등 장기적인 지구전에 빠져드는 경우에도 국가들은 국민 생활에 깊이 간섭하게 된다. 예로서, 냉전 기간 동안 미국 내에서 노골적인 흑백 차별이 존재한다는 사실은 미국의 정책결정자들이 미국의 정치 체제를 공산주의보다 우월한 체제로 국제적으로 인식시키는 일을 어렵게 만들었다. 법사학자 메리 덧지액(Mary Dudziak)이 지적했던 바처럼 "미국이 제2차 세계대전 이후 온 세계를 자신의 형상을 따라 새로이 만들고자 했던 당시에, 미국 내에서 벌어지고 있는 인종차별에 대한 세계인의 관심은 골치 아프며 당혹스러운 것이었다." 이 문제를 고쳐야만 한다는 필요성은 민권 운동의 배후에서 중요한 역할을 했다. 리처드 닉슨 대통령은 자신이 아이젠하워 대통령의 부통령으로 봉직하고 있을 때 이 같은 사실을 명확히 인식했다.[71] 다른 말로 하자면, "민권 운동은 부분적으로는 냉전의 산물이었다." 왜냐하면 그런 변화는 "세계 공산주의와의 싸움이라는 더 핵심적인 사명과 맥을 같이하는 중요한 일이었기 때문이다."[72]

전쟁이 끝난 후 고국으로 복귀하는 병사들은 때로 국가에게 많은 것을 요구한다. 예로서 대규모 집단으로 귀국한 참전용사들은 만약 그들에게 투표권이 없는 경우 투표할 권리를 강하게 요구할 것이다. 역사학자 알렉산더 키살(Alexander Keyssar)이 지적한 것처럼, "미국 역사에 나타난 대규모 투표권 확대의 사례들은 거의 모두가 전쟁 중 혹은 전쟁 직후에 이루어진 일이었다. 역사적인 기록을 살펴보았을 때 이 같은 일들은 우연이 아니었다. 전쟁은 물론, 전쟁을 위한 준비의 필요성은 투표권을 확대해야 할 강력한 압박을 초래했다. 군대는 징집되어야 했고, 군인들은 때로 사회의 하부계층에서 충원되었는데, 이들 남자들에게 총을 쥐고 전쟁터에 나가라고 하면서 그들의 투표권을 인정하지 않는다는 것은 논리적으로도 말이 되지 않았다. 유사한 논리로, 전쟁을 치른다는 것은 대중들의 지지를 동원하는 일을 의미했는데, 이는 정치적 조직체로부터 소외된 어떤 사회적 집단들에게 정치적인 지렛대를 부여했다."[73]

전쟁터에서 돌아온 군인들은 또한 연금과 건강보험, 교육 혜택을 요구한다. 예로서 미국의 경우 남북전쟁이 끝난 후에, 군인들의 연금을 다루었던 연금국(Bureau of Pensions)은 "미국 연방 정부 내에서 가장 크고 가장 활동적인 부서가 되었다." 사회학자 테다 스코치폴 (Theda Skocpol)이 지적하듯, "20세기 초반이 되었을 때 미국의 많은 투표권자들과 시민들은 군인연금을 더욱 확대해서 노령연금까지 받게 되기를 원했다."[74] 1930년 연금국은 새로운 재향군인 관리국(Veterans Administration)의 일부가 되었고, 현재 약 35만 명의 직원과 1500억 달러의 예산을 가진 대규모 조직으로 확대되었다. 제2차 세계대전 이후 수많은 참전용사들이 제대군인 원호법(G. I. Bill)의 혜택을 받아 대학에 갔고 한국, 베트남, 아프가니스탄 및 이라크 전쟁 참전용사들도 같은 종류의 혜택을 받게 되었다.[75]

요약하자면, 국가안보에 관한 고려는 자유주의 국가들로 하여금 대규모의 사회공학적 업무에 관여하게 할 뿐 아니라 개인의 권리를 증진시키도록 강요한다. 이 두 가지 임무는 진보적 자유주의를 강화시킨다. 현대 세계에서 일상적 자유주의는 적과 마주했을 때 살아남을 수가 없었다. 오늘날 정치적 자유주의는 진보적 자유주의와 동의어(同義語)일 수밖에 없게 되었고, 일상적 자유주의는 진보주의를 대체하기보다는 영향을 미치는 정도의 기능만을 하게 되었다.

나는 정치적 자유주의에 대한 비판적 분석에 들어가기에 앞서, 공리주의(utilitarianism)와 자유주의적 이상주의(liberal idealism)에 대해 간단히 살펴보고자 한다. 이 두 가지는 때로 자유주의적 이론들이라고 묘사되기도 하는

데, 적어도 나의 정의에 의하면 그렇지 않다고 생각한다.

공리주의(功利主義)
Utilitarianism

공리주의를 주창한 사람들 중에는 제임스 밀(James Mill)과 그의 아들 존 스튜어트 밀(John Stuart Mill), 헨리 시즈윅(Henry Sidgwik) 외에도 많은 사람들이 있지만, 제러미 벤담(Jeremy Bentham)을 공리주의의 지적인 창시자라고 말할 수 있다. 이 같은 사상을 따르는 사람들은 정치의 일차적인 목표는 사회의 전반적인 행복을 증진시키는 것이라고 주장한다. 이 이론에 의하면 행복이란 공리이며 국가 지도자들의 가장 중요한 목표는 "최대 다수의 최대 행복"에 기여하는 정책을 추진하는 것이다.[76]

공리주의는 모든 시민을 동등하게 취급하는데 누구의 바람도 다른 사람의 바람보다 우선되지 않는다는 의미에서 그러하다. 존 스튜어트 밀은 약간 예외적이라고 말할 수 있는데, 그는 지적인 즐거움이 육체적인 즐거움을 앞선다고 주장했다. 대단히 중요한 것으로, 정치적 자유주의의 핵심 요소인 냉혹한 개인주의(stark individualism)는 공리주의에는 존재하지 않는다. 사람들은 애초부터 사회적인 존재로 간주되며, 집단 전체의 "일반적인 복지"가 지도자들의 중요한 관심사다.[77] 공리주의자들은 개인주의에 대한 자유주의자들의 강조를 거부한다는 사실을 고려할 때, 그들이 자유주의자들의 자연권 개념도 거부한다는 사실 역시 놀라운 일이 아니다. 양도할 수 없는 권리라는 개념에 대한 벤담의 완전한 적대감은 그로 하여금 미국의 독립선언과 프랑스의 인권선언 양자 모두를 비난하게 하였다.[78]

이렇게 말하는 것이 공리주의자들에게 자유란 아무런 중요한 문제가 아니라고 말하는 것은 아니다. 그들도 자유를 중시했다. 그러나 자유란 정부에 의해 결정되는 것이지 자연권은 아니라고 보았다. 더 나아가 권리의 일차적 목표는 일반적 복지를 증진시키는 것이지 개인이 그들의 이익을 추구하도록 최대의 자유를 주는 것은 아니라고 보았다. 다른 말로 하자면, 권리는 집단적인 공리를 최대화하기 위해 중요한 것이지 개인의 자유 그 자체가 선이기 때문은 아니다. 이 같은 사실은 개인의 자유는 국가가 베풀어주는 것일 뿐 아니라 그것들이 더 이상 공동선(共同善, commom good)에 기여하는 것이 아닐 경우 국가에 의해 제한당할 수도 있음을 말해준다. 이 같은 인식은 정치적 자유주의자들이 권리에 대해 생각하는 방식과는 전혀 다른 것이다.

공리주의적 사회에서 지도자들은 핵심적인 기능을 수행하는데, 그들의 역할은 자신들이 대표하는 지역 구성원들의 바람을 평가하고, 그런 다음 "공동체의 군집적 행복의 총량"을 극대화하기 위해 집단 및 개인들과 협상하는 것이다.[79] 결국 협상은 공리주의의 핵심적인 요소이며, 이는 다른 행위자들 사이에서는 물론 상이한 권리들 사이에서도 주거니 받거니 하는 일이 있을 수 있다는 말이다. 데보라 부코야니스(Deborah Boucoyannis)가 말했던 것처럼, 공리주의는 모든 이익은 실질적으로 "타협할 수 있고, 나누어질 수 있고, 교환될 수 있다."는 분명한 인식을 가지고 있다.[80]

공리주의의 세계는 개인들이 열정적으로 첫 번째 원칙 혹은 도덕적 진리에 전념하는 곳은 아니다. 공리주의 세계의 사람들은 행복을 찾는 데 주로 관심을 쏟는 반면 정부는 그러한 목표를 성취할 정책을 고안해내기 위해, 무엇이 그들을 기쁘게 하는지 결정하는 데 관심을 쏟는다. 일부 사람들은 인생의 큰 문제에 대해 강력한 열정을 가질 수 있을지 모르지만 많은 사람들은 그런 열정을 가질 수 없다. 왜냐하면 열정적인 믿음은 모든 사람의 행복을 최대한으로 증진시키는 데 필요한 주고받기(tradeoff)를 불가능하게 만들기 때문이다. 이성은 무엇이 사람들을 행복하게 만드는가를 결정하는 데 별로 중요하지 않은 반면 집단적 공리를 극대화하는 가장 좋은 방법을 알아내는 데 있어 대단히 중요하다. 그래서 공리주의자들은 도구적 합리성을 대단히 강조한다. 벤담은 이 같은 구분을 분명히 했다. "행동의 목표(ends)를 결정하는 것은 희망과 두려움이다. 이성이 하는 일이란 그 수단을 찾아내고 결정하는 것이다."[81]

공리주의는 평화롭고 번영하는 사회를 창조하는 것에 대해 일반적으로 낙관적이다. 이들의 낙관주의는 주로 대부분의 사람들이 지적이고 이성적이기 때문에 올바른 일을 할 수 있는 능력을 가지고 있다고 믿는 데서 유래한다. 제임스 밀은 이 같은 관점을 명쾌하게 요약했다. "다양한 결론들이 동등한 세심함과 동등한 기량을 가지고 그들의 증거들과 함께 제시될 경우, 비록 극히 일부는 오도될 수도 있겠지만, 최대 다수는 올바른 판단을 할 것이며, 그것이 무엇이든 간에 가장 훌륭한 형태의 증거가 가장 큰 감동(impression)을 만들어낼 것이라는 도덕적 확실성이 있다."[82] 다른 말로 한다면, 여론이 선(善)을 위한 막강한 힘인 것이다. 더구나 공리주의는 역사에 대해 진보적인 견해를 가지고 있는데, 이는 사람들이 조화로운 이익을 가지고 있다는 사실을 깨닫게 될 것이라는 공리주의자들의 믿음을 더욱 강화한다. 존 스튜어트 밀이 지적하듯이, 공리주의는 "진보적인 존재로서 인간의 영원한 이익에 근본을 두고 있다."[83]

공리주의에 의하면 국가의 가장 중요한 역할은 협상 과정을 관리하는 것이다. 정부는 부와 자원이 어떻게 배분되어야 할 것인가 그리고 어떤 권리가 다른 권리보다 더 중요하게 취급되어야 할 것인가 등 중요한 문제에 관심을 가져야 한다. 공리주의의 국가는 좋은 결과를 만들어내기 위해 보이지 않는 손에 의존하는 자유방임 국가가 아니다. 공리주의 국가에서 손은 보이는 손이며 개입주의적이며, 사회공학에 적극적으로 관여한다. 그러나 공리주의자들은 야경꾼으로서 국가의 역할을 그다지 강조하지는 않는다. 그들은 대체로 무엇이 좋은 삶을 구성하는가에 대해 그렇게 심오한 견해차가 있다고 믿지 않기 때문이다. 대신 공리주의자들은 국가의 중요한 기능은 국민 모두가 공정한 대우를 받고, 그들의 기쁨을 극대화할 수 있도록 보장해주는 것이라고 본다.[84]

요약하자면, 공리주의는 정치적 자유주의와는 본질적으로 다르며 그렇기에 이 책이 다루어야 할 범위 밖에 있다.

자유주의적 이상주의
Liberal Idealism

자유주의적 이상주의는 자유주의 이론으로 분류되는 또 다른 주의(ism)이다. 자유주의적 이상주의의 창시자는 영국의 철학자 T. H. 그린(T. H. Green)[85]인데 그를 추종하는 영국인들로 버나드 보산켓(Bernard Bosanquet), L. T. 홉하우스(L. T. Hobhouse), J. A. 홉슨(J. A. Hobson), D. G. 릿치(D. G. Ritchie) 등이 있다. 국제정치학자들 중에서 핵심적인 두 명의 자유주의적 이상주의자는 길버트 뮤레이(Gilbert Murray)와 알프레드 짐머만(Alfred Zimmerman)이다. 20세기 초반 미국의 대표적인 자유주의적 이상주의자는 존 듀이(John Dewey)이고, 그는 그린의 저작들로부터 큰 영향을 받았다.[86] 현대 영미 세계에서 이 같은 이론적 접근방법을 따르는 학자들로는 제럴드 가우스(Gerald Gaus), 스티븐 매키도(Stephen Macedo), 잭 크리텐든(Jack Crittenden) 등이 있다. 잭 크리텐든은 『개인주의를 넘어서Beyond Individualism』(1992)라는 책에서 이렇게 쓰고 있다. "내가 여기서 제시하려는 자유주의의 관점은—개인주의를 넘어서는 자유주의인데—T. H. 그린과 그의 제자들… 그리고 미국의 존 듀이가 수행한 자유주의에 대한 '수정'을 이어가는 것이다."[87]

왜 자유주의적 이상주의자는 이름만 자유주의자인가
Why Liberal Idealists Are Liberals in Name Only

자유주의적 이상주의자들은 그들의 이름이 보여주듯 문자 그대로 이상주의자이기는 하지만 그들은 정치적인 자유주의자가 아니다. 그들의 이론 체계에는 자유주의가 분명히 강조하는 개인주의와, 이로부터 수반되는 양도할 수 없는 권리에 대한 믿음이 들어설 여지가 없다. 자유주의적 이상주의자들은 인간이란 무엇보다도 본질적으로 사회적인 존재라는 사실을 강조한다. 그린은 인간이 "사회로부터 분리될 경우… 그는 전혀 인간일 수 없다."[88]고 말한다. 혹은 듀이가 말하는 바처럼 "공동의 선을 위해 일할 때만 개별적 인간들은 그들의 진정한 개인성을 추구할 수 있으며, 진정 자유로운 개인이 될 수 있다."[89]

그린과 듀이의 언급들은 비록 자유주의적 이상주의자들도 가능한 한 많은 개인 자유를 확보하기 위해 애쓰지만, 무엇보다도 그들은 개인을 사회적인 존재로 보고 있다는 사실을 분명하게 보여준다. 이 같은 견해 때문에 그들은 헤겔에게 매력을 느끼게 되었다. 헤겔은 이 같은 사상적 전통에 속하는 대부분의 사상가들에게 중요한 영향을 끼친 인물이다. 물론 헤겔은 개인의 자유에 대해서도 깊은 관심을 가지고 있었지만, 사회를 유기적인 존재로 생각했다. 그의 유명한 책 『법 철학The Philosophy of Right』에서도 명백하게 밝히고 있지만, 그는 개인의 자유와 사회적 통일성(social unity)은 상충적인 개념이 아니며 생동력 있는 정치체계를 산출하기 위해 합쳐질 수 있다고 보았다.[90]

소수의 자유주의적 이상주의자들—홉 하우스와 홉슨이 이들 중에서 가장 유명한 사람들일 것이다—은 헤겔의 견해에 동조하여 시민들에게 개인 자유를 최대한 허락할 수 있는 유기체적 사회(organic society)를 설계하는 것은 가능한 일이라고 믿었다. 그러나 그처럼 반대되는 것들을 합치는 일은 불가능하다고 믿었다. 자유주의와 자유주의적 이상주의는 개인과 사회의 관계에 대해 상충적인 입장을 취한다. 사회적 통일성을 증진하고자 하는 나라라면 어떤 나라일지라도 개인의 자유 및 권리를 심각하게 제한하지 않을 수 없을 것이다. 자유주의적 이상주의에 개인의 권리가 설 자리가 없다고 말하는 것은 아니다. 만약 사회가 개인적 공리를 극대화하려는 자기 중심적인 행동보다는 시민들 상호 간의 의존성과 협력을 증진시키려 할 경우, 개인의 자유는 심각하게 제한될 수밖에 없다고 말하는 것이다.[91]

19세기 후반기 동안 유럽에서 민족주의적 정서가 발흥했다는 점과 함께 자유주의적 이상주의가 사회를 최우선한다는 점을 고려할 때, 많은 자유주의적 이상주의자들의 글에서 애국주의가 현저하게 나타난다는 사실은 놀라운 일이 아니다. 그들은 이 같은 것을 선을 위한 힘이라고 생각했고 사회를 통합하는 데 아주 효과적인 수단이라고 보았다. 예로서 보산켓은 애국주의를 "가족과 친척 즉, 혈연관계"로부터 자라나는 "막강한 자연적인 힘, 마술과 같은 주문"이라고 주장한 반면 그린은 두 명의 현대 영국학자가 말한 "범세계적인 민족주의"(cosmopolitan nationalism)를 극찬했다.[92] 그린에게 있어서 "인류에 대한 사랑이… 삶과 행동에 대해 어떤 힘을 발휘하기 위해서는 특정화(particularize)되어야 했다."[93]

E. H. 카(E. H. Carr)는 자유주의적 이상주의자들이 민족주의에 대해 호의적인 견해를 가지는 이유는 그 당시만 해도 나라들의 숫자가 별로 많지 않았기 때문이라고 주장한다. 나라들은 아직 "서로 치고받지 않아도 되는 상황"이었다.[94] 카의 주장이 아마도 타당하겠지만, 당시 민족주의는 널리 존경받던 개념이었다. 민족주의는 민주주의와 밀접하게 연관되어 있는 국민 주권을 구현하는 것으로 여겨졌기 때문이었다.[95] 민족주의는 20세기가 시작되기 전후 무렵, 유럽 전 지역에서 왕조 국가들을 무너뜨리는 데 중요한 역할을 담당했다. "국민화 교육"에 깊은 관심을 가지고 있었던 듀이의 다음과 같은 글은 그가 이 같은 관점을 가지고 있었음을 보여준다. "국민 국가의 건설은 이전의

지역적 고립, 의혹, 질투, 그리고 미움을 감정과 목표의 통일, 그리고 넓은 지역을 넘나드는 자유로운 교류로 대체했다. 민족주의는 인간들을 편협한 분파주의로부터 빠져나오게 했으며, 국가를 향한 충성심을 창출함으로써 사소하고 이기적인 이익을 대체하도록 했다."[96]

시간이 지남에 따라, 특히 제1차 세계대전 이후, 자유주의적 이상주의자들은 민족주의의 어두운 측면을 인식하기 시작했다. 1916년 듀이는 "민족주의의 좋은 측면"을 민족주의의 "악마적 측면"과 대비시켰다. 2년 후 짐머만은 국제 평화를 증진시키기 위해 출간한 그의 책에서 한 장의 제목을 "올바른 그리고 잘못된 민족주의"로 부쳤다.[97] 그럼에도 불구하고 자유주의적 이상주의자들은 민족주의를 어느 정도 긍정적인 힘으로 간주한다. 예로서 짐머만은 같은 책에서, "올바르게 이해되고 소중하게 다루어진 민족주의는 위대한 희망이자 생명을 주는 힘이며, 쇼비니즘(國粹主義, chauvinism)과 물질주의에 대항하는—현대 인간의 정신과 마음을 망가뜨리고 좀먹는, 문명을 말살하는 모든 비인간적인 힘에 대항하는 방벽이다."[98]라고 쓰고 있다. 자유주의적 이상주의가 사회를 유기체적 개념으로 보는 한, 그것은 민족주의와 배치될 일이 없다.

자유주의적 이상주의자들이 정치적 자유주의자들, 특히 일상적 자유주의자들과 견해를 같이하는 부분은, 양자 모두 막강한 국가를 두려워한다는 점이다. 헤겔은 국가를 숭배했고 국가를 "완전한 자유의 실현(the actuality of concrete of freedom)"이라고 불렀다.[99] 다음 장에서 살펴보겠지만 국가는 민족주의에서 중심적인 역할을 담당한다. 자유주의적 이상주의가 헤겔과 민족주의 양자 모두와 밀접하게 연계되어 있다는 사실을 고려할 때, 우리는 자유주의적 이상주의자들이 공동의 선을 위해 개인의 삶에 간섭할 수 있는 엄청난 능력을 보유한 막강한 국가를 선호할 것이라고 기대할 수 있다. 그러나 실제로 그들은 강한 국가라는 개념을 마지못해 용인하고 있을 뿐이며, 너무나 막강한 국가는 심각한 문제를 야기하게 될 것이라며 걱정한다. 이것이 바로 자유주의적 이상주의자들이 헤겔의 가르침을 완전히 받아들이지 않는 이유 중 하나다.[100]

왜 자유주의적 이상주의자는 이상주의자인가
Why Liberal Idealists Are Idealists

자유주의적 이상주의자들의 세계관에 내포되어 있는 이상주의는 정치란 도덕적 선을 추구하는 것이라는 그들의 뿌리깊은 믿음에 잘 반영되어 있다. 그들에게 중요한 것은 "인간의 도덕적 진보"이지 행복을 극대화하는 공리주의적 목표가 아니다.[101] 그린은 공리주의를 "쾌락주의적 운명론(Hedonistic Fatalism)"[102]이라고 경멸적으로 묘사했다. 그는 정치적 의무에 관한 그의 유명한 강의를 다음과 같은 말로 시작했다. "나의 목표는 법에 의해, 혹은 국가에 의해 강요되는 권리와 의무 체계에 의해 수행되는 도덕적 기능 혹은 목표에 대해 숙고하고, 그렇게 함으로써 법에 복종하는 것의 진정한 근거 혹은 정당화를 발견하는 것입니다."[103]

다른 자유주의적 이상주의자들도 비록 누구도 "도덕적 이상"이 무엇인지를 정확하게 말한 적이 없고 또한 "인간을 완전하게 하는 것"[104]에는 어떤 것들이 포함되는지를 정확하게 말한 바 없지만, 그린과 마찬가지로 도덕을 강조한다. 아마도 이에 대한 가장 훌륭한 대답은 홉하우스의 다음과 같은 주장일 것이다. "이상적인 사회란, 사회의 각 부분이 상호 간 조화롭게 성장함으로써 사회 전체도 번영한다고 여겨지는 사회이며, 그러한 사회의 각 부분은 자기 나름의 양식과 고유한 본질에 따라 발전하면서 전체적으로 보아 타자(他者)의 발전을 가져오는 경향이 있다."[105] 그러나 이것은 미래의 정치적 삶에 대한 모호한 처방일 뿐이다. 그렇기 때문에 그린이 인간의 완전함이 어떤 모습일지 자신은 그것을 알 수 있는 능력이 없다고 말했던 것은 놀라운 일이 아니다. 그린은 "그러나 우리는 도덕적인 삶을 작동케 하는 개념(idea)인 '인간의 완전함' 이 실제로 구현된 모습이 어떤 것인지를 아는 것은 불가능하지만, 우리는 그 개념을 충족시키려면 이행해야만 하는 일정한 조건들을 식별할 수는 있다."[106]고 말했다.

자유주의적 이상주의자들은 도덕적 선을 실현하는 주요한 도구로서 이성에 대한 깊은 믿음을 가지고 있다. 공리주의자들 역시 이성을 중시하지만 거기에는 미묘한 차이가 있다. 공리주의자들은 공리주의의 핵심 요소인 협상을 조율하는 책임을 지고 있는 정부 엘리트들이 탁월한 정신적 능력을 가지고 있다고 믿고 있다는 점에서 엘리트주의적 성향이 있다고 말할 수 있다. 자유주의적 이상주의자들은 일반 시민들이 그들의 판단력을 현명하게 사용할 수 있다는 것에 대해 더 큰 믿음을 가지고 있는 것처럼 보인다. 린제이(A. D. Lindsay)가 그린의 저서 『정치적 책임감의 원칙Principles of Political Obligations』 서문에 썼던 바처럼, "그린과 그의 동료 이상주의자들은… 일반 시민의 존엄성(dignity)과 값어치(worthy)에 대해 깊은 신뢰를 가지고 있다."[107] 자유주의적 이상주의자들은 예외 없이 민주주의의 옹호자들이지만 공리주의자들 대부분은 민주주의에 대한 열정이 다소 제한적이다.

아마도 이성이 어떻게 이상적인 사회를 건설하는 데 도움이 될 수 있을 것인가를 가장 명쾌하게 설파한 사람은 듀이일 것인데 그는 특히 일반적인 사람들의 능력에 대해 긍정적이었다. 듀이는 올바른 교육의 기회가 주어지기만 한다면 "평균적인 개인들은 정치적, 사회적 지능에 있어 꿈꿀 수 없었던 최고의 상태에 도달할 수 있을 것"이라고 생각했다.[108] 만약 일반적인 사람들이 함께 힘을 합한다면 "협력하는 다수 개인들의 누적적인 지능"은 사회를 훨씬 더 높은 곳으로 이끌 것이다.[109] 그는 사회를 변화시키는 도구로서의 폭력을 비난했으며 대신 "사회적 행동의 대안적 방법으로서 지능(intelligence)"을 극찬했다.[110] 듀이에게 있어서 "조직화된 지능"은 "민주적 이상들"을 다시 부활

시킴으로써 "민주주의의 위기"를 해결하고 "진정한 민주주의"를 추구할 수 있게 하는 것이었다.[111]

마지막으로 그린과 그를 추종하는 사람들의 이상주의는 민족주의를 궁극적으로 유순한 힘(benign force)으로 간주하는 그들의 믿음에 반영되어 있다. 제1차 세계대전이 종식된 시점에 많은 사람들은 제1차 세계대전이 민족주의와 연계되어 발생한 전쟁이라고 믿고 있었는데도 불구하고 자유주의적 이상주의자들은 민족주의의 그러한 어두운 부분을 대체로 외면했다. 이 같은 접근 방법은 뮤레이와 짐머만의 글들에서 나타나는데, 이들은 양차 세계대전 사이 기간 동안 국제평화를 증진시키기 위해 큰 역할을 했다.[112] 그들은 강대국들이 서로의 운명을 더 좋게 만들기 위해 협력하는 국제사회의 건설을 희망했다. 민족주의는 이들의 이야기에서 선을 위한 주요한 힘이었는데, 이는 짐머만의 다음과 같은 언급에 잘 나타나 있다. "국제주의로 나아가는 길은 민족주의에 있다. 국제주의의 이상 혹은 이론 어느 것도 민족주의적 감정이 인간의 삶에서 차지하고 있는 부분에 대한 올바른 이해에 근거하지 않는 한, 우리들의 사고에 도움이 될 수 없거나 실질적으로 효과적일 수 없다."[113] 보다 일반적으로, 짐머만과 다른 자유주의적 이상주의자들에게 이성의 힘은 열정적인 의견 불일치를 억제시킴으로써, 국제체제 속의 국가들이 마치 사회 속의 개인들처럼 이익의 자연적인 조화를 실현할 수 있게 한다.

그래서 뮤레이와 짐머만은 무정부 상태를 초월해 군사력과 법의 강제 집행을 통해 강대국들을 규제하게 될 막강한 국제연맹은 필요하지 않다고 보았다. 이는 개인과 집단이 서로를 죽이는 것을 막기 위한 강력한 국가의 필요성에 대한 그들의 인식과 유사하다. 대신 진 모어필드(Jeanne Morefield)가 말한 바처럼, 그들은 국제연맹을 "사회적 일체감을 지향하는 인간 성향의 자연적 확대"로 보았다.[114] 이런 견해는 유토피아적(utopian)이라고까지 말할 수는 없더라도, 이상주의적이라고 말해도 좋을 것이다.

자유주의적 이상주의는 본질적인 측면에서 정치적 자유주의와 다르다. 자유주의적 이상주의자들은 인간을 사회적인 동물로 간주할 뿐만 아니라, 자연권과 민족주의를 그들의 담론에서 중요한 자리에 위치시키지 않는다. 그들은 이성이 도덕적 진보에 도움이 된다고 믿으며, 이성은 모종의 "이상적인 사회"로 가는 길을 이끌 것이라고 믿는다. 이 같은 믿음은 정치적 자유주의의 근간을 이루는 핵심 개념들과 배치된다.

자유주의의 균열

Cracks
in the Liberal Edifice

정 치적 자유주의의 두 가지 현저한 특징들은 또한 자유주의의 중요한 두 가지 결함이기도 하다. 하나는 자유주의가 개인주의에 부여하는 중요성이고, 다른 하나는 불가양(不可讓, inalienable)의 권리에 대해 부여하는 무게다. 우리가 살펴본 바처럼, 현대의 자유주의는 비록 일상적 자유주의가 여전히 정치적 삶에 영향을 미치고 있기는 하지만, 대체적으로 진보적 자유주의를 의미한다. 이 장에서 행해질 정치적 자유주의에 대한 나의 비판은 두 가지 형태 모두에 똑같이 적용된다. 왜냐하면 두 사상이 개인주의와 권리에 부여하는 중요성과 관련해서 그들 사이에는 차이가 별로 없기 때문이다. 이 장에서 나는 정치적 이데올로기 중 하나로서 자유주의를 평가하려고 한다. 자유민주주의 국가의 외교정책과 보다 일반적인 측면에서의 국제관계는 다음 장들에서 논의할 예정이다.

자유주의의 가장 중요한 문제점은 인간을 본질적으로 독립적으로 살고 있는 개인이라고 잘못 취급하고 있다는 점이다. 실제로 인간은 그 본질에 있어 사회적인 존재인데 말이다. 이처럼 개인주의에 지나치게 몰두하는 것은 정치적 자유주의자들로 하여금 민족주의를 과소평가하도록 하는데, 민족주의는 이 세상 모든 국가들에서 대단히 심대한 영향력을 행사하는 유난히 막강한 정치 이데올로기 중 하나다. 자유주의의 운명은 민족주의 앞에 꼼짝 못하게 되어 있다. 비록 이 두 가지 사상은 중요한 측면에서 매우 다르지만 양자는 한 나라의 국경 안에서 공존할 수 있다. 그러나 양자가 서로 충돌하는 상황에 처하게 되었을 때는 언제라도 민족주의가 승리를 거두게 된다. 요약하자면, 민족주의는 자유주의의 자연권에 대한 강조를 포함해 자유주의의 영향력에 심각한 제약을 가할 수 있다.

자유주의의 두 번째 문제는 개인의 권리에 관한 자유주의의 이야기는 설득력이 부족하다는 점이다. 개인의 권리는 불가양의 것이라는 주장 그리고 이것이 자명하다는 주장, 즉 거의 모든 사람이 개인의 권리가 보편적이고 중요하다는 사실을 인식할 수 있을 것이라는 주장은 그다지 강한 설득력을 갖지 못한다. 사람들의 일상생활에서 권리가 가지는 영향력은 자유주의자들이 생각하는 것만큼 크지 않다. 그렇다고 권리가 전혀 중요한 관심거리가 아니라고 말하는 것은 아니다. 다만 미국과 같이 자유주의가 문화 속에 깊게 침투되어 있는 나라일지라도, 권리의 영향력은 제한적이라고 말하려는 것이다.

이 같은 부족함이 결코 치명적인 것은 아니다. 그리고 이 같은 하자가 자유주의 이념을 어떤 의미 있는 방식으로 망가트릴 수도 없으며, 그래서 자유주의는 지금도 중요한 덕목들을 가지고 있다. 그러나 이 같은 단점이 보여주는 바는 어떤 나라의 경우에도 일상생활에 영향을 미치려는 자유주의의 능력에는 한계가 있다는 점이다. 다음 장에서 논하려는 것이지만 자유주의의 이러한 한계점들은 국제정치 영역에서 더욱 현저하게 나타난다. 이장에서 나는 국민국가의 내부에 논의를 한정하고자 하며, 자유주의 국가들은 본질적으로 작동 불가능할 수도 있다고 결론 내리려 한다. 왜냐하면 자유주의 국가 내부에 있는 파벌들은 국가를 영구히 장악해서 라이벌 파벌들이 권력을 장악하려는 것을 막으려는 강한 동기를 가지고 있기 때문이다. 이 같은 비판은 가볍게 받아들여져서는 안 되지만, 성숙한 자유민주주의 국가들은 이러한 문제점을 상당히 완화시키는 일정한 특징들을 가지고 있다. 다만 그 방안이 완벽하지는 않다.

민족주의의 문제
The Nationalism Problem

자유주의의 가장 큰 약점은 자유주의가 강조하는 급진적 개인주의에서 유래한다. 자유주의는 개인과 그들의 권리를 배타적으로 강조함으로써 인간은 큰 집단 속에서 태어나고 살아간다는 사실에 큰 관심을 기울이지 않는다. 큰 집단은 개인들의 삶의 본질을 규정하고 그들에게 충성할 것을 요구하는 조직이다. 거의 모든 사람들은 인생의 시작에서부터 끝까지 어느 정도는 부족적(tribal) 모습을 가지고 살아가고 있다. 그러나 자유주의 담론에는 이런 속성에 대한 이야기가 거의 나오지 않는다.[1]

국가(nation)는 전 세계에 있는 압도적 다수의 사람들에게 현실적인 중요성을 갖는, 가장 최고위에 있는 사회적 집단이다. 국가는 대단히 큰 공통성을 갖고, 그 공동체에 강한 충성심을 표시하는 사람들로 이루어진 큰 집합체이다. 개인은 국가의 구성원으로 살고 있으며, 국가는 개인의 존재와 행동을 규정한다. 민족자결을 중시하며 자신의 생존에 대해 두려워하는 국민들은 그들 스스로의 국가를 가지고 싶어 한다.[2] 동시에 국가는 자신의 국민들에게 하나의 국민으로 조직화될 것을 요구해야 할 강력한 이유를 가지고 있다. 그럼으로써 국가는 국민들로 하여금 국가와 민족을 하나로 융합하도록 하는 데 핵심적 역할을 하게 한다. 그렇기 때문에 세상이 민족주의의 구현체인 국민국가(nation state)들로 가득 차 있다는 사실은 놀라운 일이 아니다.

만약 민족주의와 자유주의 양자 모두가 우리의 세상에서 막강한 세력이라고 한다면, 두 가지 막강한 이념 사이의 관계는 무엇일까? 이 질문에 대해 세 가지 관점을 순서대로 말할 수 있을 것 같다. 첫째, 민족주의는 모든 나라에서 작동하고 있으며, 그래서 오늘날 우리는 민족국가들로 이루어진 세상에서 살고 있다. 그러나 자유주의는 이 세상 모든 곳에서 똑같이 막강한 세력으로 존재하고 있지는 않다. 국제체제에서 진정한 자유민주주의 국가가 다수를 차지한 적은 결코 없었다. 둘째, 민족주의가 광범하게 퍼져 있다는 사실을 현실로 인정할 때 자유주의는 언제라도 민족주의와 함께 존재할 수밖에 없다. 민족국가가 아닌 자유주의 국가는 존재할 수 없으며, 모든 국가는 민족주의가 그 핵심에 있을 수밖에 없다. 다른 말로 하자면, 자유주의는 오직 민족국가라는 범주 내에서 작동할 수 있을 뿐이다. 마지막으로 자유주의는 민족주의와 충돌할 경우 항상 패배할 수밖에 없다.

민족주의란 무엇인가?
What is Nationalism?

민족주의란 전 세계에 있는 사람들이 어떻게 사회적, 정치적으로 조직되어 있는지를 설명해주는 이론이다. 민족주의는 인간들은 여러 개의 다양한 국가(nations)들로 나뉘어 있으며 국가들은 집단을 향해 강력한 충성심을 표시하는 국민(people)들로 구성되어 있다고 주장한다. 아마도 가족에 대한 충성심을 제외한다면, 국가에 대한 충성심은 모든 다른 형태의 개인적인 정체성을 초월할 것이다. 더 나아가 국가의 구성원들은 자기 나라의 독립성을 극대화하는 데 깊은 관심을 갖고 있다. 이는 다른 말로 한다면, 모든 민족은 자신들의 독립적인 국가를 갖기 원한다는 말이다. 어니스트 겔너(Ernest Gellner)가 했던 유명한 언급처럼, 민족주의는 "정치 단위와 민족 단위가 일치해야 한다고 주장한다."[3] 이 말은 모든 민족 집단들이 자신의 고유한 국가를 가질 수 있다고 말하는 것이 아니다. 다만 모든 민족이 민족자결을 원하고 있는 상황임을 고려할 때, 그것은 궁극적인 목표가 되는 것이라고 말하는 것이다. 그리고 국가는 국민으로 조직되어 있는 사람들을 통치하려는 강한 동기를 가지고 있으며, 이 같은 이유로 정치가들은 민족주의를 고양시키기 위해 노력한다. 민족주의란 아래로부터 올라가기도 하고 또한 위로부터 내려오기도 하는 현상이다.

대중적인 논의에서 민족주의란 때로 "옛날 옛적부터의 미움"을 반영하는 것이기도 한데, 이는 민족주의가 역사 이래 대부분의 기간 동안 세계를 괴롭혀왔다는 것을 암시한다. 그러나 이 같은 인식은 잘못된 것이다. 민족주의란 사실은 근대적인 현상이다. 민족주의가 배태된 시기는 더 이르다고 볼 수도 있지만, 18세기 중반 무렵 유럽에서 맨 처음 생겨나 미주 대륙으로 전파되었다.[4] 자유주의가 유럽에 등장한 것은 민족주의가 나타나기 약 100년쯤 전의 일이다. 비록 민족주의가 서로 다른 나라의 국민들 사이에서 미움을 발생시키는 요인이 되었지만, 이 같은 사실은 부정적인 측면과 더불어 긍정적인 측면도 가지고 있는 복잡한 현상의 한 단면일 뿐이다.

민족주의를 이해하기 위한 가장 좋은 출발점은 국가의 기초적인 특징을 묘사하는 것이며, 국가는 그 이전에 있었던 다른 종류의 사회적 집단들과 어떤 측면에서 다른 것인가를 살펴보는 일이다. 그 다음으로 나는 국가가 자신의 구성원들을 위해 행하는 기본적인 기능을 논하고자 한다. 국민들은 왜 그들의 고유한 국가를 가지려 하는 것일까? 그리고 왜 국가들은 자신의 고유한 국민들을 통치하려고 하는 것일까? 이러한 상호보완적인 동기들은 국민과 국가를 하나로 융합시키는 방향으로 작용하며, 이는 왜 민족주의가 그렇게 막강한 힘인지를 상당 부분 설명한다. 나는 현대 국가들은 국가보다 앞서 존재했던 정치적인 형태들(political forms)과 어떤 점에서 다른지에 대해서도 설명할 것이다.

국가란 무엇인가?
What is a Nation?

국가(nation)는 뭉뚱그려 말할 경우, 이 지구 상에 국가들이 생기기 이전부터 존재해왔던 다른 모든 종류의 큰 집단들과 여섯 가지 본질적 측면에서 큰 차이를 보이고 있다.[5]

하나라는 감정(A Sense of Oneness)
국가(nation)란 비록 같은 나라에서 살고 있는 소수의 사람들만을 알며 살아가고 있음에도 불구하고 하나라는 감정을 가진 사람들로 이루어진 큰 공동체이다. 베네딕트 앤더슨(Benedict Anderson)의 국가에 대한 유명한 묘사인, 국가란 "상상의 공동체"라는 말은 이 같은 측면을 잘 포착하고 있다.[6] 국가란 그곳에서 살고 있는 사람들이 실제로는 서로 아주 극소수의 사람들만 알고 살아가고 있음에도 불구하고, 국가 전체에서 살고 있는 사람들 모두를 공동체의 한 부분이라고 생각한다는 점에서 상상 속의 실체다. 그들은 공동체의 다른 구성원들에 대해 막강한 충성심을 갖고 있는데, 상호 간의 막강한 충성심이란 국민들 모두가 서로 상대방에 대해 책임감을 가지고 있다는 의미다. 특히 다른 공동체의 사람들을 대할 경우 그러하다. 같은 국민들 사이의 막강한 연대감은 서로 다른 나라 국민들 간의 경계를 분명하고 확고하게 만드는 경향이 있다.[7]

이 같은 하나라는 감정에 더해, 국가의 구성원들은 서로를 평등한 주체로 대하려는 경향이 있다.[8] 그들은 자신들을 공통의 업(業)을 행하는 한 부분으로 간주하며, 비록 집단은 지도자들과 추종자로 구성되지만 꼭대기에 있는 사람이나 바닥에 있는 사람이나 모두 궁극적으로 같은 공동체의 일원이라고 생각한다. 앤더슨은 이 점을 분명하게 파악했다. 그는 "어떤 사회 혹은 어떤 사회에서든지 불평등과 착취가 존재할 수밖에 없지만, 그럼에도 불구하고 민족은 언제라도 심오하고 평등한 동료 의식으로 뭉쳐 있다."[9]고 분석했다.

국가가 생기기 이전, 유럽에서 대규모 사회 집단을 구성했던 사람들의 관계는 그다지 돈독하지 않았다. 과거 이 같은 집단에 소속되었던 사람들은 대단히 유동적이었다. 즉 그들의 일체성은 상대적으로 연약했었다는 의미다. 로마제국이 붕괴된 이후, 유럽 사람들의 사회 생활에 관한 역사학자 패트릭 기어리(Patrick Geary)의 논의를 살펴보자. "4세기부터 5세기 사이에 유럽의 사회정치적 구조에 본질적인 변화가 야기되었다. 이 과정에서 고트족(Goths)과 같은 대규모 연합체 조직(great confederation)은 소멸되었고, 이들은 이탈리아와 갈리아 지방에서 왕국이라는 모습으로 다시 출현했다. 훈족 제국 혹은 반달 왕국 같은 조직은 어디에서 왔는지 알 수 없지만, 수 세기 만에 흔적도 없이 사라지고 말았다. 과거에는 모호했던 또 다른 사람들인 앵글족과 프랑크족 등은 오랜 세월 지속될 정치 체제를 형성하기 시작했다."[10] 민족들이 탄탄하게 통합되는 경향이 있고 분명한 경계선에 의해 나누어진 영속적인 실체로 남아 있는 민족주의 시대에는 오래전 유럽 사회에 존재했던 그 같은 유동성을 상상할 수 없다.[11] 오늘날 어떤 민족이 사멸(死滅)한다든가 혹은 기어리가 묘사하는 것과 같은 정체성의 급격한 변화를 겪을 가능성은 거의 없다.

더 나아가 과거에는 사회 집단을 구성하는 사람들 사이에 평등이란 인식이 없었다. 국민들 사이에 엄격한 평등은 있을 수 없겠지만, 현대 국가의 엘리트와 일반인들 사이의 격차는 현저하게 줄어들었다. 국가가 생기기 이전, 유럽은 대체로 농업 사회였고 귀족과 농민이라는 두 개의 주요한 계급으로 나뉘어져 있었다. 로마제국과 중세시대 그리고 국민국가가 생겨나기 이전 왕조국가 시대에 양 계급 사이의 간극은 매우 컸다.[12]

그러나 18세기 말엽 양 계급 간의 간극이 크게 줄어들었는데, 그것은 엘리트들과 그들의 공민들이 같은 언어로 소통하고, 그들 자신을 공통의 운명을 가진 공통 조직의 일부로 인식하게 되었다는 점에서 주로 유래한다. 프랑스 역사를 연구하는 데이비드 벨(David Bell)은 이 같이 변화하는 상황을 포착하면서 다음과 같이 썼다. "버질(Virgil)이나 리슐리유(Richelieu) 혹은 마자랭(Mazarin)도 온 국민—우아한 궁정의 신하들부터 비참한 소작농에 이르기까지, 지식을 뽐내는 사람들부터 도시의 거지에 이르기까지—을 대상으로 그들이 쓰는 언어부터 생활 방식, 매일 생각하는 것에 이르기까지 수백만 명이나 되는 그들 모두를 변화시켜 하나로 만드는 일을 생각할 수 없었다."[13] 이처럼 하나의 사회 속에 살고 있는 사람들을 하나로 융합시키는 일은 (한계가 있지만) 그 사회에 속한 사람들 모두를 평등한 사람처럼 느끼게 한다.

이렇게 말하는 것이 개인과 사회제도 그리고 국가에 대한 충성심이 전부

다라고 말하는 것은 아니다. 모든 사람들은 다양한 종류의 존재감을 가지고 있다. 그들은 언제라도 다양한 종류의 집단에 소속되어 있으며 다양한 이익을 가지고 있고, 다양한 우정과 열정을 가지고 있다. 그럼에도 불구하고 가족 관계만을 예외로 한다면 사람들의 최고의 충성심은 언제라도 국가를 향하는 것이며, 다른 조직들에 대한 충성심과 국가에 대한 충성심이 갈등을 유발하는 경우 언제라도 국가에 대한 충성심이 승리하게 된다. 예로서 마르크스주의자들은 개인들이 자신이 속한 사회적 계급과 가장 강력한 동질감을 갖는다고 강조한다. 그들이 자본가이든 부르주아이든 혹은 노동자이든, 이러한 일체감은 민족적 정체성을 초월한다고 주장한다. 이 같은 생각은 공산당 선언에서 분명하게 나타나고 있다. 마르크스주의자들은 1914년 유럽의 정부들이 전쟁으로 빠져들게 되었을 때 유럽 각국의 노동자들은 다른 나라의 노동자들을 향해 총을 들지 않을 것이라고 믿었다.[14] 그들은 사회 계급이 때로 강력한 형태의 정체성일 수 있지만 계급의식이 민족주의와 맞먹을 수 없다는 사실을 발견했다. 민족주의는 더 높은 충성의 대상을 제공함으로써 계급들을 하나로 융합하는 경향이 있다. 역사학자 마이클 하워드(Michael Howard)가 말한 바처럼 "1918년 진군의 나팔소리가 울리자마자 국경선을 초월해 모든 노동자 계급이 단결하자는 호소는 마치 바람에 흩어지듯 날아가 버렸다." 그리고 세계의 노동자들은 자신이 속한 나라의 국민들과 함께, 라이벌 국가에 대항해서 전쟁을 벌였다.[15] 요약하자면, '국민'이라는 정체성만이 유일한 것은 아니지만, 그것은 언제라도 가장 강력한 정체성이다.

국가에 속한 개인이 때로 이기적으로 행동하고 다른 구성원들로부터 이득을 취하는 경우가 있음을 부정할 수는 없다. 우리는 언제라도 공리 극대화주의자처럼 행동함으로써 가장 큰 이익을 얻을 수 있는 상황에 당면하게 된다. 그리고 이기적인 행동은 같은 국민들 사이에서 격렬하고, 때로 죽음에 이를 수도 있는 분쟁을 야기하기도 한다. 이 같은 이기적인 행동들이 국가 내에서 벌어지고 있는 것이 현실임에도 불구하고, 개인들은 더 큰 공동체에 대해 의무감을 갖고 있으며, 공동체를 이롭게 하는 방식으로 행동하려는 강력한 이유들이 존재한다. 이러한 두 가지 논리가 충돌을 일으킬 경우, 거의 모든 사람들은 자신에게 충성을 바치기 보다 국가에 충성을 바치는 것이 옳다고 생각한다.

특별한 문화(A Distinct Culture)

국민들을 서로 구분되게 하는 요인은 문화다. 각각의 국민들은 같은 국민들끼리는 공유하지만 다른나라 국민들과는 상이하며 서로 다른 믿음과 행동 수칙을 가지고 있다. 행동 수칙에 포함되는 것에는 언어, 의례(ritual), 암호(code), 음악, 상징 등이 있으며 믿음에는 종교, 기본적인 정치 사회적 가치, 역사에 대한 독특한 이해 등이 포함된다. 국가의 구성원들은 그들의 일상생활에서 서로 비슷하게 생각하고 행동하는 경향이 있으며 이 같은 경향은 그들 사이에 막강한 연대감을 형성하는 데 도움이 된다.

그러나 국민국가를 구성하는 모든 사람들에게 같은 믿음을 공유하고 같은 행동을 하라고 하는 것은 현실적인 일은 아닐 것이다. 그러나 경우에 따라 다르기는 하겠지만 상당 정도의 공통성을 찾을 수는 있을 것이다. 한 국가가 가지고 있는 다양한 문화를 두터운 문화와 얇은 문화로 구분하는 것은 의미가 있는 일이다. 두터운 문화란 상당 정도 문화적 동질성을 보유하고 있는 것을 말하며, 얇은 문화란 다양성이 더 많은 경우이다. 일본 혹은 폴란드와 같이 단일 민족으로 이루어진 국민국가는 두터운 문화를 가지고 있는 나라다. 핵심적인 민족과 소수민족을 가지고 있는 캐나다, 인도, 스페인 같은 나라는 얇은 문화를 가지고 있다고 말할 수 있다.[16] 이 같은 경우 국가 차원에서 얇은 국가적 정체성이 존재하지만 핵심민족과 소수민족 또한 그들 자신의 고유한 정체성을 가지고 있다.[17] 거의 모든 사회의 엘리트들은 자신의 사회를 위해 두터운 문화를 만들고자 노력하지만 둘 혹은 그 이상의 민족으로 구성된 사회에서 이러한 노력은 현실적이지 못하다. 그럼에도 불구하고 연구결과들을 보면 두터운 문화를 가진 나라 혹은 얇은 문화를 가진 나라의 국민들은 "그 나라의 구성원이라는 정체성과 자부심"에서 별다른 차이를 나타내 보이지 않았다.[18]

어떤 문화적인 특징이 우리로 하여금 한 민족과 또 다른 민족을 구분할 수 있게 해주느냐를 일반화하기란 불가능한 일이다. 언어는 상당히 유용한 기준이 될 수 있지만 다른 민족이 같은 언어를 사용하는 경우도 많다. 스페인어를 공통 언어로 사용하는 중남미 국가들을 생각해보라. 종교의 경우도 마찬가지다. 아주 적은 사례를 말해보자면 결국 오스트리아, 프랑스, 이탈리아, 포르투갈과 스페인의 경우 가톨릭은 이들 나라의 지배적인 종교이며, 아랍세계거의 전체를 지배하는 것은 이슬람교이다. 문화를 가로지르는 믿음과 행동은 다양한 문화를 정의하는 요소들이 상당히 겹치고 있다는 사실을 보여준다. 독일과 오스트리아는 좋은 예가 될 것이다. 그럼에도 불구하고 이들 사이에는 차이점도 물론 존재한다. 외부 사람들이 보기에는 그다지 중요한 것 같아 보이지 않을지 모르지만 독일과 오스트리아 사람들에게는 그 차이점이 분명하게 보여지는 것이다. 지그문트 프로이트(Sigmund Freud)는 이 같은 현상에 대해 "작은 차이에 대한 나르시시즘(narcissism of minor differences)"이라는 유명한 말을 남겼다.[19]

혹자는 문화를 종족(ethnicity)과 동의어라고 생각하기도 한다. 종족이란 때로 고대로부터 고정되어 오늘까지 이어내려온 어떤 집단의 속성이라고 정의되기도 한다. 이 같은 원초주의적(primordialist) 관점에 의하면 민족의 뿌리는 그들의 혈통이며 오래전 살았던 사람으로부터 생겨난 공통의 후손을 의미한다. 그러나 대규모 사회적 집단, 그리고 특히 국가(nation)는 종족의 정의와는 상호 배치되는 방식으로 발전해왔다는 사실을 알 수 있다. 그래서 나는 이 책에서 종족이라는 용어를 사용하지 않을 것이다.

문화는 고정된 것이 아니다. 왜냐하면 개인의 정체성은 타고난 것이 아니기 때문이다. 대신에 문화는 사회적으로 형성되며, 원초주의자들이 인식하는 것보다 훨씬 유동적이다. 엘리트들은 때로 국가를 형성하는 데 핵심적인 역할을 담당한다. 이 같은 사실은 1861년 이탈리아가 통일을 이루었을 때, 저명한 이탈리아의 지도자가 했던 말에 반영되어 있다. "우리는 이탈리아를 만들었다. 이제 우리는 이탈리아인들을 만들어야만 한다."[20] 만약 내가 종족이라는 용어를 사용하려 했다면, 나는 그것을 막스 베버(Max Weber)의 관점에서 사용했을 것이다. 즉 "공통의 후손이라는 주관적인 믿음" 혹은 특정한 사람들이 공통의 문화적 전통을 공유하고 있다는 믿음이라는 의미에서다.[21] 이 같은 정의는 내 생각과 일치한다.

본질적으로, 국민의식의 현실적 기준은 생물학적인 것이 아니라 심리학적인 것이며, 그래서 워커 코너(Walker Conner)는 "국민의 본질은 눈으로 볼 수 없는 것이다."[22]라고 말했던 것이다. 국민은 다수의 사람들이 자신들을 독특한 문화를 공유하는 같은 대규모 집단의 구성원이라고 생각함으로써 형성되는 것이다. 다른 말로 하자면, 국민이란 자기 자신을 국민이라고 생각하는 대규모의 인간 집단이며[23] 자신들의 공통적 정체성에 대단히 중요한 눈에 보이는 믿음과 행동을 갖고 있다. 국민은 일단 형성된 후에는 본질적인 변화가 이루어지기 대단히 어렵다. 개인들은 태어나면서부터 어떤 특정한 문화에 심각하게 사회화되며, 늘 그렇듯이 자신이 속한 집단의 믿음과 행동에 익숙해지고 전념하기 때문이다.

국민으로서의 충성심이 끈질기게 지속되는 또 다른 중요한 이유가 있는데, 그것은 구전된 전통에서 글로써 전해지는 전통으로의 변화이다. 19세기가 될 때까지 대부분 사람들은 자신이 속한 사회 집단의 역사를 구전(口傳)을 통해 들었다. 글을 읽을 수 있는 사람들은 거의 없었으며 그들을 위한 대중적인 역사책들도 존재하지 않았다. 새로 유입된 사람들을 위해 혹은 새로운 환경에 적응하기 위해 과거의 이야기를 바꾸는 것은 상대적으로 쉬운 일이었다. 그러나 집단의 역사가 일단 글로 기록된 이후 그것을 새로운 환경에 맞도록 고치는 일은 쉬운 일이 아니다. 정치학자 제임스 스코트(James Scott)가 말하는 것처럼 "기념비와 기록된 문서의 결정적인 단점은 그것들이 상대적으로 불변적이라는 점이다."[24] 문자의 세계에서는 대규모 사회 집단 내부에 있는 사람들의 정체성은 더 고정적이 되었고 사회 집단들 간의 경계는 덜 유동적이 되었다. 구전 문화가 문자 문화로 바꾸어졌다는 사실은 유럽의 신생 민족들 내에서의 유대를 더욱 강력하게 만들었을 뿐 아니라 그러한 공동체를 더욱더 강고하고 변화에 저항하는 집단으로 만들었다.

남보다 잘났다는 감정(Sense of Superiority)

다른 나라 국민들이 무엇을 하든 간에, 한 나라의 국민들은 자기 나라에 대해 자부심을 갖는다. 그 나라는 바로 자신의 본향이기 때문이다. 그러나 그들은 어떻게 자신들이 다른 나라 국민들, 특히 빈번히 교류하는 나라의 국민들과 비교되는지를 생각한다. 그리고 항상 쇼비니즘(Chauvinism, 자국민 우월주의)이 따라오게 된다.[25] 대부분 국민들은 자기 나라가 다른 나라보다 우월하다고 생각한다. 국민들은 자기 나라가 다른 나라들보다 특권을 누릴 수 있는 특별한 자질이 있다고 생각한다. 독일의 민족주의자 요한 피히테(Johann Fichte)는 다음과 같은 언급에서 이 같은 관점을 잘 포착했다. "독일인만이… 애국적일 수 있습니다. 독일인만이 유일하게 자신의 민족을 위해 모든 인류를 포용할 수 있습니다. 지금부터는 독일인에 비하면, 다른 모든 민족의 애국주의는 틀림 없이 이기주의적일 것이고, 속좁을 것이며, 다른 인류들에 대해 적대적일 것입니다."[26] 영국의 자유주의적 외무장관이었던 파머스턴 경(Lord Palmerston)은 1848년 자국민 우월주의를 더 이상 잘 표현할 수 없는, 다음과 같은 언급을 했다. "우리의 임무—우리의 사명—는 노예로 만드는 것이 아니라 자유롭게 하는 것입니다. 나는 아무런 잘난척 함이 없이, 다른 누구를 모욕하려는 마음 없이 다음과 같이 말하고자 합니다. 영국은 도덕적, 사회적, 정치적 문명의 최정상에 자리하고 있는 나라입니다. 우리의 임무는 다른 나라들이 나가야 할 길을 제시하고 이끄는 것입니다."[27]

이처럼 자신의 나라가 특별하다는 인식은 일부 국가들로 하여금 그들이 하나님으로부터 선택받았다는 생각을 갖게 하는데, 이는 놀라운 일이 아니다. 미국도 이 같은 믿음에 있어서는 청교도까지 거슬러올라가는 풍부한 전통을 가지고 있는데, 청교도들은 수많은 미국인들이 오랫동안 믿어온 바처럼 미국과 하나님 사이에는 특별한 언약이 있었으며, 하나님은 미국 사람들에게 다른 나라 사람들보다 더욱 똑똑하고 고귀한 사람들이 될 수 있는 특별한 속성을 부여했다고 믿었다.

물론 미국의 예외주의를 믿는 모든 사람들이 하나님을 믿어야 한다는 것은 아니다. 예로서 우드로 윌슨(Woodrow Wilson) 대통령은 그가 다음과 같은 말을 할 때에 하나님을 언급하지는 않았다. "미국의 명백한 운명은 세상을 무력으로 지배하는 것이 아닙니다.… 미국의 운명과 미국의 리더십은 미국이 세계에 대한 생각을 해야 한다는 것입니다."[28] 1998년 매들린 올브라이트(Medeline Albright) 국무장관의 유명한 언급에도 하나님에 대한 말은 없었다. "우리가 군사력을 사용해야만 한다면, 그것은 우리들이 미국이기 때문입니다. 우리나라는 없어서는 안 되는(indispensable) 나라입니다. 우리는 우뚝 서 있습니다. 우리는 미래를 멀리 내다보고 있는 것입니다."[29] 라인홀드 니버(Reinhold Niebuhr)가 언급했던 것처럼 미국 사람들은 일반적으로 자신들은 "완벽을 향해 나아가는 여정(旅程)에서 인류를 위한 스승"[30]이라고 믿는다. 이 모든 것들은 누구나가 다 그렇다고 생각지는 않을지라도 미국인들은 본질적으로 민족주의자들이라는 사실을 말해준다.

국민들은 때로 자신들이 다른 나라 국민들보다 우수하다고 생각하는 것을 넘어서서 경쟁 관계에 있는 다른 나라 국민들을 미워하기도 한다. 나는 이것을 초 민족주의(hypernationalism)라고 부르려 한다. 초 민족주의란 다른 나라 국민들은 단순히 열등할 뿐만 아니라 위험하기도 하며, 그래서 반드시 험하게, 심지어는 잔인하게 대해야 한다는 생각이다. 이런 경우, "타자"들에 대한 경멸과 미움이 국민들 사이에 널리 번지게 되며, 타자로부터 오는 위협을 폭력을 통해서 제거해 버려야 한다는 강력한 동기가 야기된다.[31] 그러나 한 나라의 국민들이 언제나 다른 나라 국민을 미워하는 것은 아니다. 때로 그들은 아주 잘 지내기도 한다.

심오한 역사(Deep History)

비록 모든 민족들은 사실을 바로잡기 보다는 창조된 신화를 창조하는 데 역점을 두는 경향이 있지만 그들에게 역사는 대단히 중요하다. 민족들은 자신들에 대한 영웅적인 이야기를 꾸며내 다른 나라 국민들의 성취를 깎아내리고 자신들은 특별하다는 주장을 뒷받침한다. "자국민 우월주의적 신화 창조"는 스티븐 반 에바라(Stephen Van Evara) 교수가 지적하듯이 "민족주의의 표상이며 어느 민족주의 운동에서나 정도의 차이는 있지만 반드시 나타나는 것"[32]이다. 그는 이 같은 신화가 다양한 형태로 나타난다고 주장한다. 일부 신화들은 과거의 행동을 영광스러운 것으로 미화하고, 또 다른 신화들은 그 민족이 행했던 바보 같거나 혹은 창피한 일을 지우기 위해 발명된다. 또 다른 신화들은 라이벌 나라의 국민들을 열등한 사람들로 보이게 하거나 혹은 그 나라의 과거 혹은 현재의 문제점들을 비난함으로써 그들을 나쁜 사람들로 보이게 만든다. 어떤 신화들은 너무 엉터리라서 도무지 말이 되지 않는 경우라 할지라도, 국민들의 일반적인 반응은 자기 나라를 끝까지 옹호하는 것이다. 왜냐하면 "옳든 그르든 내 나라"이기 때문이다

민족들은 또한 자신들이 고대로부터 기원했다고 주장하기 위해 신화를 활용하는데, 이것은 왜 종족성이 때로 시간을 초월하는 특성으로 정의되는지를 부분적으로 설명해 준다. 모든 사람들은 자신의 나라가 장구(長久)하고 풍부한 전통을 가지고 있다고 믿기 원한다. 실제로 장구하고 풍부한 전통을 가진 나라는 별로 없는데도 말이다. 역사는 문제를 해결하기 위해 고쳐지고 다시 쓰여진다. 이 같은 현상은 온 유럽을 민족주의가 휩쓸고, 역사학이 학문적인 사업이 되었던 19세기의 유럽에서 보편적으로 나타났던 현상이었다. 패트릭 기어리는 그 같은 결과를 다음과 같이 기술한다. "현대 역사는 19세기 유럽에서 태어난 것으로 유럽 민족주의의 도구로 잉태되었고 발전되었다. 민족주의 이데올로기의 한 도구로서 유럽 국가의 역사는 대단히 성공적이었다. 그러나 그것은 과거에 대한 우리의 이해를 독이 가득 찬 쓰레기 더미로 만들어 버렸다."[33] 신화창조와 민족주의는 밀접히 연관되어 있다. 그래서 어니스트 레난(Ernest Renan)은 "역사적인 오류는 민족을 창조하는 데 필수적인 요소이다."[34]라고 말했던 것이다.

신성한 영토(Sacred Territory)

국가들은 예외 없이 특정한 지리적 공간을 확보하고 있는데 그들은 이 같은 지리적 공간을 신성한 영토라고 간주한다.[35] 사람들은 자신들의 정당한 조국이라고 인식하는 땅에 대해 깊은 감정적 유대를 형성한다. 이렇게 하는 가상 중요한 목표는 그 영토에 대해 주권을 확립하려는 것이며, 영토는 필연적으로 국가의 정체성과 연계된다. 그리고 만약 그렇게 상상된 조국의 땅 중 일부라도 잃게 된다면 그 나라 국민들은 언제라도 그 땅을 회복하는 데 전념한다. 중국인들의 타이완에 대한 태도는 좋은 사례가 된다. 중국 본토에 사는 사람들은 타이완을 중국의 일부라고 생각하고, 비록 타이완이 최근 자신만의 정체성을 발전시켜 왔으며 타이완 스스로 주권을 가진 국민국가로 대접받으려 하고 있음에도 불구하고, 타이완이 반드시 중국에 통합되어야 한다는 깊고 광범한 믿음을 가지고 있다. 최근 중국의 역대 정부들은 모두 타이완이 독립을 선언하는 경우, 중국은 이를 막기 위해 전쟁에 호소할 것임을 재차 강조해 왔다. 그 전쟁으로 중국의 경제발전에 심각한 손해가 초래되는 경우라도 그렇게 하겠다는 것이다.[36] 중국뿐만 아니라 모든 나라가 그들의 신성한 조국의 필수적인 부분이라고 믿는 영토에 대해 권위를 행사하는 데 열정적인 관심을 기울이고 있다.

국가가 생기기 이전에 존재했던 대규모 사회 집단들도 역시 영토를 통치하는 데 관심이 많기는 했었지만 그들은 그 땅을 신성한 땅이라고까지 생각한 경우는 거의 없다. 당시 영토는 경제적 혹은 군사적인 이유 때문에 중요했다. 유럽 땅의 대부분을 포함했던 최상급의 땅(prime real estate)들은 강력한 경제력과 막강한 군사력을 구축할 수 있는 인력과 중요한 자원을 포함하고 있었다. 어떤 영토는 전략적으로도 중요했다. 그곳은 방어가 용이한 경계가 되기도 했고 주요한 수로 혹은 바다에 도달할 수 있는 접근로가 되기도 했다. 이 같이 영토를 도구적으로 보는 견해는 지도자들이 영토를 조건이 맞는 경우 분리하는 것도 가능하다는 사실을 의미했다. 그러나 오늘날 국가의 영토는 문화적 유산의 일부로서 거대한 본질적 가치(intrinsic value)를 갖고 있으며, 그 결과 결코 나뉘어질 수 없는 것이 되었다.[37]

주권(Sovereignty)

마지막으로, 국가들은 그들 자신의 정치적 운명에 대한 통제력을 극대화하겠다는 목표를 가지는데, 이는 국가들이 주권에 대해, 혹은 정치적 권위가 국가들 사이에서 뿐만 아니라 국가 내에서 어떻게 정리되어 있는지에 대해 깊은 관심을 갖고 있다는 사실을 다른 말로 표현한 것이다. 국내적인 측면에서 말하자면, 주권이란 최고의 정치적 권위가 어디에 있는지를 의미한다.[38] 주권

이란 국내 정책은 물론 외교정책을 형성하는 데 있어서 궁극적인 권위를 의미한다.[39]

국내 정치적으로 주권은 오로지 하나밖에 존재하지 않으며, 그렇기 때문에 주권은 나누어질 수 없다. 서기 1500년 경부터 1800년 사이 유럽에 존재했던 왕조국가들에서 주권은 왕 혹은 여왕이 배타적으로 장악하고 있었으며, 그래서 그것은 하나님으로부터 주어진 왕관이라고 말해졌다. 이 시기 동안 "왕권 신수(王權神授, divine right of kings)"설은 유럽 각지에 널리 퍼져 있었던 이론이었다. 그러나 주권에 관한 이 같은 관점은 민족주의와는 양립할 수 없었다. 민족국가에서 최고의 권위는 국민 혹은 국가에 주어져 있다. 국민은 왕에게 충성을 바쳐야만 하는 신하가 아니라 국가의 일원으로서 책임과 의무를 가지고 있는 시민이다. 이처럼 시민들은 모두가 평등한 존재들이다.

국민 주권(popular sovereignty)의 개념은 1791년 프랑스 혁명 헌법에 잘 반영되어 있다. "주권은 하나이며, 나눌 수 없고, 양도할 수 없으며, 규제될 수 없다. 주권은 국민(Nation)에 속하며, 어떤 집단도 자신만의 주권을 가질 수 없고, 어떤 개인도 자신만의 주권을 가질 수 없다."[40] 군주의 권위에 대한 이 같은 도전은 루이 15세를 당황하게 만들었다. 그는 "누군가는 국가의 권리와 이익이 군주와는 별개의 것이라고 감히 말하지만, 국가의 권리와 이익은 필연적으로 나 자신의 권리와 이익과 결합되어 있으며 오로지 내 손 안에 있다."[41]고 말했다.(이 같은 언급은 그의 전임자 루이 14세가 했던 유명한 언급— 'L' etat c' est Moi, 즉 국가는 나의 것"—을 보다 장황하게 표현한 것일 뿐이다.) 국제정치학자 로버트 잭슨(Robert Jackson)은, 민족주의가 출현하기 이전에는 "주권을 가진 통치자들은 온 관심을 영토에 쏟았지만, 그 영토에 살고 있는 사람들에 대해서는, 그들이 왕의 권위를 받아들이는 한 그다지 큰 관심을 쏟지 않았다."[42]고 말한다. 왕과 여왕들은 자신의 통치 하에 살고 있는 일반인들보다는 다른 나라의 왕이나 여왕들과 더 많은 동질감을 느꼈다.

국민 주권이라는 개념은 더욱 정교한 설명이 필요하다. 왜냐하면 비상 사태의 경우는 물론 평시라 할지라도, 국민이 하나의 집단으로서 정책 결정을 한다는 사실은 사실상 거의 불가능한 일이기 때문이다. 속도와 효율성은 현존하는 위기 상황에서 최고의 권위는 한 사람 혹은 아주 극소수의 사람에게 주어질 것을 요구한다.[43] 더욱 일상적인 경우라고 할지라도 정책결정은 독재자 혹은 민주적으로 선출된 지도자가 하는 것이다. 그러나 이 모든 상황에서 나타나는 핵심적인 모습은 정책결정자 혹은 정책결정자들은 그들이 통치하는 사람들과 가까운 관계를 가지고 있어야 하며, 그들의 결정은 그들이 통치하는 사람들을 위한 것이어야 한다는 믿음이 있다는 점이다. 정치이론가인 버나드 야크(Bernard Yack)가 기술한 것처럼 "독재적 혹은 전체주의적 민족주의자들조차 국민 주권을 소리 높여 외침으로써 그들의 극단적 형태의 국가적 주장을 정당화시키려 한다."[44] 왕조국가의 주권자들은 그들 자신을 그들이 통치하고 있는 사람들을 위한 봉사자라고 생각하지는 않았지만, 그럼에도 불구하고 자신들의 행동이 그들 자신의 이익 혹은 그들이 인식하는 국가의 이익에 기여하는 것이라고 생각했다.

국제적으로 주권이란 국가가 자신의 국내정책 및 국제적 정책결정을 외부의 간섭 없이 스스로 할 수 있는 능력을 가지기 원한다는 것을 의미한다. 이런 관점은 왕조국가와 국민국가 모두에 적용된다. 물론 국제 체제의 다양한 구조적 힘들(forces) 때문에 주권국가가 할 수 있는 선택지에 제한이 가해지지만, 주권이란 다른 나라가 의도적으로 자기 나라의 정치에 개입하지 말 것을 요구한다. 국가들은 스스로 결정하는 것, 즉 자결(自決, self determination)에 큰 관심을 갖고 있다. 그리고 반드시 국가에 소속될 수밖에 없는 국민들은 다른 민족국가들을 상대하는 데 있어서나 그들 자신의 국가 내에서나 자결에 대해 심각한 관심을 갖고 있다.

자결에 대한 강조는 민족주의에 필수적인 '하나라는 감정' 과 결합되어, 우리들을 민족주의에 내재되어 있는 민주주의적 충동으로 향하게 한다.[45] 로베스피에르(Robespierre)가 다음과 같은 글을 썼을 때, 그는 민족주의와 민주주의의 연계를 잘 포착하고 있다. "국가가 민주적일 때만 국가는 그것을 구성하고, 국가의 대의들을 위한 적극적인 옹호자가 될 수 있는 모든 개인들의 조국이라 할 수 있다."[46] 이렇게 말하는 것이 민족주의가 민주주의의 가장 중요한 요인이라는 의미는 아니다. 사실 그렇지도 않다. 하지만 민족주의는 민주주의에 기여하는 중요한 요인이다. 지난 200년 동안 지구 상의 많은 지역에 민주주의가 확산되었고 동시에 민족주의도 확산되었다는 사실은 우연이 아니다. 그러나 나는 민족주의와 민주주의의 관계에 대해서 논하고 있는 것이지 민족주의와 자유주의의 관계를 논하고 있는 것이 아님을 유의하기 바란다. 민족주의와 자유주의는 때로 근본적인 측면에서 충돌한다.

요약하자면, 국가들(nations)은 여섯 가지 핵심적인 특징을 가지고 있는데, 그것들은 하나로 합쳐져서, 국가가 등장하기 이전, 세상을 지배했던 대규모 사회 집단들과 국가를 구별해준다. 이러한 특징들은 하나라는 강력한 감정, 독특한 문화, 자신들은 특별하다는 분명한 인식, 영원무궁함을 강조하는 역사적 서사, 영토에 대한 깊은 애착, 그리고 주권 혹은 자결에 대한 강력한 집념이다.

국가의 본질적인 기능
The Essential Function of a Nation

국가(nation)는 자신의 구성원들에게 두 가지 결정적으로 중요한 방식으로 봉사한다. 국가는 구성원의 생존 가능성을 증진시키고 구성원들의 중요한 심리적인 욕구를 만족시킨다. 이 같은 점에서 국가는 앞서 존재했던 조직들과 별로 다를 바 없다. 물론 실제적인 기제(機制, mechanic)는 서로 다르지만 말이다.

국가란 우선 생존을 위한 도구이다. 국가의 바탕에 깔린 문화는 국가의 구성원들로 하여금 효과적으로 그리고 쉽게 서로 협력할 수 있도록 한다. 그럼으로써 국가를 구성하는 개인들이 각자의 삶에 필수적인 요소들을 용이하게 획득할 수 있게 한다. 예로서 언어의 경우를 생각해보자. 국가의 국민들 대부분이 같은 언어를 사용한다는 사실은 그들 간의 소통을 쉽게 만들며 중요한 목표를 달성하기 위해 함께 일할 수 있게 한다.[47] 국가의 관습 혹은 의례, 행동 규범도 마찬가지 역할을 한다. 협력은 신뢰할 수 있는 안보 능력을 구축하는 데 도움을 주며, 이는 개인 구성원들을 그들이 다른 구성원들 혹은 외부인으로부터 위협을 받았을 때 보호해줄 수 있다. 한 국가의 문화와 모두가 하나라는 감정은 다른 나라와의 분명한 경계선을 만들어내는데, 이는 외부 세력을 식별하고 그들로부터 보호해주는 역할을 한다. 마지막으로, 국가들은 자결에 대단히 큰 관심을 갖는데, 이는 부분적으로 자결이 국가들로 하여금 다른 나라로부터 스스로를 방어하는 데 필요한 일을 결정할 수 있도록 해주기 때문이다.

그러나 국가는 생존을 위한 도구 이상이다. 대부분의 사람들에게 국가는 중요한 감정적 요구를 충족시킬 수 있게 해준다. 우리는 사회적 동물이며 집단을 이루어 사는 것 외에 다른 선택지가 없다. 그러나 사회적 집단은 여러 개가 있다.[48] 국가를 다른 조직들과 특별히 다르게 만드는 것은 국가는 인간의 실존적 서사(existential narrative)를 제공한다는 점이다. 국가는 구성원들에게 그들의 중요한 전통은 물론 훌륭한 위인들과 훌륭한 업적을 자랑하는 예외적이고 배타적인 집단에 소속된 사람들임을 자부하게 한다. 다른 말로 하자면, 그들의 문화는 특별하다는 것이다. 국가의 구성원들은 그 같은 전통을 계승하기 위해, 그리고 "그들이 함께 물려받은 전통을 증거하기 위해"[49] 함께 살며 함께 공동의 운명을 나눈다.

더 나아가 국가는 자신의 구성원들에게 그들의 후손들도, 그들의 선조가

그랬던 것처럼 그곳에서 살게 해주리라 약속한다. 이 같은 점에서 민족주의
는 과거, 현재, 미래를 하나로 엮어줌으로써 구성원들에게 그들이 장구하고
풍부한 전통의 일부라는 인식을 만들어주는 데 탁월한 능력을 과시하는데,
이는 종교와 유사하다.[50] 국가에 대한 존경심은 국가를 탄탄한 조직으로 만드
는 막강한 유대감의 역할을 하며, 국가의 생존 전망을 높이게 하는 요소이다.

왜 나라들은 국가를 갖기 원하는가
Why Nations Want States

지금까지 나는 국가의 정치적인 차원에 대해서는 별로 관심을 기울이지 않
았지만 2장에서 설명한 바처럼, 국가를 포함한 모든 대규모 사회 집단들은
살아남기 위해서 애초부터 정치적 제도를 필요로 한다. 나라(nation)의 경우
도 이를 위해 가장 좋은 방안은 자신만의 국가(state)를 가지는 것이다.

그렇다면 국가(state)란 무엇인가? 일부 학자들은 이 용어를 오랫동안 존재
해왔던 거의 모든 상위의 정치 제도를 묘사하기 위해 사용한다. 예로서 찰스
틸리(Charles Tilly)는 그의 금자탑적인 책, 『강압, 자본 그리고 유럽의 국가들
AD 990-1992』에서 "국가들은 지난 5000년 이상 세계에서 가장 크고 가장
강력한 조직으로 존재해왔다."[51]고 쓰고 있다. 이처럼 광범한 정의는 과거 유
럽과 다른 지역의 역사에서 존재했던 다양한 정치 형태들이 나타내 보이는
중요한 차이점들을 파악하는 데 실패한다. 그래서 나는 국가(state)라는 개념
을 특정한 정치적 실체를 나타내는 용어로 한정해서 사용하고자 한다. 내가
말하는 국가는 1500년대 초반 유럽에서 그 모양을 갖추기 시작했으며, 그 이
후 지구 전체로 뻗어 나갔다. 이 같은 종류의 국가는 그 이전의 많은 정치 형
태들—(몇 가지만 예로 든다면) 도시국가, 제국, 종족, 대공국(大公國,
principalities), 공국(公國, duchies), 신정국가(theocracies), 그리고 봉건왕조
(feudal monarchies) 등—과 현저하게 다르다. 내가 이야기하는 국가는 두 가

지 형태를 갖는다. 하나는 왕조국가(王朝國家)로서 1500년부터 1800년 사이 세계를 지배했던 것이며 다른 하나는 국민국가(nation state)로서 이는 그 이전의 왕조국가들을 대체한 것이다.

국가는 분명한 국경을 가진 넓은 영토를 통제하고, 그 국경 안에 있는 개인과 집단을 파괴하거나 규율하기 위해 무력을 동원할 수 있는 정치적 조직을 의미한다.[52] 다른 말로 하자면, 국가는 자국 국경 내에서 "배타적인 최고의 통솔력을 보유하고 있으며, 개인의 소유권은 물론 하부의 행정 조직들을 제압할 수 있는 통솔력"을 가지고 있는 조직이다.[53] 정책결정은 국가의 중앙에 집중되어 있으며, 힘도 중앙에 집중되어 있다. 실제적인 측면에서 이는 국가가 영속적인 관료제, 법규 체계, 그리고 자국 국경 안에 있는 사람들로부터 세금을 거둘 수 있는 능력을 가지고 있음을 의미한다. 가장 중요한 것은 중앙 정부가 폭력 수단을 합법적으로 장악하고 있다는 사실이다. 물론 국가는 국내뿐만 아니라 국외 문제에도 관심을 갖고 있으며, 그래서 국가들은 다른 나라들과 외교, 경제적 교류, 안보 경쟁, 그리고 전쟁에 관여한다.

주권은 유럽에서 왕조국가가 출현하던 바로 그 무렵 배태되기 시작한 개념으로 왕조국가들이 주권국가라고도 불리게 된 연유다. 주권은 이들 왕조국가의 왕들에게 주어졌지만 민족국가의 시대가 열리면서부터 국민들에게 주어지게 되었다. 비록 주권이란 누가 가장 최고의 정치적 권위를 가지는가에 관한 것일 뿐 실질적인 정치 권력을 의미하는 것은 아니지만 현실 세계에서 권위와 권력은 밀접하게 연계되어 있다. 누가 궁극적인 권위를 가지고 있느냐의 여부는 신흥 국가(emerging state)들에서 특히 중요하다. 왜냐하면 그들은 자신들의 관할 하에 있는 많은 사람들에 대해 대단히 큰 영향력을 행사할 수 있기 때문이다.

왕조국가가 나타나기 이전 유럽은 정치적 권위와 정치 권력이 모두 대단히 분산적이었다. 주권이 어디에 놓여 있는지를 알기 힘든 경우도 있었다. 정치

사회학자 윌리엄 소웰(William Sowell)은 중세 시대(대략 500년부터 1500년까지)에는 "사회 체제가 위계적이기도 했고 협력적(corporate)이기도 했다.… 사람들은 온갖 종류의 결속 단위들에 속해 있으면서, 다른 사람들의 서로 중복되는 집합체들과 동시적인 협상 방식으로 인식의 공동체(communities of recognition)를 공유했다."[54] 가톨릭 교회가 일정 수준 권위를 가지고 있었지만 왕, 지방 귀족, 마을, 도시, 심지어 조합(guild) 또한 스스로의 권위를 가지고 있었다. 로버트 잭슨(Robert Jackson)이 말했듯이 정치적 권위는 "다양했으며, 혼란스러웠고, 일관성이 없었다."[55] 누가 최고 권위를 갖고 있느냐를 결정하기란 쉽지 않은 일이었는데, 중세 유럽에서는 어떤 정치적 실체도 다른 정치적 실체보다 압도적으로 막강하지 못했다는 사실로 인해 더욱 어려운 것이 되었다.

혹자는 중세의 왕들이 대단한 권력을 가지고 있었을 것이라고 생각한다. 그러나 당시 가장 많은 권력을 보유했던 정치적 행위자들은 일반적으로 지방 유지(地方 有志, resident noble)와 지방의 교회를 관장하고 있던 승려들이었다. 중앙의 권력은 일반적으로 이 같은 지방 권력보다 약했으며, 이들은 왕보다 개인들의 일상생활에 훨씬 큰 영향력을 행사하고 있었다. 역사학자 조셉 스트레이어(Joseph Strayer)와 다나 먼로(Dana Munro)가 지적하듯 "왕들은 특별히 권위가 있지도 못했고 또한 특별히 중요하지도 않았다. 대부분의 유럽 지역에서 왕들은 국민들의 일차적인 충성을 받지 못했으며 자기 나라의 정치적 운명을 결정할 수도 없었다. 개인과 영주 사이에 존재하는 인간관계는 국가에 대한 충성보다 훨씬 더 끈끈한 것이었다."[56]

이 같은 상황은 1500년대 초반, 왕조국가가 출현하면서부터 변하기 시작했다. 왕조국가는 자신의 국경 내에 있는 모든 국민에 대한 정치적 통제력을 확고히 하고자 했다. 이러한 사실은 지방의 권위는 물론 로마에 본부를 두고 있는 가톨릭 교회의 권위가 약화되는 것을 의미하는 것이었다. 그렇지만 왕

174

조국가가 자신의 국경 내에서 중앙 집권적인 통제력을 갖기까지는 시간이 걸렸다. 왜냐하면 당시의 기술력으로는 왕의 정치권력이 쉽게 투사될 수 없었기 때문이었다. 유럽 전역의 도로망은 원시적이었으며 소통 속도는 말이나 배의 속도보다 빠르지 못했으며 문건을 여러 장 복사할 수 있는 기술도 겨우 개발되기 시작했다.[57] 유럽에서 왕조국가가 생긴 후 약 300년 정도가 지나기 전까지는 권력의 중앙 집중에 대해 말하는 것이 의미 없는 일이었다.

하지만 1700년대 말엽, 왕조국가는 국경 내에 있는 지방의 권위들과 다툴 수 있는 훨씬 유리한 위치에 있었다. 새로이 출현한 국가(nation)들은 이 같은 상황 전개에 깊은 관심을 기울이기 시작했다. 각각의 국가들은 자신들만의 국민국가(nation-state)를 갖기 원했다.

국민(nation)들은 두 가지 이유로 국가(state)를 갖기 원하는데 그중 하나는 자결(自決, self-determination)이다. 어떤 대규모 사회 집단과 마찬가지로 국가는 가능한 한 자기들의 일을 스스로 해나가고, 자신들의 운명을 스스로 결정하고 싶어 한다. 이 같은 목표를 달성하는 가장 좋은 방법은 국민들의 일상생활을 규정하는 정치 제도를 국가가 장악하는 것이다. 물론 모든 나라들이 이 같은 야망을 달성할 수는 없다. 그러나 야망을 성취하지 못한 나라들이 반드시 사라져버릴 필요는 없다. 정치철학자 야일 타미르(Yael Tamir)가 지적하듯, "자결의 권리는 문화적 자율성, 지역적 자율성, 연방, 연합 등 다양한 방법을 통해 실현될 수 있다." 그러나 그녀는 "의심의 여지 없이 국민국가는 국가의 자율성을 최대한 확보해주고 국민적 삶을 최대한으로 향유할 수 있도록 해주는 것"[58]임을 인정했다. 국민들은 자신들이 장악하고 운영할 수 있는 국가를 만들기 위해 모든 노력을 기울인다.

국민들이 자신의 국가를 가지기 원하는 가장 중요한 이유의 하나는 국가가 그들의 생존 보장을 극대화할 수 있는 최선의 장치이기 때문이다. 국민들은 자신들의 존재를 위협하는 다양한 위협에 당면해 있다. 그중 첫 번째 위협은 현대 국가들의 간섭적인 본질(intrusive nature)로 부터 시작되는 것이다. 왕조국가는 국경 내에 살고 있는 사람들의 일상생활에 깊게 간섭하지는 않았다. 왕조국가는 주로 세금을 걷고 군대에서 근무할 상대적으로 소수의 젊은 남성들을 구했을 뿐이었다. 그 이외에는, 사람들은 지방의 문화적, 정치적 제도의 관할 아래 놓여져 있었다. 그러나 국가가 점차 그 국민들의 일상생활에 깊게 관여하게 되자 이 같은 상황은 근본적인 변화를 겪게 되었다. 국가들은 자신의 국민을 공통의 언어와 역사를 지닌 하나의 문화로 만들려는 강력한 동기를 갖게 되었다.[59]

국가건설(nation-building)과 동의어라고 할 수 있는, 문화를 단일화하려는 이 같은 충동은 다민족 국가의 소수 집단에게는 심각한 위협을 야기한다. 왜냐하면 다수파들은 새로이 형성되는 공동의 문화를 자신의 언어와 전통에 기반해 정의하려 할 것이기 때문이다. 소수파들의 문화는 옆으로 제쳐지든가 혹은 소멸될 가능성이 있다. 워커 코너(Walker Connor)가 지적하듯이 국가건설을 시작한 국가들은 예외 없이 민족을 파괴하는(nation-breaking) 일도 함께 시작한다.[60] 민족들이 자신들의 운명을 지키기 위한 가장 좋은 방법은 자신의 고유한 국가를 갖는 것이다. 이 같은 논리는 지난 두 세기 동안 왜 대부분의 수많은 다민족 국가들이 쪼개졌는지를 설명해준다.[61]

소수민족에 속하는 사람들이 그들의 생존에 대해 두려워하는 또 다른 이유는 그들이 내전을 통해 죽임을 당할 수도 있다는 사실 때문이다. 이러한 좋은 예는 1994년 르완다에서 발생했던 투티족(Tutsis)에 대한 후투족(Hutu)의 인종 대학살 작전이다. 소수파에 대한 살인적 작전은 여러 가지 이유로 발생할 수 있다. 제1차 세계대전 당시 터키의 아르메니아인들 경우처럼 소수파들이 국가 경제에 비정상적으로 큰 비중을 가지고 영향력을 행사하는 경우, 혹은 소수파를 다수파가 간첩으로 인식하는 경우, 인종학살 작전이 전개될 수 있다.[62] 그래서 다민족 국가 속의 소수파로 살아가는 것보다 자신의 고유한 나라를 가지고 있는 편이 언제라도 훨씬 더 안전한 법이다.

마지막으로 제국주의 시대 동안 민족적 생존은 피지배 민족에게 대단히 중요한 관심사였고, 정복당할지도 모른다는 두려움은 유럽을 넘어 현대적인 국가 체제를 확산하는 데 중요한 역할을 했다.[63] 16세기 초반부터 20세기 초반에 이르는 기간 동안 유럽의 강대국들은 세계의 상당 부분을 차지하는 제국들을 건설했다. 이러한 유럽 제국에 종속된 토착민들은 자신들의 문화가 제국주의 종주국에 의해 심각하게 파괴되는 것을 목격했다. 제국의 지배자들은 종종 식민지인들의 교육을 제한하고 그들의 경제를 파괴하고 그들의 젊은이들을 징집하고 농장을 수탈하고, 심지어 식민지인들을 사실상의 노예로 만들기도 했다. 식민지 주민들은 그들의 엘리트들의 노력에 자극받아 궁극적으로 자신들을 하나의 민족으로 보기 시작했으며 민족자결에 대해 생각하게 되었다. 대부분의 경우 그러한 목적을 달성하는 유일한 방법은 제국으로부터 떨어져 나와 독립적인 민족국가를 건설하는 것이었다.

하나의 민족이 자신의 고유한 국가를 갖기 원하는 이 같은 설득력 있는 이유는 민족국가의 발전에 크게 기여해왔다. 그 반대의 논리 또한 타당하다. 왕조국가들도 스스로를 민족국가로 바꾸어야 할 강력한 이유를 가졌는데, 자신의 신민들이 하나의 민족(국민)으로 조직될 경우 국가에 훨씬 더 큰 이득이 되기 때문이다.

왜 국가들은 국민을 원하는가
Why States Want Nations

민족주의는 군사적 성공은 물론 경제적 성공을 위해서도 중요하며 이 두 가지는 국가의 생존을 위해 대단히 중요한 사안들이다. 국가를 지배하는 엘리트들은 그들의 국민들을 쉽게 통치하기 위한—사실 이 일이 결코 쉬운 일은 아니다—방편으로 민족주의를 부추기기도 한다.

산업화 시대에 경제적인 경쟁을 하기 원하는 나라들은 어니스트 겔러 (Ernest Gellner)가 그의 유명한 책『국가와 민족주의Nations and Nationalism』에서 논한 것처럼, 공통의 문화를 창출하는 것 외에 다른 선택지가 없다. 산업은 문자를 해독할 수 있으며 상호 소통할 수 있는 노동자의 존재를 요구한다. 이러한 사실은 국가는 공통의 언어는 물론 보편적인 교육을 필요로 한다는 사실을 말해준다. 다른 말로 하자면, 산업사회는 고도의 동질화된 문화를 요구한다. 즉 산업사회는 국가를 요구한다. 국가는 공유된 문화를 조성하는 데 선도적인 역할을 담당하는데 이는 특히 교육을 통해 이루어진다. 교실에서 무슨 내용을 가르쳐야 할지 결정하는 것은 국가다. 겔러는 "정당한 교육의 독점"은 "정당한 폭력의 독점보다 오히려 더욱 중요하고, 더욱 핵심적인 사안이다."라고 쓰고 있다.[64]

국가가 민족주의를 증진시키는 또 다른 중요한 이유는 국가안보를 위해서다.[65] 배리 포젠(Barry Posen)이 지적하는 것처럼 "문자해독 능력과 공통의 문화가 가진 경제적 기능에 대한 주장은 적어도 군사적 기능에 대해서도 타당하다. 특히 대규모 전쟁에서는 말이다."[66] 교육을 잘 받은 병사들이 글자를 읽을 줄 모르는 병사들보다 전투를 훨씬 더 잘 수행한다는 증거들이 대단히 많다. 다양한 언어와 문화를 고려할 경우, 같은 언어를 사용하고, 생활 습관과 믿음을 공유하는 병사들이 더욱 효과적인 전투력을 발휘하는 부대로 조직될 수 있다는 사실도 밝혀졌다.[67]

민족주의가 전투력을 여러 배로 증대시키는 승수효과를 내는 또 다른 방법이 있다. 민족주의는 국가와 국민의 탄탄한 유내를 창출하기 때문에 국가의 지도자들은, 특히 전쟁을 치르는 동안—특히 극도로 위급한 시기에—시민들이 전쟁 수행을 확고히 지지하게 하고, 군복을 입고 싸우게 할 수 있다.[68] 민족국가들은 대규모의 군사력을 건설할 수 있으며 그러한 군사력을 장기간 유지할 수 있다. 예를 들자면 제1차 세계대전 기간 중 어떤 강대국들도 병사가 부족했던 적은 없었다. 믿을 수 없을 정도로 처참했던 제1차 세계대전 기간 동안 각국 정부들은 일상적으로 수천 명 단위의 병력 손실을 신병들로 대체시킬 수 있었다. (결국 제1차 세계대전 동안 군인 전사자 수는 900만 명에 이르렀고, 700만 명의 민간인도 전사했다.) 이렇게 말하는 것이 군사력은 처참한 싸움이 수년 동안 지속되어도 결코 붕괴하지 않는다고 말하는 것은 아니다. 실제로 러시아군은 1917년 가을 붕괴되었고 그 다음 해에는 독일군도 붕괴되었다. 1917년 봄 프랑스군은 반란을 일으키기도 했다. 또한 민족국가가 치르는 전쟁에 대한 국민들의 지지가 급작스레 소멸될 수도 있다는 사실을 부인하는 것도 아니다.

그러나 민족주의는 한 나라의 군사력 규모를 증대시키는 것 이상의 일을 한다. 민족주의는 보다 믿음직하고, 국가를 위해 보다 헌신적으로 싸울 수 있는 군인들을 만들어낸다. 왕조국가의 시대에서 전투를 하기 전, 혹은 전투가 끝난 후 군사 지휘관들이 당면하는 가장 골치 아픈 문제는 병사들의 탈영이었다. 지도자들은 그들의 군사력을 용병으로 충당하고, 그 나라 사회의 "범죄자, 부랑아, 그리고 빈곤한 사람들"로 군사력을 건설했는데, 이들은 자기들이 싸우는 국가에 대한 충성심이 별로 없었다.[69] 그들이 가진 가장 큰 동기는 전투에서 죽지 않는 것이었다. 강렬한 민족주의를 갖춘 사람들에서 충원된 군사력의 경우 탈영 문제는 훨씬 덜 중요한 문제가 되었다. 그들은 자신의 목숨을 위태한 상황에 던짐으로써 자기 나라를 방어하겠다는 정신이 투철했다. 나폴레옹의 다음과 같은 선언은 바로 이 같은 상황의 변화를 잘 포착했다. "자신의 생명을 국가의 영광과 동료들에 대한 존경보다 더 중시하는 사람들은 그 누구라도 프랑스 군대의 일원이 될 수 없다."[70]

한 편은 민족주의를 활용해서 막강한 군대를 건설하는 반면 그 반대 편은 그러지 않는 경우, 민족주의는 전쟁의 결과에 지대한 영향을 미칠 수 있다. 1789년 대혁명을 겪은 이후 프랑스의 민족주의는 나폴레옹이 유럽에서 가장 막강한 군사력을 건설하는 데 큰 기여를 했으며 프러시아의 장교로서 나폴레옹에 대항하는 전쟁을 치렀던 클라우제비츠는 나폴레옹 군대의 힘을 다음과 같이 묘사했다. "전체 국민의 힘에 기반을 둔 이 막강한 군대는 유럽 전체에서 그 파괴적인 힘을 발휘하기 시작했다. 나폴레옹 군대는 자신감과 확실성을 갖고 움직였는데 그들은 전통적인 유형의 군대와 맞부딪힐 때 누가 승리할지를 한 순간도 의심하지 않았다."[71] 다른 나라들은 그들이 프랑스와 같은 군대를 건설하지 않는 한 살아날 수 있다는 희망을 가질 수 없었고, 그렇게 하는 유일한 방법은 민족국가를 건설하는 것이었다.[72]

마지막으로 민족주의를 증진시키고자 하는 국가의 노력에는 두 가지 갈래의 논리가 있다. 첫째, 모든 종류의 지도자들은 대중의 충성심을 원한다. 지도자들은 자신의 국민들이 가능한 한 통합되기를 원하며 국가에 충성하기를 원한다. 그러나 이는 달성하기가 대단히 어려운데, 왜냐하면 국민들 모두가 무엇이 좋은 삶인가에 대해 완전한 합의를 이룬다는 것은 가능한 일이 아니기 때문이다. 민족주의는 공통의 문화를 형성하고 국민과 국가 간에 끈끈한 유대관계를 구축함으로써 그렇지 못하면 서로 다투게 될 국민들을 하나로 만드는 접착제 역할을 한다.

16세기와 17세기 영국과 프랑스를 생각해보자. 당시 국가들은 정치적인 형태로서 처음 등장하던 무렵이었고 두 나라 모두는 가톨릭과 신교 간의 갈등에 시달리고 있었다. 안토니 마르크스(Anthony Marx)는 『국가에의 충성 Faith in Nation』이라는 자신의 저서에서 런던과 파리의 통치 군주들이 이 같은 갈등을 종식시키고 자신들의 나라에서 공통의 문화를 창출하기 위해 얼마나 부지런히 노력했는지를 설명한다. 마르크스는 두 나라 왕들의 목표는 자국 국민들의 일체성을 증진시키는 것뿐만 아니라 국민과 통치자 사이의 충성심을 구축하는 것이었다고 말한다.[73] 영국과 프랑스의 왕들은 비록 국민을 형성하는 데까지는 도달하지 못했지만 이 두 가지 모두를 이룩하는 데 있어 대체로 성공적이었다. 국민의 형성은 차후에 이루어진 일이었다. 그럼에도 불구하고 두 나라 왕들의 노력은 왜 영국과 프랑스 두 나라가 가장 먼저 왕조국가로부터 국민국가로 발전하게 되었는지를 설명해준다.

국가들은 또한 일상적인 통치를 더 쉽게 하는 방향으로 사회를 형성하려는 강력한 동기를 가지고 있다. 정치지도자들과 관료들은 복잡한 것을 극도로 싫어하는데, 왜냐하면 복잡성은 그들을 둘러싼 세상을 이해하기 어렵게 만들며 국가에 이익이 되도록 그것을 관리하기 어렵게 만들기 때문이다. 지도자들은 특히 다양한 지역 문화들이 그들 자신만의 경계선, 교육제도, 측량기준, 재산제도, 규칙, 언어 등을 갖고 있는 나라를 다스리는 것을 좋아하지 않는다. 이 같은 문제를 고치기 위해서 통치 엘리트들은 자기 나라에 대한 지식을 얻는 것을 더 쉽게 하고, 그 결과 더욱 쉽게 관리하는 것을 목표로 하는 사회공학적 노력을 하려고 한다. 성공의 관건은 이질성(heterogeneity)을 제거하는 것이다. 제임스 스코트(James Scott)에 따르면 여기에는 보조적 과정이 필요한데, 단순화와 가독성(可讀性, legibility) 증진이 그것이다. 스코트는 "완벽하게 읽을 수 있는 사회란," "정보에 관련된 지역적 독점을 제거하고 규칙, 정체성, 통계, 규제 그리고 측량 기준을 단일화함으로써 국가적 규모의 투명성을 가질 수 있게 된" 사회라고 말한다. 그러나 국가가 할 수 있는 "가장 강력한" "국가적 단순화"는 "하나의 공식적인 언어(國語)를 설정하는 것"이다.[74] 사회를 더욱 동질적인 것으로 만든다는 것은 지역적인 문화를 초월하여 통일된 국가를 만든다는 것을 의미한다. 그것이 비록 의도된 결과는 아닐지라도 말이다.

요약하자면, 국민들이 그들 자신의 국가를 원하는 강력한 이유를 가지고 있는 것과 마찬가지로 국가들은 언제라도 자신의 영역 내에 있는 사람들을 국민으로 만들려고 한다. 민족주의의 근저에 있는 이러한 상호 보완적인 논리는 국가와 국민을 국민국가로 결합시키기 위해 작동하며, 국민국가를 세계에서 가장 지배적인 정치 형태로 만들었다. 이것이 바로 자유주의가 당면하게 될 현실 중 하나이다.

압도적으로 막강한 민족주의와의 공생
Living with the Dominator

자유주의와 민족주의의 관계를 이해하기 위한 가장 좋은 출발점은 양자의 다른 점들을 나열해 보는 것이다. 양자는 다섯 가지 중요한 차이점을 보이고 있다. 첫째, 자유주의는 개인에 초점을 맞추고 있으며 사회 집단에 대해서는 큰 관심을 기울이지 않는다. 민족주의는 이와 반대다. 민족주의는 사회 집단에 관심을 고정하는데, 물론 그 사회 집단은 국가이다. 개인이 중요하지 않은 것은 아니지만 국가보다는 아래에 있으며, 국가는 개인에게 시간을 초월하는 위대한 전통을 가진 과업에 참여하고 있다는 강력한 느낌을 제공한다.

둘째, 자연권과 관용은 자유주의 이론의 핵심적인 부분이다. 비록 민족국가도 자기 나름의 권리들을 갖고 있고 관용을 이야기하지만, 민족주의는 그것들에 대해 별 관심을 쏟지 않는다.

셋째, 자유주의는 특수적 요소들을 강조하는데 이는 좋은 삶이 무엇인가에 대한 하나의 결정적 진리는 존재하지 않는다는 가정에서 출발한다. 그리고 자유주의는 보편적인 요소도 갖고 있는데, 이는 인간의 양도할 수 없는 권리를 강조하는 데서 나온다. 이 요소들 사이에는 확실한 긴장이 존재하고 있다. 민족주의는 보편적 민족주의를 호소함에도 불구하고 보편적 요소를 갖고 있지는 않다. 민족주의는 처음부터 끝까지 특수성을 강조한다.

넷째, 두 이론은 모두 국가의 핵심적 중요성을 강조함에도 불구하고 국가와 국민 간의 관계에 대해서는 다르게 생각한다. 자유주의는 국가의 주요한 기능은 야경꾼 역할을 하고, 갈등을 중재하고, 그리고 개인의 권리를 증진시키고 현대사회의 일상생활에서 개인들이 당면하는 다양한 문제들을 관리하기 위해 중요한 사회공학적 노력을 하는 것이다. 일상적 자유주의자들은 사회공학적 활동, 특히 적극적인 권리를 증진시키기 위한 사회공학적 노력에 반대하지만, 이 싸움에서 일상적 자유주의자들이 패배했다. 자유주의는 시민들이 국가에 대해 감정적인 유대감을 가지게 하는 노력을 별로 하지 않는다. 실제로는 거기에 크게 의존하고 있음에도 불구하고 말이다. 국가에 대한 이같은 기능적인 관점은 왜 순수한 자유주의 국가들의 경우, 국민들에게 국가를 위해 싸우다 죽어야 한다는 동기를 부여하는 것이 얼마나 어려운 일인지를 설명해준다. 민족주의 국가들도 역시 질서를 유지하고 사회공학적인 노력들을 널리 수행하지만, 민족주의 국가들은 국민들의 막강한 충성심을 불러일으킨다. 민족주의 국가의 국민들은 나라를 위해서 싸우고 죽겠다는 의지가 강하다.

다섯째, 자유주의와 민족주의는 영토에 대해 다른 견해를 갖고 있다. 민족주의자들은 자신들이 살고 있는 땅, 혹은 살고자 열망하는 땅을 신성시하는 경향이 있다. 그 땅은 그들의 모국 혹은 고국이며, 그래서 그것을 지키기 위해 큰 희생을 치르는 것은 가치가 있는 일이다. 어디가 그 나라 영토의 경계선인가는 매우 중요한 문제다. 자유주의자들에게 숭고한 영토라는 개념이 들어설 자리는 없다. 자유주의는 그 나라의 경계선이 어디인지에 대해 그다지 큰 관심을 갖지 않는다. 영토의 경계는 자유주의자들이 주장하는 보편적 권리와 강하게 맞서는 개념이다. 자유주의자들의 이야기에 의하면, 땅이란 개인들이 소유하거나 필요하다면 팔 수도 있는 불가양의 권리를 가지는 사유재산으로서 제일 중요한 것이다.

양자가 상호 공존할 가능성
The Potential for Coexistence

이 같이 많은 차이가 있음에도 불구하고 이 두 가지 사상이 한 나라에서 공존할 수 있음을 증거하는 풍부한 사례들이 있다. 그러나 자유주의는 언제라도 민족국가의 맥락에서만 작동할 수 있다는 사실을 강조하는 것이 중요하다. 민족주의 없는 자유주의는 불가능하다. 우리는 민족국가들로 구성된 세계—민족주의가 어느 곳이든 존재하는 세상—에서 살고 있다. 물론 자유주의는 어느 곳에도 있는 것은 아니다. 제2차 세계대전이 끝날 무렵까지 국제체제에 존재하던 자유주의 국가의 숫자는 거의 0에 가까웠다.[75] 제2차 세계대전 이후 자유주의 국가들의 숫자가 대폭 늘어나기는 했지만 자유주의 국가의 숫자는 상대적으로 적었으며, 많을 경우에도 전체 국가들 숫자의 절반에도 미친 적이 없었다. 예로서 프리덤 하우스(Freedom House)는 1986년도 세계 전체의 국가 중에서 34%가 자유주의 국가의 범주에 포함되었고 2017년 자유주의 국가의 숫자는 전체 국가 숫자의 45%에 이르렀다고 발표했다. 그러나 그 이후 자유주의 국가의 숫자는 하향 추세다.[76] 그렇지만 더욱 중요한 점은 이들 나라들이 자유주의적 민주국가(liberal democracy)일 뿐만 아니라 자유주의적 민족국가(liberal nation-state)라는 사실이다. 순전히 자유주의적인 국가는 존재 자체가 불가능하다. 자유주의는 "국가 공동체라는 비(非)자유주의적 요소"[77]를 필요로 한다.

스티븐 홈스(Stephen Holmes)는 다음과 같은 글에서 이 같은 관점을 포착하고 있다. "자유주의자들은 그들이 가진 이상의 일부를 실현하는 데 성공했다.… 그런데 그것은 오로지 그들이 자유주의 이전에 성립된 국가 주권이라는 현실과 타협함으로써만 가능했다. 자유주의적인 권리들은 기왕에 존재하는, 영토에 기반한 국가의 영역 내에서만, 그리고 권리를 강제하는 힘이 존재하는 곳에서만 의미가 있다."[78] 윌 킴릭(Will Kymlick)이라는 또 다른 정치이론가를 인용하자면, "자유주의자들이 요구하는 개인의 자유란 자신의 언어와 역사를 초월할 수 있는 자유가 아니다. 그것은 사회적 문화라는 범주 내에서만 가능한 자유이고, 개인들이 특정한 문화적 역할로부터 거리를 둘 자유이며, 문화의 어떤 측면이 발전시킬 가치가 있고 어떤 측면이 가치가 없는지를 선택할 자유이다."[79]

우리는 미국인의 민족적 정체성에 관한 여러 가지 문헌들을 통해 자유주의가 민족주의와 어떻게 연관되어 있는지를 잘 이해할 수 있다. 한때 학자들 사이에서는 미국은 대단히 자유주의적인 국가라고 주장하면서 미국의 민족주의에 대해서는 그다지 관심을 갖지 않는 것이 상식인 적이 있었다. 이 같은 관점은 1955년에 출간된 루이스 하츠(Louis Hartz)의 고전적인 책인 『미국의 자유주의 전통Liberal Tradition in America 』에 잘 반영되어 있다. 그에 의하면 미국은 자유주의 국가로 태어났으며 유럽 국가들과는 달리 봉건주의적 전통을 가져본 적이 없다. 의미 있는 정치적 좌파와 우파가 없었던 미국은 대신에 비자유주의적 자유주의(illiberal liberalism)로 나아갔다. 그러나 하츠는 미국의 민족주의에 대해서는 별 언급을 하지 않았다. 이런 점에서 하츠는 알렉시스 드 토크빌(Alexis de Tocqueville)과 군나르 뮈르달(Gunnar Myrdal)의 전통을 따르고 있다. 이 두 학자는 미국의 정체성에 관한 중요한 책들을 저술했지만 미국의 민족주의에 대해서는 대체적으로 무시하는 입장을 취했다.[80]

로저 스미스(Roger Smith)가 그의 중요한 저서 『시민적 이상Civic Ideal』에서 지적했듯이, 민족주의에 대한 무시는 "잘못된 교조주의"였다.[81] 그러나 하츠가 생각하는 것처럼 미국의 정체성은 오로지 자유주의에만 근거해서 설명될 수 있는 것은 아니며 민족주의와도 불가분하게 연계되어 있다. 스미스는 미국의 엘리트들은 "미국에 거주하는 사람들이 그 자신을 '국민(people)'으로 상상하도록 이끌어야 했다."고 쓰고 있는데, 국민은 다른 말로 한다면 바로 민족(nation)을 의미한다.[82] 그는 국민 의식(peoplehood)이라는 개념은 본질적으로 특수주의적이며, 자유주의가 강조하는 "보편적으로 평등한 인권"이라는 개념과 배치되는 것이라고 강조한다.[83] 더 나아가 스미스는 순수히 자유주의적인 국가를 가진다는 것은 불가능한 일이라고 말한다.[84]

현대 학자들은 "국민 의식"의 중요성을 강조한 스미스의 견해를 압도적으로 수용하는 것 같아 보인다. 예로서 미국인들의 정치 생활 속에서 민족주의가 가지는 중요성은 아나톨 리븐(Anatol Lieven)의 『미국의 민족주의American Nationalism』와 새뮤얼 헌팅턴(Samuel Huntington)의 마지막 저서인 『우리는 누구인가?Who Are We?』에서 분명하게 반영되어 있다. 헌팅턴의 중요한 관심사는 미국의 민족적 정체성이 사라져가고 있으며 궁극적으로는 자유주의적인 신조만 남게 될지도 모른다는 것이었다. 헌팅턴은 자유주의적 신조만으로는 미국이라는 나라가 오래 지탱될 수는 없다고 본다.[85]

마지막으로 데이비드 아미티지(David Armitage)가 우리에게 환기시켜주는 것처럼 미국의 독립선언은 보편적인 개인의 권리만을 강조했던 것이 아니다. 미국의 독립선언은 주권을 형성하는 "하나의 국민"이라는 개념에 큰 관심을 가졌으며 그것은 물론 당시 식민지인들이 성취하고자 했던 일이었다. 그는 독립선언을 "미국이라는 국가(American Nation)의 출생증명서"라고 불렀다. (나는 이것을 약간 수정해서 미국이라는 국민국가(American nation-state)의 출생증명서라고 말하고자 한다.) 아미티지는 이 "두 가지 구분되는 요소들" 사이에서 미국을 건국한 사람들과 그 계승자들은 "개인적인 자유의 이념"보다 "새로운 국가를 건설하기 위한 대중적 주권(popular sovereignty)을 확립"하는 일에 더 큰 관심을 기울였다고 주장한다. 그는 독립선언이 세계적으로 호소력을 갖는 더욱 중요한 이유는 개인의 자유라는 측면보다는 오히려 주권이라는 차원을 강조한 부분에서 나온다고 주장한다.[86]

이와 관련된 것으로 일부 학자들은 시민적 민족주의(civic nationalism)와 문화적 혹은 종족적 민족주의(cultural or ethnic nationalism)를 구분한다. 그들에게 시민적이라는 용어는 자유주의적이라는 용어를 완곡하게 표현한 것이며, 이는 본질적으로, 그들이 거의 전적으로 자유주의적 가치에 기초한 국가의 형성에 관해 말하고 있음을 의미한다. 다른 말로 하자면, 그들은 널리 수용되는 고유한 행동이나 믿음에 근거한 문화가 없는 국가도 가능하다고 주장하는 것이다. 자유주의 그 자체만으로 국가를 만들 수 있다는 것이다. 이런 견해를 따르는 학자들은 미국과 유럽의 나라들을 이 같은 현상의 성공적인 사례로 간주한다.[87] 시민적 민족주의라는 개념은 하츠가 묘사하는 미국의 본질을 상징한다.

시민적 민족주의라는 개념은 유용한 개념이 아니다. 자유주의적 가치들은 국가 문화의 한 구성요소가 될 수 있지만 국가 정체성(national identity)의 유일한 근거가 될 수는 없다. 시민적 민족주의는 의미 있는 개념이 될 수 없는데, 이는 국가들과 같은 사회 집단은 예외 없이 구성원들의 일상생활에 대단히 큰 영향을 미치는 깊게 뿌리박힌 다양한 행동과 믿음들을 가지고 있기 때문이다. 국가들이 다양한 측면의 문화 없이 기능한다는 것은 거의 불가능한 일이다.[88] 바로 이런 이유 때문에 오늘날 미국의 문화에 대해 글을 쓰는 학자들은 자유주의는 물론 민족주의도 강조한다. 미국이라는 국가는 다른 모든 국가들과 마찬가지로 풍부한 문화를 보유하고 있으며, 여기에는 다양한 행동과 믿음이 포함되어 있다. 이 같은 점들은 미국인들을 단순히 자유주의자이기보다는 자유주의적 민족주의자가 되게 한다. 어떤 사람이 자신을 미국인이라고 스스로 정의한다면 그는 곧 자신이 미국 민족주의자라고 말하고 있는 것이다.

왜 민족주의가 압도하는가
Why Nationalism Dominates

이제 민족주의가 자유주의보다 더욱 막강한 힘이라는 사실은 자명해졌다.

자유주의는 그렇지 않지만 민족주의는 도처에 만연해 있다. 자유주의는 언제라도 민족국가라는 맥락 속에서만 작동될 수 있다. 그렇지만 자유주의가 별로 중요하지 않다고 생각하는 것은 잘못된 것이다. 자유주의는 민족주의와 맞서는 경우 언제라도 패배하기 마련이지만, 그 자체는 막강한 이념이다.

그러나 두 가지 이념이 언제나 상충하는 것은 아니다. 대체로 하나의 민족으로 구성되어 있고 두터운 문화를 공유하는 사회에서는 양자가 서로 상충적일 가능성이 별로 없다. 미국을 포함하여, 그와 같은 사회에서 민족주의는 국가의 간섭으로부터 개인의 권리와 자유가 충분히 보장되는 활력 있는 시민사회를 건설하는 데 방해가 되지 않는다. 마찬가지 논리가 핵심 민족과 소수민족이 서로의 권리를 존중하고 서로의 차이를 관용하는 다민족 국가에도 적용된다. 오늘날 두텁지 않은 문화를 가진 캐나다와 인도의 경우가 이 범주에 포함된다.

다민족 국가들 중에서 다양한 내부 집단 간에 뿌리 깊은 갈등이 존재하는 나라들의 경우, 자유주의와 민족주의는 충돌하게 된다. 이러한 환경에서 자유주의가 민족 집단들 간의 적대감을 무마시킬 수 있을 가능성은 거의 없다고 볼 수 있다. 집단들 사이의 관계가 분노와 미움으로 채워진 곳에서 관용과 동등한 권리를 증진시킨다는 것은 극도로 어려운 일이다. 일반적으로 이 같은 경우에 가장 강력한 민족 집단은 약한 집단들을 비자유주의적인 방식으로 차별하게 된다. 팔레스타인들에 대한 이스라엘의 태도가 좋은 예이며, 인도의 경우 힌두 극단주의의 부상은 인도를 비자유주의적인 민주국가로 만들 위험이 있다.[89]

이 같은 환경들에서는 두 가지 이유로 인해 민족주의가 유리하다. 첫째, 자유주의자들은 자신들 이론의 핵심인 개인적 권리의 중요성을 과도하게 강조한다. 모든 사람들이 권리의 중요성에 관심을 갖고 있기는 하지만 그것이 그들에게 가장 중요한 문제는 아니며, 개인의 권리가 국민들의 일상적인 정치

생활에 미치는 영향력은 자유주의자들이 인식하는 것보다는 제한적이다. 특히 개인의 권리가 민족주의적 적대감 때문에 야기된 열정과 충돌하게 될 경우 권리의 영향력은 특히 제한적일 수밖에 없다. 둘째, 이 문제는 더욱 중요한데, 민족주의는 자유주의보다 인간의 본성과 더 잘 맞는다는 사실이다. 자유주의는 개인들을 대단히 사회적인 존재라기 보다는 오히려 자신의 복지만을 염려하며 이익을 극대화시키려고 하는 존재들이라고 잘못 간주한다.[90] 개인은 언제나 자신이 속한 집단에 대해 강력한 충성심을 가지고 있다는 올바른 믿음에 근거를 둔 민족주의는 인간들에게 결정적으로 중요한 몇 가지 욕구들에 더 잘 대응할 수 있다.[91] 바로 이는 왜 민족주의는 세계 도처에 존재하고 있지만 자유주의는 그렇지 못한지를 말해준다.[92]

자유주의는 인간 개인들에게 공동체에 속해 있다는 감정을 제공하는 데 실패하기 때문에 사회를 하나로 엮어주는 끈끈이를 제공하지 못한다. 자유주의는 집단의 구성원들로 하여금 그들이 특별하고 존경받을 가치가 있고 활력이 넘치는 큰 집단의 한 부분이라는 사실을 느끼게 하지 못한다. 그 같은 감정들은 사회를 단일한 상태로 묶어 두는 데 필요할 뿐 아니라 소속된 사람들에게 심리적으로도 대단히 중요한 것이다. 이 같은 문제는 자유주의의 특수주의적인 속성—즉 자유주의는 원자론적인 개인의 권리를 강조하지만 개인의 의무나 역할은 거의 강조하지 않는다—에서 부분적으로 유래하며 또한 부분적으로는 자유주의의 보편적 속성에서 유래한다. 즉 자유주의는 양도할 수 없는 인간의 권리가 특별한 집단의 구성원들만이 아니라 모든 사람에게 적용되는 것임을 강조한다.

실제로 자유주의는 사회를 하나로 유지하는 데 필요한 유대감을 제공하는 데도 실패하고 있다. 실제로 자유주의는 오히려 사회를 유지하기 위한 연대감을 없애버리는 데 잠재적으로 기여하고 있으며, 그 결과 궁극적으로 사회의 기반을 허물게 된다. 문제의 근원은 자유주의의 급진적 개인주의에 있으며 또한 자유주의가 이익 극대화를 강조한다는 데 있다. 자유주의는 사실상 공동체 의식을 강화하고 동료 시민들을 염려하는 일의 중요성을 거의 강조하지 않는다. 대신 자유주의는 모든 개인들에게 자신의 이익을 추구하라고 격려한다. 이는 개인들의 이기주의적 행동의 총합은 결국 '공동의 선(共同의 善)'를 가져온다는 가정에 기반을 두고 있다. 이처럼 자신만을 생각하는 행동은 최근, 비록 자유주의자들 모두가 그 목표를 지지하는 것은 아니지만 모든 사람들에게 평등한 기회를 제공해야 할 것을 강조하는 현대적 자유주의에 의해 도전을 받고 있다. 요약해서 말하자면, 자유주의는 사회를 건설하는 데 별로 기여하는 바가 없을 뿐만 아니라 오히려 사회의 응집력을 훼손하는 특성을 가지고 있다.

이와는 반대로 민족주의는 공동체를 강조하고 집단에 대한 개인의 책임을 중시한다. 자유주의와는 달리 민족주의는 개인들의 소속감(所屬感, sense of belonging)을 불러일으키기 위해 노력한다. 민족주의는 개인들이 훌륭한 전통과 밝은 미래를 가지고 있는 커다란 집단의 한 부분이 되고자 하는 감정적 욕구를 충족시킨다. 더 나아가 민족주의는 국가를 구성하는 민족들이 상호 적대감을 보이는 다민족 국가의 경우를 제외하고, 사회들을 하나로 엮는 데 기여한다.

자유주의는 개인을 국가와 연계시키는 일을 잘 하지 못한다. 자유주의의 이야기에 의하면 국가란 개인들의 계약에 의해 만들어진 것이며, 국가의 주요 임무는 개인들을 다른 개인들로부터 보호해주고, 개인들이 각자 생각하는 좋은 삶을 추구할 수 있도록 보장해주는 것이다. 비록 그러한 국가는 시민들의 평등한 기회를 중진시키기 위해 노력하지만, 일부 자유주의자들은 국가의 그 같은 임무를 반대하기도 한다. 자유주의 국가란 그 정의상 국민들의 생활에 간섭할 수 있는 능력이 제한적이어야 한다. 자유주의에 의하면 개인은 자신이 속한 국가에 대해 깊은 감정적 유대감을 느낄 필요가 없으며, 개인이 국가를 위해 목숨을 바친다는 것은 상상할 수 없는 일이다.[93] 반면 민족주의는 개인과 국가 사이의 강력한 유대감을 조성한다. 많은 사람들은 필요할 경우 그들의 민족국가를 위해 당연히 싸우고 죽을 수 있다고 생각한다.

마지막으로 현대 세계에서 살아가고 있는 압도적인 다수의 사람들은 영토에 대해 큰 관심을 가지고 있다. 그들의 정체성은 그들이 신성하다고 여기는 영토와 연계되어 있다. 물론 이 같은 관점은 민족주의의 핵심적인 내용이며 민족주의가 설득력을 가지게 되는 중요한 이유다. 자유주의는 정체성과 영토가 연계되어 있다는 것을 무시한다. 우데이 메타(Uday Mehta)는 "영미의 자유주의적 전통을 따르는 정치이론가들은, 대체적으로 정치적인 정체성과 영토의 관계를 무시할 뿐만 아니라 정치적 정체성을 적어도 암묵적으로 영토 및 양자의 연관성에 어떤 의미를 부여하지 않는 차원에서 개념화한다."고 주장한다.[94] 자유주의자들에게 있어서 땅이란 사유재산으로서 중요하지만 그것은 다른 문제이다.

이 모든 것은 자유주의가 우리의 일상생활을 규정하는 데 중요한 역할을 하고 있지만 민족주의와 비교할 때는 거의 언제나 부차적인 역할을 담당한다는 사실을 말해준다.

개인의 자유에 대한 지나친 강조
Overselling Individual Right

권리에 대한 자유주의자들의 강조는 다음 두 가지 주장에 근거를 두고 있다. 첫째로, 지구 상에 살고 있는 사람들 중 압도적 다수가 자신에게 부여된 권리가 무엇인지를 인식하고 있으며, 그 권리가 보편적이고 양도할 수 없는 것, 즉 지구 상의 모든 사람들에게 평등하게 적용되며, 주어지거나 빼앗길 수 없는 것이라고 생각한다. 둘째로, 대부분의 사람들은 개인적인 권리는 진정 중요한 것으로서 정치적인 영역에서 특별히 중시되어야 한다고 믿고 있다. 그러나 이 두 가지 전제를 의심할 수밖에 없는 타당한 이유가 있다. 권리는 사소한 것이 아니며, 누구라도 권리는 보편적이고 양도 불가능해야 한다고 주장할 수 있고, 그리고 그러한 주장이 지구 상 모든 곳에서 명백한 진실은 아닐지라도 권리는 그것이 잘 성립된 전통의 일부를 이루고 있는 특정한 국가들에서는 대단한 중요성을 갖고 있다. 주로 명예혁명의 결과로 1689년 등장한 영국의 '권리장전(Bill of Right)'을 예로 들자면, 그것은 "고대의 권리와 자유"를 불러냄으로써 정당성을 얻게 되었다.[95]

양도할 수 없는 권리라는 개념에 특별한 중요성을 부여하는 것은 이론적으로 뿐만 아니라 증거와 관련해서도 문제가 있다. 양도할 수 없는 권리라는 주장의 밑바탕에 놓여 있는 논리를 주의 깊게 살펴보면, 널리 합의를 이루고 있는 권리가 존재한다는 주장에 대해 회의적일 수밖에 없는 세 가지 이유가 있다. 그리고 역사적 기록을 자세히 살펴보면, 이 같은 회의를 뒷받침해주는 상당한 증거들이 있다.

권리는 보편적이라는 오류
False Universalism

우선, 자유주의는 좋은 삶이란 무엇인가에 대해서 전 세계적인 합의가 존재할 가능성이 없다고 가정한다. 어떤 특정 사회는 첫 번째 원칙들에 대해 상당 수준의 합의를 이룩할 수 있을지 모르지만, 사람들은 누구라도 생존에 관한 기본적인 권리를 가지고 있다는 믿음을 제외한다면, 그들은 결코 보편적인 합의에 도달할 수 없을 것이다. 그러나 동시에 자유주의자들은 객관적으로 옳은 개인적 권리들이 일부 있을 수 있고, 그런 권리가 무엇이고, 그것들이 어떻게 상호 연계되어 있는지 알 수 있으며, 그리고 그것들은 양도할 수 없는 것이라고 주장한다.

개인의 권리라는 것이 모두 첫 번째 원칙에 관한 것이라면 어떻게 이런 일이 가능할 수 있겠는가? 첫 번째 원칙은 인간이 다른 인간들을 어떻게 생각하고 있으며 어떻게 대할지를 정의하는 데 대단히 중요한 것이다. 그렇기 때문에 우리의 판단력이 제한적이라는 사실을 고려할 때, 그 권리들이 양도할 수 없는 것인지, 어떤 권리가 양도할 수 없는 것이어야 하는지, 그리고 어떤 권리가 더 중요한 것인지 등등에 관해 보편적인 합의에 가까운 그 무엇이 있을 수 있다는 것을 믿기 어렵다. 개인들이 평등한 기회에 관한 권리를 가지고 있는지, 그리고 더 일반적으로 적극적인 권리를 가지고 있는지에 대해 일상적 자유주의와 진보적 자유주의자들 사이에는 본질적인 견해 불일치가 존재한다. 많은 정보와 선의를 가지고 있는 시민들도 낙태에 관한 권리, 인종 차별 금지에 관한 권리 등에서 본질적인 의견 불일치를 나타내 보일 수 있다. 이 같은 문제들은 과연 좋은 삶이란 무엇인가와 관련된 것으로서, 우리가 집단적인 진리에 이르기 위해 이성에 의지할 수 없다는 사실을 보여준다.

이 문제를 좀 더 깊이 생각해보면, 어떤 정치 체제라 할지라도 그 핵심에 권리를 가져다놓는 일은 마치 자유주의적인 정치 질서가 가장 좋은 정치질서라고 말하는 것과 마찬가지이다. 자유주의적 혹은 적어도 준자유주의적인 국가가 존재하지 않을 경우, 권리를 중시하는 일이 어떻게 가능할지 상상하기 어렵다. 정치적인 자유주의자들은 자유를 제한하는 집단 혹은 국가에 대해 놀라울 정도로 비관용적이며, 오로지 정당한 정치 질서는 자유민주적인 질서뿐이라고 생각한다. 이 같은 믿음은 루이스 하츠가 『미국의 자유주의적 전통 The Liberal Tradition in America』이라는 저서에서 명확하게 밝힌 것처럼 미국에서 오랫동안 널리 확산되어 왔다. 이 같은 믿음은 또한 존 롤스의 『사람들의 법The Law of Peoples』에서도 보여지는 것으로서, 롤스는 가장 좋은 세계란 자유민주주의 국가들로만 구성된 세계라는 점을 분명히 주장했다.[96] 존 로크 역시 자유주의 사회는 자유주의적인 규칙을 따르지 않는 집단을 관용할 수 없다고 강조했다.

그렇기 때문에 자유주의자들이 양도할 수 없는 권리에 관해 이야기할 경우, 그들은 실질적으로 좋은 삶이란 무엇인가를 말하고 있는 것이다. 그들은 이 두 가지 주제 간에 의미 있는 구분을 하지 않았다. 그러나 만약 첫 번째 원칙에 대한 보편적인 합의를 얻을 수 없다는 것이 자유주의의 자명한 이치라면(관찰에 의해 뒷받침되는), 개인의 권리에 관해 전 세계인들이 동의하는 합의란 있을 수 없게 된다.

나는 앞 장에서 정치적 자유주의에는 역설(逆說)적인 측면이 존재한다고 지적했는데, 그 역설은 자유주의가 특수적인 속성과 보편적인 속성 두 가지를 동시에 가지고 있다는 데서 유래한다. 특수성은 물론 좋은 삶에 관해서는 한 가지의 진리가 존재할 수 없다는 자유주의자들의 믿음으로부터 나오는 것이다. 반면 보편성은 인간의 권리는 양도할 수 없는 것이라는 사실과 관련되어 있다. 나는 이 두 가지 차원이 상호 갈등적이라는 사실을 강조했다. 그러나 여기서 나의 분석에 의하면 그러한 역설은 사라지게 된다. 자유주의를 제대로 이해한다면 자유주의는 처음부터 끝까지 특수한 속성을 가지고 있기 때문이다. 좋은 삶이 무엇인가에 관한 보편적인 합의가 없는 것과 마찬가지로 인간의 권리에 대한 보편적인 합의도 있을 수 없다. 왜냐하면 이 두 가지 영역 사이에는 의미 있는 차이가 없기 때문이다.

권리의 제약
Trumping Rights

권리에 관한 자유주의자들의 사고에는 두 번째 이론적 문제가 있다. 다른 요인들 때문에 개인의 권리는 때로 뒷전으로 밀려나기 일쑤이다. 사람들은 정치적 안정과 개인 권리가 상호 갈등을 일으키는 경우 대개 정치적 안정을 우선하게 되는데, 이는 정치적인 안정이 개인적인 안전과 복지를 제공하기 때문이다. 예를 들자면 만약 권리가, 보다 일반적으로는 자유민주주의가 궁핍과 죽음을 의미할 수 있는 무질서로 이어진다면, 실제적으로 개인적인 권리는 심지어 개인적인 권리를 본질적인 원칙이라고 믿고 있는 사람들 사이에서도, 그다지 중요한 것이 아닐 수 있다.

이 같은 논리는 상호 심각한 적대감을 가진 라이벌 집단들이 존재하는 다민족 국가에 특히 잘 적용될 수 있다. 이 같은 상황에서는 많은 사람들은 다른 집단들을 억누를 수 있는 독재자를 선호하게 된다. 그러나 어떤 국가가 어떤 이유로 혼란 상태에 있는데 자유주의 체제를 받아들임으로써 그 혼란이 더욱 가중되는 경우도 있을 수 있다. 마지막으로 외세의 위협은 개인의 권리를 제한해야 하는 이유가 될 수 있다. 오랫동안 실존적인 위협에 당면하고 있는 나라들은 종종 개인의 자유를 탄압하는 병영국가(garrison state)가 되는 경향이 있다—병영국가는 안보 국가(national security state)라는 말로도 알려져 있다.[97]

권리에 관한 마지막 이론적 문제는 민족주의와 관련 있다. 자유주의 이론에 의하면 권리는 어느 곳에서든지 모든 사람들에게 평등하게 적용되어야 한다. 그러나 이 문제는 민족주의와 배치될 수 있다. 민족주의란 모든 나라가 주권을 가지고 있으며 모든 것을 스스로 결정해야 한다는 개념이다. 민족국가는 자결주의를 강력하게 옹호하며, 따라서 국가들이 올바른 권리들에 대한 보편적인 합의에 도달할 가능성은 없다.

더 나아가 민족주의는 결국 자신의 집단을 다른 집단에 비해 우선시하겠다는 주장이다. 거의 전적으로 민족국가들로 구성된 국제체제에서 대부분의 사람들은 타국 사람들보다 자국 국민을 더 중요하게 여길 것이다. 실제로 국가들은 타국 국민에게 자국 국민과 같은 권리를 제공하지 않을 가능성이 높으며, 민족주의가 극심해질 경우, 국가들은 자신들이 미워하고 싫어하는 타국 국민의 권리를 해치는 일을 주저하지 않을 것이다. 민족주의는 본질적으로 특수성을 강조하는 것이기 때문에 양도할 수 없는 보편적인 권리라는 개념과는 정면으로 충돌할 수밖에 없다.

민족국가로 구성된 세계에서 보편적인 권리의 관점에서 생각한다는 것은 위험한 일이라고 말할 수 있다. 그렇게 하는 것은 사람들에게 어디엔가 자신들의 권리를 보호해줄 수 있는 힘을 가진, 국가보다 더 높은 권위를 지닌 조직—아마도 국제기구 등—이 있다는 생각을 심어줄 위험이 있다. 실제로 그 같은 권위를 가진 상위의 조직은 없다. 국가가 개인의 권리를 보호하는 것이지 국가보다 상위에 있는 어떤 기구가 보호해주는 것이 아니다. 한나 아렌트(Hannah Arendt)는 그 문제점을 잘 알고 있었다. "인간의 권리는… '양도 불가한 것'이라고 정의되고 있는데, 그 이유는 인간의 권리가 어떤 정부와도 관계없이 독립적으로 존재하는 것이라고 전제되기 때문이다. 그러나 개인이 어떤 나라에도 소속되지 않게 되는 순간, 그들의 권리는 최소한으로 줄어들 것이며, 그들의 권리를 보호해줄 권위 있는 기관이 없게 된다. 어떤 제도도 그들의 권리를 보호해주려 하지 않을 것이다."[98] 한나 아렌트는 국가가 없는 사람들, 그리고 민족국가들 내에서 거주하는 환영받지 못하는 소수 집단들은 심각한 위험에 처할 수밖에 없다고 주장한다. 국가가 없는 곳에서 그들이 공격을 받았을 때 생명권을 포함한 인간의 권리를 지켜줄 강제력을 지닌 어떤 기구도 존재하지 않기 때문이다. 한나 아렌트는 "오로지 인간일 뿐인 추상적인 나상(裸象)"은 그 자체가 "가장 위험한 것"이라고 주장했다.[99]

아렌트의 해법은 보편적인 인권이라는 개념은 걷어치우고 그 대신 "국가단위로 보장되는 권리"를 강조하는 것이었다. 같은 맥락에서 아렌트는 에드먼드 버크(Edmund Burke)와 뜻을 같이 한다. 버크는 "프랑스 혁명의 인권선언"에 대해 반대했고 그 대신 권리란 "국가의 내부로부터 출현하는 것"이라고 주장했다. 아렌트는 버크와 마찬가지로 "권리도 유산처럼 물려받은 것으로 생각하는 것이 훨씬 더 현명한 일이라고 주장했다. 이 같은 권리는 마치 생명과도 같이 자신의 자손들에게 물려주는 것이며, 자신의 권리를 '양도할 수 없는 인간의 권리'라고 말하기보다는 '영국인의 권리'라고 말하는 것이 훨씬 더 현명한 일이다."[100]라고 주장했다. 자유주의의 보편성에 대한 아렌트의 반박은 상당 부분 생존의 절박함에서 나오는 것이다.

자연권과 역사
Natural Rights and History

자유주의자들이 주장하듯이, 우리의 이성이 모든 사람들은 양도할 수 없는 일단의 권리를 가지고 있다고 말해준다면, 적어도 근대 이전의 일부 중요한 사상가들은 삶의 기초가 이 같은 사실을 이해하고 있었을 것이라고 기대하는 것은 합리적인 일이다. 그러나 그렇지 않았다는 것이 현실이다. 아리스토텔레스, 플라톤은 물론 마키아벨리도 자연권이라는 개념을 알고 있지 못했음이 분명하다. 17세기에 이를 때까지 홉스와 로크는 자유주의의 기초를 발전시키려는 시도를 하지 않고 있었다. 벤자민 콘스탄트(Benjamin Constant), 칸트, 몽테스키외 등은 홉스와 로크를 따라 자유주의 사상을 추구했지만 다른 많은 정치사상가들은 개인의 권리에 관한 자유주의의 이야기에 별 관심을 기울이지 않았다. 그리고 버크와 벤담 같은 일부 사상가들은 자연권에 대해 공식적인 도전을 제기하기도 했다. 그렇기 때문에 위대한 사상가들이 자연권의 중요성에 대해 이해하고 있었고, 탄탄한 합의가 이루어졌다고 말하는 것은 가당치 않은 일이다. 인간의 권리는 양도할 수 없다거나 혹은 그러한 권리가 인간의 정치생활에 근본적이라는 보편적 합의는 존재한 적이 없었다.[101]

더 나아가 자유주의자들 사이에서조차 어떤 권리가 가장 중요한 것이며 권리들이 상충할 경우 어떤 것이 더 중요한 권리로 간주되어야 하는지에 대해서 견해가 일치하지 않는 상황이다. 평등을 촉진하려는 시도가 그런 혼돈스런 상황에 던져질 경우 문제는 더욱 복잡해진다.[102] 존 롤스는 "자유주의적인 원칙을 적용한다는 것은 어떤 단순성을 가지고 있다."고 주장했지만 그것은 단지 가끔 진실일 뿐이다.[103] 증오 연설(hate speech)에 대해 생각해보자. 언론의 자유에 대한 절대주의적 견해를 가지고 있는 자유주의자들은 증오 연설이 혐오스러울지라도 관용되어야 한다고 주장한다. 그러나 다른 자유주의자들은 증오 연설을 금지시키고자 하는데, 왜냐하면 증오 연설은 표적이 되는 사람들에게 심각하게 상처주는 일이며, 표적이 되는 사람도 물리적 폭력은 물론 언어적 폭력으로부터 보호받아야 할 권리를 가지고 있기 때문이다.[104] 이 같이 서로 다른 권리들의 우선순위를 어떻게 결정해야 할 것인가에 대해서도 논란이 많다. 존 그레이가 지적하듯, "모든 정치 체제들은 상호 갈등적인 자유의 문제를 해결하기 위한 저마다의 특정한 방안을 가지고 있다."[105]

개인의 권리에 대한 홉스와 로크의 사고는 역사적으로 우연히 형성된 부분이 컸다. 홉스와 로크가 살았던 시대에 가톨릭과 개신교도 사이의 상호 미움에 근거한 갈등이 만연했으며, 영국에서 발생한 중대한 사회경제적인 변화는 자유주의의 근간이 되는 이념의 형성에 큰 영향을 미쳤다. 짧게 말한다면, 정치 이데올로기는 이성만으로 형성되는 것은 아니다. 정치 이데올로기는 역사의 중요한 시점에 발전하는 경향이 있으며 자유주의 역시 예외가 아니다.

개인의 권리를 주장하는 데 있어서 아무리 열정적인 사람이라 할지라도 국가가 진정 위기에 처해 있을 경우 개인의 자유를 제약하거나 혹은 무시해야 한다는 데 일반적으로 동의한다. 개인 혹은 국가가 생존의 위기에 봉착했을 때는 그들이 살아남기 위해 필요한 일을 수행하는 데 방해가 되는 개인의 권리는 허락될 수 없다. 예를 들어 존 슈트어트 밀은 "인류에게 개인적으로나 집단적으로 그들 구성원 중 누군가의 행동 자유에 간섭하는 것이 보장되는 유일한 목적은 자기 방어이다."[106]라고 주장했다. 국가들은 엄격한 도덕적 기준에 합당할 경우에만 전쟁을 해야 한다고 주장하는 마이클 왈저(Michael

Walzer) 역시 밀의 주장에 동의했다. 왈저는 자신의 유명한 『정의의 전쟁론 Just War Theory』 끝부분에서 "우리가 전쟁에서 패배의 위기에 당면하고 있을 때는 물론, 패배로 인해 정치적 공동체에 재앙이 초래될 가능성이 있는 경우"[107] 모든 규칙들은 포기되어질 수 있다고 기술했다. 존 롤스 역시 "정치적 자유주의는 국가가 절체절명의 위기에 처해 있을 경우 그 예외를 인정할 수 있다."[108]고 주장했다.

거대한 붕괴의 위기를 경험했던 국가 혹은 지역은 일반적으로 정치적인 안정에 대해 높은 열망을 가지고 있으며, 이는 자유민주주의 국가를 건설하려는 욕구를 억누르게 된다. 예로서 최근 중동 지역의 청년들에 대한 여론 조사에 의하면 응답자의 53%가 "지역의 안정을 증진시키는 것이 민주주의를 증진시키는 일보다 더 중요하다."고 대답했다. 28%만이 민주주의 증진이 더 중요하다고 대답했다.[109] 언론 자유를 심각하게 제약한 르완다의 독재자 폴 카가메(Paul Kagame)의 사례에 대해서도 생각해보자. 르완다는 1994년에 끔찍한 인종학살을 경험했다. 카가메의 주요 목표는 인종학살을 자행한 후투족과 그 피해자인 투시족 사이의 적대감을 억제하는 것이었다. 카가메 대통령은 상당한 성공을 거두었다. 그는 독재자였음에도 불구하고 3번씩이나 대통령에 당선되었다.[110]

러시아의 경우도 그 나라가 1990년 이후 겪은 일들을 생각해 본다면, 러시아인들이 개인의 민주적 권리를 제약하는 질서를 강력하게 선호한다는 사실은 놀라운 일이 아니다. 러시아는 1990년대 서구식 민주주의 정치 체제를 건설하려고 했지만 처참하게 실패했고, 민주주의 대신 엄청난 규모의 부패와 무질서를 창출하고 말았다. 2000년대 초반 이후 러시아는 점차 독재 국가로 변해 갔으며 그 과정에서 질서를 회복할 수 있었다. 2014년 러시아 여론 조사 센터에서 행한 전국민 여론 조사에 의하면 "71%의 러시아인들이 안정과 질서 그리고 개인적 안녕을 위해 시민적 자유를 희생할 각오가 되어 있다."고

대답했다.[111]

마지막으로 만약 개인적인 자유가 거의 모든 사람들에게 알려져 있고 높게 인정받고 있다면 다른 나라들에 자유주의를 확산시키는 일은 상대적으로 쉬운 일이어야 할 것이다. 그러나 실제로는 그렇지 않다. 사람들이 그들 자신의 권리를 존중하도록 설득하기는 쉽다. 그러나 다른 사람들의 권리도 자신의 권리와 마찬가지로 중요하다고 확신시키기는 대단히 어렵다. 그 승자가 공직을 담당하게 되는 자유롭고 공정한 선거만을 요구하는 민주주의의 기본적인 버전을 발전시키는 것은 비교적 쉬운 일이다. 자유주의의 경우는 서구 국가들에서 뿌리를 내리기까지 오랜 세월이 소요되었다. 자유주의는 서구에서 시작되었고 서구의 정치 생활에 가장 큰 영향력을 미쳤다.[112] 바로 이 같은 이유 때문에 미국과 유럽의 동맹국들은 서구 세계를 넘어 자유주의를 확산시키려고 노력하는 것이다.[113]

그러나 서구 세계 내에서도 개인의 권리에 관한 열정의 정도는 우리가 인식하고 있는 것보다는 상당히 약하다. 미국의 경우도 국가가 아주 위험한 긴급 상황에 처해 있다고 판단되었을 때, 지도자들은 국민 개인의 자유를 지켜주지 않았다. 아마도 이 같은 사례의 가장 유명한 예는 남북전쟁(1861-1865) 당시 링컨이 했던 행동일 것이다. 그는 무엇보다도 인권 조례(habeas corpus)를 정지시켰고, 편지를 검열했으며, 군사재판소를 설치했고, "반역적이거나 충성심이 없는 행동을 할 것으로 보여지는" 개인들을 체포하기도 했다.[114] 클린턴 로시터(Clinton Rossiter)가 자신의 저서 『헌법적 독재정치Constitutional Dictatorship』에서 분명하게 밝혔듯이, 남북전쟁은 미국의 정치가들이 상황이 아주 위험하다고 판단하고 국민의 권리를 심각하게 제약한 유일한 시기가 아니다. 혹자는 그럴 경우 미국의 국민은 그들의 권리가 제약당하는 데 대해 강하게 비판하고 심각하게 저항했을 것이라고 생각할지 모른다. 그러나 미국 국민은 이 같은 상황에 저항하지 않았다. 미국 대중들의 개인적 권리에 대한 지지는 때때로 놀라우리만큼 유연하다.

자유주의에 대해 미국 사람들은 상당히 유연하게 생각한다는 사실에 대한 가장 좋은 증거는 그들이 남북전쟁 당시까지 노예제도를 용인했으며, 그런 다음 1960년대 중반까지 남부와 북부 모두에서 노골적인 인종차별을 용인했다는 사실이다. 오늘날 인종차별은 사회적으로 용인될 수 없는 것이 되었지만 그렇다고 완전히 없어진 것은 아니다. 19세기 내내 이민 온 사람들에 대한 광범한 차별정책이 존재했고 이는 20세기에도 지속되었다. 이 같은 차별정책은 오늘날에도 사실상 표면으로부터 별로 깊지 않은 곳에 잠재해 있다. 아리스타이드 졸버그(Aristide Zolberg)는 19세기 중반 이후 중국에서 미국으로 이민 온 사람들에 대한 정책을 "미국의 이민 역사에서 유일하게 성공한 '인종청소' 사례"[115]라고 묘사하고 있다. 1830년대 미국에 대규모로 이민 왔던 유럽 사람들도 20세기가 될 때까지 심각한 인종차별을 당했었다.[116] 아일랜드에서 미국으로 이민 온 사람들(아이리시)보다 미국의 지배계층인 WASP(앵글로 색슨계 백인이며 개신교도인 사람)들로부터 더 큰 차별을 받았던 집단은 없었을 것이다. 그리고 제1차 세계대전 당시 독일계 미국인들이 당했던 것보다 더욱 심각한 유럽인에 대한 인종차별은 없었을 것이다.[117] 미국은 건국 당시부터 완전한 자유 국가였지만 그럼에도 불구하고 미국 역사의 대부분 동안 미국은 실질적인 측면에서 자유주의의 모범국가라고 말할 수 없었다.

다행스럽게도 오늘날 흑인들에 대한 그리고 새로운 이민자들에 대한 비자유주의적인 행태는 거의 대부분 공공 부문에서는 사라졌고, 지금 미국은 이론적으로는 물론 실제적으로도 자유주의적인 나라가 되기 위해 노력하고 있다. 그러나 개인의 권리에 대한 미국 시민들의 지지는 그다지 심오한 것은 아니다. 오늘날 미국에서 개인의 권리에 관한 논의가 광범하게 이루어지고 있지만 그것은 겨우 1950년대 이후부터의 일이었다. 그 이전 미국 사람들은 개인의 권리에 대해 그다지 큰 관심을 기울이지 않았다.[118]

정치학자 제럴드 로젠버그(Gerald Rosenberg)에 의하면 현재 미국 사람들의 개인 권리에 대해 가지고 있는 관심과는 관계없이, 수많은 미국 사람들은 양도할 수 없는 권리가 보편적으로 적용되어야 한다는 사실을 포함하여 그 진정한 의미를 잘 알지 못하고 있다.[119] 로젠버그는 미국 사람들은 개인의 권리를 자신의 선호(preference)와 같은 것으로 생각하고 있음을 보여주었다. 미국인들은 그들 자신의 이익을 지지하는 권리 주장을 하는 경향이 있지만, 자신의 이익과 관계없을 경우 권리 주장에 대해 별 관심을 기울이지 않는다. 다양한 여론 조사 결과를 살펴본 후 로젠버그는 이렇게 결론 내린다. "미국인들은 자유로운 언론의 권리를 오로지 사람들이 읽기 원하는 것을 출판할 수 있는 자유라고 생각한다. 만약 미국 대중들이 그 내용에 대해 만족하지 않는다면, 언론은 그것을 출판할 수 없어야 한다." 로젠버그는 언론의 자유에 대해서 "미국인들은 추상적인 측면에서 언론의 자유에 깊은 관심을 가지고 있지만, 대중이 선호하지 않는 집단의 언론의 자유에 대해서는 강하게 반대한다."는 사실을 발견했다. 로젠버그는 이 두 가지 경우 모두 미국 사람들이 "권리를 선호와 동일시한다는 사실을 경험적으로 뒷받침한다."[120]고 강조했다. 많은 미국 사람들이 보편적인 권리의 원칙에 열정적인 관심을 갖고 있지 않다는 사실은 분명해 보인다. 만약 이것이 진실이라면, 미국이 아닌 다른 어떤 나라에, 양도할 수 없는 권리에 대한 열정적인 관심이 존재하고 있을 거라고 상상하기는 대단히 어려울 것이다. 어떤 나라도 미국만큼 자유주의의 풍부한 전통을 가진 나라는 없기 때문이다.

세상 어디에서도 자유주의의 보편적 속성이 자유주의자들이 믿고 있는 것만큼 강력하지 않다. 자유주의자들이 말하는 개인의 권리가 중요하다는 주장은 자유주의자들이 생각하는 것만큼 설득력 있는 것이 아니며, 심지어 그 같은 주장은 완전히 잘못된 것일지도 모른다. 권리에 관한 이 같은 제한적인 견해는 관용과 국가(state)에 대해 직접적인 함의를 갖고 있다. 관용과 국가는 자유주의 사회에서 평화와 번영을 증진시키는 두 가지 다른 기제이다. 시민들이 개인의 권리를 존중하면 할수록, 관용과 평화적 갈등 해결을 증진시키는 일이 더 쉬워지며, 그럼으로써 국가가 질서를 유지하기 위해 해야 할 일이 줄어들게 된다. 그러나 만약 개인의 권리에 관한 존중심이 미약하다면, 관용을 증진시키기 더욱 어려워질 것이며, 국내에서 평화를 유지하기 위해 국가가 해야 할 역할은 더욱 커질 것이다.

독재를 향한 유혹
The Authoritarian Temptation

자유주의를 거의 파탄시킬 잠재력을 가지고 있는 논리가 있는데 여기서 소개할 필요가 있을 것 같다. 이 논리는 제임스 메디슨(James Madison)이 오래전 〈연방주의자 팸플릿 10호Federalist No. 10〉에서 개진했던 것이다.[121] 나는 이주장이 자유주의 이론의 치명적인 약점을 궁극적으로 반영하는 것이라고 생각하지는 않지만 메디슨의 주장은 자유주의적인 정치 질서를 성립하고 유지하는 일이 왜 때로 어려운 일인지를 잘 설명해주고 있다.

문제의 뿌리는 모든 나라에서 첫 번째 원칙들에 대한 날카로운 의견 대립이 존재하기 때문에, 언제라도 권력을 쟁취하기 위해 다투는 파벌들이 존재하게 된다는 것이다. 이미 살펴본 것처럼 누가 국가를 통치하느냐의 문제는 대단히 중요한 것인데, 왜냐하면 정권을 장악하고 있는 집단이 규칙을 작성할 것이며, 어떤 사회라고 할지라도 규칙을 작성하는 자들이 좋은 삶을 구성하는 것이 무엇인가를 결정할 것이기 때문이다. 라이벌 파벌들 사이에서 단지 심판 역할만 담당하는 중립적인 국가란 존재하지 않는다. 하나의 파벌 혹은 여러 파벌이 결합하여 정부를 통치하게 되며, 그 과정에서 그들은 사회를 자신들의 방식으로 형성할 것이다.

그래서 자유주의 사회의 각 파벌들은 모두 국가를 장악하고자 하는 강력한 유인을 갖고 있으며, 다른 파벌이 정권을 장악하는 것을 허락하지 않으려 노력한다. 중동 지역에서 이 같은 상황은 일반적으로 다음과 같이 묘사된다. "한 남자가 한 표를 한 번 행사한다."[122] 여기서 두 가지 논리적인 동기가 작동한다. 통제권을 장악한 파벌은 규칙을 작성하게 될 것이며, 다른 파벌이 차후 권력을 다시 장악하게 될 것을 우려할 필요가 없게 된다. 게다가 각 파벌들은 다른 모든 파벌들도 자신들과 마찬가지 논리를 갖고 있을 것이라고 생각한다. 그렇기 때문에 다른 파벌을 신뢰하는 파벌들은 어떤 경우라도 멍청이 역할을 하게 된다. 다른 집단이 당신의 집단에게 주먹을 날릴 기회를 주는 것보다 먼저 움직여서 국가를 오랜 기간 동안 장악하는 편이 훨씬 더 낫다. 이 같은 행태는 회피하기 어려워 보이며, 라이벌 파벌들이 그 자체로는 자유주의에 대한 반감을 가지고 있지 않다고 할지라도, 자유민주주의를 파괴하게 된다.

그렇지만 자유민주주의는 아직 이 같은 유인 구조 때문에 파멸될 운명에 처해 있지는 않다. 질서가 잡힌 자유주의 국가는 비록 파벌들 사이에 불편한 교착 상태가 지속되고 있다고 할지라도 국가가 붕괴되는 것을 막을 수 있는 특별한 장치를 가지고 있다. 다섯 가지 핵심적인 요소들이 문제를 완화하는 데 상호 도움을 주고 있다.

첫 번째 요소는 다양한 파벌들 사이에서 보여지는 세력균형적 행태이다. 어떤 특정한 파벌이 특별히 막강하지 않은 경우라면, 어떤 파벌일지라도 혼자 힘으로 국가를 장악하려는 시도를 하기 어렵다. 그 같은 움직임은 결국 내란을 발생시킬 수밖에 없을 것이기 때문이다. 그리고 만약 한 파벌이 특별히 막강하다면 그 파벌은 법에 따라 행동해서 당선될 수 있고, 국가를 자신이 옳다고 생각하는 방식대로 오랫동안 지배할 수 있을 것이다. 이 파벌은 영구적으로 권력을 장악할 필요가 없다. 잠재적으로 위험한 상황은 특별히 막강한 파벌이 있는데, 시간이 지나면서 자신들이 권력을 잃게 될 것이라고 생각하는 경우이다. 이 같은 상황은 그들의 쇠퇴가 시작되기 전에 자유주의를 파탄내고 싶은 유혹을 불러일으키게 될 것이다. 이 같은 상황의 논리는 예방전쟁(preventive war)의 논리와 유사하다. 그러나 이 같은 경우라 할지라도, 라이벌 파벌들은 비록 쇠락하고 있을지라도 막강한 파벌에 대항해 균형을 잡을 것이 분명하다.

두 번째 요소는 자유주의 국가들에서 흔히 나타나는 상황으로, 파벌들 사이에서 균열이 교차적으로 존재한다는 것이다. 대부분 사람들은 대개 자신의 정치적 견해를 구성하는 다양한 관심사들을 가지고 있다. 동시에 파벌들을 생기게 하는 다양한 종류의 이슈들이 존재한다. 즉 이 말은 하나의 사회에 존재하는 모든 파벌들이 같은 이슈에만 관심을 가지고 있는 것이 아님을 의미한다.[123] 이 두 가지 사실들이 서로 합쳐지면, 이는 때로 다양한 개인들이 어떤 이슈에 대해서는 서로 다른 파벌의 편에 서지만, 또 다른 이슈에 대해서는 같은 파벌의 편에 서게 될 수 있다는 것을 의미한다. 이 같은 결과는 국가를 장악해 자유민주주의를 종식시키려 시도할 가능성이 있는 어떤 파벌의 입장에서 문제를 복잡하게 만든다.

세 번째 요소는 뒤르켐(Durkheim)의 용어를 빌리자면 유기적 연대(organic solidarity)라고 불리는 것이다.[124] 자유주의 사회 내부의 노동 분업은 집단들 사이의 광범위한 경제적 의존관계를 만들어낸다. 사람들은 경제적인 차원에서 아주 긴밀히 엮여 있다. 사람들은 살아가고 번영하기 위해, 그리고 가장 중요한 것으로 생존하기 위해 그들의 동료 시민들에게 의존하고 있다. 어떤 파벌이 국가를 장악하려 할 경우, 야기될 수도 있는 내란은 사회 전체의 연대(solidarity)를 해치고 전체 사회를 심각하게 망가트리게 된다.

네 번째 요소는 민족주의이다. 자유민주주의 국가들은 궁극적으로 모두가 뿌리 깊은 문화적 전통을 가진 민족국가들이다. 자유주의 국가의 시민들은 어떤 특정한 믿음과 행동을 공유하고 있으며, 이것들은 국민 사이의 견해 차이를 완화하는 데 기여한다. 적어도 대다수 국민들에게 있어 그러한 핵심적인 믿음 중 하나는 일반적으로는 자유민주주의의 덕목들, 구체적으로는 그들 자신의 자유민주주의 국가에 대한 뿌리 깊은 신뢰이다. 다시 말해서, 자유주의 국가라는 사실이 국가 정체성의 한 부분이다. 시민들은 여전히 첫 번째 원칙에 대해 근본적인 견해 차이를 가질 것이고, 이는 파벌이 언제라도 존재하게 된다는 것을 의미한다. 그렇지만 국가 정체성의 한 요소로서 자유민주주의 국가라는 사실은 그 나라 국민들을 묶어주는 끈끈이 역할을 할 수 있다. 비록 자유주의 이론 자체가 그러한 끈끈이를 제공할 수 없을지라도 말이다.

다섯 번째 요소는 민주주의 제도 밖의 숨은 권력 집단(deep state)이다.[125] 자유민주주의 국가는 다른 모든 현대 국가들과 마찬가지로 고도로 관료화되어 있는데, 이는 직업 공무원으로 이루어진 다수의 거대한 제도들이 존재하고 있음을 의미한다. 이러한 관료들 중 일부는 주로 국내 혹은 국외로부터 닥쳐오는 위협으로부터 국가와 민족을 보호하는 데 관심을 가지고 있으며 그들이 예외 없이 기존의 정치 질서를 수호하기 위한 강력한 힘을 갖고 있다. 이 같은 제도들은 대체로 정치로부터 분리되어 스스로 작동하려는 경향이 있으며, 이는 그들이 대개 자신을 어떤 특정한 파벌과 동일시하지 않는다는 것을 의미한다. 예를 들어서 영국의 공무원들은 언제라도 보수당, 노동당 정부 모두를 위해 열정적으로 일한다. 그러나 때때로 한 파벌이 관료적 국가를 장악하는 경우도 있다. 1930년대 나치 독일이 그런 사례 중 하나이다.

마지막으로, 파벌들 간의 갈등을 완화하는 이러한 요소들 중 적어도 세 가지는 시간이 지날수록 점차 강해지는데, 이는 성숙한 자유민주주의 국가가 신흥 자유민주주의 국가보다 회복력이 훨씬 더 강하리라는 것을 시사한다. 시간이 지날수록 사회의 구성원들은 더욱더 상호 의존적이 되고, 그들은 더욱더 국가건설에 노출되게 된다. 그리고 숨은 권력 집단은 더욱더 강력해진다. 요약하자면, 국가 내부에 경쟁하는 파벌들이 존재한다는 사실은 자유주의 국가가 분열되어 무너질 운명에 처해 있음을 의미하지 않는다.

그러나 국제정치 무대에서는 상황이 아주 다르게 진행될 수 있다.

국제정치에서의
자유주의

Liberalism
Goes Abroad

앞의 3장과 4장에서는 정치적 자유주의가 국내정치에 어떻게 적용되는지에 대해서 분석했다. 이제 이 책의 중심이 되는 문제로 논의를 전환해야 할 때가 되었다. 강력한 국가가 자유주의적인 외교정책을 채택할 경우 어떤 일이 발생할 것인가? 다른 말로, 개인적 자유의 증진을 중요한 가치로 생각하고 이 같은 권리를 증진시키기 위해 사회공학적 행동을 하는 나라가 그 같은 본보기를 보다 넓은 세계에 적용시키려 할 때 무슨 일이 일어날 것인가?

그 막강한 국가는 자유주의적 패권(liberal hegemony)을 추구하는 나라가 될 것이며, 세계의 모든 나라들을 향해 중요한 사회공학적 행동을 시도하고, 전쟁을 치르는 등 개입주의적 외교정책을 채택하게 될 것이다. 그 나라 외교정책의 중요한 목표는 자유민주주의를 확산하고, 그 같은 과정에서 다른 나라의 권위주의적 정권들을 붕괴시키며, 궁극적으로 자유민주주의 국가들로 가득 찬 세상을 만드는 일일 것이다. 결국 자유주의적 패권을 추구하는 국가는 자신의 이미지에 따라 국제체제를 새로 만들고자 할 것이다. 그 나라는 또한 개방적 세계경제 질서를 확대시키려 하며 경제 및 안보 문제 두 가지 모두를 다루는 국제기구를 건설하려 할 것이다.

자유주의 국가는 자신이 이 같은 야심찬 목표를 추구할 수 있는 처지에 놓여 있다는 사실을 발견할 때, 언제라도 그 목표를 추구하고자 할 것이다. 왜냐하면 그런 목표를 달성했을 경우 기대되는 이익이 대단히 크다고 인식하고 있기 때문이다. 이 같은 정책은 세계 도처에 살고 있는 사람들의 개인적인 권리를 보호해줄 수 있을 뿐만 아니라, 세계를 더욱 평화로운 곳으로 만들 수 있는 정책이라고 말해지며, 자국의 자유주의를 외국의 위협으로부터 보호해줄 것이라고 생각되어진다. 더 나아가서 자유주의적 패권 국가는 외교정책을 담당하는 엘리트들에게 경력 계발을 위한 매혹적인 기회를 제공한다. 전 지구를 지배하려고 노력한다는 것은 대규모의 인력이 집중되어야 할 일이기 때문이다. 마지막으로 엘리트들은 자신들은 다른 나라의 정치에 개입하는 방법에 대해 잘 알고 있다고 생각한다. 이처럼 이득이 되는 일이라는 인식과 그같은 일을 이룩할 수 있는 능력을 보유하고 있다는 신념은 서로 합쳐져서 강력한 자유주의 국가의 지도자들로 하여금 자유주의적 패권 정책을 추구하게한다.

자유주의가 인간의 양도할 수 없는 권리 혹은 보편적 권리의 개념을 중시한다는 사실은 자유주의적 원칙에 근거한 외교정책이 다른 나라에서 일어나고 있는 인권 문제를 주의 깊게 감시하도록 요구한다는 것을 의미한다. 외국국민들의 인권이 침해당하고 있을 때, 자유주의적 패권을 추구하는 강력한국가는 외국의 개인들이 당하고 있는 인권 침해를 막기 위해 반드시 개입해야 한다는 마음을 가지게 된다. 이 강력한 나라는 인권에 대한 그러한 위협을완화시키거나 혹은 완전히 제거하기 위한 최선의 방법은 가능한 많은 사람들이 개인의 권리를 존중하는 자유민주주의 체제에서 살도록 하는 것이라고 결론 내리는 경향이 있다. 이 같은 논리는 독재 국가들의 지도자를 쫓아내고 그나라를 자유민주주의 국가로 대체하는 적극적인 체제 변경(regime change)정책으로 곧바로 이어진다.

자유주의자들은 자유민주주의를 확산해야만 하는 또 다른 중요한 이유가있다고 믿고 있다. 자유민주주의의 확산은 국제평화를 증진시킨다는 것이다. 자유주의는 국경을 초월하는 인권을 증진시키기 위한 노력을 강화하며 이 같은 노력은 서로 다른 나라에 살고 있는 사람들 사이에서 관용을 증진시키게되고, 그럼으로써 그들이 갈등을 평화롭게 해결할 마음을 갖게 한다는 것이다. 자유주의 국가들은 자국을 인권에 대한 초국가적 존중에 기초한 국제공동체의 일원으로 보며, 공동체의 일원이라는 생각은 민족주의의 해악적 영향을 완화시키고 국가들로 하여금 세력균형 정책을 넘어서는 정책을 추구하게한다는 것이다. 이러한 모든 것들은 세계를 더욱 평화로운 곳으로 만드는 데 기여하며, 그러한 세계에서 핵확산이나 테러리즘 같은 문제들은 효과적으로 해결되게 된다. 일부 자유주의자들은 자유주의는 또한 경제적 번영을 증진시킴으로써 평화를 너욱 촉진시킨다고 주장한다.[1] 물론 경제적 번영은 그 자체가 목적이기도 하다.

자유민주주의가 자유민주주의 국가들로만 가득 찬 세계를 만들려고 하는 마지막 유인은 생각이 같은 나라들은 자국의 생존을 위협할지도 모르는 국가들 간의 이념적 경쟁을 효과적으로 제거할 수 있다는 점이다. 우드로 윌슨 대통령의 유명한 말을 인용하자면 "민주주의 국가들이 안전하게 살 수 있는 세계"를 만들자는 것이다. 세계에 자유민주주의를 확산시키려는 노력은 대단히 야심찬 일이라는 사실에 의문의 여지가 없지만, 자유주의자들은 이 같은 일이 충분히 가능하다고 생각한다. 자유주의자들에 의하면 사람들은 모두 개인의 권리를 존중하려는 강력한 의지를 가지고 있으며, 대부분 자유주의자들은 국내에서는 물론 해외에서도 인권을 위한 사회공학적 행동을 할 수 있는 그들의 능력에 대해 확신하고 있다.

나는 두 가지 관점에서 이 문제를 다루어 보고자 한다. 첫째, 자유주의적 강대국들이 자유주의적 패권을 추구할 수 있는 기회는 그다지 흔치 않다는 점이다. 자유주의적 강대국들도 일반적으로는 현실주의적 원칙을 따르는 외에 별다른 선택의 여지가 없다. 왜냐하면 강대국들은 일반적으로 또 다른 강대국들과 경합하는 처지에 놓여 있기 때문이다. 이 같은 주장은 기본적인 자유주의의 논리와 일치하는 것으로서 세계국가(world state, 스스로 세계 전체를 지배할 수 있는 국가—옮긴이)가 없는 상황에서 생존 문제에 급급해야만 하는 국가들은 더 많은 힘을 보유하기 위해 경쟁하는 것 외에 다른 선택지가 없다. 자유주의는 그것이 작동하기 위해서는 야경꾼이 있어야만 한다. 자유주의는 국가 내에 존재하는 것과 같은 위계적인 정치 체제를 요구한다. 하지만 국제체제는 무정부적이지, 위계적이지 않다. 양극체제 혹은 다극체제에서 자유주의 국가가 존재하고자 한다면 그 나라는 현실주의적인 논리에 의거해서 상호작용하는 것 외에 다른 선택지가 없다.

둘째, 어떤 자유주의 국가가 자유주의적 패권을 추구할 수 있을 정도로 세력균형이 그 나라에게 압도적으로 유리한 상황이 나타날 경우가 있다. 이 같은 상황이 일어날 가능성은 주로 단극체제(unipolarity)일 경우이다. 단극체제란 국제체제에 압도적으로 강한 하나의 국가가 존재하고, 그래서 강대국 간에 안보를 위한 경쟁이 불가능한 경우라고 정의될 수 있다. 냉전이 종식되고 소련이 붕괴한 이후 미국은 자국이 바로 이 같은 상황에 처했음을 알게 되었는데, 미국이 그 이후 자유주의적 패권을 추구한 것은 놀라운 일이 아니다.[2] 미국의 경험이 보여주는 것처럼 이 같은 정책은 예외 없이 심하게 실패하기 마련이며, 패권을 추구했던 강대국은 대개 그 같은 정책을 채택한 것에 대해 큰 대가를 치르게 된다.

한 나라를 자유민주주의 국가로 만드는 일은 극도로 어려운 일이다. 왜냐하면 다른 나라의 문화는 그 자체로 깊은 뿌리를 가지고 있고 바꾸기 대단히 어려울 뿐만 아니라 세계 여러 나라 사람들은 개인의 권리를 가장 중요한 것으로 인식하지도 않기 때문이다. 더 나아가 자결(自決)을 의미하는 민족주의는 다른 나라가 자국의 국내정치에 개입하는 것에 저항하도록 만든다. 마지막으로 어떤 나라가 자유주의적 패권을 추구하는 경우, 다른 나라들은 세력균형의 논리에 따라 행동할 가능성이 높으며, 이 같은 점은 자유주의를 추구하는 나라가 이들로부터 저항을 받게 되리라는 사실을 의미한다. 요약하자면 외교정책으로서 자유주의는 문제의 근원인 것이다.

국제정치 영역에서 자유주의는 민족주의나 현실주의와 상대가 되지 못한다. 민족주의와 현실주의 두 이념은 서로 결합해서 현대 국제체제를 형성하는 데 주도적인 역할을 담당했으며 두 이념의 영향력은 앞으로도 지속될 것이다. 물론 세계국가가 출현할 경우, 즉 국제체제가 위계적인 체제로 변화될 경우, 자유주의는 국제정치에 더욱 큰 영향력을 발휘하는 이념이 될 수 있을 것이다. 그러나 세계국가가 출현할 가능성은 현실적으로 거의 없다. 현재의 국제체제는 무정부 상태(anarchy)로 남아 있으며, 무정부 상태로 남아 있는 한, 자유주의는 국가의 외교정책을 위한 적절한 기반을 제공할 수 없다.

자유주의적 패권 정책에 대한 변호
The Case for Liberal Hegemony

정치적 자유주의가 말하는 외교정책에 관한 낙관적인 이야기의 가장 중요한 행위자는 개인이지 국가가 아니다. 자유주의자들의 강고한 개인주의는 자유주의를 보편적인 이데올로기로 만들 수 있었고 자유주의자들의 국제정치에 대한 사고에도 심오한 영향을 미쳤다. 특히 자유주의의 핵심적인 가정, 즉 "개인은 그가 어느 곳에 살고 있는지에 관계없이, 같은 종류의 권리를 가지고 태어났다."라는 믿음은 자유주의자들로 하여금 세계를 보편적인 맥락에서 보도록 했다.

물론 자유주의 국가는 시민들의 자유를 보호하고 증진시키기 위해 국내에서 주요한 사회공학적 역할을 수행한다. 그러나 그러한 권리들은 보편적인 권리이기 때문에 자유주의 국가는 다른 나라 시민들이 권리를 침해당하고 있다는 사실을 보았을 때, 그들의 권리를 지켜주기 위해 개입을 해야 한다는 진정한 책임감을 느끼게 되고, 심지어 군사력을 동원해서라도 권리를 지켜줄 수 있어야 한다고 믿게 된다. 마이클 도일(Michael Doyle)은 "비자유주의적인 정부는 자국 시민들에 대해 침략전쟁을 벌이고 있다."라고까지 주장한다. 이 같은 생각은 자유민주주의가 아닌 모든 나라의 정치에 대해 간섭할 것을 요구하게 되며, 놀라울 정도로 과감한 외교정책을 창출하게 된다.[3]

자유주의가 개인의 권리에 부여하는 중요성은 예외 없이 개인의 권리를 지키는 가장 좋은 방법은 세상의 모든 나라가 자유민주주의 국가가 되는 것이라는 믿음으로 이어진다. 개인의 권리를 보호하고 증진하는 데 있어서 자유민주주의보다 더욱 우수한 정치 체제는 존재하지 않으며 자유주의가 아닌 정치질서 하에서 개인의 자유가 보장될 수 있다는 발상은 전혀 가당치 않다. 그렇기 때문에 우리는 자유주의 국가들이 자유민주주의를 강조하는 외교정책을 수립할 것이라고 예상할 수 있다. 이 같은 외교정책을 수행하기 위한 업무 중에는 다른 나라의 정권 교체(regime change)도 포함될 것이 분명하며, 이를 위해 표적이 된 국가를 변화시키기 위한 대단한 사회공학적 노력은 물론 때로 군사력도 동원될 수 있다. 그 궁극적인 목표가 자유주의를 온 세상에 확산하는 것임을 생각할 때, 자유주의 국가의 외교정책은 극히 야심적이며 개입주의적인 정책이 될 것이 분명하다.

물론 자유주의 국가들은 동시에 민족국가들이기도 하다. 이는 민족주의가 세계를 대하는 그 나라의 접근 방식에 영향을 미친다는 것을 의미한다. 민족주의의 한 특수한 측면—자기 나라가 다른 나라보다 본질적으로 우수하다는 믿음—은 자유주의 국가의 믿음, 즉 자신은 세계를 근본적으로 변화시킬 수 있는 나라라는 믿음을 강화하는 데 기여한다. 이처럼 민족주의적 국수주의(nationalistic chauvinism)와 자유주의적 이상주의(liberal idealism)가 결합되는 양상은 미국의 외교정책결정자들이 흔히 하는 주장들에서 일상적으로 나타나고 있다. 이들은 미국이 운이 별로 없는 다른 나라들을 변화시키고 지도할 수 있는 특별한 능력을 보유하고 있다고 여긴다.

평화의 요인
Causing Peace

자유주의자들은 오로지 개인의 권리를 보호하기 위한 목적에서만 자유민주주의를 확산시키려는 것은 아니다. 그들은 자유민주주의의 확산이야말로 국제평화를 초래하기 위한 가장 탁월한 전략이라고 믿고 있다. 그 이유는 간단하다. 자유민주주의 국가들은 서로 전쟁하지 않는다는 것이다. 자유주의자들의 이야기에 의하면, 국가는 국가 내부에 살고 있는 개인과 여러모로 유사하다. 그들은 때로 도무지 타협될 수 없는 상충적인 이해관계를 가지고 있다. 어떤 두 나라라도 어느 특정 시점에서 서로가 대단히 중요하다고 생각하는 이슈에 대해 서로 심각한 갈등 관계에 놓일 수 있다는 사실을 생각할 때, 평화로운 세계를 어떻게 건설할 수 있을 것인가? 국제체제에는 자유주의 국가의 내부와는 달리 질서를 유지할 수 있는 더 높은 권위를 가진 조직이 존재하지 않는다. 야경꾼이 없는 세계에서 자유주의는 어떻게 평화의 촉진자가 될 수 있는 것일까?

이 질문에 대한 대답은 개인의 권리라고 하는 대단히 중요한 개념에서 찾아진다. 모든 사람들은 이 같은 권리를 부여 받았을 뿐만 아니라, 다른 사람들의 권리에 대해서도 뿌리 깊고 폭넓은 존경심(적어도 자유주의 사회들에서는)을 갖고 있다는 것이다. 이 같은 존경의 마음은 예외 없이 관용과 연계되어 있으며 이는 국경을 초월한다는 것이다. 자유주의 국가들은 자국 국민은 물론 다른 나라 국민들도 양보할 수 없는 권리를 가지고 있으며 그들의 권리는 언제라도 반드시 존중되어야 한다고 믿는다.[4]

국경을 초월하는 개인 권리에 대한 존경의 마음은 자유주의 국가들 사이에서 강력한 공동체 정신을 부추기게 되며, 그들 사이에서는 신뢰가 일상적인 일이 된다. 자유주의자들의 논의에서 공동체(community)라는 말이 얼마나 자주 출현하는가는 대단히 관심 있게 보아야 할 일이다. 국제 공동체라는 흔히 사용되는 용어 외에도, 우리들은 범 대서양 공동체, 유럽 공동체, 안보 공동체 등의 용어를 더욱 일상적으로 들을 수 있다. 우드로 윌슨 대통령이 권력에 관해 이야기할 때, 그는 때때로 "권력의 공동체(community of power)"[5]라는 말을 사용했다. 자유주의자들은 권력이라는 용어의 사용 자체를 회피하고 자 한다. 자유주의자들은 또한 국제사회(international society), 국가들로 구 성된 가족(family of nations), 공동 운명을 가진 인류(common humanity)와 집단 안보 등 어원이 유사한 용어들을 즐겨 사용한다.

자유주의 사회들은 평화적인 갈등해결 방식에 관한 강력한 규범을 발전시 켰다. 자유주의 국가들 사이에서 야기된 갈등은—그것이 아주 심각한 것이라 고 할지라도—무력 사용의 위협을 통해서가 아니라 중재(仲裁) 혹은 타협을 통해 해결된다. 클라우제비츠의 유명한 교훈인 "전쟁은 다른 수단에 의한 정 치의 연속이다."가 적용되지 않는 곳이 자유주의의 세상이다. 자유주의자들 은 전쟁을 그들의 견해 차이를 해소하기 위한 정당한 방법이라고 생각하지 않기 때문이다. 그러나 자유주의자들에게 전쟁이란 수단은 전 세계에 자유민 주주의 정부를 확산시키기 위해, 그리고 해외에서의 인권을 보호하기 위해 아직도 용납될 수 있는 수단으로 남아 있다. 도일은 자유민주주의 국가들은 민주주의가 아닌 나라들과 "현명하지 못한 열정"으로 인해 전쟁에 빠져든다 는 사실을 지적했다.[6] 토우니(R. H. Tawney)가 지적한 바처럼, 자유주의자들 에게 있어서 "전쟁은 범죄이거나 선(善)을 위한 행동이다. 중간은 없다."[7]

그렇기 때문에 자유주의자들의 세상에서 현실주의적 논리는 극단적으로 희석되고 만다. 자유주의 국가들은 서로를 공격하려는 의도를 가지고 있지 않기 때문에 그들은 더 이상 그들의 생존에 대해 걱정할 필요가 없으며, 그래 서 권력 확보를 위한 경쟁을 할 필요가 없다. 존 아이켄베리(John Ikenberry) 가 말하는 것처럼 "자유주의적 국제주의에는 국가들이 제약 요인들을 극복하 고, 안보의 딜레마를 해결하기 위해 협력하고, 집단적인 행동을 추구하며, 개 방적이고 안정적인 체제를 건설할 수 있다는 낙관적인 가정이 깔려 있다."[8]

자유주의는 또한 민족주의를 지배한다. 민족주의는 개인의 권리에 대해 전 혀 다른 입장을 갖고 있고, 때때로 국가들이 서로를 미워하게 하고 전쟁에 빠져들게 하는 어두운 측면도 갖고 있다. 열정적인 민족주의자는 다른 나라의 국민이 자국 국민과 동등한 권리를 가진다고 보지 않는다. 자유주의자들은 자연스레 이 같이 특수한 관점을 거부하고 대신 개인의 권리는 어느 나라에서 살고 있든지에 관계없이 모든 사람들에게 평등하게 보장되어야 한다고 강조한다. 자유주의자들은 인권(人權, human right)을 이야기하지 국권(國權, national right)을 이야기하지 않으며, 그들에게 인권은 국권을 초월하는 것이다. 이 같은 생각은 극단적인 민족주의를 효과적으로 상쇄시킬 수 있다.

예로서 존 롤스는 그의 국제정치학 관련 중요 논문에서 특히 "국민들(peoples)"이라는 개념에 초점을 맞추었는데, 이는 그가 세계는 서로 다른 국가(민족)들로 나누어져 있음을 이해하고 있다는 사실을 보여준다. (그의 이야기에서 국민들peoples이라는 개념은 국가nations라는 개념의 완곡어법이다.) 그러나 자유주의 국민들이 서로를 상대할 경우 민족주의의 불쾌한 측면은 거의 완벽할 정도로 나타나지 않는다. 롤스는 다음과 같이 기술했다. "정의의 국민들은 다른 나라 국민들에 대해서도 적절한 존경심을 보이고 동등한 인간으로 대우할 준비가 거의 완벽하게 되어 있다."[9] 이처럼 정의로운 국민을 구성하는 개인들은 "공통의 연민"에 의거해서 행동하며, 공통의 연민이라는 감정은 어떤 한 나라의 국민이 다른 나라 국민보다 우월하다는 감정을 초월하는 것이다.[10] 이처럼 자유주의가 민족주의를 압도할 수 있다는 관점은 두 가지 이념의 관계에 대한 버트런드 러셀(Bertrand Russell)의 생각에 잘 반영되어 있다. "나는 낙관주의적 자유주의에 대한 열정적 지지자로 성장했다. 나는 의회민주주의 국가들이 점진적으로 확산되고, 개인의 자유가 증진되며, 한때 영국을 포함한 유럽 강대국들의 식민지였던 나라들에 자유가 보장되는 세계를 희망하고 기대하며 살았다. 나는 세계 모든 사람들이 코브던(Cobden)의 자유무역에 관한 열정적인 논리의 현명함을 보기 원했고, 민족주의는 서서히 소멸되어 보편적인 인본주의로 대체되리라는 것을 기대했다."[11]

자유주의가 민족주의와 현실주의를 잠식하게 될 것이라는 주장의 마지막 차원은 주권이라는 중요한 개념과 관련 있다. 정치적 자유주의에서 국가(state)가 중요한 역할을 한다는 사실에는 의문의 여지가 없다. 롤스처럼 주로 국민과 국가(nation)에 초점을 맞추는 학자들의 글에서도 이 같은 논지가 발견된다. 그러나 그 국가(state)는 단단한 껍질을 지닌 국가가 아니다. 현대의 자유주의는 현실주의 혹은 민족주의와 비교할 때 주권(主權)에 대해 상당히 이완된 태도를 취하고 있는 것처럼 보인다. 자유주의 이론에 의하면 국가의 국경선은 말랑말랑하며 침투 가능한 것이다. 왜냐하면 인간의 권리는 그 같은 경계선을 초월하는 것이며, 이는 서로 다른 나라들에 살고 있는 사람들이 깊은 유대와 공통의 이익을 가지고 있을 뿐 아니라 자유주의 국가들은 어떤 나라가 자국 국민들의 권리를 훼손할 경우 그 나라의 문제에 개입할 권리와 의무를 가진다는 것을 의미한다. 자유주의 국가들로 이루어진 세계에서 개인의 권리에 관한 규범은 주권의 규범을 무색하게 만든다.[12]

자유주의 국가들로 구성된 활력 넘치는 국제 공동체는 그 정의대로라면 서로에 대해 관용적이고 그들의 갈등을 평화적으로 해결하겠다는 의지를 가질 것이며, 민족주의라는 독을 해독하고 안보를 위한 경쟁과 전쟁을 사실상 제거하게 될 것이다. 국가들은 핵무기를 보유할 필요가 없어질 것이다. 전쟁 억제(Deterrence)라는 개념은 부적절한 개념이 될 것이다. 자유민주주의 국가들은 자연적으로 그들 국민들 사이에서 상당한 정당성을 누리기 때문에 테러리즘의 문제도 없을 것이다. 그리고 생각이 같은 나라들은 테러리즘의 위협이 발생할 경우 서로 협력하여 대처하는 데 별 어려움이 없을 것이다. 그래서 자유주의 국가들이 많아지면 많아질수록 더욱 좋을 것이며, 이상적인 세계는 오직 자유주의 국가들만으로 구성된 세계일 것이다.[13]

국내에서의 자유주의 보호
Protecting Liberalism at Home

자유주의자들이 자유주의가 아닌 나라의 정권교체에 관심을 갖는 세 번째 이유는 자국의 자유주의를 보호하기 위해서다. 내가 3장에서 지적한 바처럼 자유주의는 그 자체가 아주 취약할 수 있는데, 어떤 자유주의 국가라 할지라도 그 나라에 있는 일부 사람들은 자유주의를 거부할 수 있으며, 그들은 가능하기만 하다면 현존 정치질서를 뒤엎으려 할 것이기 때문이다. 자유주의 국가들은 비록 그 위협의 정도는 다를지라도 항상 국내적인 적을 가지고 있다. 이 문제는 비자유주의 국가가 자유주의 국가 내의 비자유주의적 세력과 연합하여 자유주의적 질서를 위협할 수 있을 때 더욱 악화된다. 내부의 적과 외부의 적이 이념적으로 깊은 연결고리를 가지고 있을 때 위협은 특히 심각해진다. 이 같은 위협은 자유주의 국가들로 하여금 외부의 적국을 자유민주주의 체제로 변형시킴으로써 위협을 제거해야 한다는 강력한 유인을 제공한다. 물론 모든 나라들이 자유주의 국가라면 이 같은 문제는 없을 것이다.

국제정치학자 존 오웬스(John Owens)는 내부의 적과 외부의 적의 연계는 자유민주주의 국가뿐만 아니라 모든 국가들이 적대적인 이데올로기를 지닌 국가들에 대한 "강압적인 체제 변화"를 추구하게 만든다고 주장했다. 그는 "위협의 성격이 바로 초국가적이기 때문에 그 정부는 내부의 적들은 물론 외국의 적을 공격함으로써 그 위협을 낮추고자 한다. 그 정부는 외국에 있는 적의 이데올로기를 압박함으로써 국내의 이념적 적에 대한 외부의 도덕적, 물질적 지원의 원천을 제거할 수 있다."[14]라고 기술했다. 양편 모두 이 같은 논리를 이해하고 있으며, 그래서 양편 모두 가능한 한 빨리 상대방의 체제를 붕괴시켜야 한다는 동기를 부여받게 된다.

자유주의 국가들이 다른 나라의 정권교체를 목표로 하는 정책을 채택하는 데에는 최소한 세 가지 본질적인 이유가 있다. 외국인들의 권리를 증진시키기 위해서, 평화를 증진하기 위해서, 그리고 자신의 자유주의를 보호하기 위해서이다. 그러나 이처럼 야망 넘치는 정책을 추구하기에는 역부족일 경우가 많다. 이러한 정책을 추구하기 위해서 자유주의 국가는 예외적으로 막강해야 하며, 때로 군사력을 사용해서라도, 그것도 큰 대가를 치르지 않고 외국의 정권을 붕괴시킬 수 있는 수단을 보유하고 있어야 한다. 또한 외국의 독재정권을 무너뜨린 후엔 그 정권을 대체하는 안정적인 자유주의 정부를 수립하는 어려운 임무를 수행할 수 있는 전문성과 인내력을 가지고 있어야 한다. 그러나 현대의 자유주의는 사회공학적 임무에 매우 적극적이며, 이는 개인의 권리를 증진시키고 보호하기 위해서일 뿐만 아니라, 오늘날의 복잡한 삶으로 인해 국가가 그 사회를 관리하는 데 깊이 관여할 수밖에 없기 때문이다. 다수의 자유주의자들은 독재 국가들의 정권을 교체하는 것을 대단히 큰 이득을 가져다줄 실현 가능한 정책으로 생각한다.[15]

비록 자유주의적 패권을 추구하는 국가들은 일반적으로 개인의 자유를 보호하고 전 세계에 자유민주주의를 확산시키는 데 큰 관심을 가지고 있지만 그러한 국가는 또한 다른 두 가지 주목할 만한 목표를 가지고 있다. 첫째는 국제기구를 건설하는 것이고, 둘째는 국가들 사이의 경제적 교류를 증진시키는 것이다. 이런 목표들은 국제기구와 경제적 상호 의존 관계가 평화를 촉진한다는 가정으로부터 도출된 것이다. 이 책의 7장에서 나는 자유민주주의 국가들은 서로 전쟁을 벌이지 않는다는 주장과 함께 위의 이론들을 자세하게 분석할 예정이며 그렇게 함으로써 과연 이러한 주장들이 자유주의적 외교정책을 결정하는 데 합당한 근거가 될 수 있는지를 살펴볼 것이다. 이 장에서 나는 국제기구를 건설하는 것과 개방적 국제경제 체제를 촉진하는 것이 어떻게 자유주의 외교정책의 핵심적인 내용이 되었는가에 초점을 맞추고자 한다.

실제로 국제기구의 건설과 개방적 국제경제 체제의 촉진은 자유주의 외교정책을 보완한다. 국제제도들은 본질적으로 국가들의 행동을 인도하는 권리와 의무를 규정하는 규칙들이다. 국가들은 그러한 규칙에 복종하는 것이 자국의 이익에 부합하지 않더라도 그렇게 할 것으로 기대된다. 법의 지배와 권리의 보호에 특별한 가치를 두는 것 외에도 국제제도는 국가 간의 분규를 평화적으로 해결하기 위한 목적으로 고안되었다. 이 같은 노력은 모두 자유주의적 규범의 일부이다.

자유주의적 외교정책이 시장에 기반을 둔 경제체제를 선호하고 국제교역과 국제투자의 증진을 촉구한다는 것은 놀라운 일이 아니다. 재산을 소유하고 이를 자신의 의지대로 교환할 수 있는 권리는 정치적 자유주의의 기본적인 교리이며, 경제적 세계화는 개인들로 하여금 자신의 이익을 추구할 수 있는 방대한 기회를 제공한다. 더욱이 자유주의자들은 정치적인 의견 불일치로 인해 야기되는 손실을 경제적인 수단을 이용해 제한하고자 한다. 그들은 개방적 국제경제는 재산(property)을 증식시키고—이것은 그 자체로서도 좋은 것이며 사람들이 평화와 자유주의로 나아가게 만든다—국가들이 서로 경제적으로 의존하게 만든다. 무역과 투자 관계는 국가들이 서로 싸워야 할 의지를 대폭 약화시킨다. 당신은 당신의 재산이 크게 의존하고 있는 나라와 무엇 때문에 싸우겠는가?

내가 별 관심을 가지지 않았던 목표, 그러나 때때로 자유주의 외교정책이라고 명명되었던 것들에 대해 몇 마디 말을 더 해야 할 것 같다. 일부 자유주의자들은 국가들 사이의 극심한 빈부격차를 해소시키기 위해 재분배 정책을 시행해야 하며 이를 통해 지구적인 정의(global justice)에 기여해야 한다고 주장한다. 이 같은 이론을 지지하는 사람의 주장대로라면 국가들은 가난한 나라들의 이익을 위해 "자원과 부의 지구적 재분배에 영향을 미치기 위해 노력해야" 한다.[16] 이 같은 목표는 자유주의 국가 내에서 개인들의 동등한 기회를 증진시키려는 자유주의자들의 노력을 보완하는 것이다. 그러나 어떤 자유주의 국가도 지구적 정의를 위해 자신의 이익을 침해하면서까지 다른 나라가 경제적인 이득을 취하도록 하는 데 진정한 노력을 보여준 적이 없었으며, 앞으로도 그렇게 할 나라가 나오리라고 생각할 이유는 없다.[17]

엘리트, 대중 그리고 자유주의적 패권
Elites, the Public ad Liberal Hegemony

마지막으로, 자유주의적 패권의 추구는 주로 엘리트들에 의해 추진된 정책이라는 사실을 아는 것이 중요하다. 자유주의 국가의 외교정책을 결정하는 세력들은 일반적으로 국가주의적인 성향을 보이는 그들의 시민들에 비해 훨씬 국제주의적이다. 특히 외교정책을 결정하는 엘리트들은 일반적인 시민들에 비해 외국의 국민들의 개인적인 권리를 보호하는 일에 훨씬 더 열정적이다. 이렇게 말하는 것이 일반적인 시민들은 자유주의적인 본능이 없다거나 혹은 엘리트들은 민족주의적이지 않다라고 말하는 것은 아니다. 그러나 외교정책을 결정하는 엘리트들이 일반 시민들에 비해 해외에서 자유주의적인 목표들을 추구하는 데 훨씬 더 큰 관심을 가지고 있다는 사실은 의심할 여지가 없다.

이 같은 현상이 야기된 데는 여러 가지 이유가 있다. 우선 엘리트들은 일반 시민들보다 교육을 더 많이 받은 사람들이다. 그들은 전형적으로 대학에 다니면서 여러 해를 보낸 사람들인데, 대학들은 지난 수십 년 동안 엄청날 정도로 국제화되었다. 오늘 미국의 거의 모든 대학들에는 다수의 외국 학생들이 공부하고 있을 뿐만 아니라 다른 나라에서 태어나고 성장했던 교수들도 많이 있다. 또한 미국에서 태어난 학생들이 다른 나라의 대학에 가서 공부하는 기회도 많아졌다. 미국의 일류대학들은 거의 완벽할 정도로 자유주의적인 장소가 되었으며 그곳에서 민족주의적 감정은 거의 찾아볼 수 없게 되었다.

더 나아가 현대사회의 엘리트들은 상당 정도의 시간을 외국에서 온 엘리트들과 어울리는 데 할애하고 있다. 학자들, 전문가들, 기업가들, 기자들, 정책

결정자들과 연구소의 연구원들은 모두 자주 해외여행을 다니며 다른 나라의 동업자들과 교류하며 때로 그들과 아주 가까운 친분 관계를 형성하기도 한다. 그렇기 때문에 오늘날 세계에서 외교정책을 결정하는 엘리트들은 압도적으로 범세계주의적(cosmopolitan)인 관점을 가지게 된다. 이렇게 말하는 것이 그들 모두가 "국가에 충성할 필요를 느끼지 못하는 사람들" 그리고 "국경선을 고맙게도 소멸 중인 장애물로 인식하는 사람들"[18]이라는, 다보스 세계경제포럼 참석자들에 대한 새무얼 헌팅턴(Samuel Huntington) 교수의 묘사에 딱 들어맞는다는 것은 아니다. 그러나 일부 사람들은 헌팅턴 교수의 묘사와 크게 다르지 않다.

이에 추가해서, 외교정책은 국가에게 맡겨진 영역이며, 일반적으로 일반 시민이 그다지 깊게 관여하지 않은 채로 수행된다. 물론 시민들 중 일부 집단은 특정 이슈에 대해 강력한 입장을 표명하고, 조직적으로 저항하기도 하고, 자신들을 대표하는 의원들에게 외교정책과 관련하여 자신들이 원하는 바대로 투표할 것을 압박하기도 한다. 그러나 일반적으로 보았을 때 외교정책의 일상적 이슈들에 대한 일반 시민들의 개입은 제한적이다. 외교정책은 엘리트들이 행하는 것이며, 그들은 자유주의적 패권과 같은 적극적인 정책을 추구함으로써 물질적인 이익을 추구할 수도 있다. 세계를 운영하려고 하는 정책은 현실주의적인 외교정책이 일자리를 별로 많이 창출해내지 못하는 것과는 달리 정부 내에 혹은 외부에 수많은 고위 직책을 창출하게 된다. 스티븐 월트(Stephen Walt)의 말처럼 자유주의적 패권 정책은 "외교정책 담당 집단을 위한 완전고용 전략"이다.[19]

종합하건대 자유주의적 패권 정책이 가져다 주는 두 가지 이익—전 세계 사람들의 인권을 보호하고, 전쟁을 방지하며, 국내에서 반자유주의적 요소들을 제약하겠다는 약속뿐만 아니라 흥미롭고 나름 중요한 고임금 직업에 대한 약속—은 왜 자유주의적인 엘리트들이 확장적 외교정책에—그러한 정책이

224

심각한 문제에 봉착한 뒤에도—그토록 열정적으로 매달리고 있는지를 설명해준다.

외교정책 엘리트들이 자유주의적 패권 추구에 너무나 몰두하고 있다는 사실을 고려할 때, 그들이 자유주의적 패권 정책의 이익을 대변하는 포괄적인 담론을 구축했다는 것은 놀라운 일이 아니다. 그들은 이 같은 생각을 싱크탱크의 보고서, 공적인 연설, 신문 사설과 다른 모든 형태의 대중적 수단을 통해 전파한다. 그들은 이 같은 야망 넘치는 사명을 열정적으로 믿고 있으며 그것을 고귀한 일로 생각하고 있다. 그들은 이 같은 사명을 대중에게, 특히 외교정책 담당 집단에 참여하길 열망하는 젊은이들에게 알리는 데 대단한 성공을 거두고 있다. 월트가 지적하는 것처럼, 그들은 자신들의 메시지를 특히 정부의 미래의 지도자들를 길러내는 공공정책 대학원들에서 효과적으로 알리고 있다.

요약하자면, 자유주의적 외교정책은 전 세계 자유민주주의 국가의 수를 극대화하는 것과 주로 관련이 있다. 자유주의 외교정책은 또한 부차적으로 국제기구를 건설하고 개방적인 국제경제를 촉진하는 것과 관련이 있다. 그러나 국가들이 그 같은 정책을 택할 가능성이 있을까? 그리고 만약 국가들이 그 같은 정책을 채택한다면 성공할 수 있을까?

현실주의를 처방하는 자유주의
Liberalism Prescribes Realism

어떤 강대국일지라도 국제체제 속에 최소한 하나의 다른 강대국이 존재하는 경우 자유주의적 패권을 추구할 수 없다. 전형적으로는 그러하다. 국제체제가 양극체제 혹은 다극체제인 한 강대국은 현실주의적 원칙에 의거해서 행동할 수밖에 없다. 그 나라는 개인적 권리를 증진하는 외교정책을 추진할 여유가 없는데, 그 이유는 세계는 자국의 안보를 희생해 가면서까지 다른 나라 국민의 권리를 보호하려 하기에는 너무나도 위험하기 때문이다. 사실상, 올바르게 이해된 자유주의는, 위협이 존재하는 세계에서 경쟁하는 강대국들은 자신의 생존 가능성을 극대화하기 위해서 힘을 위한 경쟁을 하는 것 외에 다른 선택이 없다고 말한다. 자유주의는 국내 정치처럼 상위의 권위가 존재함으로써, 질서 유지가 가능한 곳에서만 작동할 수 있다. 그러나 국제체제에는 국가들보다 상위의 권위는 존재하지 않는다. 야경꾼이 없는 곳에서 자유주의는 현실주의로 변할 수밖에 없다.

나는 현실주의의 핵심 논리를 제시하는 것에서부터 시작하고자 한다. 나의 주요한 목표는 왜 국가들이 세계국가가 존재하지 않는 상태에서 힘(권력)을 위해 경쟁을 하는지, 그리고 왜 국가들은 때때로 전쟁을 하는지를 보여주는 것이다. 나는 왜 자유주의는 위계(hierarchy)질서에 의지하는지 그리고 둘 혹은 그 이상의 강대국이 존재하는 세계에서 자유주의는 왜 실질적으로 현실주의가 되고 마는지를 설명하고자 한다. 그 후 나는 국제체제에 단 하나의 강대국만이 존재하는 희귀한 경우, 그 유일 강대국이 자유주의적 패권을 추구하는 정책을 채택할 경우 무슨 일이 일어나는지를 설명하고자 한다.

현실주의 제1교시
Realism 101

현실주의자들은 국제정치는 국가들이 권력을 추구하기 위해서 경쟁을 벌이는 위험한 비즈니스라고 주장한다. 국가들은 힘을 더 많이 가지면 가질수록 생존할 가능성이 높아지기 때문에 힘을 추구하는 경쟁을 벌인다. 때로 힘을 추구하는 경쟁이 너무나 치열해지게 되고 그 결과 전쟁이 발발하기도 한다. 이 같은 침략을 야기하는 원동력은 국제체제의 구조라는 것인데, 국제체제의 구조는 국가들이 상대방에게 피해를 입히면서라도 자신의 힘을 추구하는 것 외에 다른 선택을 제공하지 않는다.[20]

이 같은 기초적인 이론은 국제체제의 기본적인 성립 구조를 묘사하는 다섯 가지 가정으로부터 형성된다.[21] 첫째, 세계의 무대에서 가장 중요한 행위자는 국가들이며 국가보다 상위에 있는 중앙 집권적인 조직은 존재하지 않는다. 국제연맹 혹은 국제연합 같은 조직은 3차적인 중요성이 아니라면, 기껏해야 2차적인 중요성을 가질 수 있을 뿐이다. 왜냐하면 이들 국제 기구들은 국가들을 강제할 수 있는 지렛대를 거의 가지고 있지 않기 때문이다. 국가들은 비록 그 크기는 다르지만 마치 당구대 위의 당구공에 비유할 수 있다. 그렇기 때문에 국제체제는 무정부적이고, 국가들의 다툼을 해결해줄 수 있는 궁극적인 중재자는 존재하지 않는다. 무정부 상태란 물론 혼돈 혹은 질서가 없는 상태를 의미하는 것은 아니다.

두 번째와 세 번째 가정은 국가들의 능력과 의도에 관한 것인데, 이 두 가지는 국가들이 서로를 평가할 때 가장 중요시하는 요인들이다. 모든 국가는 어느 정도의 공격적 군사력을 보유하고 있다. 물론 강대국들은 분명히 훨씬 막강한 군사력을 보유하고 있다. 현실주의자들은 강대국에 초점을 맞추는 경향이 있는데, 그 이유는 강대국들이 국제정치에 가장 큰 영향력을 가지고 있는 주체들이기 때문이다. 그러나 강대국들 중에서도 어떤 강대국은 다른 강대국보다 유난히 막강한 힘을 보유하고 있는 경우가 있다. 세 번째 가정은 국가들은 잠재적인 경쟁국의 의도가 얌전한지 혹은 적대적인지 결코 확실하게 알 수 없다는 것이다. 그들은 때로 합리적인 추측을 할 수 있지만 결코 확신할 수는 없다.[22]

이 같은 불확실성의 이유는, 의도란 정책결정자의 머릿속에 들어 있으며 눈으로 보거나 측정하는 것이 불가능하기 때문이다. 반면, 능력은 일반적으로 눈으로 볼 수 있으며 이성적으로 쉽게 측정될 수 있다. 예로서 냉전 시대 동안 미국은 소련이 얼마나 많은 수의 탱크, 공격용 잠수함, 핵 미사일을 가지고 있는지를 알 수 있었지만 조세프 스탈린(Joseph Stalin) 혹은 니키타 후르쇼프(Nikita Khrushchev)의 마음속을 들여다볼 수는 없었다. 혹자는 소련의 사례는 인정하지만 미국은 적어도 제2차 세계대전이 시작되었을 무렵부터 영국이 미국에 대해 평화적인 의도를 가지고 있었다는 사실을 알고 있었다고 반박할지도 모른다. 물론 미국의 정책결정자들이 오랫동안 영국을 우호적인 국가로 생각해 왔던 것은 사실이다. 그러나 그렇게 생각한 것은 영국의 능력 때문이었다. 영국은 미국을 위협하기에는 국력이 너무 약했던 것이다. 영국은 제2차 세계대전 당시 나치독일의 침략으로부터 그리고 냉전 시대 동안은 소련의 위협으로부터 자신을 지키기 위해 미국에 의존했다. 만약 지난 75년 동안 영국이 실제 가지고 있었던 국력보다 3-4배 강력한 국력을 보유하고 있었다면 미국은 영국의 의도에 대해 심각하게 우려하지 않을 수 없었을 것이며 영국의 의도를 정확하게 알 수도 없었을 것이다. 이 같은 경우들에서 보듯이 의도는 힘에 관한 측정으로부터 도출되는 것이다.

혹자는 정책결정자들이 말을 통해 자신의 의도를 정확하게 밝힐 수 있을 것이라고 주장할 수 있을 것이다. 그러나 말은 믿을 수 없는 것이다. 지도자들은 때때로 자신의 견해를 다르게 표현하거나 단순히 거짓말을 하기도 한다. 다른 나라의 현재 의도에 대해 자신 있게 알고 있다고 확신하는 경우라도 앞으로 그 나라의 의도가 무엇이 될지를 안다는 것은 불가능한 일이다. 우리는 다른 나라의 어떤 사람이 앞으로 몇 년 후 그 나라를 통치하게 될지 알 수 없으며, 어떤 경우라도 그 나라의 미래 지도자는 지금과는 다른 환경에서, 어쩌면 완전히 다른 환경에서 통치하게 될지도 모른다. 이렇게 말하는 것이 지도자들은 현재 나쁜 의도를 가지고 있다거나 혹은 앞으로 나쁜 의도를 가지게 될 것이라고 말하는 것은 아니다. 다만 당신은 그의 의도를 확실하게 알 수 있는 방법이 없다고 말하는 것이다.

네 번째 가정은 생존이 모든 나라의 가장 중요한 목표라는 것이다. 국가들은 모두 다른 목표들도 가지고 있지만—이는 그들의 의도가 무엇인지를 알 수 없게 하는 한 가지 요인이 된다—생존은 언제라도 가장 중요한 목표가 아닐 수 없다. 국가가 생존할 수 없다면, 다른 목표를 추구할 수 없는 것이다. 그렇다면 생존이란 정확히 무엇을 의미하는가? 생존은 국가의 물리적 생존을 의미하는 것이 분명하다. 어떤 나라도 다른 나라에게 정복당하기 원치 않으며 한국이나 폴란드가 한때 그랬던 것처럼 소멸되기 원치 않을 것이다. 생존이란 국가가 주권을 유지하는 것일 뿐만 아니라 영토적 정체성을 유지하는 것을 의미한다. 국가들은 다른 나라가 자기 나라의 중요한 외교정책 혹은 국내 정책에 대해 이래라 저래라 하는 것을 원하지 않을 것이다. 냉전 당시 소련은 자신의 위성국들에 대해 그렇게 했었다.

다섯 번째, 국가들은 합리적인 행위자들이다. 국가들은 자신의 생존을 극대화할 수 있는 전략을 고안할 능력을 가지고 있다. 다른 말로 한다면, 국가들은 도구적으로 합리적(instrumentally rational)이라는 것이다. 국제정치는 복잡하기 때문에 전략은 실패할 수 있으며, 때로 파멸적인 실패를 초래할 수도 있다. 그러나 여기서 말하려는 것은, 전략은 어떤 목표를 달성하기 위해 의도적으로 고안된 것이라는 점이다. 현실주의 이론은 생존이라는 목표를 예외로 한다면, 한 국가의 목표들이 합리적인지 여부를 판단하지는 않는다.

이상의 가정들은 어느 것도 그 자체만으로 현실주의와 일반적으로 연계되는 위험하고 경쟁적인 세상의 모습을 나타내 보이지는 못한다. 이 가정들은 함께 결합됨으로써 문제가 발생하게 된다. 이상 다섯 가지 가정은 우리들에게 국가들은 세 가지 종류의 행동들을 보여준다고 말해준다. 첫째, 국가들은 서로를 두려워하는 경향이 있다. 두려움의 정도는 다양하지만 강대국들 사이에서는 언제라도 일정 수준의 두려움이 존재하는데, 이는 부분적으로 또 다른 국가가 막강한 공격력 혹은 적대적인 의도를 갖게 될지 정확히 알 수 없기 때문이다. 오늘날 미국이 부상하고 있는 중국을 바라다보고 있는 모습에 대해, 그리고 제1차 세계대전 이전 영국이 부상하고 있는 독일을 바라다보고 있는 모습을 생각해보자. 미국의 지도자들은 마치 영국의 정책결정자들이 1914년 이전 독일의 의도를 알 수 없었던 것과 마찬가지로 중국의 미래 의도를 알 수 없는 것이다. 이 같은 상황은 앞으로 문제가 생길 것이라는 두려움을 야기하게 된다. 문제를 더욱 어렵게 만드는 것은 중국 역시 미국이 중국에 대해 침략적인 의도를 가지고 있을지 모른다며 두려워한다는 것이다. 독일역시 제1차 세계대전 이전 영국의 의도를 믿을 수 없었다.

국가들이 서로 두려워하는 또 다른 이유가 있다. 나라들이 문제에 봉착하는 경우, 그들에게는 문제를 해결해 달라고 호소할 수 있는 상위의 권위 있는 조직이 없다는 것이다. 위협을 당하고 있는 국가가 911(한국이라면 119)에 신고 전화를 건다 해도 그 전화를 받고 도움을 줄 나라는 없는 것이다. 무정부적인 국제정치 구조 때문에 국가들은 언제라도 생사의 문제에 봉착할 수 있다는 걱정을 하고 있다.

이처럼 911(긴급 구조)이 존재하지 않는 상황에서 국가들은 스스로의 힘으로 문제를 해결할 수밖에 없는 세계에서 살고 있다는 사실을 인지하고 있다. 그 세계는 국가들이 자신의 안보를 위해 할 수 있는 모든 것을 해야만 하는 곳이다. 나라들은 언제라도 다른 나라들과 동맹을 형성할 수 있지만, 자신이 어려움에 처했을 때 동맹국들이 언제라도 그들을 도와줄 것이라고 완전히 믿을 수도 없다. 아무리 친한 동맹관계라도 시간이 지나면 사이가 멀어질 수 있으며, 국가들은 영원한 친구들을 가지지도 않는다.[23] 1848년 영국 의회에서 파머스턴 경(Lord Palmerstone)은 다음과 같이 말했다. "이 나라 혹은 저 나라를 영국의 영원한 동맹 혹은 영원한 적으로 상정하는 것은 속 좁은 정책입니다. 우리나라는 영원한 동맹과 영원한 적을 가지고 있지 않습니다. 우리나라의 국가이익만이 영원하고 지속적인 것이며, 국가이익을 따르는 것이 우리의 의무인 것입니다."[24]

마지막으로, 국가들은 상대방의 의도를 결코 확실하게 알 수 없는 무정부 상태에서 자신의 생존을 위한 가장 좋은 방법은 가능한 한 경쟁국과 비교할 때 상대적으로 더욱 막강한 힘을 보유하는 것임을 알고 있다. 그래서 국가들은 자신들이 통제할 수 있는 군사적 자산을 극대화하려고 노력하고, 다른 나라들이 자신들에게 위협이 될 정도로 힘을 증강시키지 못하게 하면서 동시에 세력균형을 자신에게 유리하게 변화시킬 기회를 추구한다. 이처럼 힘을 보유하기 위한 제로섬(zero-sum)적 경쟁은 때로 전쟁을 야기하기도 하고, 국제정치를 무자비하고 신뢰할 수 없는 영역이 되게 한다.

힘이 막강하다는 사실이 생존을 보장하지는 못한다. 하지만 막강한 힘은 한 국가가 잠재적인 침략국을 억제할 수 있는 전망을 대폭 높여주며, 만약 억지에 실패하여 전쟁이 발발하게 될 경우 그 전쟁에서 승리할 가능성을 높여준다. 막강한 전투력을 보유하고 있다는 사실은 대단히 중요한 일인데, 왜냐하면 강대국들 사이에서는 자국의 안전을 위해, 혹은 또 다른 이유 때문에 전쟁을 하지 않을 수 없는 상황이 발발할 수 있기 때문이다. 어떤 나라의 경우라도 가장 바람직한 상황은 자신이 패권국이 되는 것이다. 패권국이란 국제체제 속에 홀로 존재하는 강대국을 의미한다.[25] 그런 환경에서는 어떤 다른 나라도 패권적인 강대국을 강압하거나 패배시킬 수 있는 군사적 능력을 보유하고 있지 못하다.

요약하자면, 강대국은 힘을 위한 경쟁을 벌이는 일 외에 다른 선택이 없는, 마치 강철로 된 새장에 갇혀 있는 꼴이라고 말할 수 있다. 언제라도 갈등이 발발할 수 있는 무정부 상태 하에서 힘이란 바로 생존을 의미한다.

적실성이 높은 현실주의
Realism's Wide-Ranging Relevance

대략 500년 전 유럽에서 출현한 국제정치 체제와 긴밀하게 연결되어 있는 현실주의라는 개념은 고대 혹은 중세의 국제정치를 설명하는 데에도 유용하게 활용될 수 있다. 현실주의의 아버지로 널리 인정받고 있는 투키디데스 (Thucydides)는 1500년경 유럽에서 최초의 국가들이 출현하기 오래전 펠로폰네소스 전쟁(431-401B.C)의 역사를 기록했다.[26] 마커스 피셔(Markus Fischer)는 중세 유럽에 존재했던 다양한 형태의 정치적 실체들 사이의 중요한 정치적 관계들을 설명하는 데 있어서 현실주의가 얼마나 유용한지를 잘 보여주었다.[27] 현실주의는 시간을 초월하는 것인데 그것은 단순히 말하자면 국제체제는 언제라도 무정부적이었고 국제체제를 구성하는 단위들의 의도를 정확하게 알아낼 수 있는 방법이 없었기 때문이다.

현실주의의 논리는 국제정치 이외의 다른 영역에도 적용될 수 있다. 행위자들이 다른 행위자들을 향해 폭력을 휘두를 위험이 있는 곳, 그리고 상위의 권위 있는 조직이 존재함으로써 질서를 유지하고 보호를 제공할 수 없는 곳이라면 언제라도 현실주의의 논리가 적용될 수 있다. 예로서 현실주의 이론은 금주법이 시행되던 시절 불법적으로 알코올을 거래하는 사람들의 행위는 물론 오늘날 세계 어디서든지 불법적으로 마약을 거래하는 사람들의 행위를 설명하는 데도 유용하게 사용될 수 있다. 불법 밀주업자와 마약 거래인들은 상대방이 자신을 속였다고 생각할 때에도 경찰을 부르거나 법원에 고소를 할 수 없을 것이다. 놀랄 일도 아니지만 저들은 상호 거래를 할 때 항상 테이블 밑으로 총을 가져가며, 폭력이나 폭력을 사용하겠다는 위협은 그들 일상생활의 한 부분이다.

현실주의의 논리는 국가의 힘이 미치지 못하는 변경지역에서도 적용될 수 있는데, 그곳에는 개인들이 폭력의 위협을 당할 때 호소할 수 있는 911이 없기 때문이다. 이 같은 환경에서 사는 사람들은 중무장(重武裝)하고 있어야 하며 상대방이 위협적인 모습으로 다가올 경우 먼저 쏘고 그 다음에 물어보는 것이 아마도 더 현명한 일일 것이다. 인간의 역사가 시작된 이래 지구 상에 존재해 온 다양한 정치적 단위들의 도달 범위가 확대되어 왔다는 사실은 왜 세계적 차원에서 폭력이 시간이 흐를수록 점차 줄어들었는가를 상당 부분 설명하는 것처럼 보인다. 스티븐 핑커(Steven Pinker)가 지적한 것처럼 "정부의 통제력이 높아짐에 따라 살인의 빈도가 대폭 줄어들었다는 사실은 인류학자들에게도 너무나 명백한 현상이며, 이를 증명하기 위해 살인의 통계 숫자를 살펴볼 필요도 없을 정도다."[28]

마지막으로 토머스 홉스가 자신의 『리바이어던』에서 언급한 바는 구조적 현실주의가 주장하는 바와 대체적으로 일치한다. 무정부 상태인 자연 상태에서 살고 있는 개인들은 다른 사람들의 의도를 알 방법이 없으며, 그들 모두는 상대방을 죽일 수 있는 능력을 보유하고 있다. 이 같은 기본적인 구조는 인간들에게 서로를 두려워해야 할 강한 동기를 제공하며, 때때로 그들은 자신의 생존 가능성을 높이기 위한 방편으로 다른 사람을 죽이기까지 한다. 홉스에 의하면, 개인이 다른 개인을 죽이는 일을 방지하기 위한 핵심적인 방안은 위로부터 질서를 강요할 수 있는 막강한 국가—즉, 리바이어던(leviathan)—를 만드는 것이다. 이처럼 강한 국가가 존재하지 않는다면, 즉 "모든 사람을 두렵게 할 수 있는 공통의 힘"이 없다면 무정부 상태의 세상에서 살아가야 하는 개인들의 인생은 "외롭고, 불쌍하고, 추하고, 잔인하고, 짧을 것이다."[29]

현실주의, 권리 그리고 국제 공동체
Realism, Right and the International Community

국가들은 자신의 생존을 보장하기 위한 것이라면 할 수 있는 가능한 모든 일을 할 것이며, 그래서 현실주의 이론에서 개인의 권리는 그다지 중요한 것으로 취급되지 않는다. 현실주의에는 확실히 '양도할 수 없는 인권'이라는 개념이 들어설 공간이 없다. 비록 국가들은 특정한 권리를 모든 나라에게 부여한다는 약속에 동의할 수 있기는 하지만 말이다. 그러나 실제의 세계에서 인간의 권리를 중시하는 일보다는 힘을 극대화하는 일이 언제라도 우선시된다. 강대국들은 전형적으로 자신들의 전략적 이해와 일치될 경우, 또는 그렇게 해도 전략적으로 별 문제가 되지 않는 경우에만 권리를 존중하는 정책을 채택한다. 강대국들은 자국의 이익과 일치하는 경우 다른 나라의 독재자들과도 손을 잡으며, 때로 민주적으로 선출된 외국의 지도자가 위협으로 인식될 경우 그를 축출하기도 한다.

우리들은 현실주의 이론도 한 가지 양도할 수 없는 권리를 가지고 있다고 생각할 수 있을 것이다. 그 권리란 바로 생존의 권리이다. 생존해야만 한다는 가정은 현실주의 이론의 핵심을 이루는 것이다. 그러나 국가들은 자신들만이 생존의 권리를 가지고 있다고 믿는 경향이 있다. 그들은 다른 나라들에게는 생존의 권리를 적용하려 하지 않는다. 모든 나라들이 다른 나라의 생존을 위협하려고 적극적으로 노력한다는 말은 아니다. 그러나 그들은 필요하다고 생각할 경우 바로 그렇게 한다는 것이다. 현실주의는 자유주의와는 달리 꼭대기부터 밑바닥에 이르기까지 특수주의적인 이론이다. 현실주의에는 자유주의에서 보이는 보편적인 인간의 권리 같은 이야기는 없다.

이러한 이유 때문에 현실주의자들은 양도할 수 없는 인권에 대한 깊은 존경심에 바탕을 두고 있는 소위 국제 공동체(international community)와 같은 개념에 대해 큰 중요성을 부여하지 않는다. 현실주의자들에게 있어서 공동체란 강대국들이 자신들의 이익을 추구하면서 스스로 고매한 척하기 위해 활용하는 수사(rhetoric)이거나 약한 나라들이 다른 가용한 방안이 없을 때 활용하는 수사적 도구로 인식되는 것이다. 국가들은 군사동맹을 형성하기 위해 또는 그들의 상호 이익을 보장하는 국제기구를 건설하기 위해 진정한 협력을 할 수 있다. 그러나 국가들이 협력하는 것은 자기 자신을 위해서이지 다른 나라들도 공통의 가치 혹은 동기를 가지고 있다고 믿기 때문이어서는 아니다.

자유주의와 현실주의가 개인의 권리에 대해 그토록 다르게 말한다고 보았을 때, 어떻게 국제적 차원에서는 자유주의가 현실주의와 구분될 수 없다고 말할 수 있을 것인가? 중요한 이유는 자유주의는 상위의 권위 있는 조직 혹은 야경꾼을 필요로 하지만 국제체제에는 그런 것들이 없다는 사실이다. 세계국가(world state)라는 것은 존재하지 않는다. 무정부 상태가 있을 뿐이며, 무정부 상태는 개별 국가들에게 힘의 증강을 위한 경쟁 외에 다른 선택을 할 수 없도록 한다.

자유주의와 국제적 무정부 상태
Liberalism and International Anarchy

정치적 자유주의는, 개인들에게 자연 상태는 위험한 곳이며 죽음을 초래할 가능성이 높은 곳으로 보는데, 이는 개인들이 거의 예외 없이 삶의 첫 번째 원칙에 대해 서로 타협할 수 없을 정도로 다른 생각을 가지고 있다는 가정으로부터 출발하기 때문이다. 자유주의자들은 이 같은 문제들에 대처하기 위해, 모든 사람들은 다른 사람들로부터 존중받아야 하는, 이론의 여지가 없는 권리들을 보유하고 있고 평화적인 갈등 해소 방법 및 관용을 증진시킴으로써 가능해질 수 있다고 주장한다. 이 같은 주장은 보편적 권리에 대한 그들의 믿음에서 나오는 논리적 귀결이다. 그러나 자연 상태에서 권리와 관용만으로 평화를 유지하기는 충분치 못하다. 개인의 생존은 지속적으로 위험한 상태에 놓여 있다. 이를 해결하는 방법은 사회 계약이며 사회 계약의 결과물인 국가들은 상호 간 질서를 유지할 수 있다.

정치적 자유주의가 세계정치에 적용될 때, 관심의 초점은 개인으로부터 국가 간의 상호작용으로 바뀐다.[30] 개인이 아니라 국가가 분석의 단위가 될 때에도 마찬가지의 논리가 적용된다.

　자유주의가 말하는 국가와 현실주의가 말하는 국가는 상당히 유사하다. 현실주의 국가이론이 상정하는 국가에 관한 다섯 가지 가정은 자유주의에도 마찬가지로 적용된다. 두 이론 모두 국가들은 국제적인 무정부 상태에서 살아간다고 보며 그래서 생존을 국가들의 일차적인 목표로 간주한다. 두 이론은 모두 모든 나라들은 일정 수준의 공격적인 군사력을 보유하고 있다는 사실을 인식하고 있고, 두 이론은 모두 국가를 도구적으로 이성적인 행위자라고 간주한다. 더 나아가 현실주의의 결정적으로 중요한 가정인 상대방의 의도를 정확하게 알 수 없다는 가정은 자유주의에서도 본질적으로 중요한 가정이다. 특별히, 국가들은 상대방 국가들이 그들의 목표를 추구하기 위해, 만약 그 목표들이 혹은 첫 번째 원칙들이 자국과 갈등적일 경우, 상대방 국가들이 적대적인 계획을 수립하지 않을 것이라고 결코 확신할 수 없다고 믿는다.[31]

　자유주의가 현실주의와 다른 부분은 자연권, 관용, 그리고 평화적으로 갈등을 해결해야 한다는 규범을 강조한다는 것인데 이 모든 것들은 세계를 더욱 평화로운 곳으로 만드는 데 필요한 요소들이다. 그러나 이 같은 공식은 자유주의의 고유한 논리에 따르면 작동할 수 없는 것이다. 자유주의는 이 같은 요소들만 가지고는 평화를 유지하는 데 불충분하다고 말하고 있다. 개인들은 자연 상태를 버리고 서로 뭉쳐서 국가를 창출해야 한다. 그들은 무정부 상태를 벗어나 위계질서를 구축해야 한다. 국제적 차원의 경우 정치적 자유주의의 주장은 세계국가가 건설되지 않는 한 작동될 수 없는 것이다. 국제체제가 무정부 상태로 남아 있는 한, 자유주의는 현실주의와 실제석으로 다를 바가 없다. 권리와 관용, 분규의 평화적 해결에 관한 많은 이야기들에도 불구에하고, 세계국가가 없다면 자유주의는 세력균형 정치를 넘어서는 그 무엇도 제공할 수 없는 것이다.

　몇몇 저명한 자유주의 이론가들은 실제로 이 같은 점을 지적했다. 예로서 존 로크는 이 문제를 자신의 『시민정부론The Second Treaties』에서 개략적으로 기술하고 있다. "하나의 커먼웰스(commonwealth)에서 그 구성원들은 여전히 서로에 대해서는 뚜렷이 다른 개인들이면서, 그들은 그 사회의 법에 의해 통치되기 때문에 나머지 인류와의 관계에 있어서는 하나의 실체를 형성하는데, 이 실체는 그 구성원들 모두가 과거에 그랬던 것처럼 나머지 인류와는 여전히 자연 상태에 있게 된다." 로크는 이 같은 커먼웰스에는 "그렇기 때문에 전쟁과 평화를 위한 권력, 동맹과 연합, 그리고 그 외부에 살고 있는 인간이나 공동체들과의 거래가 여전히 존재한다."라고 덧붙였다.[32] 현대의 자유주의자인 스티븐 홈스(Stephen Holmes)는 로크와 본질적으로 유사한 주장을 전개했다. "자유주의적인 권리들은 기왕에 존재했던 영토 국가 내에서만, 그리고 권리를 강제할 수 있는 힘이 존재하는 곳에서만 의미가 있다. 국가들 사이에서는 혹은 국경을 넘어선 곳에서는 권리를 강제할 수 있는 힘이 존재하지 않는 한, 자유주의적인 권리란 공허한 것이다."[33] 이 같은 관점은 국제관계 문헌에 무정부 상태라는 용어를 도입한 디킨슨(G. Lowes Dickinson)의 중심적인 주장이며 데보라 부코야니스(Deborah Boucoyannis)가 집필한 자유주의와 현실주의에 관한 중요한 논문의 주요 주제이기도 하다.[34]

국제적 무정부 상태는 그 자체만으로도 어떤 나라가 자유주의적 외교정책을 추구하는 것은 전략적으로 바보스러운 일이라는 사실을 말해준다. 만약 그 나라의 국력이 국제체제에 존재하는 모든 나라들을 다 압도할 수 있을 만큼 막강하지 않은 한 그렇다는 말이다. 자유주의적 외교정책이 말이 되지 않는 정책이라는 또 다른 이유가 있다. 내가 앞 장에서 설명한 바 있지만 자유주의 이론은 인간의 권리를 과도하게 강조한다. 대부분의 사람들이 개인의 권리를 불가양도의 권리라고 생각한다거나 그것이 일상생활에 큰 영향을 미친다고 생각한다는 증거는 별로 없다. 권리는 어느 정도 중요할 수 있지만 자유주의자들은 정치에 대한 권리의 영향력을 과장하며, 이는 민주주의의 확산을 특히 어려운 일로 만든다.

앞장에서 내가 이미 지적했던 바처럼 개인의 권리에 부여하는 중요성은 관용의 규범과 갈등의 평화적인 해결은 물론 국가(state)의 역할에 대해서도 직접적인 함의를 가진다. 양도할 수 없는 권리를 그다지 존중하지 않는 곳에서 관용을 증진시킨다거나 견해의 불일치를 평화적으로 해결하도록 설득하는 일은 더욱 어려운 일이 될 것이며, 질서를 유지하기 위해 더욱 막강한 국가가 필요하게 될 것이다. 만약 자유주의의 보편주의적 요소가 대부분 자유주의자들이 인식하는 것과 달리 실질적인 영향력이 별로 없는 것이라면, 막강한 세계국가를 건설하는 일이 더욱 중요해질 것이다. 그러나 국제체제는 무정부 상태로 남아 있다.

요약하자면, 올바르게 이해된 자유주의는 현실주의를 배격하지 않는다. 우리가 세계국가를 가지게 될 때까지는 냉철한 사상가라면, 그가 자유주의의 원칙에 깊이 공감할지라도 국제정치에 관해서는 현실주의자처럼 접근해야만 할 것이다. 자유주의는 국내정치에서는 막강한 영향력을 행사할 수 있겠지만 국가들이 더 큰 세계 정치를 다루는 영역에서는 그렇지 못하다.[35]

민족주의와 사회공학적 노력의 한계
Nationalism and the Limits of Social Engineering

현실주의가 요구하는 방식을 따를 수 없음에도 불구하고, 자유주의 국가는 때로 자신이 세력균형 정치에 대해 근심하지 않고 자유주의적 패권을 추구할 수 있을 정도로 안전하다고 여긴다. 단극체제의 세계에서 유일 초강대국은 다른 강대국의 위협에 대해 걱정을 하지 않아도 된다. 단극체제에서 진정한 강대국은 자신 하나뿐이기 때문이다. 그보다 힘이 약한 자유주의 국가들은 자유롭게 패권적 자유주의 국가와 손을 잡고 민주주의를 전 세계로 확산시키는 일에 기여할 수 있을 것이다. 냉전이 끝난 뒤에 미국과 유럽에 있는 미국의 동맹국들, 특히 영국은 바로 이처럼 서로 협력해서 자유주의적 패권을 추구할 수 있을 만큼 상당히 양호한 전략적 상황에 놓여 있다고 여겼다.

유일 초강대국은 그 나라가 자유주의적이든 아니든 관계없이 놀랍도록 전혀 다른 외교정책들을 추구할 수 있다는 사실을 지적하는 일이 중요하다. 누노 몬테리오(Nuno Monterio)는 막강한 강대국은 3가지 선택 대안이 있다고 말한다. 첫째, 자신이 막강한 동시에 안전하다고 여기는 유일 초강대국은 세계정치 무대에서부터 빠져나올 수 있다. 둘째, 유일 초강대국은 국제정치에 핵심적인 국가로 남아 있으면서 현상유지 정책을 추구할 수 있다. 셋째, 유일 초강대국은 자신에게 유리한 방향으로 국제정치 현상을 변경시켜 나갈 수 있다.36 국제정치의 구조는 어떤 전략이 가장 좋은 전략일지를 결정해주지 않는다. 유일 초강대국의 외교정책 결정은 대체적으로 유일 초강대국 국내정치의 함수라고 볼 수 있다. 자신이 단극의 위치에 있다고 여기는 막강한 자유민주주의 국가는 거의 반사적으로, 적어도 초기에는 자유주의적 패권을 추구하려고 할 것이다. 왜냐하면 유일 초강대국인 자유민주주의 국가에는 세상을 자신의 형상을 따라 새롭게 만들어야 한다는 DNA가 들어 있으며, 또한 그 같은 일을 하는 데 드는 비용을 감당할 수 있다고 생각하기 때문이다.

양극체제 혹은 다극체제 하에 있는 자유주의적인 강대국은 다른 강대국이 존재하고 있다는 사실 때문에 자유주의적 패권을 추구할 수 없다. 그럼에도 불구하고 자유주의 강대국은 때때로 그렇게 하면 안 되는 데도 세력균형 정치를 무시한 채 선택적으로 자유주의적 정책을 추구할 때가 있다. 이 같은 제한적인 자유주의적 개입 정책이 산출할 수 있는 결과는 자유주의적인 유일 초강대국이 자유주의적 패권을 추구했을 때 나타나는 결과와 똑같다. 즉 실패한다는 것이다. 개인의 권리를 증진시키고 다른 나라들을 자유민주주의 국가로 바꾸는 것은 아주 어려운 일일 뿐 아니라 성공하는 경우가 희박하며, 때로는 역공(逆攻)을 받을 수도 있다.

이처럼 실패 가능성이 높은 이유는 표적이 되는 국가들 속에는 조작하거나 새로 만들기 대단히 어려운 뿌리 깊은 문화가 존재하기 때문이다. 사회적인 혁명을 통하지 않는 한, 그 나라의 엘리트들이 자기 사회의 본질적인 변화를 추구하는 것조차 쉽지 않은 일이다. 하물며 다른 나라 사람들이 자신들이 잘 알지도 못하는 나라에 들어가서 그 나라를 자유민주주의 국가로 전환시킨다거나 혹은 그 나라가 자국 국민의 권리를 짓밟지 못하게 막는 것은 더더욱 어려운 일이다. 이 같은 문제점들은 대부분의 사람들이 개인의 권리에 대해 단지 미적지근하게 생각하고 있다는 사실 때문에 더욱 복잡해진다. 정치적인 혼란의 와중에 있는 그들은 안정을 강화하는 데 더 큰 관심을 둘 가능성이 있다. 그리고 표적이 된 국가에는 민족주의라는 놀랍도록 막강한 힘이 존재하는데, 그 힘은 자유주의를 확산시키는 데 더욱 큰 장애물이 된다. 나는 앞에서 국내정치의 경우라면 자유주의와 민족주의는 효과적으로 결합되어 작동할 수 있다고 말했다. 비록 언제라도 민족주의가 자유주의보다 우세할지라도 말이다. 그러나 초점이 국제체제로 옮겨가는 경우, 민족주의는 거의 모든 경우 자유주의를 압도한다.

민족주의는 대체적으로 정체성(identity)에 관한 것이다. 개인들은 대단히 다양한 사람들과 국가들로 이루어진 세상을 보게 되고 예외 없이 같은 나라에 속한 사람들에게 친근감을 느낀다. 그들은 대체적으로 외국 사람들하고는 덜 관련되어 있다고 느낀다. 그렇기 때문에 사람들은 대체적으로 자기와 같은 나라의 국민들은 자기와 동등한 권리를 가지는 사람들로 보지만, 다른 나라 사람들의 권리에 대해서는 그다지 큰 존중심을 갖지 않는다.[37] 외국 사람들은 자국 사람들과는 완전히 구분되는 사람들로 보이며 때로 외국 사람들은 미움의 대상까지는 아닐지라도 경멸의 대상이 되곤 한다. 국제체제에서의 삶

240

은 이 같은 문제들을 더욱 악화시킨다. 국가들 사이의 안보 경쟁과 때때로 발생하는 전쟁들은 저들과 우리가 다르다는 감정을 더욱 강화시킬 뿐만 아니라 극단적인 민족주의를 고취시키기도 한다. 외국인들이 존중 받는 경우라 할지라도 그들을 자국 국민과 동등하게 보는 경우는 드물다.

자유주의 국가의 표상이라고 말할 수 있는 미국의 국민들 사이에서 조차 이 같은 종류의 사고가 팽배하다는 충분한 증거들이 있다. 예로서 미국인들은 권리에 대해 어떻게 생각하고 있는지에 관한 연구에서 오스틴 사라트 (Austin Sarat)는 미국 사람들은 "자신들의 자유와 다른 나라 사람들의 자유가 서로 연계되어 있다고 인식하지 않는다. 미국인들은 자신들의 자유를 대단히 가치 있는 것으로 생각하고 있지만 다른 나라 사람들의 자유에 대해서는 그런 생각을 갖고 있지는 않다."는 사실을 발견했다.[38] 미국 사람들이 오로지 다른 나라 사람들의 권리를 보호하기 위해, 그것이 생사에 관한 중요한 것일지라도, 싸우고 죽을 것을 기대하기란 어려운 일이다. 미군이 오직 인도주의적인 이유만으로 전투에 개입한 적이 한 번 있었는데, 1993년 소말리아의 모가디슈(Mogadishu)에서였다. 미국인 병사 18명이 전투에서 전사하자 클린턴 대통령은 즉각 미국 전투 병력을 전부 철수시켰다. 클린턴과 그의 보좌관들은 소말리아에서 발생한 일에 너무나도 당황했고, 그 다음 해에 르완다의 인종학살을 방지하기 위한 미군의 개입을, 미군의 인명 피해가 미약할 것이라고 판단되었음에도 불구하고 거부했다.[39]

외국인들이 미국인을 살해했을 경우, 그 외국인들이 서로를 죽였거나 다른 나라에서 온 사람을 죽었을 때와는 매우 달리, 그것은 일반적인 미국인들에게는 대단히 중요한 사건으로 인식된다.[40] 2004년 이슬람 국가(ISIS) 테러리스트들이 미국인 기자 두 명의 목을 잘라 죽이는 일이 발생했을 당시, 미국인들은 대단히 큰 목소리를 내었으며 이것은 오바마 대통령이 ISIS와 전쟁을 벌이도록 설득하게 된 부분적인 이유가 되었다.[41] 미국 사람들은 ISIS가 저지른 광범하고 파괴적인 악행에 대해 경악했지만, 미국인들은 자국 국민들이 당했을 경우 훨씬 더 큰 신경을 썼다. 반면 외국인을 살해한, 특히 백인이 아닌 외국인을 살해한 미국인들은 그들의 동료 시민을 살해한 미국인들만큼이나 거의 혹독한 비난이나 처벌을 받지 않았다. 예로서 윌리엄 캘리(William Calley) 중위는 1968년 3월 베트남 전쟁 당시 악명 높은 미라이(My Lai) 학살 사건을 지휘했던 인물인데, 가택연금 3년 반의 가벼운 벌을 받았을 뿐이며 그의 역할이 언론에 의해 보도된 이후, 그는 오히려 대중으로부터 압도적인 지지를 받았다. 캘리 중위의 휘하에 있던 그 어떤 병사도 그들이 저지른 범죄에 대해, 대부분이 여성과 아이들인 350-500명 정도의 민간인이 학살되었음에도 불구하고, 처벌받지 않았다.[42] 캘리와 그의 부하들이 만약 무장하지 않은 미국 시민들을 그만큼 살해했더라면 그들은 그토록 가벼운 벌만을 받지는 않았을 것이다. 존 멀러(John Muller)가 지적하는 바처럼, "미국인들은 미국인의 인명 피해에 대해서는 극도의 큰 관심을 보이지만 외국인들의 인명 피해에 대해서는 놀라울 정도로 무감각하다. 그들이 본질적으로 무고한 민간인들일 경우에도 그러하다."[43] 이 주제에 관한 중요 연구를 수행했던 존 터먼(John Tirman)도 이 같은 견해에 동의한다. "미국이 치른 전쟁들의 가장 놀라운 측면 중 하나는 우리들은 미국인이 아닌 희생자에 대해서는 놀라우리만치 아무런 논의도 하지 않는다는 점이다."[44] 물론 이 같은 행태는 미국인들에게만 고유한 것이 아니다. 모든 나라 사람들이 이처럼 생각하는데, 이 같은 관점은 자유주의자들이 말하는 인권의 보편적 측면을 정면으로 부정한다.

세계가 뚜렷이 다르고 때로 서로를 의심하는 국가들로 나뉘어져 있다는 사실은 자유주의적 외교정책의 핵심인 사회공학적인 노력에 심각한 장애를 초래케 한다. 민족주의는 거의 전적으로 민족자결(民族自決, self determination)에 관한 것이며, 민족국가에서 살고 있는 사람들은 외부 세력의 간섭이 없는, 자신만의 고유한 정치 체제를 형성하기 원한다. 그들은 외국 사람들이 자기들에게 어떻게 인생을 살라고 말하는 상황을 원치 않는다. 개입하려는 세력이 진정 고상한 의도를 가지고 있을 경우라도 마찬가지다. 대개의 경우 표적이 되는 국가의 국민들은 자유주의의 십자군 같은 개입에 대해서도 격렬하게 대항할 것이며, 이들의 저항은 테러리즘의 방식을 취할 수도 있다. 다른 나라 사람들에게 자유주의를 강요한다는 것이 쉬운 일은 아니다.

자유주의를 확산시키려는 국가는 표적 국가 내부에서 어려움에 당면할 뿐만 아니라 다른 외국들의 저항에도 당면하게 될 것이다. 일부 국가들은 자유주의 국가가 자유주의 이데올로기를 확산시키는 것을 저지해야 한다는 강력한 동기를 가지고 있을 수 있다. 대부분의 국가들은 현실주의적인 동기를 가지고 있는데, 그 나라들은 자유주의를 확산시키려는 국가와는 달리 위험한 환경에 처해 있기 때문이다. 그래서 이런 나라들은, 자유주의 강대국이 다른 나라들을 자유민주주의 국가로 전환시키는 데 성공할 경우, 그 자유주의 강대국은 새로운 동맹국들을 얻게 되고, 그 결과 힘의 균형이 자국에게 불리하게 변하는 것에 대해 우려할 가능성이 있다. 예로서 러시아는 소위 컬러 혁명(color revolution)을 통해 동유럽의 민주화를 촉진하려는 미국 주도의 노력에 대해 깊이 의심하지 않을 수 없었다. 2014년 2월 22일 우크라이나의 쿠데타는 미국의 지원 하에 당시 친 러시아 성향의 대통령을 축출한 것으로, 이는 서방측과 러시아 사이에 심각한 긴장을 야기했다.[45]

원칙적으로 자유주의에 적대적이기 때문에 자유주의 확산을 반대하는 적어도 소수의 나라들—존 롤스는 그런 나라들을 불법국가(outlaw state)라고 지칭한다.—이 존재할 수 있다.[46] 롤스는 이 세상의 "많은 사람들"이 자유주의를 싫어하고 거부한다는 사실을 인정했다. 롤스는 "그들"에게 "정치적 자유주의가 추구하는 세상은 사회를 분열시키는 잘못된 교리가 지배하는, 적극적인 악이라고까지 말할 수는 없겠지만, 악몽 같은 세상으로 보여질 것이다."라고 썼다.[47] 이 같은 모든 이유들을 고려할 때, 자유민주주의의 세계적 확산은 성공하기 보다는 궁극적으로 실패할 운명에 처해 있다고 볼 수 있다.

자유주의 외교정책의 일부인 두 가지 부차적인 사명들, 즉 국제기구의 건설과 개방적인 국제경제의 촉진의 경우는 어떤가? 이 두 가지 사명은 성공할 가능성이 약간 더 높은데, 왜냐하면 민주주의의 확산과 달리 이것들은 자유주의 외교정책은 물론 현실주의 외교정책의 구성요소도 되기 때문이다.

현실주의자들은 국제기구를 국가의 중요한 정치적 수단이라고 생각한다. 예로서 미국은 냉전을 치르는 동안 북대서양조약기구(NATO), 유럽 공동체, 국제금융기구(International Monetary Fund), 세계은행 등을 위시한 다양한 국제기구에 크게 의존했다. 경제적인 상호교류를 촉진하는 일은 현실주의와 배치되지 않는다. 현실주의자들은 냉전 당시 열정적으로 세계화를 지지했었는데 그것들은 분명히 미국에게 유리하게 작동했다. 국제기구와 경제적 상호의존에 관한 자유주의와 현실주의 사이의 갈등의 요지는 과연 이것들이 세계평화를 촉진하느냐의 여부다. 자유주의자들은 이 같은 것들이 갈등을 완화시킨다고 믿고 있는 반면 현실주의자들은 그렇지 않다고 믿는다.[48]

일상적 자유주의라면?
Modus Vivendi Liberalism:What If?

지금까지 나는 진보적 자유주의가 일상적 자유주의를 압도하고 있다고 가정했다. 앞으로도 이 같은 상황이 변할 것이라고 생각할 이유는 없다. 이렇게 말하는 것은 앞으로 일상적 자유주의가 자유주의 국가의 외교정책에 어떤 틀을 제공할 가능성은 없다는 의미다.

이 같은 결론은 너무나 비관적일지 모른다. 8장에서 논할 예정이지만 미국은 자유주의적 패권 추구가 만들어낸 모든 실패의 여파로 인해 더욱 절제된 외교정책을 지향할 가능성(작지만 사소한 것은 아니다.)이 있다. 더욱 제한적이고 현명한 외교전략은 현실주의적인 논리에 근거한 것인데, 이는 민족주의가 강대국의 행동에 어떤 영향을 미칠 것인가에 관한 지적인 이해와 연계된 것이다. 이 같은 외교정책은 일상적 자유주의에 근거한 외교정책과 대단히 유사할 것이다. 일상적 자유주의의 외교정책이 어떤 모습을 띠게 될지에 대해 몇 마디 말이 더 필요할 것 같다. 일상적 자유주의의 외교정책이 절제된 외교정책과 유사하기 때문만이 아니라, 그 외교정책이 자유주의적 패권과는 다르기 때문이다.

일상적 자유주의에 근거를 둔 자유주의적 외교정책은 적극적 자유주의에 근거를 둔 자유주의 외교정책보다 훨씬 덜 국제주의적이다.[49] 분명히 일상적 자유주의도 양도할 수 없는 권리를 강조하며, 외국 사람들의 인권이 심각하게 제약당하고 있는 경우 국제적으로 개입하려 할 것임은 분명하다. 그러나 이러한 개입주의적 충동은 일상적 자유주의자들이 사회공학적 행동에 강하게 반대한다는 사실로 인해 상쇄된다. 일상적 자유주의자들은 원칙적으로 사회공학적 행동을 좋아하지 않으며, 그것이 성공할 확률보다 실패할 확률이 높다고 믿는다. 일상적 자유주의자들은 행동주의적 정부는 국내적으로 많은 것을 성취하지 못하며 국제정치적으로는 더욱더 작은 성취밖에 이룩하지 못할 것이라 믿는다. 그래서 그들은 자유주의 국가들이 자유민주주의를 확산시키기 위해 세계 도처에서 정권교체를 촉진해야 한다는 개념을 거부한다. 결국 그와 같은 정책은 대규모의 사회공학적 노력을 수반하게 된다. 일상적 자유주의자들은 민족자결의 원칙에 보다 큰 관심을 기울여야 한다고 강조한다.

이 같은 태도를 가진 일상적 자유주의자들은 어떤 나라에서 그 나라의 정부 혹은 반란세력에 의해 대량학살이 자행되는 경우가 아닌 한, 인권 문제로 다른 나라에 개입하는 것을 꺼려한다. 대량살육이 이루어지는 희귀한 경우, 일상적 자유주의자들은 가능한 한 빨리 문제를 해결하고, 개입 대상 국가의 국내정치에 빠져들지 않기 위해 가능한 빨리 그 나라로부터 철수하고자 한다. 물론 신속한 철수는 쉬운 일이 아니다. 개입으로 인해 야기된 혼란을 정리하고, 그 후엔 개입의 원인이 되었던 근본적인 정치적, 사회적 문제들을 해결하고자 하는 강력한 유혹이 존재한다. 일상적 자유주의자들은 이 같은 상황을 잘 이해하고 있으며 그래서 해외에 개입하려는 정책에 대해 더욱 강력하게 반대한다.

일상적 자유주의자들이 개입주의적 외교정책에 반대하는 경향에는 또 다른 이유가 있다. 일상적 자유주의자들은 국가가 주로 국내적인 질서를 유지하고 개인들의 자유를 보장해주는 역할을 하는 것을 선호한다. 그들은 강한 국가가 자신들의 일상생활에 개입하기를 원하지 않는데, 이는 그들이 국가의 사회공학적인 노력, 특히 적극적 권리를 위한 노력에 크게 반대하는 한 가지 이유이다. 개입주의적 외교정책을 가진 자유주의 국가들은 예외 없이 힘이 막강한 나라들인데, 그런 나라들은 시민사회에도 깊이 간섭하는 경향이 있다. 일상적 자유주의자들은 이 같은 종류의 '안보 국가'(national security state)에 대해 깊은 두려움을 가지고 있기 때문에 이들은 소규모의 군사력과 상당히 절제된 외교정책을 선호한다. 그들은 비록 자유주의를 가장 훌륭한 정치질서라고 인식하고 있지만 나머지 세계에 대해서는 '각자 원하는 대로 살게 놓아두라(live-and-let-live)' 정책을 선호하는데, 그래서 이들을 일상적(modus vivende) 자유주의자라고 부르는 것이다.

그러나 적극적 자유주의(positive liberalism)는 지난 100년 이상 정치적 자유주의의 지배적 형태였으며, 자유주의적 패권 정책의 배후에 있는 원동력이다. 그럼에도 불구하고 민족주의와 현실주의는 국제정치를 형성하는 데 더욱 막강한 힘으로 존재해왔다. 국제정치에서 민족주의와 현실주의가 자유주의와 비교할 때 얼마나 막강한 힘인가를 알아보기 위한 가장 좋은 방법은 지난 500년 동안 국제체제의 기초적인 구조가 어떻게 형성되어 왔는가를 살펴보는 일일 것이다.

현대 국제체제의 형성
Making of Modern International System

1500년 이전의 유럽에 국가(state)란 존재하지 않았다. 이 지역에는 국가 대신에 제국(empire), 도시국가(city-states), 영지(領地, duchies), 공국(公國, principality), 도시연합(urban federation), 그리고 각양각색의 종교 조직 같은 다양한 정치 단위들이 존재했었다. 유럽에서 주권은 여러 가지 다양한 정치 단위들과 연계된 개념이었다.[50] 유럽 외부 어느 곳에도 국가라고 불릴 수 있는 정치 조직은 없었다.

최초의 국가들—영국, 프랑스, 스페인—은 16세기 초반에 그 형태를 갖추기 시작했고, 그 이후 300년 동안 왕조국가(王朝 國家, Dynastic State)라고 불리는 정치 단위들이 유럽 정치의 중요한 행위자들이었다. 1800년 이후 이러한 왕조국가들은 서서히 민족국가(혹은 국민국가, nation state)로 대체되기 시작했으며, 민족국가라는 정치 형태는 현재에 이르기까지 지구 전역으로 확산되었고 오늘날 국제체제는 거의 완벽할 정도로 민족국가들만으로 구성되어 있다. 데이비드 아미티지(David Armitage)가 지적하는 바처럼 "지난 500년 동안 전 지구의 역사에 나타난 가장 거대한 정치적 사실은 제국의 세계로부터 국가들의 세계로 변화되었다는 점일 것이다. 이 같은 사실은—민주주의의 확산, 민족주의, 권리라는 언어, 심지어 세계화보다도—오늘날 우리들이 살고 있는 현대 국제체제를 더욱 본질적으로 정의해주고 있다."[51]

물론 이 같은 놀라운 변화, 즉 복잡다단한 세계로부터 단일적인 세계로의 전환에는 다양한 이유가 있을 것이다. 하지만 두 가지 중요한 원동력은 민족주의와 현실주의였으며, 두 사상은 상호작용을 하면서 현대 국가체제를 창출하는 데 기여했다. 두 사상은 모두 국가와 생존을 강조했고 서로 연계되어 민족국가의 확산을 촉진했다.[52]

현실주의와 현대국가의 부상
Realism and the Rise of the Modern State

현실주의와 민족주의가 어떻게 연계되어 국제체제를 형성하게 되었는가를 알아보는 좋은 방법은 세력균형 정치의 핵심 개념인 생존에 대한 강박관념이 어떻게 민족국가를 창출하고 그러한 정치 형태를 전 세계로 확산시켰는가를 설명하는 데서 시작하는 것이다. 국가들이 존재하기 이전 유럽에 존재했던 정치적 단위들은 끊임없는 안보 경쟁을 벌였고 때때로 전쟁에 빠져들었다.[53] 16세기 초반 성립된 국가들도 물론 끊임없는 갈등에 깊이 빠져들었다. 유럽에 존재했던 모든 정치 단위들은 자신들의 생존에 큰 관심을 쏟지 않을 수 없었다. 그들은 언제라도 지도 위에서 사라질지도 모르는 위험 속에서 살고 있었기 때문이다.

그처럼 절박한 세상에서 살아남는다는 것은 대체로 군사적 능력에 달려 있었다. 그런 세상은 놀라운 일도 아니겠지만 가장 막강한 자가 지배하게 되어 있다. 찰스 틸리(Charles Tilly)는 우리들에게 국가(state)가 어떻게 군사력을 건설하고 전쟁에 승리하는 데 있어 다른 모든 조직 형태보다 더욱 막강한 것으로 증명되었는지에 관한 유명한 이야기를 들려준다.[54] 군사적 성공은 대규모의 성공적인 전투력을 구성하는 데 필요한 충분한 인구와 더불어, 육군과 해군을 건설할 수 있는 충분한 돈을 가지고 있는지 여부에 상당 부분 달려 있다. 그러나 이 같은 자원들은 국가 내에 거주하고 있는 사람들로부터 거두어 들여야만 하고, 이 같은 측면에서 인구가 많은 조직은 인구가 적은 조직에 비해 훨씬 유리했다. 국가(state)들은 다른 어떤 정치 조직들보다도 자신들의 영역 내에 거주하고 있는 사람들로부터 세금을 거두어들이고, 그 돈을 군사력으로 전환시킬 수 있는 능력이 탁월하다는 사실을 증명해 보였다. 그렇기 때문에 국가라는 조직은 궁극적으로 다른 정치 조직들을 유럽 국제체제에서 몰아낼 수 있었다. 다른 조직들은 전장에서 국가들과 경쟁할 수 있는 충분한 군사력을 구축할 수 없었다. 사느냐 죽느냐의 문제는 국가를 가지고 있느냐에 달려 있게 되었다

이 같은 논리는 마키아벨리의 『군주론The Prince』에 심오한 영향을 미치게 되었다. 마키아벨리가 『군주론』을 집필하던 당시인 16세기 초, 이탈리아는 통일을 이룩하지 못한 상태였다. 당시 이탈리아 반도는 작은 도시국가들로 가득 차 있었고 이들 도시국가는 서로 싸웠으며 이들은 때로 오스트리아와 프랑스가 행하는 침략 공격의 희생제물이 되기도 했다. 마키아벨리는 "이 야만적인 지배는" "모든 사람에게 역겨운(stink) 것이며" 이탈리아를 "노예와 불명예" 상태에 빠지게 한다고 기술했다. 마키아벨리는 문제의 근원은 이탈리아가 분열되어 있다는 사실이라고 보았다. "나는 분열이 결코 좋은 결과를 가져다줄 수 없다고 믿는다. 오히려 그 반대다. 적들이 공격해올 때, 분열된 도시국가들은 필연적으로 패배할 것이다. 왜냐하면 약한 도시국가는 언제라도 외부세력과 결탁하게 되고 다른 도시국가는 지배할 수 없을 것이기 때문이다."[55]

마키아벨리는 이 같은 문제를 해결하기 위한 가장 좋은 방안은 이탈리아의 도시국가 체제를 넘어서서 오스트리아와 프랑스에 맞설 수 있는 단일한 이탈리아 국가를 건설하는 것이라고 생각했다. 마키아벨리가 미래의 이탈리아 지도자들에게 잔인하고 솔직한 조언을 한 목적은 그 지도자들이 이탈리아를 통일하는 것을 도움으로써 "이탈리아를 야만적인 잔인함과 굴욕으로부터 구제하기 위한 것"이었다.[56] 이탈리아인들은 살아남기 위해서 이웃에 있는 보다 강력하고 거대한 나라들을 모방한 자신들만의 국가를 건설해야만 했다. 그러

나 이탈리아의 통일은 1870년 이전까지는 이루어지지 못했다.

마키아벨리는 유럽에서 왕조국가들이 부상하던 바로 그 시기에 글을 썼다. 국가의 초기 형태인 왕조국가들은 그 나라의 국민들로부터 자원을 추출해내는 데는 효과적이었지만 국경 내에 거주하는 국민들로부터 대단한 충성심을 이끌어내지는 못했다. 주권은 왕들에게 있었지 국민들에게 있지 않았다. 그래서 마키아벨리는 왕을 상대로 이야기했고 그가 국민을 어떻게 관리해야 할지 가르침을 주려 했다. 이 상황은 1789년 프랑스 혁명이 발발함으로써 대폭 변화되었는데, 프랑스는 혁명을 통해 유럽 최초의 민족국가로 변신했다. 프랑스에 민족주의가 도래했다는 것은 많은 프랑스 국민들이 국가에 대해 강력한 충성심을 느끼기 시작했고, 심지어 나라를 위해 목숨까지 내놓으려 한다는 것을 의미했다. 민족주의는 혁명기의 프랑스, 그리고 나폴레옹 황제의 프랑스가 유럽의 모든 나라들을 격파할 수 있었던 압도적으로 막강한 대규모의 군대를 창출할 수 있게 만든 결정적인 힘의 증폭 요인이었다. 민족주의로 인해 막강해진 프랑스를 격파하기 위해서 23년(1792-1815)이라는 세월과 6개 강대국들의 연합이 필요했다.[57]

다른 유럽 국가들은 유럽의 정치 영역에서 살아남으려면 프랑스를 흉내내어 민족국가가 되는 것 외에 다른 도리가 없다는 사실을 궁극적으로 깨달았다. 나폴레옹 전쟁 동안 프러시아가 보여준 행동은 이 같은 현상의 분명한 사례를 제공한다. 1806년 10월 나폴레옹의 군대가 예나(Jena)와 오에르슈타트(Auerstedt)에서 프러시아 육군을 결정적으로 격파했을 당시, 프러시아의 지도자들은 민족주의의 두려움을 극복하고 그것을 활용함으로써 자국 군대를 훨씬 더 강력한 전쟁 수행 능력을 가진 군사력으로 탈바꿈시키는 것만이 나폴레옹의 손아귀에서 벗어날 수 있는 유일한 희망이라고 생각했다. 그들은 이를 위해 필요한 조치를 취했고, 그 결과 프러시아군은 프랑스를 격파하는 데 중요한 역할을 담당했으며, 프랑스군의 끊임없는 침략을 종식시킬 수 있

었다.[58]

20세기 초반이 되었을 때 유럽에 있는 모든 국가들은 성공적으로 민족국가로 변해 있었다. 주권(主權)은 더 이상 왕으로부터 나오는 것이 아니라 국민들로부터 나오는 것으로 바뀌었다.[59] 힘의 정치(power politics) 논리는 생존에 대한 그것의 강조와 함께, 왕조국가가 경쟁 관계에 있던 정치 단위들을 이기는 데 결정적인 기여를 했으며, 그런 다음에는 민족국가가 왕조국가를 세상에서 몰아낼 수 있게 하였다.

민족과 국가
Nations and States

오늘날의 국제체제를 형성하는 데 민족주의는 결정적 역할을 담당했다. 이에 관한 많은 이야기들을 이미 4장에서 말했기 때문에 이곳에서는 간단한 요약만 하면 될 것이다. 이 책의 주제를 벗어나는 다양한 이유들로 인해 왕조국가들이 지배했던 18세기 중반 이후의 유럽과 북아메리카 대륙에서 다수의 민족(nation)들이 출현하기 시작했다. 민족을 특별하게 만들어주는 것은 그것들이 오늘날 세계에서 가장 높은 형태의 사회 집단이라는 사실이다. 민족은 생존의 수단으로서 기능하며, 그 구성원들이 함께 협력함으로써 삶의 기초적인 필요들을 확보할 수 있게 해준다. 그러나 민족들은 라이벌 민족들이 자신에게 위해(危害)를 가할지도 모르는 세상 속에서 살아가기 때문에 생존에 대해 염려하지 않을 수 없다.

민족이 자신의 생존을 보장받는 가장 좋은 방안은 자신들의 고유한 국가(state)를 가지는 것이다. 물론 이렇게 말하는 것이 국가가 없는 민족은 모두 파멸당할 수밖에 없다는 것을 의미하지는 않는다. 그러나 국가는 분명히 민족의 생존 전망을 극대화한다. 그래서 애초부터 민족들은 자신들만의 국가를 가져야 한다는 거부할 수 없는 충동을 가졌으며, 궁극적으로 민족국가들이 번성하는 시대를 열게 되었다. 더욱이 그러한 국가들이 국제적인 무정부 상태에서 작동하고 있다는 사실을 고려할 때, 모든 민족들은 자신의 국가가 오랫동안 그들의 생존을 보장해줄 수 있도록 특별히 막강하기를 바랐다. 본질적으로, 민족주의는 기본적인 현실주의 논리를 더욱 강화했는데, 당시 현실주의 논리는 그 자체로 현대의 세계를 형성하는 데 심대한 영향을 미치고 있었다.

마찬가지 논리가 유럽 이외의 지역에도 적용되었다. 제국주의의 희생양이 되었던 나라들도 자신들의 문화가 오랫동안 지속적으로 생존해야 한다는 데 깊은 관심을 갖고 있었다. 시간이 지나면서 식민지 사람들에게도 분명하게 인식된 것은, 이 같은 위협에 대처하기 위해서는 식민종주국인 제국으로부터 벗어나 자신들의 고유한 국가(state)를 만들어야 한다는 사실이었다. 20세기 동안 이 같은 과정이 지구 곳곳에서 발생하였으며, 이러한 사실들은 왜 유럽의 제국들이 결국은 지는 태양이 되고 말았는지는 물론 왜 세계 전체가 주권을 가진 민족국가로 가득 차게 되었는지를 설명해준다.

민족들은 자신의 고유한 국가를 갖기 원할 뿐만 아니라 국가들은 자신의 영역에서 살고 있는 사람들이 하나의 민족을 구성하기를 원한다. 위에서 논한 바처럼 국가들은 민족주의에 끌리는데, 민족주의야말로 군사력 건설의 필수적인 요인이기 때문이다. 그러나 중앙정부들은 안보가 아닌 다른 이유들로도 그들 자신의 민족국가를 창출하기도 한다. 국민이 공통된 문화와 공통의 언어, 그리고 교육제도를 갖는다는 것은 경제발전을 위해서 유리한 일일 뿐 아니라 행정적인 측면에서도 유리한 일이기 때문이다. 국민이 표준적인 문화를 가지고 있고 국가와 강한 유대감을 가지는 경우, 국가를 이끌어가기는 아주 쉬워질 것이다. 국가는 민족을 원하고 민족은 국가를 원하기 때문에 민족국가들은 지구 상에서 가장 막강한 정치 단위가 되었다.

민족주의의 잔인한 힘을 보기 위한 하나의 방법은 자유주의 이외의 또 다른 보편적인 이데올로기가 민족주의와 맞닥트리게 될 때 어떤 일이 일어나는 가를 살펴보는 것이다. 예로서 마르크스주의는 자유주의와 놀라운 유사점을 공유하고 있다. 존 그레이(John Gray)가 말한 바처럼, "자유주의와 마르크스 주의는 계몽주의적 이데올로기로서 양자 모두 보편적 문명을 고대했다."[60] 계급 분석은 마르크스의 보편주의의 배후에 있는 원동력이다. 마르크스와 그의 추종자들은 사회계급은 국가 내부의 집단들과 국경을 초월하는 것이라고 주장했다. 더욱 중요한 것으로, 마르크스주의자들은 국가가 다를지라도 각국의 노동계급 사이에는 약탈적 자본주의에 의해 야기되어진 강력한 유대감이 존재한다고 주장했다. 이렇게 생각함으로써 일부 마르크스주의자들은 제1차 세계대전이 발발할 무렵, 유럽 각국의 노동자들은 상대국의 노동자들을 죽이는 무기를 만들지 않을 것이라고 믿었다. 물론 그들의 믿음은 틀린 것으로 판명되었다. 각국의 노동자들은 자신들이 속한 국민국가를 위해 싸웠고 수많은 다른 나라 노동자들의 목숨을 앗아갔다.

소련은 20세기 당시 가장 전형적인 공산주의 국가였다. 그러나 소련 내부에는 뚜렷이 다른 다수의 민족들이 있었고, 이러한 민족들은 그들을 약화시키려는 소련 정부의 노력에도 불구하고 확고하게 유지되었으며, 궁극적으로 소련을 해체하는 데 중요한 역할을 담당했다.[61] 더 나아가 베네딕트 앤더슨 (Benedict Anderson)이 지적한 바처럼, "제2차 세계대전이 종식된 이래 성공적인 혁명들은 모두 민족주의적인 언어들로 자신들의 혁명을 정의했다." 베트남, 중국과 같이 공산주의 혁명인 경우에도 그러했다. 앤더슨은 또한 공산주의 국가들이 상호 간 전쟁을 벌인 많은 사례들이 존재하며, "전쟁을 치르는 어떤 공산주의 국가들도 자신들이 벌이는 전쟁의 피비린내를 정당화시키기 위해 마르크스주의의 관점을 동원한 적이 없었다."고 강조한다. (즉, 마르크스주의 이론으로 전쟁을 정당화시킬 방법이 없었던 것이다—옮긴이) 마르크스주의 이론에 의하면 공산주의를 공유하는 국가들 사이에서 전쟁은 일어나지 않아야 했지만, 일어난 것이 사실이다.

앤더슨은 계속해서 유명한 마르크스주의 이론가인 톰 네이른(Tom Nairn)을 인용했는데, 네이른은 "민족주의 이론은 마르크스주의의 역사적 대실패를 보여준다."[62]고 주장했다.

결론적으로 현대 민족국가 체계는 민족주의와 세력균형 정치의 상호작용의 산물이라고 말해도 될 것이다. 민족주의와 세력균형 정치는 모두 국가(state)에 특별한 중요성을 부여하고, 양자의 가장 강력한 동기는 생존에 대한 관심이다. 자유주의 역시 현대 세계를 창출하는 데 일정 부분 역할을 담당한 것은 분명하지만 그 영향력은 기껏해야 부차적인 것이다.

세계국가가 가능할까?
Is a World State Possible?

이 책을 읽는 독자들 중에는 외교정책으로서 정치적 자유주의를 반대하는 나의 견해에 동의하기는 하지만, 문제를 해결할 수 있는 분명한 방법이 있다고 주장하는 사람이 있을지 모른다. 즉, 세계국가를 건설하면 된다고 말이다. 일부 학자들은 지금 우리들은 세계국가를 향해 나아가고 있다고 주장한다. 여러 측면에서 민족국가들은 경제, 규제, 국가 안보, 그리고 환경 문제 등 우리가 당면하고 있는 도전들에 제대로 대처할 수 없기 때문이라는 것이다. 만약 새로운 정치질서(즉 세계국가)가 건설된다면, 현실주의는 더 이상 의미가 없고 민족주의의 어두운 측면도 보자기 속에 감추어질 것[63]이며, 세계국가는 자유주의적인 정치 체제를 갖게 될 것이라고 주장한다.

현실주의는 무력화될 것인데, 왜냐하면 세계국가가 있는 경우 국제체제는 더 이상 무정부 상태가 아닐 것이기 때문이다. 그 경우 국제체제는 위계적

(hierarchic) 질서가 될 것이다.**64** 위계질서 하에서 세력균형의 논리는 더 이상 적용되지 않는다. 그곳에는 약한 국가를 지켜주는 야경꾼이 존재할 것이기 때문이다. 국제정치는 대규모의 국내정치처럼 변화될 것이며 자유주의는 꽃을 피울 수 있을 것이다. 지구 상의 모든 사람들은 분명히 자기 나라에 대해 약간의 충성심을 가지고 있겠지만, 그 어떤 국민도 정의상, 자신의 고유한 국가를 갖지는 못할 것이다. 그곳에는 오직 유일한 초대형의 국가가 하나 있을 뿐이며, 세계 도처에 살고 있는 사람들은 아마도 세계 국가와 연계되는 어떤 보편적인 정체성을 가지게 될 것이며, 이는 오랫동안 지속되어 왔던 민족주의를 압도하거나 최소한 약화시키게 될 것이다. 그러나 이 같은 것이 현실이 되지 못한다고 할지라도, 그 초대국가(超大國家, überstate)는 상호 적대적인 나라들이 서로 싸우지 못하게 막을 수 있을 것이다.

세계국가가 조만간 나타날 가능성은 현재로서는 거의 없다. 우선 어떤 민족도 자신들이 현재 가지고 있는 국가를 자발적으로 포기할 가능성은 거의 없기 때문이다. 그리고 자신의 국가를 갖기 열망하는 민족들이 그것을 포기할 것이라고 상상하기 어렵다. 민족들은 민족자결에 대해 열정적이며, 그들의 운명을 그들이 기껏해야 제한적인 통제력밖에 가질 수 없는 세계국가의 손에 맡기려 하지 않을 것이다.

혹자들은 세계화가 각국 국민들을 어떤 보편적 문화로 수렴(收斂)케 할 수 있으며 이것은 세계국가의 기반이 될 수 있을 것이라고 주장한다. 그러나 이 같은 믿음을 증거해줄 수 있는 근거는 희박하며, 오히려 인터넷 시대에도 각국의 뿌리 깊은 문화는 널리 인식되고 때로는 찬사를 받으며 고유한 모습을 유지하고 있다는 증거가 넘친다. 더 나아가 보편적인 문화를 생산해낸다는 것은 지구 상에 살고 있는 대부분 사람들이 좋은 삶을 구성하는 요소들이 무엇인지에 대해 폭넓은 의견 일치를 이룰 수 있음을 의미한다. 그러한 의견 일치를 이루기가 불가능하다면 보편적인 문화가 출현할 전망은 없으며, 이는 자유주의적인 정치 체제에 기반을 둔 세계국가가 건설될 가능성이 없음을 의미한다.

세계국가를 건설할 수 있는, 상상 가능한 다른 방안은 정복에 의한 것이다. 엄청나게 막강한 하나의 민족국가가 공격적인 정책을 택함으로써 다른 나라들을 정복할 수 있을 것이다. 이런 일 또한 일어날 가능성이 없다. 지구는 일단 한 나라가 전체를 정복하기에는, 심지어는 그 대부분을 점령하기에도 너무나 넓다. 특히 큰 바다 건너편에 있는 국가에 군사력을 투사하는 것이 얼마나 어려운 일인지를 고려했을 때 더욱 그러하다. 정복자는 잠재적인 피지배 국가들로부터 격렬한 저항에 당면하게 될 것이며, 피지배 국가들은 서로 힘을 합쳐 침략자를 봉쇄하고 궁극적으로 쳐부수겠다는 강력한 동기를 가질 것이다. 역사 이래 가장 막강한 국가인 미국은 자신의 힘을 이용하여 미국이 지배하는 세계국가를 만들겠다는 생각을 추호도 내비친 적이 없다. 그 이유는 단순하다. 불가능한 일이기 때문이다.

만약 나의 분석이 틀리고 세계국가가 현실로 나타난다면, 그 세계국가는 아마도 자유주의 국가는 아닐 것이다. 자유주의는 많은 나라들에게 낯선 것일 뿐만 아니라 새로운 곳에 자리 잡기가 너무나도 어렵고 시간이 많이 걸린다. 세계국가가 내부의 모든 원심력을 제어하려면—사실 세계국가 내부에는 원심력적 요인이 많다—세계국가의 중앙정부는 철권통치를 단행하지 않을 수 없을 것이다. 그렇게 한 후에도 세계국가 내부에서 폭력적인 반란의 발생을 막을 수 없을 것이다. 이는 수많은 자유주의자들이 세계국가의 건설에 열정적 관심을 가지고 있지 않는 이유 중 하나다. 칸트와 롤스는 모두 세계국가라는 개념에 반대 의사를 표시했는데, 그 이유는 세계국가는 독재 국가가 되든지 혹은 롤스가 말하듯이 "빈번히 발생하는 내란에 의해 허약해진 제국"[65]이 될 것이라고 생각했기 때문이다.

무정부 상태는 앞으로도 지속될 것이다
Anarchy is Here to Stay

우리가 앞으로 세계국가를 가지지 못한다면, 그것은 무정부 상태가 지속됨을 의미하고, 그렇다면 강대국들은 현실주의가 지시하는 대로 행동하는 것말고는 선택의 여지가 없다. 생존도 그에 못지 않은 것을 요구한다. 그러나 때로 압도적으로 유리한 세력균형 상태는 특정 강대국으로 하여금 자유주의적 패권을 추구할 수 있도록 하는데, 그 경우 실패할 가능성이 크다. 정치 체제로서의 자유주의는 여러 가지 장점을 갖고 있지만 자유주의가 국제정치의 영역에 적용될 때, 자유주의적 정책은 성공하지는 못할 것이다.

우리는 자유주의에 대한 비판을 한 걸음 더 진전시킬 수 있으며, 자유주의적 패권의 추구는 자유주의 국가는 물론 표적이 되는 국가에도 막대한 희생을 치르게 한다고 주장할 수 있다. 더 나아가 자유주의가 지시하는 대로 행동하는 막강한 국가는 세계 도처에서 불안정을 조성하는 결과를 초래하게 될 것이다. 다시 말하자면, 자유주의적 외교정책은 실패할 뿐만 아니라 역효과를 낼 것이다.

문제의 근원으로서
자유주의

**Liberalism
as a Source of Trouble**

자유주의적 패권의 대가는 자유주의 국가가 세계의 인권을 보호하고 자유민주주의 정치 체제를 전 세계에 확산시키기 위해 끊임없는 전쟁에 빠져드는 데서 시작된다. 자유주의적 유일 초강대국이 세계 무대에서 자유주의적 패권 정책을 추구하는 순간 그 나라는 전쟁에 중독되게 된다.

군국주의(Militarism)는 다섯 가지 요인으로부터 발생한다. 첫째, 지구 전체를 민주화시키는 일은 거대한 사명이며 수많은 싸움의 기회를 제공한다. 둘째, 자유주의 정책결정자들은 자신들이 그 목적을 달성하기 위해 군사력을 사용할 수 있는 권리와 책임 그리고 군사력을 활용하는 노하우를 가지고 있다고 생각한다. 셋째, 그들은 종종 자신들의 과제를 사명감에서 나오는 열정을 가지고 수행한다. 넷째, 자유주의적 패권의 추구는 외교적 노력을 제약하며 다른 나라들과의 분쟁을 평화적으로 해결하기 어렵게 만든다. 다섯째, 이야심적인 전략은 주권이라는 개념을 해치게 되는데, 주권은 국가 간 전쟁을 제약하려는 의도를 가진 국제정치의 핵심 규범이다.

전쟁을 치르고 또 치를 수 있는 능력을 갖춘 막강한 국가의 존재는 국제체제에서 갈등의 규모를 증대시키게 되며 불안정을 창출하는 요인이 된다. 이같은 무력 분쟁들은 대개 실패로 끝나게 되며 때로 재앙적인 실패를 초래하기도 하는데 그 피해는 주로 자유주의적 강대국이 구해주겠다고 나선 나라가 입게 된다. 혹자는 자유주의 국가의 엘리트들은 실패를 통해 교훈을 얻게 되고 해외에서 군사력을 사용하는 것에 대해 혐오감을 가지게 될 것이라고 믿지만 그런 일은 거의 일어나지 않는다.

자유주의적 패권은 다른 측면에서도 국제정치적 불안정을 초래한다. 힘이 엄청나게 막강한 자유민주주의 국가는 전쟁에는 미치지는 못할지라도 대단히 의욕적인 정책을 추구하는 경향이 있는데, 그같은 정책들은 때로 역풍을 불러오고 자유주의적 패권국과 표적이 된 나라의 관계를 위태롭게 한다. 예를 들어 자유주의적 패권국은 종종 다른 나라들의 정치에 간섭한다. 그들은 또한 독재 국가들에게 외교적으로 개입할 때, 독재 국가들의 국가이익을 무시하고 자신은 그 국가들에게 가장 좋은 것이 무엇인지를 안다고 생각하는 경향이 있다. 마지막으로 해외에서의 자유주의 추구는 국내에서의 자유주의에 해악을 끼칠 가능성이 있다. 군사주의적 외교정책은 언제라도 막강한 군사안보 국가를 지향하게 만들며, 그런 나라들은 시민들의 자유를 제한할 가능성이 높기 때문이다.

내가 주장하려는 바는 자유주의적 패권을 추구하는 나라는 결국 자기 자신은 물론 다른 나라까지도, 특히 자신이 도와주려던 나라를 더 좋게 만들기보다는 더 망치게 된다는 것이다. 나는 빌 클린턴(Bill Clinton)이 대통령에 당선된 1992년 11월 이래 줄곧 미국 외교정책에 초점을 맞추고 이 같은 주장을 해왔다. 1989년 냉전이 종식되고 1991년 소련이 붕괴한 이후, 미국은 지구상에서 가장 막강한 나라가 되었다. 놀랄 일도 아니지만 클린턴 행정부는 임기 초부터 자유주의적 패권 정책을 추구했고 이 정책은 부시와 오바마 행정부 재임 기간 동안에도 굳건히 유지되었다.

미국은 이 기간 동안 여러 개의 전쟁에 개입했고, 이 모든 전쟁들에서 의미 있는 승리를 거두지 못했다는 사실은 놀라운 일이 아니다. 미국은 중동 지역을 불안정하게 만드는 데 핵심적 역할을 담당했고 그곳에 사는 사람들에게 큰 피해를 입혔다. 이 전쟁에서 언제나 미국의 편에 서서 전쟁을 함께 했던 자유주의 영국도 미국이 야기한 문제들에 대해 일정 부분 책임을 져야 할 것이다. 미국의 정책결정자들은 또한 우크라이나를 두고 러시아와의 심각한 위기를 조성하는 데 핵심적인 역할을 했다. 이 글을 쓰는 현재, 우크라이나 위기는 해소될 기미가 보이지 않는데, 이 위기는 우크라이나는 물론 미국의 국가이익에도 전혀 도움이 안 되는 것이다. 국내적으로도 미국 시민들의 자유가 미국이 더욱 막강한 안보 국가가 됨으로써 훼손되고 있다.

자유주의적 군국주의
Liberal Militarism

　자유주의자들은 전쟁의 악마성을 늘상 이야기하고 권력정치로부터 떠나 평화로운 세상을 만들어야 한다고 말하고 있기 때문에 그들을 군국주의자라고 말하는 것은 어폐가 있어 보인다. 그러나 그들 중 다수가 군국주의자들이며, 그들은 놀랍도록 야심적인 외교 정책 아젠다에 깊이 몰두하고 있으며 그 것을 이룩하기 위한 군사력 사용을 전혀 주저하지 않는다.[1]

　자유주의의 핵심적 사명 중 하나는 권리가 심각하게 제한당하고 있는 사람들의 권리를 보호해주는 것이다. 외국의 수많은 사람들이 죽임을 당하고 있을 때 그 나라에 개입하려는 동기는 특히 강해지게 된다. 이 같은 임무는 보호의 책임(Responsibility to Protect, R2P)이라는 규범에 분명하게 반영되어 있는데, 이 규범은 1994년 르완다에서 발생했던 인종학살과 1995년 스레브레니카(Srebrenica)의 인종학살을 막지 못한 국제사회의 실패로부터 비롯된 것이다.[2] R2P 규범은 국가들은 자국 국민들이 인종청소와 같은 심각한 인권유린을 당하는 것을 막아야 할 뿐 아니라 다른 나라 국민들이 이 같은 범죄에 노출되는 것도 막아야 할 의무가 있다고 규정하고 있다. 본질적으로 국가들은 지구 상에서 야기되는 온갖 중요한 인권유린을 감시해야 하며, 그 같은 일이 발생했을 경우 신속하게 움직여서 그것을 중지시킬 것을 요구받고 있다. 개입할 수 있는 군사적 능력을 보유한 강력한 자유주의 국가는 이 같은 경우에 피해자를 보호하기 위해 전쟁에 나서달라는 촉구를 받기도 한다.

　개인들의 권리를 보호해야 한다는 이러한 임무는 다른 나라를 민주화시킴으로써 아예 문제의 원천을 제거해버리자는 더욱 야심찬 전략으로 쉽게 전환된다. 자유주의 국가는 정의상 자국 국민들의 권리를 증진시켜야 할 임무가 있는데, 자유주의자들의 주장에 의하면 이 전략은 세계를 더욱 평화로운 곳으로 만들고 내부의 적들로부터 자유민주주의를 보호해줄 수 있다는 것이다. 자유주의는 또한 경제적 번영을 촉진시키는 것이라고 말해지는데, 경제적 번영은 그 자체가 적극적인 목표가 될 뿐 아니라 평화에도 기여한다고 말해진다. 요약하자면, 자유주의의 확산은 세계를 더욱 안전하고, 더욱 평화롭고, 그리고 더욱 번영하게 만든다는 것이다.

미국 자유주의자들의 수많은 언급에서 볼 수 있듯이, 이 같은 세계관을 가진 이들은 그러한 목표에 열정적으로 헌신하는 경향이 있다. 예로서 제1차 세계대전 기간 중에 시어도어 루스벨트(Theodore Roosevelt) 대통령의 국무장관이자 전쟁장관이었던 엘리후 루트(Elihu Root)는 "안전을 위해서 민주주의 국가들은 적들을 죽일 수 있을 때에 죽일 수 있는 곳에서 죽여야 한다. 세계가 절반은 민주주의 국가이고 다른 절반은 독재 국가일 수는 없다."고 말한 바 있다. 베트남 전쟁이 진행 중인 동안 국무장관 딘 러스크(Dean Rusk)는 "세계 전체가 이념적으로 안전한 곳이 될 때까지 미국은 결코 안전할 수 없다."고 선언했다. 크리스토퍼 레인(Christopher Layne)이 언급한 바처럼 "이러한 주장들은 소수의 의견이 아니다.… 미국의 정치가들은 이 같은 견해들을 흔히 말하고 있다."3

이같이 사명감에서 나오는 열정은 정책결정자들에게만 국한되는 것이 아니다. 예로서 존 롤스는 "모든 사람들이 잘 정돈된(well-ordered) 정치체제를 가지는 세계를 추구하는 것은 자유주의적이고 품위 있는 사람들의 특징이다.… 그들의 장기적 목표는 모든 사회가 궁극적으로 사람들의 법(The Law of Peoples)을 존중하게 하고 잘 정돈된 사람들로 이루어진 사회의 완전한 회원이 되게 하는 것이다."4 이 같은 야심찬 어젠다가 반드시 전쟁을 초래하는 것은 아니며, 롤스는 자신이 지구 전역에 자유민주주의를 확산시키기 위한 십자군 전쟁을 하자고 주장하지 않았다.5 아직도 전쟁이 종종 자유주의를 촉진하기 위한 수단, 심지어 매력적인 수단으로 인식되고 있다는 점에 대해 의문의 여지가 없다. 자유주의의 목적을 위해 무력 수단을 활용하는 것에 대한 선호(penchant)는 유명한 자유주의자이며 국제적 개입주의자인 존 오웬(John Owen)의 글에 잘 나타나 있다. 그는 "자유주의 이데올로기는 자유민주주의 국가들로 하여금 서로 전쟁을 하지 않도록 한다. 그리고 동시에 자유주의 국가들이 자유가 없는 나라들과 싸우도록 조장한다." 더 나아가 그는 "모든 개인들은 평화를 사랑하고 오직 평화를 가져오는 수단으로서만 전쟁을 원해야 한다."[6]고 말했다.

부시 독트린은 2002년에 만들어졌고 2003년 3월의 이라크 침공을 정당화하는 데 사용되었다. 부시 독트린은 아마도 자유주의적 개입주의의 가장 좋은 사례일 것이다. 9·11 공격을 받은 와중에서 부시 행정부는 그들이 명명한 "전 지구적 반 테러전쟁"에서 승리하기 위해서 알카에다뿐만 아니라 이란, 이라크, 시리아와도 싸워야 할 것이라고 생각했다. 소위 깡패 정권이라고 불리는 이 국가들의 정부는 알카에다와 같은 테러조직과 밀접하게 연계되어 있다고 생각되었고, 이들은 핵무기마저 획득하려 하며,[7] 테러리스트들에게 그것을 넘겨줄 가능성이 있다고 생각되었다. 한 마디로 그들은 미국의 생사에 관한 적들이었다. 부시는 중동 지역에 있는 이 나라들과 다른 나라들을 자유민주주의 국가로 바꾸어 놓기 위해 군사력을 사용할 것을 제안했다. 부시는 이러한 관점을 2003년 미국이 이라크를 침략하기 직전 명확하게 밝혔다. "미국의 결의와 목표로서, 그리고 우리의 우방과 동맹국들의 결의와 목표로서, 우리는 이 시대를 진보와 자유의 시대로 만들 것입니다. 자유인들이 역사의 진행 방향을 정할 것이며, 자유인들이 세계의 평화를 지킬 것입니다."[8]

부시 대통령과 그를 보좌하는 관리들은 또한 사담 후세인을 권좌에서 몰아내려는 동기를 갖고 있었는데, 후세인은 잔인한 독재자로서 자국 시민의 권리를 짓밟았기 때문이다. 그러나 사실 후세인 문제는 그 자체로 오래된 문제였고 미국이 후세인을 축출하고 그 대신 민주적으로 선출된 지도자를 세워야 하는 이유가 되지는 못했다. 미국이 이라크를 침공하게 만든 것은 대량파괴 무기의 확산과 테러리즘에 대처해야 할 필요성이었다. 그리고 부시 행정부가 생각한 가장 좋은 방안은 중동 지역에 있는 모든 나라들을 자유민주주의로 바꾸어 놓는 일이었다. 그렇게 된다면 이 지역은 거대한 평화의 지대로 바뀌고 대량파괴 무기의 확산과 테러리즘 문제는 모두 사라지게 될 것이다. 부시 대통령은 "세계는 민주적 가치의 확산에 분명한 관심을 가지고 있습니다."고 말했다. "왜냐하면 안정적이고 자유로운 나라들은 살인의 이데올로기를 만들어내지 않을 것이기 때문입니다. 그런 나라들은 더 좋은 삶의 평화적인 추구를 장려합니다."9

부시의 행동은 자유주의적 패권국의 전형적인 모습을 다 보여주는 것이었다. 막강한 군사력을 보유한 자유주의 국가는 다른 나라들에서 개인의 권리를 보호해주기 위해서 뿐만 아니라 자유민주주의를 확산시키려는 의도에서 전쟁을 치르려는 강력한 경향을 가지고 있다. 그렇게 하는 것이 개인의 권리를 보호하고 중요한 안보위협을 제거하는 가장 좋은 방법이라고 보기 때문이다. 지구 상에는 독재 국가들, 심각한 인권 유린 국가들, 혹은 군사적 위협이 되는 나라들이 결코 적은 수가 아니라는 사실을 생각할 때, 미국처럼 막강한 나라는 만약 자유주의적 패권을 자유롭게 추구하게 놔둔다면, 영구적인 전쟁 상태에 빠지게 될 것이다.

자유주의는 외교를 강경하게 만든다
Liberalism Makes Diplomacy Harder

자유주의적 유일 패권국을 군사화시키는 또 다른 요인은 자유주의적 패권 정책이 독재 국가들과의 외교를 어렵게 만들고 전쟁의 가능성을 더욱 높인다는 것이다. 외교란 둘 혹은 그 이상의 나라들이 그들 모두에게 중요한 사안에 대해 상충적인 견해를 가지고 있을 때 협상하는 과정이다. 외교의 목적은 분규를 평화적으로 해결하는 합의를 도출해내는 데 있다. 성공에 도달하기 위해 양측은 비록 양보의 크기가 서로 다를지라도 양자 모두 약간의 양보를 해야 한다. 그것이 바로 헨리 키신저(Henry Kissinger)가 외교란 "실력 행사를 억제하는 기술"이라고 말했던 이유다.[10] 협상을 하는 양측의 힘이 서로 비슷할 필요는 없다. 그러나 외교가 작동하기 위해서는 정말 적대적인 사이일지도 상대방에 대한 약간의 존중을 보여줄 필요가 있다.

전쟁과 외교는 정치를 위한 전혀 다른 도구들인데—전쟁은 외교의 대안이고, 외교의 대안은 전쟁이라고 말할 수 있다. 외교는 문제를 해결하기 위해 대화와 협상에 의존하는 반면, 전쟁은 군사력을 이용한다. 외교는 일반적으로 더 안전하고 더 값이 싼 대안이다. 1954년 윈스턴 처칠이 미국 백악관에서 말했듯이, "턱과 턱이 맞부딪치는 것은 언제라도 전쟁과 전쟁이 맞부딪치는 것보다 낫다(Jaw-jaw is always better than war-war)."[11] 그럼에도 불구하고 외교와 전쟁은 종종 함께 작동한다. 예를 들자면 외교는 일반적으로 군사력을 사용하겠다는 위협에 의해 뒷받침될 때 더욱 효과적이다. 전쟁을 끝낼 방안을 찾는 경우 이 같은 전략이 종종 채택된다. 그렇지만 "큰 몽둥이를 휘두르는 외교(big stick diplomacy)"의 목적은 전쟁을 피하거나 아니면 전쟁을 끝내는 것이다. 만약 적대적인 라이벌을 상대하는 어떤 나라가 외교를 포기한다면 전쟁 가능성은 더욱 높아질 것이며, 전쟁이 일단 시작되면 끝내기도 더 어려울 것이다.

자유민주주의 국가들이 현실주의가 지시하는 대로 행동한다면 독재 국가들과 외교를 하는 데 별 어려움을 느끼지 않을 것이다. 대부분의 경우 그렇게 하고 있다. 이 같은 환경에서 자유민주주의 국가들은 자신들의 생존 가능성을 극대화시킬 수 있는 어떤 행동이라도 할 수 있으며, 독재 국가의 지도자들과 협상하는 것도 그 중 하나이다. 자유민주주의 국가들은 심지어 살인마 같은 독재 국가의 지도자들을 지원하거나 동맹을 맺기도 하는데, 미국이 제2차 세계대전 당시 나치 독일을 패망시키기 위해 조세프 스탈린(Joseph Stalin)과 협력 관계를 맺었던 사례가 그것이다. 미국은 또한 1972년 소련을 봉쇄하기 위해 마오쩌둥과 협력하기도 했다. 자유민주주주의 국가들은 때로 자신들에게 적대적이라고 생각되는 민주주의 정부를 전복시키기도 했다. 자유민주주의 국가들은 이 같은 행동을 자유주의적 수사로 눈가림하려 애쓰지만 사실상 그들은 자신들의 원칙에 위배되는 행동을 하고 있는 것이다. 그것이 바로 현실주의 국제정치의 영향이다.

그러나 유일 패권국이 세력균형의 논리를 폐기하고 자유주의적 외교정책을 채택할 수 있을 경우 외교는 쉽게 포기될 수 있다. 그처럼 막강한 나라는, 지금은 우리가 다 알고 있을 몇 가지 이유들로 인해 독재 국가와의 외교를 기피하려는 경향이 강하다. 자유주의의 핵심적인 원칙이 관용인데도 불구하고 자유주의 국가가 자국 시민의 인권을 유린하는 독재 국가들과 갈등을 벌이는 경우, 이 원칙은 내팽개쳐질 가능성이 높다. 결국 인간의 권리란 양도할 수 없는 것이다. 독재 국가들은 자주 자국 시민들의 권리를 침해하고, 그리고 때때로 짓밟기 때문에 현실주의의 속박에서 자유로운 자유주의 국가들은 독재 국가들을 외교적으로 대해줄 필요가 없는 아주 잘못된 정치 체제로 치부할 가능성이 있다.

자유주의적 패권을 추구하는 강대국들은 때로 독재 국가들에 대해 깊은 적대감을 갖고 있는 경우가 있다. 그들은 국제체제가 선한 나라들과 악한 나라들로 이루어져 있다고 보며, 그렇기 때문에 양자 사이에 타협할 여지가 없다고 여긴다. 이 같은 견해는 기회가 주어진다면 언제라도 어떤 수단을 쓰더라도 독재 국가들을 제거해야 한다는 강력한 동기를 창출하게 된다. 자유주의적 패권을 추구하는 국가가 독재 국가들에 대해 갖고 있는 이 같은 미움으로 인해 자유주의 국가들은 독재 국가들과 제한적인 전쟁을 치르기 어려운 상황에 처하게 되며, 대신 독재 국가들을 상대로 결정적인 승리를 추구하게 된다. 악마와 타협하기는 사실상 불가능하기 때문에 자유주의 패권국은 무조건 항복을 추구하게 되는 것이다.[12] 물론 전쟁을 치르고 있는 나라들 사이에서 늘상 야기되는 민족주의적 감정은 이 같은 경향을 더욱 부추기며 결국 전쟁이 끝까지 확전되도록 만든다.

이처럼 상대방을 완전히 제거하겠다는 마음가짐은 아마도 우드로 윌슨(Woodrow Wilson)이 제1차 세계대전 당시 독일과 다른 패전국들을 어떻게 다룰 것인지 생각했던 바에 잘 반영되어 있다. 윌슨 대통령은 "이익의 조정이나 타협 혹은 합의"를 통해서는 평화가 이루어질 수 없기 때문에 "주축국 정부들과는 어떤 종류의 협상(bargain) 혹은 타협"이 있을 수 없다고 주장했다. 윌슨은 타협을 세력균형의 정치와 연계시켰고, 세력균형의 정치를 "국제정치의 구질서"라고 경멸적으로 불렀다. 윌슨에게 세력균형의 정치란 "완전히 파멸되어야 할" 대상이었다. 그의 목표는 "평화를 가로막고 평화를 불가능하게 만드는 모든 사악한 세력을 최종적으로 파괴함으로써 악을 극복하는 것"이어야 했다. 1919년 말 그는 베르사유 조약에 대해 "나는 이 조약이 독일에게 대단히 혹독한 것이라고 들었습니다. 개인들이 범죄를 저지른 경우, 그 처벌은 가혹합니다만 그 처벌이 정의롭지 않은 것은 아닙니다. 독일은 부도덕한(unscrupulous) 통치자들로 인해 스스로 인류에 대한 범죄를 저질렀습니다. 독일은 처벌받아야 마땅합니다."[13]라고 언급했다.

결국, 자유민주주의 국가가 해외에서 자국의 기본 원칙에 의거해서 행동하는 것이 자유로운 상황이 되었을 경우, 그 나라는 비자유주의적인 적대국과 외교적 교섭을 하는 것이 어렵게 되며, 결국 양측이 문제를 폭력적으로 해결하게 될 가능성이 높아진다. 자유주의의 불관용은 때로 자유주의적 분노를 동반하는데, 이는 자유주의적인 유일 초강대국으로 하여금 세력균형의 정치에서 벗어나 끊임없는 전쟁에 빠져들게 만든다.

자유주의와 주권
Liberalism and Sovereignty

자유주의적 패권을 추구하는 나라들이 호전적이 될 수밖에 없는 마지막 이유가 있다. 그것은 자유주의가 주권을 침해한다는 사실이다. 주권에 대한 존중은 국제정치의 가장 중요한 규범이며, 주권을 존중하는 목적은 국가 간의 관계에서 전쟁 가능성을 최소화하고 평화를 증진시키기 위함이다. 유엔 헌장을 생각해보자. 유엔 헌장 제1장 첫 문장은 유엔의 목표는 "국제평화와 안보를 유지하는 것"이라고 되어 있다. 제2장 첫 문장은 "유엔은 모든 회원국의 주권적 평등에 기초하고 있다."고 말한다.

주권이란 국가들은 그들의 국경 안에서 일어나는 모든 일들에 대해 궁극적인 권위를 가지며 외부 세력들은 그들의 정치에 개입할 권한이 없음을 의미한다.[14] 이러한 측면에서 모든 국가들은 평등하며, 이는 강한 국가든 약한 국가든 불문하고 누구나 외세의 영향을 받지 않고 자신의 국내외 정책들을 자유롭게 만들 수 있음을 의미한다. 국가의 주권에 관한 이 같은 개념은 국제법의 초석이 되었으며, 나라들은 최소한 유엔 안전보장이사회의 동의를 받아내지 못하는 한, 서로를 향해 침략전쟁을 벌일 수 없도록 하였다.

그러나 이 같은 규범이 국가들의 행동에 대해 제한적인 영향을 미친다는 사실에는 의문의 여지가 없다. 주권이 유린당한 경우는 많다.[15] 어떤 현실주의자라도 당신에게 말할 수 있을 것이지만, 사활적인 국가안보 문제가 걸렸을 때 국가들은 자기 이익을 위한 일이라고 생각되면 무슨 일이든지 한다. 그것이 국제정치의 규범 혹은 국제기구들의 규정을 어기는 것인지 아닌지를 따지지 않은 채로 말이다.[16] 그럼에도 불구하고 거의 대부분 지도자들은 합법성의 문제에 신경을 쓰며, 잘 성립된 규범에 신경을 쓰기 마련이다. 그들은 많은 나라들에 의해 널리 지지 받고 있는 규정들을 제멋대로 어기는 나라처럼 보여지는 것을 피하고자 한다. 주권이 특히 그러한 경우인데, 주권은 국제정치에서 핵심적인 지위를 차지하는 개념이기 때문이다. 적어도 정책결정권자가 다른 나라를 침략하는 것이 전략적으로 옳은 일인지 확신하기 어려운 일부 경우에, 주권의 규범은 침략하려는 나라의 최종 결정에 영향을 미칠 가능성이 있다.

유럽에서 국가들이 처음 형성되기 시작할 무렵인 1500년경, 주권이라는 개념이 나타나기 시작했는데, 이 개념은 진정 잔인한 전쟁이었던 30년 전쟁(1618-1648)을 종식시킨 웨스트팔리아 조약(Treaty of Westphalia)이 체결되기 이전에는 중요한 지위를 차지하지 못했다.[17] 이 전쟁은 어떤 평가에 의하면 독일 인구의 거의 3분의 1이 죽었을 정도로 잔인한 전쟁이었다.[18] 이 무렵 유럽에서 발생한 많은 전쟁들은 종교적 차이에서 비롯한 것들이었다. 가톨릭 국가들과 프로테스탄트 국가들은 상대방을 개종시킨다는 목표를 가지고 서로를 침략했다. 주권이라는 개념은 이 같은 행동을 종식시키기 위한 목적에서 고안되었는데 무력에 의한 개입을 원천적으로 고려의 대상에서 제외시키려는 목적을 가지고 있었다. 주권은 이 같은 잔인한 종교전쟁들을 종식시키는 데 기여했지만, 유럽 국가들이 세력균형의 정치에 빠져드는 것까지 막을 수는 없었다. 유럽 국가들은 자신들의 사활적인 국가이익이 걸려 있다고 생각하는 경우, 언제라도 주권이라는 규범을 무시해버렸다. 또한 주권이라는 개념은 유럽 이외의 지역에 적용되는 것을 의미하지 않았고, 유럽의 강대국들은 주권의 개념에 구애받지 않고 전 세계 곳곳에서 자유롭게 자신들의 제국을 건설할 수 있었다. 그러니까 주권이라는 개념은 웨스트팔리아 평화조약 이후 약 200년 동안 유럽 국가들의 행동을 제약하는 데 거의 아무런 영향력

도 발휘하지 못했다.[19]

민족주의가 확산됨에 따라—19세기 동안 유럽에서, 그리고 20세기 동안 유럽 제국의 식민지들에서—주권은 더욱 의미 있는 개념이 되었다. 민족주의는 자결(自決)에 관한 개념으로, 한 국가의 국경 안에 살고 있는 사람들은 그들 자신의 운명을 결정할 수 있는 권리를 가지며, 어떤 외세도 다른 민족국가에 대해 그들의 견해를 강요할 권리가 없다는 것을 의미한다. 그렇기 때문에 주권이라는 개념은 국가뿐만 아니라 국민과 연계될 수밖에 없는 개념이다. 본질적으로, 민족주의적인 논리는 웨스트팔리아식 주권을 강화했다. 그러나 민족주의는 유럽 밖에서 주권에 가장 큰 영향을 미쳤으며, 민족주의는 20세기에 들어와 민족자결주의와 불간섭주의에 초점을 맞춤으로써 탈식민지화를 촉진했다.[20] 실제적으로 민족주의는 제국의 정통성을 무너뜨리는 데 기여했다. 한때 유럽제국의 식민지였던 나라들이 오늘날 주권에 대한 가장 강력한 지지자들이라는 점은 놀라운 일이 아니다.

주권의 영향력이 최고조에 이르렀던 시점은 아마도 1980년대 후반, 냉전이 종식되던 무렵일 것이다. 당시 지구 상의 거의 모든 국가들이 주권의 개념을 수용했으며, 그 개념은 소련의 멍에로부터 자유로워지겠다는 동부 유럽 국가들 사이에서 결정적으로 분출되었다. 냉전이 종식된 후, 구 소련을 구성했던 여러 연방국가들은 각자 자신들이 주권에 관해 말하기 시작했고, 궁극적으로 주권을 쟁취했다. 그러나 주권의 개념은 1990년대 중반부터 훼손되기 시작했으며 그것은 주로 미국이 과거 어느때보다 더욱 적극적으로 다른 나라의 정치에 간섭하려 했기 때문이었다. 유일 초강대국이 된 미국은 지구 상 어느 곳에도 투사(投射) 가능한 막강한 군사력을 보유했을 뿐만 아니라, 자유주의 국가로서 다른 나라들의 국내정치에 개입하려는 동기도 가지고 있었다. 영국을 비롯한 유럽 국가 대부분은 미국이 야심찬 외교정책 어젠다를 추구하는 것을 열심히 지원했다.

물론 자유주의는 다른 나라의 정치에 간섭하는 것을 의미하는데, 그 목표는 외국인들의 인권을 보호하거나 자유민주주의를 확산하려는 것이다. 본질적으로 자유주의와 주권은 상충 관계에 놓여 있다. 이 같은 사실은 정책결정자들 혹은 학자들 사이에서 별 논란이 되지 않았다. 예로서 1999년 4월 영국의 토니 블레어 총리는 시카고에서 행한 유명한 연설에서 다음과 같이 말했다. "21세기를 맞이하는 현재 우리는 새로운 세계를 맞이하고 있습니다.… 우리가 당면하고 있는 가장 심각한 외교정책상의 문제는 우리들이 다른 국민들의 갈등에 적극적으로 개입해야 하는 상황을 찾아내는 일에 관한 것입니다. 불개입 원칙은 오랫동안 국제질서의 중요한 원칙이 되어왔습니다. 그리고 우리는 이 같은 오래된 원칙을 너무나 빨리 내버리려 하는 것이 아닙니다. 어떤 나라도 자신이 다른 나라의 정치 체제를 변화시키거나 전복을 부추기거나 혹은 자신에게 소유권(claim)이 있다고 여기는 어떤 영토를 장악할 권리를 가지고 있다고 생각하지 말아야 합니다. 그렇지만 불개입 원칙은 중요한 측면들에서 개입하지 말아야 할 타당성이 입증되어야 합니다."[21]

5년이 지난 2004년 3월, 토니 블레어는 이라크 전쟁 개입의 정당성을 주장하기 위해 시카고에서 했던 연설을 다시 인용한다. "그래서 9월 11일 이전, 나는 이미 1648년 웨스트팔리아 체제 이후 형성된 전통적인 국제관계의 철학과는 상이한 생각에 도달하게 되었습니다. 전통적인 철학은 한 나라의 국내 문제는 그 나라에게 맡겨두면 될 일이며 다른 나라는 그것이 자신에게 위협이 되지 않는 한, 혹은 조약을 위반하거나 동맹의 의무를 발동하는 것이 아닌 한, 개입하지 말아야 한다는 것이었습니다."[22] 2000년 5월 독일 외무장관 요슈카 피셔(Joshka Fischer)는 베를린의 청중들을 향해, "1945년 이후 유럽의 핵심적인 개념은 1648년 이래 형성된 세력균형 정치의 원칙과 개별 국가들의 패권적 야망을 거부하는 것이었습니다. 이를 위해 국가들은 사활적인 이익들을 서로 연계시켰고 민족국가들의 주권을 초국가적인 유럽의 제도에 이양했습니다."[23]라고 말했다. 이 같은 주제는 『웨스트팔리아를 넘어서서?: 국가 주권과 국제개입Beyond Westphalia?: State Sovereignty and International Intervention』, 『주권의 종언?: 작아지는 그리고 쪼개지는 세계의 정치The End of Sovereignty?: The Politics of Shrinking and Fragmenting World』[24] 등과 같은 제목을 가진 책들이 말해주듯, 학계에서도 널리 반향을 불러일으켰다.

미국의 힘과 미국이 자유주의적 원칙에 깊은 신념을 가진 나라라는 사실을 고려할 때 미국은 냉전이 종식된 이후, 다른 나라들의 주권을 공격할 여지가 다분했다. 물론 미국은 자신의 주권은 열정적으로 보호하고자 한다.[25] 미국 정부는 때로 일방적으로 행동하기도 했지만, 일반적으로 그러한 개입을 하려 할 경우 상당히 오랫동안 숙고하며 다른 나라들을 함께 참여시키려 했다. 그럼으로써 "국제 공동체(International Community)"가 자신의 행동에 정당성을 부여했다고 주장할 수 있었다. 그러나 다른 나라의 주권을 우습게 본 결과, 미국은 아주 쉽게 다른 나라들과 전쟁을 벌이게 되었다. 주권의 침해는 자유주의적 외교정책을 가진 강대국을 끝이 없는 전쟁에 빠져들게 했으며 국내적으로는 군사국가처럼 되게 했다.

불안정과 값비싼 실패
Instability and Costly Failures

자유주의적 패권 추구는 또 다른 대가를 치러야 한다. 자유주의적 패권국의 목표가 세상을 더욱 평화로운 곳으로 만드는 데 있다고 할지라도 그 나라의 외교정책은 국제체제에 불안정을 야기하게 된다. 다른 말로 하자면, 자유주의적 패권 추구는 더 많은 전쟁을 초래하게 된다는 것이다. 자유주의 패권국이 지닌 상대적으로 막강한 힘과 본질적인 호전성을 고려할 때 이 같은 결과는 놀라운 일이 아니다. 더 나아가 막강한 강대국이 자유주의적 외교정책을 자유롭게 추구할 수 있을 경우, 그 나라는 예외없이 심각한 문제를 야기한다. 그 자신은 물론이고 동맹국들, 표적이 된 나라들, 그리고 결국 전쟁에 휘말리게 된 무관한 나라들까지 모두 문제에 봉착하게 되는 것이다.

강대국들을 분노하게 한다
Antagonizing the Major Powers

자유주의적 유일 패권국은 다른 강대국 국민들의 권리를 보호하기 위해 혹은 그 나라의 정권을 교체하기 위한 목적으로 군사력을 사용할 가능성이 별로 없다. 그렇게 하는 경우 그 대가가 너무나 클 것이기 때문이다. 그럼에도 불구하고 유일 패권국은 그러한 나라들의 정책에 다른 방식으로 간섭할 가능성이 있다. 유일 패권국의 전술에는 표적 국가 내의 특정 기구 혹은 정치가들을 지원하기 위해 비정부적 기구들(NGOs)에 의존하는 방법이 있을 수 있다. 원조, 국제기구 가입, 그리고 무역 등을 주요 강대국의 인권 유린과 연계시킬 수도 있을 것이며, 표적 국가의 인권 유린 사례를 공개함으로써 그 나라를 창피하게 만들 수도 있을 것이다.

그러나 이 같은 노력은 효과를 거두기 힘든데, 왜냐하면 다른 강대국들은 언제라도 자유주의 패권국의 행동을 자국 내정에 대한 정당치 못한 간섭으로 간주하고 대응할 것이기 때문이다. 그 나라는 자신의 주권이 훼손당하고 있다고 생각할 것이며, 그렇기 때문에 자유주의 패권국의 정책은 역풍을 맞거나 두 나라의 관계를 망치는 결과를 초래할 것이다.

이 같은 행동 패턴은 근래 미국의 대 중국 및 대 러시아 정책에서 나타나고 있다. 미국은 1989년 중국 정부가 천안문 광장에서의 시민 저항을 무력으로 분쇄한 이래 중국의 인권 및 민주주의를 증진시키기 위해 주력해 오고 있다. 미국은 러시아가 새로 출범한 1991년 이후 러시아에 대해서도 유사한 정책을 시행해 오고 있다. 특히 2000년대 초반 푸틴이 러시아 대통령이 된 후 미국의 정책결정자들은 러시아의 인권에 특별한 관심을 가지게 되었지만 말이다. 미국의 지도자들은 때로 중국 및 러시아 국민들을 향해 그들의 나라들이 미국을 더 닮아야 할 것이라고 말한다.

러시아의 경우에, 미국은 러시아뿐 아니라 러시아에 바로 이웃하고 있는 나라들에 대해서도 초점을 맞추었다. 미국은 그루지야의 소위 장미혁명, 우크라이나의 오렌지 혁명 등 컬러 혁명을 적극적으로 추진했고, 또 다른 나라들을 자유민주주의 국가로 바꾸어 놓으려는 노력을 기울였다. 이 나라들은 물론 러시아에 전략적으로 대단히 중요한데, 왜냐하면 러시아와 국경을 맞대고 있기 때문이다. 미국은 러시아에 대해서도 컬러 혁명을 부추길 것임을 직접 시사하기도 했다. 예를 들어 미국 정부의 자금 지원을 받으며 세계 도처에서 독재 국가들의 정권 교체를 촉진하기 위해 노력하는 기관인 민주주의 재단(National Endowment of Democracy)의 수장은 2013년 9월 〈워싱턴 포스트〉 논평란에서 푸틴 대통령이 공직에 있을 날이 얼마 남지 않았을지도 모른다고 경고한 바 있다.[26]

마이클 맥파울(Michael McFaul)은 2012년 1월부터 2014년 2월까지 러시아 주재 미국 대사로 재임하면서 말과 행동으로 자신이 러시아에서 민주주의를 증진시키기 위해 지속적으로 노력할 것임을 분명히 했다. 러시아의 정치권은 예상했던 대로 맥파울의 행동에 대해 격렬하게 반응했고, 미국과 러시아의 관계는 악화되었다. 그도 인정하는 바처럼, 그의 행동은 러시아 언론들이 그를 "또 다른 컬러 혁명을 위해 오바마가 보낸 간첩"[27]으로 묘사하게 했다. 그런데 누가 그들을 비난할 수 있을 것인가? 미국은 다른 나라가 미국의 국내정치에 개입하는 것에 질색하는 나라이다. 이 같은 점은 2016년 미국의 대통령 선거에 러시아가 개입했느냐의 여부를 두고 벌어지는 대논쟁에 잘 나타나고 있다. 미국은 자신이 표적 국가가 되었다는 사실을 알게 되었을 때 매우 강력하게 민족자결 원칙을 주장한다. 놀랄 일도 아니지만 러시아도 마찬 가지일 것이다.

중국의 지도자들도 자신의 주권을 지켜야 하는 경우에 마찬가지로 행동을 할 것이다. 중국은 미국이 빈번하게 자신의 인권 유린을 가지고 못살게 구는데 대해 분노한다. 그들은 미국의 이 같은 행동들이 궁극적으로 중국의 정치 체제 교체를 목표로 하는 것이라고 본다. 중국인들의 미국의 의도에 대한 의 구심은 대단히 깊으며, 홍콩에서 민주화 시위가 발생했을 경우 비록 그 같은 믿음을 입증할 수 있는 아무런 증거가 없는데도 불구하고 배후에 미국이 있다고 믿었다.[28] 중국인들은 미국의 비난에 대항하기 위해 매년 독자적인 인권 보고서를 간행하고 있는데, 동 보고서는 미국 내의 인권 유린을 매우 강력하게 비난한다.[29] 요약하자면, 중국을 자유화시키려는 미국의 압박은 미국과 러시아의 관계를 악화시킨 것과 마찬가지로 미국과 중국의 관계를 악화시켜왔다. 동시에 러시아와 중국 두 나라의 인권은 전혀 개선되지 않았으며 두 나라 중 어느 나라도 가까운 시일 내에 민주주의 국가가 될 것 같은 가능성은 없어보인다.

미국이 강대국들인 중국과 러시아의 국내정치에 대해 사회공학적 노력을 하는 데에는 심각한 한계가 있다. 미국은 인권 유린을 중단시키거나 정권 교체를 추진하기 위해 이 나라들을 침략할 수는 없다. 경제제재나 다른 외교적 수단을 통해서도 목적을 달성할 수 없는데, 그 이유는 강대국들은 그 같은 강압에 취약하지 않을 뿐 아니라 반격할 능력도 있기 때문이다. 자신을 보호할 수 있는 물질적 능력을 결여하고 있는 약소국들은 쉬운 표적이 될 수 있다. 놀라운 일도 아니지만 자유주의적 패권에 심취한 자유주의적 강대국들은 약한 나라들의 경우 그 대가는 덜 들고 이득은 클 것이라고 생각하며, 그들을 향해 사회공학적 노력을 단행하게 된다.

약한 나라도 깨기 어려운 단단한 견과류와 같다
Even Weak States Are Tough Nuts to Crack

약한 나라에 대한 개입도 실패할 가능성이 높기는 마찬가지이다. 미국이 중동의 권위주의 정권들을 붕괴시키려던 노력은 특히 9·11 테러공격 이후 보다 적극적으로 전개되기 시작했고 부시 행정부로부터 오바마 행정부에 이르기까지 지속적으로 전개되었는데, 이는 다른 나라에 대한 사회공학적 노력의 한계를 보여주는 교과서적인 사례가 될 것이다. 미국은 다섯 나라를 표적으로 삼았는데, 아프가니스탄, 이집트, 이라크, 리비아, 그리고 시리아 등이다. 미국은 아프가니스탄, 이라크 그리고 리비아의 정권을 붕괴시키기 위해 군사력을 직접 사용했지만 이집트와 시리아에 대해서는 그렇게 하지 않았다. 그럼에도 불구하고 이집트에서는 두 차례의 정권 교체가 이루어질 수 있었다. 비록 더 나은 정권이 수립된 것은 아니었지만 말이다. 시리아의 경우 미국은 피비린내 나고 재앙 같은 내전을 부추기고 말았다.

미국의 정책결정자들은 그들이 이 나라들에 미국에게 우호적이며 안정적인 민주주의 정치 체제를 건설할 수 있으리라고 생각했고, 민주화된 이 나라들은 핵확산 및 테러리즘과 같은 어려운 문제들을 해결하는 데 미국을 도울 수 있으리라 생각했다. 미국의 지도자들이 상기 다섯 나라들의 정치 체제와 중동 전역의 권위주의 국가들을 변화시킬 수 있다는 데 대해 얼마나 확신을 가지고 있었느냐를 보면 대단히 놀라울 정도다. 미국은 모든 경우 다 실패했다. 미국은 중동 지역에서 더 큰 죽음과 파괴를 초래했으며 아프가니스탄, 이라크와 시리아의 끝나지 않는 전쟁에 빠져들었다.

미국은 2001년 9·11 공격을 받고 나서 약 한 달이 지난 후인 2001년 10월 중순, 아프가니스탄에서 전쟁에 돌입했다. 12월 초순, 미국의 군사력은 눈부신 승리를 거둔 것처럼 보였다. 탈레반은 궤멸되었고 민주주의에 헌신할 것 같은 지도자인 하미드 카르자이(Hamid Karzai)가 카불의 수장으로 선택

되었다. 이 같은 분명한 성공은 부시 행정부로 하여금 이라크에서도 마찬가지 성공을 거둘 것이라고 기대하도록 했으며, 궁극적으로 중동 지역 전체에서 승리할 수 있으리라고 믿게 했다. 이것이 부시 독트린의 기원이었다. 미국은 2003년 3월 이라크를 침공하였으며 짧은 시간 내에 사담 후세인(Sadam Hussein)을 권좌에서 몰아내는 데 성공했다. 이 같은 사실은 미국이 중동 지역을 안정된 민주주의 국가들의 바다로 변화시키기 위한 마술과 같은 묘책을 발견한 것 같은 느낌을 주었다. 그러나 늦은 여름이 되었을 무렵부터 이라크는 내전 상황으로 빠져들기 시작했고 미국 군사력은 심각한 저항에 당면하기 시작했다.

이라크는 2004년 이래 도무지 통제가 불가능한 상황으로 빠져들어갔고, 그러는 동안 죽은 줄 알았던 탈레반도 다시 돌아왔다. 아프가니스탄 역시 내전 상태로 빠져들었다. 미국은 카르자이 정부가 축출되지 않고 권좌를 계속 유지할 수 있도록 돕기 위해 아프가니스탄에 더 많은 병력을 투입하기 시작했다. 미국은 이라크와 아프가니스탄 두 나라에서 대규모 전쟁을 치르는 중이다. 애초의 기대와는 정반대로 미국은 중동 지역을 평정하는 방법을 찾지 못했으며 아프가니스탄과 이라크의 상황을 안정시키기 위해 전전긍긍하고 있다.

그러나 지금 두 나라에서의 싸움은 그 이유를 잃어버린 것 같아 보인다. 오바마 행정부는 2011년 12월 이라크에서 미군 전투력 전부를 철수시킴으로써 망가진 나라를 내버려 두고 나와 버린 결과가 되었다. 이라크는 곧 시아파가 지배하는 바그다드 정부와 부시 행정부가 사담 후세인을 축출하면서 그 출범을 도와준 꼴이 된 무시무시한 수니파 군사집단 ISIS 간의 내전에 돌입했다. 미국이 이라크 수니파와 시아파 간의 내전을 촉발시킨 것이다. ISIS는 초기에 이라크와 시리아의 전쟁터에서 결정적인 성공을 거두는 듯했고 자신들만의 국가를 선포하기도 했다. 비록 공군력 위주이기는 하지만 미국은 2004년 8

월 이래 ISIS를 상대로 전쟁을 벌이기 시작했다.[30] (2019년 10월 경 ISIS는 거의 궤멸된 상태이다—옮긴이) 게다가 통일된 이라크의 한 부분이기를 거부하는 쿠르드족은 이라크 북부 지역에 자신들만의 실질적인 국가를 건설했다. 이라크의 수니파와 쿠르드족의 현실적인 힘은 바그다드에 있는 이라크 정부의 허약함과 연계되어 현재의 이라크는 더 이상 2003년의 이라크와 같은 나라라고 볼 수 없게 되었다. 그러나 미국은 파탄나고 쪼개진 이라크에서 다시 싸움에 뛰어들었다.

2009년 1월 대통령에 취임한 오바마는 취임 1개월 후, 36,000명의 병력이 이미 파견되어 있던 아프가니스탄에 17,000명의 병력을 추가로 파병하기로 결정했다. 그해 말 오바마 대통령은 30,000명의 병력을 더 파견하기로 했다. 동시에 오바마 대통령은 아프가니스탄 주둔 미군 병력을 자신이 백악관을 떠나는 2017년 1월까지 아프가니스탄에서 완전히 철수시킬 것도 약속했다.[31] 이 계획은 실패로 돌아갔는데, 왜냐하면 미군 병력을 감축하려던 시점에 탈레반은 그들의 입장을 고수했고 심지어 더 많은 영토를 장악했기 때문이었다. 게다가 카불의 친미 정권이 지휘하는 군대는 독자적인 탈레반군을 당해낼 수 없는 것으로 드러났고, ISIS는 아프가니스탄에서 세력을 키우고 있는 중이었다. 오바마 대통령이 백악관을 떠날 당시 아프가니스탄에는 8,400명의 미군이 주둔하고 있었으며,[32] 새로 취임한 트럼프 대통령은 현지 미군 사령관들로부터 미국 역사상 가장 긴 전쟁이 되어버린 아프가니스탄 전쟁에 병력을 증파해 달라는 압박을 받았다.

트럼프 행정부가 어떤 정책을 추구할지를 불문하고 미국이 탈레반을 격멸하고 아프가니스탄을 안정적인 민주주의 국가로 만들 수 있을 가능성은 거의 없다. 미국이 할 수 있는 최선의 일은 현재 아프가니스탄의 약 30% 정도를 장악하고 있는 탈레반이 아프가니스탄 전체를 다시 장악하는 시간을 지연시키는 일뿐이다. 요약하자면, 미국 군대의 엄청난 노력에도 불구하고, 제2차 세계대전 이후 마셜 플랜(Marshall Plan)을 통해 유럽에 쏟아부었던 것보다 더 많은 돈을 아프가니스탄 재건에 쏟아부었음[33]에도 불구하고, 미국은 아프가니스탄 전쟁에서 패배할 운명에 놓여 있다.

리비아의 경우도 역시 약한 국가의 정치를 바꾸어 놓으려던 계획이 실패한 사례가 될 것이다. 2011년 3월 미국과 그 유럽 동맹국들은 무아마르 가다피(Muammar Gaddafi) 대령을 권좌에서 축출하기 위한 목적으로 공중 폭격 작전을 실시했다. 리비아의 지도자는 엄청난 반란에도 잘 버텨내고 있었는데, 서방 강대국들은 가다피가 자신의 집권을 종식시킬지도 모를 대량 학살 작전을 곧 실행할 것이라며 잘못된 가정에 빠져 있었다. 2011년 7월, 30개국 이상이 가다피에 저항하는 국가임시위원회(National Transitional Council)를 리비아의 정통성을 가진 합법 정부로 승인했다. 2011년 10월 가다피는 살해당했고, 그 이후 리비아는 종식될 기미가 보이지 않는 끊임없는 내전에 빠져들었다. 리비아가 가까운 장래에 민주주의 국가가 될 가능성은 전혀 보이지 않는다.[34]

미국 정부가 리비아의 가다피 정권을 종식시킬 무렵, 시리아에서 또 다른 독재자 바샤르 알-아사드(Bashar al-Assad)에 저항하는 운동이 발발했다. 아사드 정부는 이에 과도하게 대응했고 폭력을 사용해 진압했는데, 이로 인해 발생하게 된 끔찍한 내전은 오늘까지도 지속되고 있는 중이다. 그런데 시리아의 경우도 미국이 비록 직접적으로 개입한 것은 아니지만 갈등을 확산시키는 데 기여했다.[35] 2011년 8월, 시리아 내전이 시작된 지 몇 달이 지난 후, 오바마 정부는 반란군의 편을 들었고 아사드에게 권좌에서 물러날 것을 요구했다.[36] 아사드가 이를 거부하자 미국은 카타르, 사우디아라비아, 터키 등과 손을 잡고 아사드의 축출에 나섰다. 미국은 "온건한" 반군 집단들을 지지했는데 이들에게 무기와 훈련을 지원하기 위해 미국의 CIA와 국방부는 15억 달러 이상을 지출했다.[37]

이 전략은 완전한 실패로 돌아갔다. 40만 명 이상의 인명 피해(이들 중 대부분은 민간인이다)가 발생했고, 시리아 국민의 절반 이상이 나라를 떠났지만[38] 아사드는 여전히 권좌를 유지하고 있다. 그러나 아사드 정부가 붕괴할지라도 알카에다(al Qaeda)와 연계된 누스라 민족전선(Nusra Front) 같은 과격한 반란 세력이 아사드 정부를 대체할 가능성이 대단히 높다. 만약 누스라 민족전선 혹은 이와 유사한 과격 단체가 정권을 장악한다면 새로운 정부는 아사드 정권을 지지했던 사람들에 대해 피비린내 나는 숙청 작업을 단행할 것이 확실하다. 더욱이 새로운 정부들은 미국에 대해 심각한 반감을 표시하게 될 것이다. 그러나 아사드 정부는 쉽게 무너질 것 같지 않아 보인다. 왜냐하면 러시아, 이란 그리고 헤즈볼라 세력이 아사드가 지속적으로 권좌를 지킬 수 있도록 하기 위해 개입하고 있기 때문이다. 시리아 내전은 아마도 오랫동안 더 지속될 것이며 수많은 파괴와 혼란이 초래될 것이다.

시리아 내전의 또 다른 참혹한 결과가 있다. 수많은 시리아 국민들이 조국을 떠나 유럽에 정착하게 되었는데, 아프간, 이라크 그리고 리비아 내전으로 인한 난민들까지 그 대열에 합류하고 있다. 처음 대부분의 유럽 국가들은 이 난민들을 환영했다. 그러나 난민의 숫자가 너무 불어났고 유럽연합 자체는 물론 유럽의 일부 국가들은 이들을 차단하기 위한 중요한 장벽들을 설치하기 시작했다. 이 같은 움직임은 유럽의 소중한 원칙들인 망명에 대한 우호적인 정책과 열린 국경의 원칙에 반하는 것이다. 난민의 대규모 유입은 유럽 각국에서 극우 정당의 성장에 기여했으며 이 정당들은 난민과 이민자들을 자국의 국경 밖으로 축출하겠다고 천명하고 있다. 요약하자면, 애초에 미국이 그 시작을 도왔던 시리아 내전은 시리아 국민들에게 잔인한 결과를 가져다주었을 뿐만 아니라 유럽연합에도 심각한 피해를 가져다줄 가능성이 있다.

마지막으로 2011년 1월 호스니 무바라크(Hosni Mubarak) 대통령에 맞서는 저항 운동이 일어났던 이집트 사례가 있다. 이집트에서 저항 운동이 불붙기 시작했을 때 오바마 행정부는 이집트 문제에 개입했고 무바라크 대통령을 권좌에서 축출하는 것을 도왔다.[39] 오바마는 이집트가 민주화를 향해 나아가는 것을 환영했고, 비록 무슬림 형제단이 지배하고 있기는 했지만 2012년 6월 새로 선출된 이집트 정부를 지지했다. 그러나 집권 후 1년 정도 지났을 때 무슬림 형제단 소속인 모하메드 무르시(Mohamed Morsi) 이집트 대통령은 이집트 군부와 국민들의 강력한 사임 압박을 받게 되었다. 무르시에 대해 열정적인 적이 없었던 오바마 행정부는 이 같은 복잡한 상황에 개입해 무르시 대통령에게 떠나야 할 때라는 점잖은 신호를 보냈고, 결국 그를 권좌에서 축출하는 데 성공했다.[40] 무르시 대통령은 무바라크의 전통을 따르는 강력한 군인인 압델 파타 엘시시(Abdel Fattah el Sisi) 대장으로 대체되었다.

이러한 과정에서 미국은 민주적 절차를 통해 당선된 대통령을 몰아내는 쿠데타에 동조한 격이 되었고, 게다가 그는 미국에 위협이 되는 인물도 아니었다. 새로운 이집트 대통령은 무슬림 형제단과 그 지지 세력들을 탄압했고 100명 이상을 살해했으며, 무르시 대통령에게 사형 언도를 내렸다(2019년 여름 현재 그는 감옥에 갇혀 있는 중이다—옮긴이). 오바마 정부는 엘시시 대통령의 이 같은 피비린내 나는 숙청을 뒤늦게나마 막아보려고 했지만 이미 때는 늦었고, 성공하지도 못했다. 오바마 정부는 미국이 매년 이집트에 제공해주는 15억 달러의 원조를 철회하려 하지 않았다. 미국 법에 의하면, "정당하게 선출된 국가 수반이 군사 쿠데타나 군령에 의해 축출된 나라의 경우"[41] 원조 제공을 중지하도록 되어 있는데도 말이다.

아프가니스탄, 이집트, 이라크, 리비아 그리고 시리아에서 미국이 보여준 행동은 모두 처참한 결과를 초래하고 말았다. 미국은 이들 중 어느 나라에서도 인권을 보호하고 자유민주주의를 증진시키는 데 성공하지 못했을 뿐 아니라, 이 중동 지역 국가들에서 죽음과 무질서가 확산되는 데 오히려 더욱 기여했을 뿐이다.[42] 오늘날 이 지역에서 테러리즘은 더욱 심각한 문제가 되었고,

이란과의 핵협정에도 불구하고(트럼프 대통령은 이란과의 핵협정에 불만을 표시하고 2018년 5월 18일 이를 폐기했다─옮긴이) 핵을 획득하거나 그들의 핵무기를 유지하려는 세계 도처에 있는 나라들의 동기는 오히려 더욱 강해지고 있는 중이다. 미국이 힘을 통한 정권교체 정책을 추진하고 있는 상황에서 말이다. 미국과 본질적인 견해 차이를 가지고 있는 나라들의 정책결정자들은 2003년 12월, 자신을 권좌에서 몰아내지 않을 것이라는 미국의 약속을 믿고 대량파괴무기 개발 정책을 포기한 가다피 대령을 잘 기억하고 있다.[43] 그 약속을 한지 8년 후 오바마 행정부는 가다피를 권좌에서 몰아내는 데 핵심적 역할을 했다. 그리고 가다피는 곧 살해되었다. 만약 가다피가 핵 억지력을 갖고 있었다면, 그는 여전히 리비아를 통치하고 있을지도 모른다.

사회공학적 노력의 한계와 위험성
The Limits and Perils of Social Engineering

이 같은 처참한 실패들은 사실은 미리 예견할 수 있었어야 했다. 어느 사회에서든, 자국 사회에 대한 것을 포함해서, 대규모의 사회공학적인 노력을 시도한다는 것은 쉬운 일이 아니다. 놀라운 일 중 하나는 수많은 미국의 정책결정자들은 자신들이 중동 국가들의 정치적 풍경을 본질적으로 바꾸어 놓을 수 있고 그 나라들을 민주주의 국가로 바꾸어 놓을 수 있다고 확신했다는 사실이다. 미국은 자신들이 거의 알지 못하고 있는 나라들에 개입했던 것이며─미국 정부 지도자들 중 아랍어를 할 줄 아는 사람은 거의 없으며, 수니파와 시아파가 이슬람의 다른 종파인지를 아는 사람도 드물었다─다른 나라의 자결권을 침해했을 때 불러일으킬 당연한 적대감에 대해서도 알지 못했다. 더구나 중동 국가들 대부분이 파벌들로 분열되어 있다는 사실, 그리고 정부가 무너질 경우 혼란이 초래될 것이라는 사실을 알지 못했다. 외국에 대한 사회공학적 행동을 그 나라를 장악하기 위한 전투와 병행한다는 것은 보통 어려운 일이 아니다.

미국이 다른 나라를 침략했을 때는 문제가 더욱 심각해지는데, 이 경우 그 나라를 점령하고 있는 미국의 군사력은 필연적으로, 작동 가능한 자유민주주의 국가를 구축하는 데 필수적인 민족-국가 건설이라는 과제를 떠맡게 되기 때문이다. 그러나 민족주의의 시대에서 다른 나라를 점령하는 일은 언제라도 반란을 불러일으킬 수밖에 없으며 이는 미국이 아프가니스탄이나 이라크를 침공하기 오래전, 이미 필리핀에서 그리고 그 이후 베트남에서도 발견했던 사실들이었다. 정복자는 언제라도 반항 세력의 저항에 당면하기 마련이며 이는 성공할 가능성이 별로 없는 장기적이고 처절한 군사 작전을 수행하지 않을 수 없음을 의미한다. 게릴라 전쟁에서 승리한다는 사실이 얼마나 어려운지에 대해서는 2006년 12월 간행된 미국 육군과 해병대의 〈반게릴라 작전 야전교범 3-24Counterinsurgency Field Manual 3-24〉에 잘 반영되어 있다. 이 교범은 "반게릴라 전쟁은 본질적으로 장기전"일 뿐만 아니라 "정치적, 군사적 지도자들과 계획 입안자들은 게릴라 전쟁의 규모와 복잡성을 결코 과소평가하면 안 된다."[44]라고 경고하고 있다.

역사적인 기록들도 다른 나라에 민주주의를 이식하려는 일은 대체적으로 실패한다고 말해준다.[45] 앤드루 엔터라인(Andrew Enterline)과 제이 마이클 그레이그(J. Michael Greig)는 1800년부터 1994년까지 민주주의 정부의 이식이 시도된 사례 43개를 연구했는데, 그중 63%가 실패로 끝난 사실을 발견했다.[46] 제프리 피커링(Jeffrey Pickering)과 마크 페세니(Mark Peceny)는 1946년부터 1996년까지 자유주의 국가들에 의한 개입이 민주화를 초래했는가라는 주제에 대한 사례 연구를 행했는데 "1945년 이래 민주화를 이룩한 나라들의 경우 자유주의 국가들의 개입이 모종의 기여를 했다고 볼 수 있는 경우란 거의 없다."고 결론 내렸다.[47] 알렉산더 다운스(Alexander Downes)와 조나단 몬텐(Jonathan Monten)은 다른 나라에 민주주의 정부를 강요하는 것은 "국내정치적으로 우호적인 전제조건이 존재하는 경우" 성공 가능성이 있다는 점을 지적했다. 그런데 불행하게도 "개입의 대가가 크지 않으며 동시에 이 같은 전제조건이 사전에 존재하는 경우는 매우 희귀했다."[48] 미국과 같은 강대국은 대가가 낮은 경우가 아니라면 정권 교체를 위한 침략을 단행하지 않았다. 즉 자유민주주의를 위한 필요한 전제조건이 없는 나라를 침략했던 것이다.

미국은 다른 나라에 민주주의를 강요했다가 실패한 풍부한 역사를 가지고 있다. 뉴욕대학의 브루스 부에노 드 메스키타(Bruce Bueno de Mesquita) 교수와 조지 다운스(George Downs) 교수는, 제2차 세계대전과 2004년 사이 "미국은 35회 이상 세계 도처의 개발도상국가들에 개입했는데, 그중 오로지 하나의 사례─1989년 미국이 마약과의 전쟁을 벌이기로 결정한 이후의 콜럼비아─에서만 약 10년 만에 완전한 수준의, 안정적인 민주주의 정부가 건설될 수 있었다. 이것은 성공 확률이 3%에도 못 미친다."[49]고 보고했다. 피커링과 페세니는 오로지 하나의 사례─마누엘 노리에가(Manuel Noriega)가 축출된 이후의 파나마─에서만 미국의 개입이 건실한 민주주의 정부를 출현시키는 결과를 냈다는 사실을 발견했다.[50] 윌리엄 이스털리(William Easterly)와 뉴욕대학의 두 동료 교수는 냉전 당시 미국과 소련의 개입이 자유주의적 형태의 정부를 수립하는 데 어떻게 영향을 미쳤는지를 연구했는데 "초강대국이 개입한 이후 민주주의는 심각하게 훼손되었고 그로 인한 파급 효과는 대단히 컸다."[51]고 밝혔다.

1989년 무렵 동부 유럽에서 일어난 일들은 희망적인 선례가 될 수 있지 않느냐는 주장이 있을지 모른다. 그러나 이 같은 주장은 옳지 못하다. 이 지역에서 공산주의가 붕괴하고 독재자들이 몰락한 후 민주주의가 꽃을 피웠다. 그러나 이 지역의 사례들은 미국이 중동 지역 국가들에서 시도했던 것과는 별 관련성이 없다. 동유럽 국가들에는 민주주의가 강요되지 않았다. 동유럽 국가들의 경우, 민주주의는 그 나라에서 스스로 성장했던 것이었고 이 나라들은 민주주의를 할 수 있는 전제조건들을 이미 갖추고 있었다. 물론 미국이 발아 상태에 있던, 동유럽 국가들의 민주주의가 꽃피게 하는 데 도움을 주었다는 사실은 의문의 여지가 없다. 그러나 이 사례들은 미국이 성공적으로 외국 땅에 민주주의를 이식하는 데 성공한 경우는 아니었다. 다시 말해 부시 독트린이 추구하던 바로 그 목표에 해당되는 사례들이 아니었다.[52]

미국이 자유민주주의 정치 체제를 해외에 이식하는 것이 전혀 불가능한 일은 아니다. 그러나 성공은 예외적일 뿐 일반적이지 않다. 그러한 성공은 오직 특정한 국내적 조건을 갖춘 나라들에서만 가능한 일이었다. 만약 표적으로 삼은 국가가 인종 및 종교적으로 단일적이고 강력한 중앙 집권적 정부를 가지고 있는 경우, 상당한 수준의 경제적 번영, 그리고 일정 수준 민주주의의 경험을 한 적이 있는 나라라면 민주주의의 이식이 성공할 가능성은 대단히 높을 것이다. 2차 세계대전 이후 일본과 독일의 성공 사례는 미국이 자유민주주의를 중동 지역에도 수출할 수 있다는 근거가 되었다. 그러나 독일과 일본은 대단히 예외적인 사례이다.

지정학을 무시한 대가
The Cost of Ignoring Geopolitics

다른 나라의 국내정치에 개입한다는 것이 어려운 일임을 차치하고라도, 거기에는 민족주의보다는 현실주의와 더 관련 있는 다른 문제가 존재한다. 막강한 국가가 자유주의적 패권을 추구할 때, 그 나라는 다른 나라들은 현실주의가 지시하는 바를 따를 것이라는 위험을 감수해야만 한다. 이 같은 상황은 오판의 가능성을 대단히 높게 되는데, 이는 국제 위기 혹은 전쟁으로 이어질 수 있다. 예로서 자유주의 국가는 자국의 의도와 정책이 선하며 심지어 고귀한 것이라는 진정한 믿음을 가질 수 있지만, 반면 다른 나라들은 현실주의 원칙에 입각해서, 자유주의 국가의 정책을 자신에게 위협이 되는 것으로 생각할 수 있다. 자유주의 국가들은 그들이 단순히 다른 이념에 의거해서 행동하기 때문에, 이 같은 사실을 이해하는 데 실패할 가능성이 있다.

자유주의적 강대국에게 이러한 상황이 더욱 위험한 것은 거의 모든 국가는 거의 모든 경우 세력균형의 논리를 따르고 있기 때문이다. 자유주의적 강대국들도 전형적으로 이 같은 논리에 따라 행동한다. 특히 다른 강대국을 상대할 때 그러하다. 그러나 때때로 자유주의적 강대국이 자유주의적 패권을 자유롭게 추구할 정도로 막강할 경우가 있다. 그 나라가 만약 자신도 현실주의적 세계에서 행동하고 있다는 사실을 잊어버리게 된다면, 그 나라는 자신에 대해서 뿐만 아니라 다른 나라들에 대해서도 정말 심각한 문제를 야기하게 된다. 작금 우크라이나에서 진행 중인 문제는 이 같은 점을 잘 보여준다. 서방측의 압도적인 견해에 의하면 이 문제는 대체로 러시아의 공격적 행동이 유발한 결과다. 이 주장에 의하면 블라디미르 푸틴 총리는 구 소련과 같은 대러시아의 창설을 꿈꾸고 있으며, 그렇기 때문에 러시아는 인접해 있는 국가들인 우크라이나, 발칸 국가들, 그리고 다른 동유럽 국가들의 정부를 통제하려 한다는 것이다. 그리고 우크라이나 대통령 빅토르 야누코비치(Viktor Yanukovych)에 대한 2014년 2월 22일의 쿠데타는 푸틴에게 크리미아를 병합하고 동부 우크라이나에서 전쟁을 시작할 구실을 제공했다는 것이다.

이 같은 설명은 틀린 설명이다. 미국과 유럽에 있는 미국의 동맹국들이 이 위기에 더 큰 책임을 져야 한다.[53] 이 문제는 북대서양조약기구(NATO)의 확산, 즉 우크라이나를 비롯한 모든 동유럽 국가들을 러시아의 궤도 밖으로 끌어내어 서방 진영에 편입시키려는 대전략에서 비롯된 것이다. 혹자는 이 같은 정책을 잠재적으로 공격적인 러시아를 봉쇄하기 위한 고전적인 억제 전략이라고 생각할 수 있을 것이다. 그러나 그렇지 않다.[54] 서방측의 전략은 주로 자유주의적인 원칙에 의거한 것이었고 이 정책을 구상한 사람들은 러시아가

이 정책에 대해 두려움을 갖지 않을 것이라고 가정했다.[55] 목표는 우크라이나를 냉전 시대 동안 유럽에서 형성된 이후 동쪽으로 확장을 거듭해온 "안보 공동체(Security Community)"에 편입시키는 것이었다. 그러나 러시아는 이 상황에 현실주의 교본대로 대응하고 있었다. 그렇게 해서 발생한 심각한 위기는 많은 서구 지도자들을 깜짝 놀라게 했다.

우크라이나를 표적으로
Taking Aim at Ukraine

우크라이나를 서방의 일원으로 통합하려던 전략은 서로 연결되는 세 가지 요소, 즉 북대서양 조약기구(NATO)의 확장, 유럽 연합의 확대, 그리고 오렌지 혁명으로 구성되어 있었다. 오렌지 혁명은 우크라이나에 민주주의와 서구적 가치를 확산시키고 이를 통해 친서방적인 지도자들이 우크라이나를 주도하게 하는 것을 목표로 했다. 러시아의 관점에서 보았을 때 이 같은 전략의 가장 위협적인 요소는 NATO가 동쪽을 향해 전진하고 있다는 사실이었다.

냉전이 끝났을 당시 소련은 미국이 유럽에 군사력을 주둔시키고 북대서양 조약기구를 유지하는 것을 선호한다고 분명히 밝혔다. 소련의 지도자들은 이 같은 조치가 제2차 세계대전 이후 독일이 평화적인 국가로 남아 있게 하는 데 기여했음을 이해하고 있었고, 독일이 통일을 이룩하고 막강한 국가로 다시 태어난 이후에도 이 같은 조치는 독일을 평화적인 국가로 남아 있게 하는 데 기여할 것이라고 이해했다. 그러나 러시아는 NATO의 확장에 대해서는 심각하게 반대했다. 러시아 사람들은 서방측이 자신의 이 같은 두려움을 이해할 것이고, 그래서 NATO는 동쪽으로 확장하지 않을 것임을 믿고 있었다.[56] 그러나 클린턴 행정부는 다르게 생각하고 있었으며 1990년대부터 NATO의 확장을 추구하기 시작했다.

1999년 NATO의 첫 번째 확장으로서 폴란드, 헝가리, 그리고 체코슬로바키아가 NATO 회원국으로 가입하였다. NATO의 두 번째 확장은 2004년에 일어났는데 불가리아, 루마니아, 슬로바키아 그리고 발틱해 연안의 3국이 NATO 회원국이 되었다. 러시아 지도자들은 애초부터 이 같은 일에 결연히 반대했다. 예로서 보리스 옐친(Boris Yeltsin) 대통령은 1995년 세르비아를 향한 NATO의 폭격 작전에 반대하며, "이것이야말로 NATO가 러시아 연방의 경계선에 다가왔을 때 나타날 수 있는 첫 번째 징후이다.… 전쟁의 불길이 유럽 전체에서 타오르게 될 것이다."[57]고 말했다. 그러나 러시아는 NATO의 확장을 저지하기에는 힘이 너무 약했다. 게다가 작은 발틱 국가들을 제외하면 NATO에 새로 가입한 어떤 국가들도 러시아와 국경을 공유하고 있지는 않았다.

그러나 진정한 골칫거리는 2008년 4월 부카레스트에서 열렸던 NATO 정상회담에서 나타났다. 이곳에서는 우크라이나(Ukraine)와 그루지아의 NATO 가입 문제가 논의되었다. 프랑스와 독일은 이 나라들의 NATO 가입은 러시아의 두려움을 불필요하게 자극할 것이라며 반대했다. 그러나 부시 행정부는 이 두 나라를 NATO에 가입시키려는 열의를 가지고 있었다. 주요 국가들 간의 의견 불일치로 인해 NATO는 우크라이나와 그루지아를 동맹에 가입시키는 데 필요한 절차에 착수하지는 않았다. 그러나 NATO 정상회담의 최종 선언은 "NATO는 유럽 대서양 국가를 지향하는 우크라이나와 그루지아의 NATO 회원국 가입 열망을 지지한다. 우리는 오늘 이 두 나라가 NATO의 회원국이 될 것임에 동의한다."[58]라는 언급을 포함했다. 러시아는 이 같은 결의안에 즉각적인 분노를 표시했다. 러시아의 외무차관은 "그루지아와 우크라이나가 NATO에 가입하는 것은 크나큰 전략적인 실수가 될 것이며 이는 범유럽 안보에 가장 심각한 결과를 초래하게 될 것"이라고 경고했다. 푸틴 대통령은 이 두 나라를 서방측 동맹에 가입시키는 것은 러시아에게는 "직접적인 위협"이 될 것이라고 말했다. 한 러시아 신문은 푸틴이 부시에게 분명한 어조로 다음 같이 말했다고 보도했다. "만약 우크라이나가 NATO에 가입한다면 우크라이나는 국가로서 더 이상 존재하지 못하게 될 것이다."[59]

우크라이나와 그루지아가 NATO에 가입하는 것을 막으려는 러시아의 결의에 대한 어떤 의문도 2008년 8월 발발한 러시아-그루지아 전쟁을 통해 분명하게 해소되어야 했다. 그루지아 대통령 미하일 사카슈빌리(Mikheil Saakshvili)는 자국을 NATO에 가입시키겠다는 열의를 가지고 있었는데, 부다페스트에서 NATO 정상회담이 종료된 이후 그루지아 영토의 약 20%를 차지하는 두 분리주의 지역인 아브카지아와 남오세티아(South Ossetia)를 그루지아에 재병합하려고 했다. NATO의 회원국 자격은 이러한 중요한 영토분쟁이 명쾌하게 해소될 것을 요구했다. 그러나 푸틴은 그런 일이 일어나도록 내버려둘 수 없었다. 푸틴은 그루지아가 약하고 분열된 채로 남아 있기를 원했으며 사카슈빌리에게 굴욕을 주기로 결심했다.[60] 그루지아와 오세티아 분리주의자들 간에 전투가 발발하자 러시아는 "인도주의적 개입"을 구실로 그루지아를 침략했고 아브카지아와 남오세티아에 대한 통제권을 장악했다. 서방측은 대응할 수 있는 별다른 방법이 없었고 그루지아를 내버려둘 수밖에 없었다. 러시아는 자신의 관점을 분명히 밝혔지만 NATO는 우크라이나와 그루지아를 동맹국으로 받아들이는 것을 포기하길 거부했다.

우크라이나를 서방측에 통합시키는 일에는 유럽연합(EU)도 관련되어 있는데, 유럽연합 역시 NATO와 마찬가지로 냉전이 종식된 후 동쪽으로 확장해 가고 있었다. 오스트리아, 핀란드, 스웨덴이 1995년 EU에 가입했고 8개의 중부유럽 및 동유럽 국가들(체코 공화국, 에스토니아, 라트비아, 리투아니아, 헝가리, 폴란드, 슬로바키아, 그리고 슬로베니아)이 2004년 5월 사이프러스(Cyprus), 몰타(Malta)와 함께 EU에 가입했다. 불가리아와 루마니아는 2007년에 가입했다. NATO가 우크라이나가 NATO 회원국이 될 것이라고 선언한 지 꼭 1년이 되는 2009년 5월, EU는 동부 파트너십 구상(Eastern Partnership

Initiative)을 공개했는데, EU 스스로 이것을 'EU와 동부에 있는 이웃 국가들 간의 관계에 있어 야심찬 새로운 장(an ambitious new chapter)"이라고 묘사했다. 이것의 목표는 동부유럽 국가들의 번영과 안정을 증진시키고 "유럽의 경제를 더욱더 통합시키는 것"이었다.[61] 놀라운 일도 아니지만 러시아의 지도자들은 이 같은 동부 파트너십 구상을 러시아의 국가이익에 반하는 것이라고 보았다. 러시아 외무장관 세르게이 라브로프(Sergei Lavrov)는 EU가 동부유럽 지역에서 자신의 "영향권(sphere of influence)"을 창출하려 한다고 비난하면서 러시아 자신이 "협박 작전(blackmail)"[62] 을 쓰고 있음을 암시했다. 실제로 러시아는 EU의 확대를 NATO 확장을 위한 위장술이라고 보았다.[63] EU의 지도자들은 러시아의 이 같은 주장을 무시했으며 러시아 역시 동부 파트너십 구상에 의해 이득을 볼 수 있을 것이라고 주장했다.

　러시아로부터 우크라이나를 떼어내기 위한 마지막 수단은 오렌지 혁명을 조장하는 것이었다. 미국과 유럽에 있는 미국의 동맹국들은 과거 소련의 통제 하에 있었던 국가들에서 사회적, 정치적 변화를 일으키는 데 깊이 관여해 왔다. 그들은 서구적 가치와 민주주의를 확산시키는 것을 목표로 삼았는데, 이는 동유럽 국가들의 친서방적인 개인과 조직에 대한 지원을 의미했고, 비정부 기구(NGO)는 물론 공식적인 정부기구를 통해서 자금 지원이 이루어졌다.[64] 물론 러시아 지도자들은 우크라이나에서 사회공학적 노력이 행해지는 것을 우려했다. 그러한 시도가 우크라이나에 미칠 영향 때문만이 아니라 러시아가 다음번 표적이 될지도 모르기 때문이었다.

　NATO의 확장, EU의 확대, 그리고 민주주의의 촉진은 러시아를 적대적으로 만들지 않은 채 우크라이나를 서방의 일원으로 통합하기 위해 긴밀히 짜여진 정책 패키지였다. 그러나 이 모든 것들은 의도치 않게 러시아를 적으로 만들었고 우크라이나 위기를 촉발한 직접적인 원인이 되었다.

직접적인 원인들
The Immediate Causes

위기는 야누코비치 대통령이 EU와 협상 중이던 중요한 경제적 거래를 거부하고 러시아가 제시한 대안을 받아들이겠다고 결정한 2013년 11월 발생했다. 이 결정은 정부를 향한 저항 운동을 불러일으켰고, 그 후 3개월 동안 저항 운동은 더욱 격화되었다. 2014년 1월 22일 두 명의 시위자가 살해당했고 2월 중순 동안 100명 이상의 사망자가 발생했다. 서방측 특사들이 이 위기를 해결하기 위해 급히 키예프로 날아갔고 2월 21일 야누코비치가 그해 연말 새로운 선거를 치를 때까지 권좌를 유지한다는 조건으로 타협이 이루어졌다. 그러나 시위대는 그가 즉각 권좌에서 물러날 것을 요구했으며 다음날 그는 러시아로 도망쳐버렸다.[65]

키예프에 새로 성립된 정부는 완전한 친서방 반러시아 정부였다. 게다가 새로운 정부에는 신파시스트라고 불려도 될 수 있는 인물 4명이 포함되어 있었다. 더 중요한 사실은, 비록 어느 정도 지원했는지는 모르지만 미국 정부가 이 쿠데타를 배후에서 지원했다는 사실이다. 예로서 유럽 및 유라시아 담당 국무차관보인 빅토리아 누랜드(Victoria Nuland)와 상원의원인 존 매케인(John McCain)이 반정부 시위에 가담했으며, 키예프에 파견되었던 미국 대사는 쿠데타가 성공한 다음날, 오늘은 "역사책에 기록될 날"이라고 선언했다.[66] 누설된 통화 기록에 의하면 누랜드는 정권 교체를 강하게 요구했고 친서방 인물인 아르세니 야체뉴크(Arseniy Yatsenyuk)가 새로운 정부의 총리가 되어야 한다고 요구했다. 그는 새로운 정부의 총리가 되었다. 러시아 관리들 대부분이 야누코비치를 몰아낸 배후에는 서방측, 특히 미국 CIA의 부추김이 있었다고 믿는 것은 놀라운 일이 아니다.

푸틴에게는 행동해야 할 시간이 다가오고 있었다. 2월 22일 쿠데타가 발생한 직후, 그는 군사력을 사용해서 우크라이나로부터 크리미아를 빼앗아 러시아에 병합시킬 준비에 착수했다. 이 같은 사실은 러시아가 크리미아의 항구인 세바스토플(Sevastopol) 해군기지에 이미 수천 명의 병력을 배치하고 있었다는 사실에 비추어 보았을 때 별로 어려운 일도 아니었다. 이곳의 병력은 러시아 본토로부터 온 증원군에 의해 보강되었다. 이들 중 상당 부분은 군복을 입고 있지도 않았다. 크리미아는 아주 쉬운 표적이었는데 왜냐하면 크리미아에 살고 있는 인구 중 대략 60% 정도가 인종적으로 러시아인이었고, 이들 대부분은 러시아의 일부가 되기를 원하고 있었다.

푸틴은 또한 키예프 정부가 러시아에 등을 돌리고 서방측으로 기울지 않도록 하기 위한 대규모의 압박을 가했다. 푸틴은 우크라이나를 완전히 망가뜨리는 한이 있어도 러시아의 문턱에 서방측의 강력한 기지가 생기는 일은 허락할 수 없음을 분명히 밝혔다. 이 목표를 위해 푸틴은 우크라이나 동부 지역에 거주하는 러시아계 분리주의자들에게 무기와 은밀한 병력을 지원해왔고 우크라이나를 내전 상태로 몰아갔다. 푸틴은 또한 우크라이나와 러시아 국경에 다수의 러시아 지상군을 포진시켜 두었으며 키예프 정부가 반란을 진압하려 할 경우 군사 개입을 하겠다고 위협했다. 마지막으로 푸틴은 우크라이나로 수출하는 석유 가격을 올리는 동시에 그동안 우크라이나가 갚지 않고 있던 기름값을 즉각 지불하라고 요구했으며, 심지어 우크라이나에 석유를 공급하지 않겠다고 협박하기도 했다. 푸틴은 자신이 그루지아에 했던 것처럼 우크라이나에도 험악하게 행동했다. 푸틴은 우크라이나가 친서방 국가가 되려는 계획을 포기하지 않는다면 우크라이나를 영구히 뒤엎어버릴 수 있는 능력을 보유하고 있었다.

자유주의자들의 눈가림대
Liberal Blinders

초보적인 지정학적 이해력을 가진 사람이라면 그 누구도 이 같은 상황의 도래를 예상할 수 있었을 것이다. 서방측은 러시아의 뒷마당에 걸어들어간 것과 마찬가지였으며 러시아의 핵심적인 전략적 이익에 위협을 가한 것이었다. 프랑스의 나폴레옹, 독일 제국, 그리고 나치 독일은 광대한 평원을 가로질러 러시아를 향해 침략해 들어갔는데 그때마다 우크라이나는 러시아 방어를 위한 전략적 완충지대 역할을 담당했다. 어떤 러시아 지도자라도 과거의 적대적인 군사동맹이 우크라이나로 진입해 들어오는 것을 인내하고 방치할 수는 없을 것이다. 그리고 어떤 러시아의 지도자라고 할지라도 서방측이 우크라이나의 수도에 서방측과 동맹을 맺겠다고 결심한 정부가 들어서는 것을 방관할 수 없을 것이다.

미국 정부는 러시아 정부의 입장을 좋아하지 않을지 모르지만, 러시아 정부의 배후에 있는 논리가 무엇인지를 이해해야 한다. 강대국들은 언제라도 자기 나라 영토 가까운 곳에서 야기되는 위협에 민감할 수밖에 없다. 예로서 미국은 먼로 독트린을 통해 먼 곳에 있는 강대국이 서반구 어디에든, 특히 미국의 국경 가까운 곳에 군사력을 배치하는 것을 결코 용납하지 않았다. 만약 중국이 캐나다 혹은 멕시코와 막강한 동맹을 형성한다든가 혹은 친중국적인 정권을 캐나다 혹은 멕시코에 수립하려는 상황을 상상해보자. 논리를 떠나서, 러시아 지도자들은 서방측 지도자들을 향해 이미 여러 차례 그들은 NATO가 우크라이나와 그루지아로 확장해 들어가거나 혹은 그 나라들이 러시아에 등을 돌리게 하는 어떤 시도도 용납하지 않을 것임을 경고한 바 있었다. 2008년도 러시아와 그루지아의 전쟁은 이 같은 메시지를 더욱 분명히 해주었다.

서방측 지도자들은 자신들이 러시아의 두려움을 완화시키기 위해 열심히 노력해왔으며 러시아 정부는 NATO가 러시아에 대해 적대적인 의도가 없다는 사실을 이해해야 한다고 주장했다. 더 나아가, NATO의 확장이 러시아를 봉쇄하려는 의도가 있다는 사실을 부인하면서 NATO는 새로이 동맹에 가입한 국가들의 영토에는 영구 주둔 군사력을 배치하지 않았다. 2002년 NATO는 러시아와의 협력을 진전시키길 바라며 NATO-러시아 위원회(NATO-Russian Council)를 조직하기도 했다. 미국은 러시아를 더욱 달래기 위해 2009년 자국의 새로운 미사일 방어 체계는, 적어도 초기에는 체코 혹은 폴란드 영토 내부가 아니라 유럽 해역에 있는 미국 군함에 장착하겠다고 발표했다. 이 같은 조치들 중 어떤 것도 성공하지 못했다. 러시아는 단호하게 NATO의 확장에 대해 반대했으며, 특히 우크라이나와 그루지아의 NATO 가입에는 절대 반대했다. 사실 무엇이 러시아에게 위협이 되느냐를 궁극적으로 결정할 나라는 러시아이지 서방측이 아니다.

서방측 지도자들은 우크라이나에서 야기된 일로 인해 깜짝 놀랐는데, 국제정치에 대한 그들의 잘못된 이해에서 연유한 것이었다. 그들은 21세기에는 현실주의와 지정학이 별 타당성이 없으리라 믿었고, 완전히 자유주의적인 원칙에 기반한 "자유롭고 하나된 유럽"을 건설하는 일이 가능하리라고 믿었다. 이 원칙에는 법에 의한 지배, 경제적 상호 의존, 민주화 등이 포함되었다. 미국은 러시아 혹은 어떤 다른 나라들을 위협하지 않는 점잖은 패권국이기 때문에 이 같은 새로운 세계의 창조를 주도하기에 가장 적합한 나라라고 생각되었다.

유럽 전체를 하나의 안전보장 공동체로 엮겠다는 이 거대한 계획은 우크라이나에서 파탄나고 말았지만, 파탄의 씨앗은 1990년대 중반 클린턴 행정부가 NATO의 확장을 추구했을 당시 이미 배태되기 시작했다.[67] 많은 전문가들과 정책결정자들이 NATO의 확장에 대해 찬반 논쟁을 벌였지만 합의에 도달하지는 못했다. 미국에서 살고 있던 동부 유럽 이민자들과 그 친척들 대부분은 NATO의 확장을 강력하게 지지했다. 그들은 NATO가 폴란드, 헝가리 같은 나라를 보호해주기를 원했다. 소수의 현실주의 이론가들은 이 정책을 선호했는데 그들은 이를 통해 러시아를 봉쇄해야 한다고 생각했기 때문이다.

그러나 대부분 현실주의자들은 NATO의 확장을 반대했다. 그들은 늘어가는 인구와 일차원적인 경제 구조를 가진 쇠퇴하는 러시아 같은 나라를 봉쇄할 필요가 없으며, 또한 NATO의 확장은 러시아가 문제를 일으키도록 자극할 가능성이 높다고 믿었기 때문이다. 미국의 전설적인 외교관이자 전략 사상가인 조지 케난(George Kennan)은 1998년, 미국 상원이 NATO의 1차적인 확장에 동의한 직후 행해진 인터뷰에서 다음과 같이 말했다. "나는 러시아인들이 점진적으로 대단히 적대적인 반응을 보일 것이고 그들의 정책에 영향을 미칠 것이라고 생각합니다. 나는 이 정책은 치명적인 실수라고 생각합니다. 이 같은 정책을 시행할 이유가 전혀 없었습니다. 누구도 다른 누구를 위협하고 있지 않았습니다."[68]

클린턴 행정부의 핵심 관리들을 포함한 대부분의 자유주의자들은 NATO의 확장을 지지했다. 그들은 냉전의 종식은 국제정치의 본질을 변화시켰다고 믿었고 새로운 탈국가적 질서(post national order)에서 수백 년 동안 국가들의 행동규칙이 되어왔던 현실주의는 더 이상 적용되지 않는다고 생각했다. 국무장관 매들린 올브라이트(Madeleine Albright)의 말을 인용하자면, 미국은 "없어서는 안 될 나라(indispensable nation)"일 뿐만 아니라, 어떤 이성적인 지도자의 마음에 두려움을 불러일으키지 않는 선을 위한 나라였다. 〈미국의 소리 방송Voice of America〉의 한 기자는 2004년 2월 다음과 같이 보도했다. "대부분 분석가들은 NATO와 EU의 확장이 장기적으로 러시아에 위협이 되지 않을 것이라는 데 동의한다. 그들은 안정적이고 안전한 이웃을 두는 것은 러시아의 안정과 번영에 도움이 될 뿐만 아니라 구 소련의 위성국들로 하여금 냉전시대의 두려움을 극복하고 러시아와 더욱 긍정적이고 협력적인 관계를 맺을 수 있도록 해줄 것이라고 강조한다."[69]

1990년대 말엽 클린턴 행정부 내의 자유주의자들은 NATO의 확장에 관한 싸움에서 승리했다. 그리고 그들은 NATO 확장에 대해 유럽의 동맹국들을 확신시키고 지지를 얻어내는 데 별 어려움이 없었다. 1990년대에 EU가 거둔 성공을 고려해 볼 때, 서부 유럽의 엘리트들은 지정학은 더 이상 문제가 되지 않으며 포괄적인 자유주의 질서가 장기간 유럽에 평화를 가져다줄 것이라는 믿음에 있어 미국인들보다도 더 확고했을지도 모른다. 20세기가 종료되었을 무렵 미국과 자유주의적인 유럽 동맹국들이 추구하는 공동의 목표는 동부 유럽 국가들에서 민주주의를 확산시키고, 그들 사이의 경제적 상호 의존도를 높이고 그들을 국제기구에 가입시키는 것이었다. 이들의 궁극적인 목표는 유럽 대륙 전체를 서부 유럽처럼 만드는 것이었다.

21세기 초반 10년 동안 자유주의자들은 유럽의 안보에 관한 논의를 완전히 지배했고, 그 결과 NATO의 확장은 서방측에서 현실주의자나 다른 사람들로부터 별 다른 반대에 봉착하지 않았다. NATO가 미래의 동맹국들에 대한 문호개방 정책을 취한 이후에도 별 다른 반발은 없었다.[70] 자유주의적 세계관은 부시 및 오바마 행정부 관리들의 사고를 지배했다. 2014년 3월, 우크라이나 위기에 관한 연설에서 오바마 대통령은 서방의 정책들을 만드는 동기가 된 "이상들(the ideals)"과 그 이상들이 어떻게 "힘(power)에 관한 더 오래되고, 더 전통적인 견해"에 의해 종종 위협당해 왔는지에 관해 거듭 이야기했다. 국무장관 존 케리(John Kerry)가 러시아의 크리미아 합병에 대해 보인 반응도 마찬가지 관점을 반영했다. "21세기에 있는 당신은 완전히 날조된 구실로 다른 나라를 침략하는 19세기의 방식으로 행동해서는 안 됩니다."[71]

요약하자면, 러시아와 서방측은 서로 다른 지침에 의거해서 행동한 것이었다. 푸틴과 그의 동료들은 현실주의자로서 생각하고 행동했던 반면, 서방측 지도자들은 국제정치에 관한 자유주의적 이상을 좇고 있었던 것이다. 그 결과 미국과 그 동맹국들은 의도하지도 않았던 중요한 국제위기를 야기하고 말았다. 이 위기는 끝날 것 같아 보이지 않는데, 그 중요한 이유는 자유민주주의 국가들이 독재 국가들과 외교적으로 교섭한다는 것은 너무나도 어려운 일이기 때문이다.

해외에서의 자유주의 추구는
국내의 자유주의를 손상시킨다
Liberalism Abroad Undermines Liberalism at Home

자유주의적 패권을 추구하는 국가는 예외없이 국내의 자유주의적 장치들을 손상시키기 마련이다. 그 이유는 단순하다. 이처럼 대외적으로 야심찬 정책을 추구하는 국가들은 끊임없는 전쟁을 치르기 위해 그리고 세계를 감시하고 자신의 이미지대로 형성하기 위해 국내적으로 강력한 국가 안보적 관료기구를 창출하는 것 외에는 다른 방법이 없기 때문이다. 그러나 막강한 안보 국가는 언제라도 국내의 자유주의적 가치와 제도를 훼손할 가능성이 높다. 미국을 건국한 아버지들은 이 같은 문제를 잘 이해하고 있었다. 제임스 메디슨(James Madison)이 언급했듯이, "어떤 국가도 끊임없는 전쟁을 치르면서 자기 나라에서 자유를 유지할 수 없다."[72]

군사화된 자유주의 국가는 많은 것을 비밀에 의존해야 하며, 심지어 국가 이익을 위해 필요할 경우 자국 국민들도 속여야 한다. 이는 국가안보를 관리하는 사람들이 보기에는 너무 흔히 일어나는 일이다. 국가안보를 관리하는 사람들이 갖는 이 같은 본능은 자유주의적 대외 정책을 추진하기 위해서 반드시 필요한 일이라고 생각되는 경우 개인의 권리를 침해하고 법에 의한 지배를 망가뜨리는 일을 할 수 있게 한다. 전쟁을 빈번히 치르는 자유주의 국가는 자신의 적국을 잔인한 정책으로 대하며, 그렇게 함으로써 일상적으로 법과 자유주의적 가치를 스스로 배반하고 만다.[73]

냉전이 종식된 이후 미국은 7개의 전쟁을 치러왔고, 9 · 11 공격을 당한 이후에는 끊임없이 전쟁을 치르고 있는데 이 전쟁들은 끝날 기미를 보이지 않는다. 이 모든 분쟁들은 미국을 더욱 막강한 안보 국가로 만들어 놓았는데 현재의 미국은 소련이 몰락했던 1991년 당시보다 더 강력한 안보 국가가 되어 있다.

비밀과 기만
Secrecy and Deception

만약 자유민주주의 국가가 제대로 기능을 하기 위해서라면, 국내적 차원에서의 투명성은 필수 불가결한 요인이다. 투명성은 투표자들로 하여금 정확한 정보에 의거한 결정을 내리도록 할 수 있으며 또한 언론 및 외부의 전문가들로 하여금 정부의 정책을 평가하고, 실행 가능한 이념(idea)의 시장에 참여할 수 있게 한다. 이것들은 성공적인 자유민주주의 국가들에 반드시 필요한 요소들이다. 이는 정책결정자들로 하여금 그들이 실수를 저질렀거나 혹은 범죄행위를 저질렀을 때 시민들에 대해 책임을 지게 한다. 비밀은 그 정의상 투명성을 제한하는 모든 것들을 의미하며, 비밀은 자유민주주의 국가를 쉽게 망치는 수단이 된다.

물론 어느 나라의 외교정책도 일정 수준의 비밀을 요구한다는 사실에 의문의 여지가 없다. 그러나 비밀의 정도를 최소화시키고 투명성의 정도를 최대화시켜야 한다는 것은 자유민주주의 국가의 필수적 요구사항이다. 그러나 자유주의적 패권을 추구하는 경우 반대의 효과가 나올 수 있다. 왜냐하면 자유주의적 패권을 추구하는 국가들은 적국에게 자신의 정책, 전략 그리고 무기체계를 가능한 한 비밀에 부쳐야 할 강력한 동기를 갖기 때문이다. 때로는 동맹국들에게도 비밀에 부쳐야 할 필요가 있다. 어떤 나라의 외교정책이 더욱 야심찬 것일수록 적국 혹은 동맹국들에게 비밀을 지켜야 할 필요성은 더욱더 커질 것이다. 자유주의 국가들은 또한 비밀을 선호하는데, 그렇게 하는 것은 그 나라 지도자가 국내적으로 비판받는 일을 회피할 수 있게 하고, 논란의 여지가 있는 정책들을 더 쉽게 추구할 수 있게 해주기 때문이다. 저널리스트 혹은 학자들은 진행되는 정책이 무엇인지를 전혀 모르는 경우 그 정책을 비판하거나 견제할 수 없을 것이다. 마지막으로 정책결정자들은 자신이 선택한 정책이 잘못되는 경우 혹은 자신이 추구한 정책이 법률을 위반하는 것일 경우 책임을 회피하고자 할 것이다. 이 같은 목적을 위해 가장 좋은 방안은 일반 시민들로 하여금 그러한 정책에 대해 전혀 모르게 만드는 것이다.

부시와 오바마 행정부 당시 국가 기밀을 대단히 강조했던 사실은 국가가 하는 일을 국민들에게 알리지 않고 미국 정부가 미국 시민들에 대해 행했던 불법적이거나 적어도 의심스러운 감시활동에 비추어볼 때 놀라운 일이 아니다. 그들은 감시 사실을 일반 시민, 의회 그리고 법원에까지 숨기려 했다.[74] 바로 이 같은 점이 오바마 대통령이 브래들리 매닝(Bradley Manning)과 에드워드 스노우든(Edward Snowden)을 처벌하기로 결정하고, 더 일반적으로는 오바마 자신이 기자들과 내부 고발자(whistleblowers)를 상대로 싸우기로 결심한 이유였다.[75] 오바마는 미국이 시리아 내전에 얼마나 깊이 개입했는지에 대해 숨기고자 했고, 드론 공격에 대해서도 가능한 한 그 정보를 흘리지 않으려 했다. 오바마는 그 자신이 "미국 역사상 가장 투명한 정부를" 유지했다고 말한다.[76] 만약 그것이 진실이라면, 그 공로는 정부의 비밀을 지키려는 오바마의 노력에 저항했던 기자들과 내부 고발자들에게 주어져야 할 것이다.

고도로 개입주의적인 외교정책이 가지는 또 하나의 해로운 결과는 지도자들이 해외에서의 군사 작전에 대한 국민들의 지지를 얻어내기 위해 거짓말을 하거나 혹은 진실을 왜곡해야 하는 경우가 많다는 것이다. 이 같은 행동은 제1차 세계대전 당시 분명하게 나타났는데, 윌슨 행정부는 독일 제국과의 전쟁을 지지하는 쪽으로 대중의 감정을 부추기기 위해 대대적인 선전 캠페인을 전개한 바 있었다. 냉전 당시 소련의 위협을 과대 포장하는 것은 일상적인 일이었으며 조지 W. 부시 행정부는 2003년 이라크 전쟁을 시작하기 전 고도로 효과적인 기만 전술을 전개한 바 있었다.

기만 전술은 3가지 행태, 즉 거짓말, 왜곡, 은폐이다. 거짓말이란 정책결정자들이 거짓임을 알면서도 다른 사람들은 진실이라고 믿기를 바라면서 하는 말이다. 왜곡은 더욱 흔한 형태의 기만 전술인데, 정책결정자들이 자신이 원하는 정책이 채택되도록 하기 위해 어떤 특정 사실을 강조하는 한편, 다른 측면에 대해서는 일부러 강조를 하지 않는다거나 빼버리는 것이다. 어떤 경우도 완전히 정확한 이야기를 전달하지 않으려 하는 것이다. 왜곡이란 과장 혹은 틀리게 말하기를 포함하며 변명과는 다르다. 은폐란 국민들이 알게 될 경우 정책결정자들이 선호하는 정책을 채택하기가 어려워질 것에 대비해 정확한 정보를 알려주지 않는 것을 말한다. 이 같은 형태의 기만은 결국 비밀과 직결된다.[77]

야심찬 외교정책을 추구하는 자유주의 국가들은 기만 전술을 채택할 가능성이 높은데 그 이유는 국민들이 전쟁터에 나가서 싸우고 죽도록 독려하는 일이 쉬운 일은 아니기 때문이다. 개인들의 행동도 국가와 마찬가지로 생존이라는 목표로부터 깊은 자극을 받는 것이다. 자유주의를 위해 벌이는 전쟁을 지지해 달라고 호소한다는 것은 특히 어려운 일인데, 그 전쟁은 궁극적으로 국가의 생존에 대한 위험을 물리치기 위한 전쟁이 아니라 외국인의 권리를 보호해주거나 혹은 자유민주주의를 확산시키기 위한 전쟁이기 때문이다. 이 같은 자유주의적 목표를 위해 국민들로 하여금 전쟁터에 나가게 하거나 죽게 하는 일은 쉬운 일이 아니다. 지도자들은 언제라도, 어쩔 수 없는 전쟁이 아니라, 선택에 의한 전쟁(War of Choice)을 치르려는 경우 국민들을 속여야 한다는 유혹에 빠지기 쉽다.[78]

국가들은 또한 불법적이거나 헌법적으로 의심스러운 행동을 하는 경우에 국민들을 속인다. 예로서 제임스 클래퍼(James Clapper) 국가정보국장은

2013년 3월 12일 의회 청문회에 출석해서 다음과 같은 질문을 받았다. "국가 안보국(National Security Agency)은 수억 명의 미국 시민들에 관한 정보를 수집하고 있는가?" 그는 이 질문에 '아니다'라고 대답했다. 곧바로 그가 거 짓말을 한 것으로 판명되었다. 그는 같은 해 6월 의회에서 자신이 거짓말을 했음을 인정하지 않을 수 없었다. "나의 대답은 분명히 잘못된 것이었습니다—그 부분에 대해 사죄합니다." 차후 그는 질문에 대해 가능한 한 "최소한 의 거짓"(least untruthful)만을 말하고자 했다고 말했다. 의회에서 거짓 증언 을 하는 것은 중범죄에 해당되는 일이지만 클래퍼 국장은 처벌받지도 않았고 자신의 직책에서 해임되지도 않았다.[79]

만연된 모호함은 필연적으로 정직하지 않아도 된다는 유해한 문화를 창조 하게 되는데 이는 정치 체제, 특히 자유민주주의 체제에 심각한 위험이 되는 일이다. 거짓말을 하는 것은 국민들로 하여금 올바른 정보에 기초해 후보자 혹은 이슈에 대한 선택을 하지 못하게 할 뿐 아니라 정책을 결정하는 데에도 악영향을 미친다. 만약 정부의 공직자들이 서로를 신뢰할 수 없게 된다면 일 을 하는 데 있어 거래 비용이 상당히 증가하게 된다. 더 나아가 왜곡 혹은 진 실을 숨기는 일이 일상화된 세상에서는 '법에 의한 지배' 원칙이 심각하게 약화된다. 어떤 법률 체계라도 효과적으로 작동하기 위해서는 공적인 정직함 과 신뢰가 요구된다. 마지막으로 자유민주주의 국가에서 거짓이 만연되게 된 다면, 이는 자유민주주의적 정치질서에 대한 신뢰를 잃고 독재체제에 마음을 열게 될 정도로 국민들을 소외시킬 수 있다.

손상되는 시민적 자유
Eroding Civil Liberties

지속적으로 전쟁을 치르거나 준비 중일 뿐만 아니라 군사력을 사용함으로 써 이득을 본다는 것을 강조해야 하는 자유민주주의 국가는 결국 자유주의 사회의 핵심이 되는 개인의 권리와 법에 의한 지배를 침해하게 될 가능성이 있다. 지도자들은 전쟁과 같은 국가 비상사태는 언론 출판의 자유를 축소해 자신들의 정책을 향한 비난을 억눌러도 되는 좋은 이유가 된다고 생각한다. 그들은 내부의 적에 대해 깊은 관심을 가지는 경향이 있으며, 내부의 적에는 충성하지 않는 자국 시민은 물론 외국인들이 포함될 수 있다. 두려움이 사회를 지배하는 분위기가 된다. 의구심이 팽만한 상황은 예외 없이 개인의 자유를 제한하고 시민들의 행동을 반자유주의적인 방식으로 감시하는 방향으로 나아가게 되는데, 이는 때로 국민들의 폭넓은 지지를 받기도 한다.

지도자들이 이렇게 행동하는 이유는 그들이 악한 자들이기 때문이 아니다. 대단히 어려운 상황, 혹은 그렇게 인식되는 상황에서 시민의 자유와 국가안보라는 가치 중 하나를 선택해야 하는 경우, 정책결정자들은 대체로 국가안보를 선택하기 마련이다. 국가 최고의 목표는 생존하는 것이다. 생존하지 못한다면 어떤 목적도 추구할 수 없을 것이기 때문이다. 미국 역사에도 이 같은 사례는 풍부하다. 남북전쟁 당시 링컨 대통령은 비자유주의적인 정책을 시행했으며, 제1차 세계대전 당시 전쟁에 반대하는 견해들에는 재갈이 물려졌다. 제1차 세계대전 직후 악명 높은 "붉은 공포(Red Scare)"가 있었고, 제2차 세계대전 당시 일본계 미국인들에 대한 감금 조치가 있었으며, 1940년대 후반 그리고 1950년대 초반 매카시즘이 있었다.

9 · 11 이후 미국 외교정책 담당자들 사이에 만연했던, 외국의 위협에 대한 과장된 공포심을 고려할 때, 부시와 오바마 대통령이 미국 시민들의 자유를 제한하는 정책을 시행했다는 사실은 놀라운 일이 아니다. 3가지 적절한 사례를 제시할 수 있다. 첫 번째는 사생활의 권리(right to privacy)에 관한 것으로, 수정 헌법 4조의 영장주의와 관련 있다. 일반적으로 말한다면 미국 정부는 판사의 허락 없이 미국 시민으로부터 정보를 취득할 수 없게 되어 있다. 일상적으로 그 같은 영장을 획득하기 위해서는 수사관은 먼저 어떤 개인이

불법적인 행동에 개입했다고 생각할 수 있는 상당한 근거(probable cause)가 있음을 입증해야 한다. 정부가 어떤 사람이 위험하다거나 혹은 불법적으로 행동한다고 생각하는 경우일지라도 법원의 허락을 얻지 못할 경우에는 행동을 취할 수 없는 것이다.

부시 행정부가 9·11 직후부터 2007년에 이르는 기간 동안 영장을 받지 않은 상태에서 미국 시민들을 감시했던 사례가 있었으리라는 것은 의심의 여지가 없다.[80] 우리는 또한 에드워드 스노든(Edward Snowden) 덕택에 미국 정부, 주로 미국의 국가안보국(NSA)은 미국 국민들의 이메일 혹은 문자 메시지 등을 감시하고 그 자료들을 축적하고 있음을 알고 있다.[81] 대외 정보 수집을 위한 목적으로 국제 통신을 모니터하는 일은 법에 의해 제한되어 있지만, 그럼에도 불구하고 미국 국가안보국(NSA)은 미국 국민들 간의 국내 통신 자료들을 수집하고 있다. 미국 정부는 또한 주기적으로 수백만 미국 시민의 전화통화 기록을 수집하고 "전화통화 메타데이터(telephony metadata)"를 추적하고 있는데, 여기에는 전화통화를 한 사람들의 전화 번호, 통화 시간, 장소 등이 포함된다. 오리건주 출신의 민주당 상원의원 론 와이든(Ron Wyden)이 언급한 "법을 잘 준수하는 미국 시민들에 관해 정보를 수집하는 미국 정부의 권한에는 한계가 없다."라는 말을 부인하기 어렵다.[82]

이 같은 감시를 하기 위해서, 미국 정부는 종종 해외정보 감시법원(Foreign Intelligence Surveillance Court, FISA Court)으로 알려진 비밀 법원으로부터 영장을 발부받는다. 그러나 이 과정에는 상당 수준의 투명성과 신뢰성 문제가 있다. FISA 법원은 사실상 아무 때나 남용되는 고무도장이나 마찬가지이기 때문이다.[83] 1979년부터 2012년에 이르는 기간 동안 이 법원은 거의 34,000건에 이르는 미국 내 전자감시 건에 대한 요청을 받았는데 단 11건만 거부되었을 뿐이다.[84] 더 나아가 FISA 법원에서 결정한 사항에 이의를 제기한다는 것은 거의 불가능한 일인데, 왜냐하면 그것들은 비밀사항일 뿐만 아니라 정부를 제외한 누구도 진행되는 사건의 당사자가 아니기 때문이다. 그리고 FISA의 증거자료가 연방 형사소송에 활용될 때 피고 혹은 그의 변호사 누구도, 만약 법무장관이 늘 해오던 대로, 그 자료의 공개가 국가안보에 위험을 초래한다고 인증하는 경우 영장신청 정보에 접근할 수가 없다.[85] 연방 상소 법원(federal appeals court)이 NSA의 대규모 정보수집이 불법이라고 판결했을 때 오바마 행정부는 그 같은 결정에 대해 개의치 말라고 FISA 법원에 지시했다.[86]

시민의 자유를 제약하는 정책의 두 번째 사례는 절차와 관련된 것인데 이는 미국의 헌법이 보호하려는 핵심적인 사안이며 법에 의한 지배 원칙의 뼈대를 이루는 것이다. 전 지구적인 테러전쟁을 치르고 있는 상황에서 적국의 전투원에게도 적법한 절차를 적용하는 것은 웃기는 이야기라는 말은 과장이 아니다. 2002년 1월 미국이 9 · 11 이후 아프가니스탄 및 다른 지역에서 테러리스트 의심분자들에 대한 소탕 작전을 전개했을 당시, 부시 행정부는 관타나모 베이(Guantanamo Bay)에 사실상의 강제수용소를 설치했으며, 수용소 수감자들의 적법 절차 적용에 대한 요구를 강하게 거부했다. 이 수용소가 설치된 이후 779명의 수감자가 감금되었다. 오바마 대통령은 이 시설을 폐쇄하겠다고 약속했지만 그렇게 할 수 없었고, 이 수용소는 적법 절차에 관한 난감한 골칫거리로 남아 있었다.

2017년 1월 현재 수용소에 남아 있는 41명 중 5명은 석방해도 된다고 인정되었음에도 불구하고 여전히 수감 상태에 있다. 이런 일들이 그곳에서 일상적으로 이루어지고 있다. 26명의 수감자들은 기소가 될 수 없었는데, 증거가 불충분했기 때문이었다. 그러나 미국 정부는 이들의 석방을 거부했다. 그들이 국가안보에 위해를 가할 수 있는 자들이라고 판단했기 때문이다.[87] 이같이 자의적이고 선례가 없는 무기한 구금정책은 가장 기본적인 적법절차라는 개념을 통째로 위배하는 것이었다.

더 나쁜 사례로 부시 행정부는 '특별 용의자 송환(extraordinary rendition)'이라는 더욱 악명 높은 정책을 고안했는데, 포로가 된 요주의 인물들을 인권에 대해 개의하지 않는 이집트, 시리아 등으로 보내 고문하고 심문하는 것이었다. 미국의 CIA 역시 아프가니스탄의 바그람 공군기지와 이라크의 아부그라이브 기지는 물론 유럽의 비밀 장소에서도 포로들을 고문한 것으로 알려졌다.[88] 이 같은 정책은 분명히 고문을 금지한 미국법과 국제법을 위반한 것이다. 열린사회 정의수호 재단에서 국가안보와 반테러 전쟁에 관한 프로젝트를 주도하는 아밋 싱(Amrit Singh)이 보고한 것처럼, "비밀구금 계획과 특별 용의자 송환 계획은 비밀리에 미국 밖에서 진행되었으며 법이 도달할 수 없는 곳에서 구금자들을 심문하기 위해 고안되었다."[89] 종합해보자면 불법적인 구금과 고문은 법의 지배를 거스르는 일일 뿐 아니라 법의 지배가 미래에 회복될 수 없게 막는 일이다.

이 같은 수치스런 상황은 세 번째 사례를 생각나게 한다. 오바마 행정부는 관타나모 베이 수용소에 감금되어 있던 사람들을 처벌하거나 석방할 수가 없었기 때문에 새로운 수감자를 체포하거나 무기한 감금하는 데 관심을 갖지 않게 되었다. 그래서 오바마와 그의 보좌관들은 의심 가는 적 전투원이 발견되면 어디서든지 아예 사살해버리기로 방침을 바꾸었다.[90] 의심 가는 적 전투원을 사살해버리는 것이 그들을 체포해 관타나모 베이 수용소로 데려와서 법적으로 계속 난처한 상황에 처하는 것보다는 나을 것 같지만 이 같은 정책은 사실은 더욱 큰 문제가 될 수 있다.

물론 이 같은 암살 작전에서 중요한 역할을 한 것은 무인비행기(drone)였다. 오바마는 "처분 명단(disposition matrix)"이라고 불리는, 죽여야 할 사람들의 명단을 가지고 있었으며, 매주 화요일마다 백악관에서는 어디에서 누구를 대상으로 다음번 암살 작전을 실행할 것인가를 결정하는 회의가 열렸다. 그 화요일은 "공포의 화요일(Terror Tuesday)"이라고 불렸다[91] 오바마 행정부가 무인비행기를 통한 암살 작전을 얼마나 많이 실행했는지는 최초 작전이 시작된 2002년 11월부터 2013년 5월 사이의 무인비행기 공격의 분포 상황에 반영되어 있다. 미카 젠코(Micah Zenko)의 보고에 의하면 이 기간 동안 "전투 지역이 아닌 곳에서 대략 425회의 표적 암살 작전이 진행되었다(이 중 95% 이상이 드론을 사용한 공격이었다). 이 중 약 50회는 부시 대통령 임기 중에 진행되었고 나머지 375회(그 횟수는 계속 증가하고 있었다)는 오바마 대통령에 의한 것"이었다.[92] 톰 잉글하트(Tom Engelhardt) 기자가 보도하듯이 "옛날에는 기록되지 않는 암살은 일반적으로 대단히 드문 국가의 행위였으며 대통령들은 대개 그러한 행위를 부정하곤 했다. 그런데 오늘날 그 같은 암살은 백악관과 CIA가 늘상 하는 일 중의 하나가 되었다. 암살 작전의 총책으로서 대통령의 역할은 정치적으로 이득이 되기 때문에 거의 공개적으로 알려지고 있다."[93]

이 같은 암살 작전에는 법에 따른 적법 절차가 개입할 여지가 존재하지 않는다. CIA는 테러리스트로 확인되지 않았으나 단지 의심쩍은 행동을 하는 젊은이를 죽일 수 있는 권한마저도 갖고 있다. 또한 수천 피트 상공에서 표적을 정확하게 확인한다는 것은 용이하지 않다. 그렇기 때문에 무인공격기가 죄없는 일반 시민을 살해한 경우가 적지 않다는 것은 놀라운 일이 아니다. 정확한 숫자를 알기는 어렵지만 무인공격기의 공격으로 살해당한 희생자 중 적어도 10-15%는 민간인이었으리라고 추정된다. 2012년 전직 CIA 국장 마이클 하이든(Michael Hyden)의 언급에 따르면, 오바마 행정부의 암살 전략이 얼마나 잘못된 것이었는지 쉽게 알 수 있다. "지금 현재 아프가니스탄이나 이스라엘을 예외로 한다면, 아마도 이 같은 작전에 대한 미국의 법에 동조하는 나라는 지구 상에 없을 것입니다."[94] 대규모의 막강한 군사력을 유지하는 나라, 그리고 마치 중독된 것처럼 전쟁에 빠져드는 나라에서 개인의 권리와 법의 지배라는 원칙은 잘 지켜지기 어렵다.[95]

고도의 현대적 이데올로기
The High-Modernist Ideology

『국가처럼 보기Seeing Like a State』라는 책에서 제임스 스캇(James Scott)은 "왜 인간의 조건을 개선하겠다는 올바른 의도를 가지고 출발했던 수많은 시도들이 그토록 비참하게 잘못된 방향으로 나가고 말았는지"를 알아내고자 했다.[96] 그의 초점은 중국의 대약진 운동(1958-62)과 러시아의 집단화(1928-40) 같은 처참한 실패로 귀결된 국내 정책들에 맞추어졌다. 그러나 나는 스캇의 주장은 국제정치에도 적용될 수 있을 것이라고 생각한다.[97] 혹자는 자유주의적 패권 정책의 경우 실패 확률이 더 높다고 주장할 수 있는데, 그런 정책은 국내에서가 아니라 다른 나라에서 벌이는 사회공학적 행동이기 때문이다.

스캇은 현대 역사에 나타나는 수많은 재앙들은 "고도의 현대적 이데올로기"에 의거한 "위대하고 유토피아적인 사회공학적 행동" 때문에 야기된 것이라고 보았다. 자유주의적 패권은 두 가지 측면 모두에 해당되는 것으로 보인다. 자유주의적 패권국은 지구 전역에서 사회공학적 행동을 시도하는데 이것은 대단히 유토피아적인 것이다. 스캇은 고도의 현대적 이데올로기란 "과학과 기술의 진보, 생산력의 확대, 점증하는 인간 욕구의 만족, 자연에 대한 정복(인간의 본능에 대한 정복도 포함하는), 그리고 자연법칙에 대한 과학적 이해에 버금가는 사회질서의 합리적인 디자인에 대한 강력한, 혹은 주먹을 휘둘러서라도 강요해야 할 자기 확신의 한 형태로 가장 잘 이해될 수 있다."고 말했다. 자유민주주의와 열린 시장경제의 미덕에 대한 확신, 그리고 국제기구의 활용에 대한 확신을 가진 자유주의적 패권 정책은 고도의 현대적 이데올로기 범주에 꼭 들어맞는다.

스캇에 의하면 재앙적 실수를 초래하기 위해서는 두 가지 요건이 더 필요하다. "이 같은 고도의 현대적 이데올로기에 의거한 디자인을 현실화하기 위해 자신이 보유한 강압적 힘을 완전히 사용하겠다는 독재 국가"와 "이 같은 계획에 저항할 능력이 결여된 굴종적인 시민 사회"가 그것이다. 자유민주주의 국가와 독재 국가들은 본질적으로 다른 방식의 정치 형태를 대표하는데, 국제정치의 영역에서 이 같은 구분은 대체적으로 그다지 중요하지 않다. 힘이 막강한 자유주의 국가는 도덕적으로 올바를 뿐만 아니라 국가안보에도 좋은 일이라고 생각될 경우 다른 나라들을 단호하게 그리고 기꺼이 강압하려 할 수 있다. 자유민주주의 국가는 자신이 심각하게 위협받고 있다고 느낄 경우, 국가 비상사태를 선포하고 독재 국가에서 보여지는 많은 모습들을 보여줄 가능성이 높다.

더 나아가 국제적인 차원에서 시민사회와 같은 것은 존재하지 않는다. "국제 공동체"에 관해 우리가 듣는 다양한 언사들은 마치 세계 시민들이 함께 힘을 합쳐 강대국에 맞설 수도 있다는 의미를 풍기지만 결국은 공허한 수사에 불과할 뿐이다. 국제 공동체란 애초부터 허약하기 짝이 없다. 막강한 힘을 가진 자유주의 국가가 자신이 믿는 고도의 현대적 이데올로기를 약한 나라들에 강요하려고 할 때, 대중의 반대가 그것을 막을 수 있는 가능성은 거의 없다. 물론 그 십자군적인 국가는 다른 나라들로부터의 반대에 부딪힐 수 있지만, 세계를 자유민주주의를 위해 안전한 곳으로 만들겠다는 그 나라의 야망을 막기에는 충분하지 않을 것이다.

9·11 이후 그 먼지들이 가라앉으면서 스캇이 제시한 모든 요소들이 미국의 행동에 확고히 자리 잡기 시작했다. 부시 행정부는 미국의 군사력을 활용하여 중동 지역에서 정권들을 무너뜨리고 민주주의의 경험이 거의 없는 이 지역에 민주주의를 이식시키는 정책을 채택했다. 부시 독트린은 미국 역사상 그 전례가 없는 과격한 전략이었다. 오바마 대통령은 비록 전임자보다는 더 조심성이 있기는 했지만, 그럼에도 불구하고 중동 지역의 독재 정권들을 붕괴시키고 민주주의를 증진시키겠다는 부시의 정책을 이어갔다. 두 대통령은

모두 거의 매번 실패했을 뿐만 아니라 이 지역에 수많은 살상과 파탄을 초래하고 말았다.

우리는 자유주의적 외교정책은 실패할 가능성이 높고 그 대가도 크다는 사실을 보았다. 그러나 이 같은 위험성을 인식하고 있는 사람들조차도 때로 그러한 노력이 정당화될 수 있다고 주장한다.

07

자유주의 평화 이론

**Liberal Theories
of Peace**

자 유주의적 패권 정책은 다음과 같은 세 가지 사명을 중심으로 성립된다. 세계에 민주주의 국가의 숫자를 늘리고, 개방적 경제질서를 촉진하고, 국제기구들을 건설하는 것이다. 자유주의적 패권 정책의 가정은 이 같은 목표들, 특히 첫 번째 목표를 달성하는 것이 국제평화를 위한 가장 좋은 공식이라는 것이다. 나는 앞의 두 장에서 그 같은 정책은 국내에서나 해외에서나 크나큰 대가를 요구할 뿐만 아니라 실패할 가능성이 크다고 주장했다. 자유주의적인 외교 정책을 추진한 나라들은 예외 없이 자신들의 처지가 더욱 악화되었다는 사실을 발견하게 된다.

이 장에서 나는 자유주의적 패권 국가가 얻을 수 있다고 생각하는 이득에 대해 분석해보려 한다. 즉 자유주의적 패권 정책이 평화와 번영을 초래하고 핵 확산 및 테러리즘과 같은 문제를 효과적으로 종식시키리라는 기대에 대해 분석할 것이다. 혹자는 그 대가가 크다고 할지라도, 이 같은 정책은 기대되는 이익이 훨씬 더 클 것이라고 생각되기 때문에 시도할 만 하다고 주장할 수도 있을 것이다. 이 같은 주장이 맞는지 틀리는지를 판단하기 위해 나는 세 가지 중요한 자유주의 국제정치학 이론들—민주주의적 평화론(Democratic Peace Theory), 경제적 상호 의존론(economic interdepend-ence theory), 그리고 자유주의적 제도주의(liberal institutionalism)—이 얼마나 적실성이 있는지를 살펴보고자 한다. 이 세가지 이론들은 자유주의 외교정책의 세 가지 사명과도 일치하는 모습을 보인다. 내가 주장하려는 바의 핵심은 이 세 가지 이론 중 어느 것도 평화를 위한 공식(formula)이 될 수 없다는 점이다. 자유주의적 패권을 지향하는 외교정책은 큰 희생을 동반하는 실패로 끝나기 쉬울 뿐만 아니라, 설사 그 목표들을 달성하는 경우라 할지라도 전쟁이 없는 세상을 가져다주지는 못할 것이다.

각각의 자유주의 국제정치 이론들은 현실주의를 표적으로 겨냥하고 있는데, 현실주의는 강대국들 간의 안보경쟁과 전쟁을 국제체제에서 일상적으로 나타나는 일로 간주한다. 자유주의 국제정치 이론들은 현실주의를 격파하고 더욱 평화로운 세상으로 이끄는 설득력 있는 이야기들을 추구한다. 정치적 자유주의는 오직 질서를 관리할 수 있는 상위의 권위 있는 조직이 존재할 경우에만 한 국가 내에서 작동할 수 있다는 사실에 비추어볼 때, 자유주의 국제정치 이론들은 세계정부 구축을 주장하는 게 타당할 것 같지만 이 같은 주장을 하는 자유주의 국제정치 이론은 없다. 대신 각각의 자유주의 국제정치 이론들은 기왕의 국제체제는 앞으로도 지속적으로 존재할 것이고 그렇기 때문에 우리들은 국제적인 무정부 상태 하에서 평화를 구축할 방법을 찾아야 한다고 주장한다.

더 나아가 세 가지 자유주의 국제정치 이론 중 어떤 것도 국가들은 더 이상 전쟁을 해야 할 이유가 없다고 가정하지 않는다. 이들은 1989년에 발표했던 논문 〈역사의 종언?〉에서 프란시스 후쿠야마가 주장했던 세상을 기대하지도 않는다. 대신 각각의 자유주의 국제정치 이론들은 국가들은 때로 본질적인 견해 차이를 보이고 있으며, 이 같은 견해 차이는 국가들로 하여금 군사적 행동을 고려하게 만든다고 본다. 그러나 자유주의 국제정치 이론가들은 전쟁이 발발할 수 있는 심각한 상황에서, 다른 더 강력한 요인들이 현실주의 논리를 깨뜨리거나 궁극적으로 그것을 압도하게 된다고 본다. 국가들은 때로 이런 혹은 저런 이유로 인해 칼집에서 칼을 뽑으라는 유혹을 당할지 모른다. 그러나 하나 혹은 그 이상의 자유주의적 논리는 이 같은 유혹을 억누를 수 있으며, 전쟁이 발발하지 않게 할 수 있다는 것이다.

민주주의적 평화론은 민주주의 국가들끼리는 서로 전쟁을 하지 않는다고 주장한다. 그러나 이 이론은 민주주의 국가와 독재 국가 사이에 전쟁의 가능성이 줄어들 것이라고는 예측하지 않는다. 민주주의 국가들이 서로 전쟁을 하지 않는 것에 대한 가장 중요한 설명은 개인의 권리에 대한 그들의 뿌리 깊은 존중과 분쟁의 평화적 해결과 관용에 대한 그들의 강조가 서로 결합되어 전쟁을 해야만 하는 근거들을 압도하게 된다는 것이다. 또 다른 설명에 의하면 자유주의적인 권리가 아니라 민주주의 국가들이 보유하고 있는 특별한 제도 혹은 규범적인 특성이 자유민주주의 국가들 간의 전쟁을 막는다고 본다.

경제적 상호 의존론은 재산을 소유하고 교환할 수 있는 권리를 강조하는 자유주의자들로부터 나온 이론으로, 그러한 권리의 강조는 불가피하게 국가들 사이의 무역과 투자를 증진시키게 된다고 본다. 그로 인한 경제적 교류는 교역하는 국가들을 더욱 번영하게 만들 뿐만 아니라 번영을 위해 그들이 서로에게 의존하게 만든다. 이 이론에 의하면, 이러한 경제적 상호 의존은 전쟁을 방지하게 되는데, 그것은 단순히 전쟁의 대가가 너무 커서 받아들일 수 없기 때문이다. 결국 경제적 번영에 대한 관심이 정치적 고려는 물론 안보적인 고려마저도 압도한다는 것이다.

자유주의적 제도 이론은 잘 성립된 규칙을 따르는 것이 개인들의 인권과 자유를 증진시키는 데 있어서 대단히 중요하다는 사실을 강조하는 자유주의자들로부터 나온 이론이다. 이 이론에 따르면, 국가들은 자발적으로 국제적인 제도들을 수립하게 되는데, 그러한 제도는 국가들이 준수하기로 동의한 규칙들의 집합으로서, 국가들은 그러한 규칙을 무시하고 공격적으로 행동하고 싶은 유혹을 느낄 때조차도 자신의 욕망을 누르고 따르게 된다. 다른 대안이 없을 경우 법의 지배에 대한 확고한 의지는 국가들로 하여금 전쟁을 해야겠다는 마음을 억누르게 한다는 것이다.

이 같은 이론들은 학계는 물론 정치계에도 널리 알려져 있다. 자유주의 이론들과 정책결정자들은 종종 그 이론들을 하나로 엮는데, 그들은 그 이론들이 상호 보완적이며 평화를 증진시키기 위해 함께 작동한다고 주장한다. 예로서 칸트는 "영구적인 평화"의 가능성을 높이는 가장 좋은 방법은 전쟁이 수지맞는 일이 되지 않도록 상업을 증진시키고, 공화주의적인 헌법을 확산시키고, 국제 기구라 할 수 있는 공화국들의 연합을 만드는 것이라고 주장했다.[1] 더욱 최근에 두 명의 자유주의적 학자들인 브루스 러셋(Bruce Russett) 과 존 오닐(John Oneal)은 책을 함께 썼는데 책 제목은 그들이 이러한 자유주 의 이론들을 서로 엮기 위해 노력했음을 보여준다. 책 제목은『평화를 위한 삼각 구조: 민주주의, 상호 의존 그리고 국제기구Triangulating Peace: Democracy, Interdependence, and International Organization』[2]이다. 두 학자들에게 자유주의 이 론들은 상호 작용함으로써 평화의 기회를 증진시키는 것으로 보여진다. 두 가지 요소가 합쳐지는 경우 하나일 때보다 평화의 가능성이 증진되며 세가지 요소 모두 합쳐질 경우 평화의 가능성은 더욱 커진다.

또 다른 유명한 자유주의 이론가인 마이클 도일(Michael Doyle)은 다른 관 점을 취하는데, 그는 세 가지 요소가 모두 하나로 합쳐져 동시적으로 작동할 경우에만 평화가 산출될 수 있다고 주장한다.[3] 도일은 이 세 가지 이론 중 하 나라도 실패하거나 적용되지 않는다면 평화를 위한 자유주의의 논리는 붕괴 된다고 보았다. 그러나 러셋이나 오닐은 세 가지 이론 모두가 파탄나는 경우 에만 자유주의는 평화를 창출하지 못한다고 확실하게 말할 수 있다고 주장 한다.

자유주의적인 정책결정자들도 이 이론들을 서로 엮는 것을 좋아한다. 클린 턴 대통령의 행정부가 자신의 가장 중요한 두 가지 정책이었던 북대서양조약 기구(NATO)의 확장과 대중국 포용 정책을 어떻게 선전했는지를 살펴보자. 1995년 국무차관보 스트로브 탈봇(Strobe Talbott)은 동부 유럽 국가들을 북 대서양조약기구와 유럽연합에 안착시키는 것은 이 지역을 안정화하는 핵심 적인 방안이라고 주장했다. 그는 "북대서양조약기구의 확대"는 "유럽의 새로 운 민주주의 국가들 내에서 그리고 그 국가들 사이에 법에 의한 지배를 실현 하는 힘"이 될 것이라고 썼다. 더 나아가 이 같은 일은 "민주주의적 가치와 자 유시장적 가치를 증진하고 공고히 할 것"이며 이를 통해 평화가 더욱 증진될 것이라고 주장했다.[4]

이와 더불어 매들린 올브라이트 국무장관은 부상하는 중국과 평화적인 관계를 유지하기 위한 핵심적인 일은 중국을 포용하는 것이지 냉전 시대 미국이 소련에 대해서 행했던 것처럼 봉쇄하는 것이 아니라고 선언했다. 중국을 포용할 경우 이는 중국이 민주화되는 과정을 도울 수 있으며, 중국을 미국이 주도하는 세계 경제 질서에 통합시킬 수 있고, 중국이 세계의 중요한 국제기구에 적극적으로 참여하도록 만들 수 있으리라 보았다. 국제체제 내에서 "책임 있는 이해 당사국"이 된 중국은 다른 나라들과 평화로운 관계를 유지하려는 강력한 동기를 가지게 될 것이다.[5]

나는 이러한 자유주의 국제정치 이론들이 평화로운 세상을 만들기 위한 공식을 제공한다는 주장에 이의를 제기한다. 각 이론들은 치명적인 결함이 있는 이론들이며, 이들을 서로 엮는다고 문제가 해결되지 않는다. 나는 나의 주장이 옳다고 말하기 위해 각 이론들을 자세하게 분석하면서 두 가지 질문을 던질 것이다. 첫째, 자유주의 이론들이 예측하는 바와 실제 세계의 경험은 어떠한가? 자유주의적 국제정치 이론이 평화를 촉진했다는 좋은 근거가 있는가? 둘째, 자유주의 이론들의 인과 관계 논리는 타당한 것인가? 이 이론들은 왜 평화가 오게 되는지에 대한 설득력 있는 설명을 제공하는가?

그러나 각각의 이론들을 상세하게 분석하기 전, 나는 이 이론들 모두에 공통적으로 나타나는 두 가지 측면을 고려하고자 한다. 범위 조건(scope condition)과 평화의 확실성에 관한 주장이 그것이다. 나의 목표는 당신이 이 이론들을 그대로 받아들인다고 할지라도, 이 이론들은 여전히 현실주의를 버려도 될 만한 공식을 제공하지 못한다는 사실을 보여주는 것이다. 문제는 세 가지 이론들을 포함하여 자유주의를 옹호하는 주장들은 국가들이 생존의 동기에 부여하는 중요성을 축소하기가 구조적으로 불가능하다는 것이며, 그러한 생존의 동기는 현실주의의 핵심에 위치하고 있다.

가장 중요한 것은 국가의 생존
The Primacy of Survival

현실주의 이론에 의하면 국가들은 그 무엇보다도 자신의 생존에 가장 큰 신경을 쓰며, 이러한 동기는 국가들로 하여금 상대방에게 손해를 입히더라도 힘을 추구하게 만든다. 그렇기 때문에 현실주의를 초월하고자 한다면 자유주의 이론은 국가의 생존을 염려하는 정치지도자들에게 생존보다 훨씬 중요한 다른 대안을 제시해야만 한다. 민주주의적 평화론에서는 관용과 평화적인 분쟁 해결의 규범과 결합된, 개인의 권리에 대한 존중이 생존에 대한 관심사를 압도한다. 경제적 상호 의존론의 경우는 번영에 대한 뿌리 깊은 관심이 생존에 대한 두려움을 능가하는 것으로 보며, 자유주의적 제도주의는 규칙을 잘 따르는 것이 생존에 대한 국가들의 두려움을 경감시키는 열쇠라고 본다.

그러나 이들 중 어떤 요인들도 생존에 관한 관심과 현실주의적인 논리를 약화시키거나 배제할 수는 없다. 이상의 이론들은 두가지 이유 때문에 역부족인데, 이 두 가지 이유 모두 모든 자유주의 이론들에 공통적인 한계들과 관련 있다. 첫째, 이 이론들은 모두 적용 범위가 제한적이다. 즉 이 이론들은 필요조건이 있는 곳에서만 적용이 가능하다는 것이다. 예로서 국제기구들은 그것들이 존재하지 않는 곳에서는 평화를 증진시킬 수 없을 것이다. 그리고 번영이 안보 문제를 압도하기 위해서는 그것을 가능케 하는 경제적 상호 의존이 먼저 존재해야만 한다. 그러나 이 같은 조건들은 항상 존재하는 것들이 아니다. 이 세상에 민주주의 국가들만 존재한 경우는 결코 없었고 그래서 민주주의적 평화론은 적용 범위가 극도로 제한적이다. 도일(Michael Doyle)과 같은 이론가는 위의 세 가지 이론들이 모두 작동할 경우에만 평화가 가능하다고 주장했는데, 그렇다면 이 같은 이론들이 적용될 수 있는 환경은 더욱 제한적일 것이다. 물론 국제기구 혹은 경제적 상호 의존 관계가 존재하지 않을 경우, 국가들은 민주주의 국가들이 독재 국가를 대할 때와 마찬가지로 현실주의의 논리를 따르게 될 것이다.

예로서 자유주의 이론들 중 어떤 것도 냉전 시대 두 초강대국들인 미국과 소련의 경쟁을 설명하는 데 아무런 적실성이 없었다는 사실을 생각해보자. 소련은 민주주의 국가가 아니었으며 미국과 소련 두 나라 사이에는 경제적 상호 의존 관계가 거의 없었고 두 나라가 함께 가입한 국제기구들도 별로 없었다. 혹은 많은 자유주의자들이 중국은 평화적으로 부상할 수 있을 것이라고 말하는 부분에 대해서도 생각해보자. 중국은 현재 민주주의 국가가 아니며 민주주의 국가가 될 가능성도 거의 없어 보인다. 우리들은 아시아에서 민주주의적 평화론이 평화의 기반을 제공할 수 있을 것이라는 말을 거의 들을 수 없다. 그러나 중국의 부상이 평화적일 수 있다고 주장하는 경제적 상호 의존론의 설명은 자주 들을 수 있다. 중국의 경제는 라이벌 국가들의 경제와 연계되어 있는데, 이 같은 연계는 중국과 그 무역 상대국들이 번영을 위해 서로 의존하고 있을 뿐만 아니라 번영은 그들 간의 평화로운 관계에 달려 있다는 것을 의미한다. 중국이 참여하는 전쟁은 경제적인 차원에서 마치 핵전쟁의 상호확증파괴(MAD, Mutual Assured Destruction)에 비유되는 완전한 경제 파탄을 초래하리라는 것이다. 그래서 중국이 부상하더라도 경제적인 상호 의존 관계는 아시아의 평화를 지킬 것이라고 보는 것이다.

자유주의 이론들 중 하나 혹은 둘이 보편적으로 적용되는 세상을 가정해볼 수 있을 것이고 혹은 이들 중 어느 이론도 적용되지 않는 세상도 가정해볼 수 있을 것이다. 그러나 이런 가정의 세계는 우리가 사는 세계가 아니다. 우리가 사는 세상은 이 같은 이론들이 적용될 수 있는 부분도 있고, 그렇지 않은 부분도 있는 세상일 것이다. 예로서 민주주의적 평화론이 다음과 같은 시나리오에서는 어떻게 적용될 수 있을지에 대해 생각해보자. 미국이 미군을 유럽에서 모두 철수시키고 북대서양조약기구(NATO)가 없어졌다고 가정해보자.

그 경우 유럽 대륙에는 프랑스, 독일, 러시아라는 3개 강대국이 남아 있게 될 것이다. 이 이론에 의하면 프랑스와 독일은 서로 전쟁을 벌이지 않을 것이다. 두 나라는 모두 민주주의 국가들이며 상호 간 힘을 위한 경쟁을 벌이지 않을 것이기 때문이다. 그러나 프랑스와 독일은 민주주의 국가가 아닌 러시아와는 본질적으로 다른 관계에 있게 된다. 이들의 관계는 생존의 동기를 강조하는 현실주의적인 논리를 따르게 될 것이다. 그 같은 상황에서 이들 세 나라는 결국 지구적인 세력균형 체제에서 그들의 입지를 극대화하기 위해 노력하게 될 것이다.

러시아가 민주주의 국가가 되었다고 가정해보자. 그 경우 민주주의적 평화론은 이 세 나라의 관계에 모두 적용될 수 있을 것이다. 그러나 민주주의 국가가 된 러시아는 자신의 남쪽 국경에 존재하는 민주주의 국가가 아닌, 부상하는 중국을 두려워할 것이며, 그래서 중국을 상대하기 위해 세력균형의 논리에 따라 행동하게 될 것이다. 독일과 프랑스는 중국과 국경을 공유하고 있지는 않지만 중국이 초강대국이 될 경우 생길 수 있는 위험을 염려해야 할 것이다. 국제체제에 막강한 비민주주의 국가가 단 하나라도 존재하는 경우, 모든 민주주의 국가는 세력균형의 논리에 따라 행동하지 않을 수 없다. 알렉산더 웬트(Alexander Wendt)가 지적하듯이, "100개의 평화주의적인 국가들이 하나의 침략자를 당해내지 못하게 된다. 이 같은 주장은 막강한데, 이는 부분적으로 민주주의적 평화론이 너무도 약하기 때문이다. 이 이론은 모든 국가들은 권력을 추구한다는 강력한 가정을 하는 대신에… 단 한 나라만이 권력을 추구하며, 무정부 상태에서 그 한 나라는 다른 나라들을 착취할 수 있기 때문에 할 수 없이 다른 나라들도 권력을 추구하게 된다고 가정한다."[6] 적어도 이 이론에 따르면, 국제체제 속에 있는 민주주의 국가들이 그들끼리는 평화로운 관계를 유지하고 있는 경우라도 이 같은 논리가 적용된다.

이 세 가지 자유주의 이론들에 내재하는 두 번째의 더욱 본질적인 문제는 그들이 평화의 가능성에 대해 어떻게 말하는가와 관련 있다. 이 이론들이 현실주의를 압도하기 위해서는, 이 이론을 지지하는 사람들은 그 이론 때문에 전쟁이 확실히 일어나지 않을 것이라고 주장할 수 있어야 한다. 이 이론들이 국가들 간의 협력을 촉진한다거나 전쟁의 가능성을 낮출 수 있게 한다는 정도로는 부족하다. 혹자들은 내가 너무나 높은 기준을 설정하고 있다고 말할지 모른다. 그러나 국제체제에 속한 어떤 두 나라 사이에 전쟁이 발발할 가능성이 조금이라도 있는 한 국가들은 생존을 가장 중요한 목표로 삼을 수밖에 없고, 현실주의 원칙을 따르지 않을 수 없다. 전쟁의 발발 확률이 단 1-2% 정도에 불과하다고 판단될지라도 국가들은 세력균형의 논리를 따라 사고하고 행동해야 한다. 왜냐하면 국가들이 만약 중요한 전쟁에서 패배할 경우 그 결과가 참혹할 것이기 때문이다. 이 같은 상황은 핵억제 상황과 유사하다. 핵무장한 국가들이 상상할 수 없을 정도로 무시무시한 핵무기를 사용할 가능성은 낮지만 만에 하나 그 핵무기가 사용되었을 경우 그 결과는 참혹할 것이다. 바로 이 같은 이유 때문에 핵무기를 궁극적인 억제용 무기라 말하는 것이다.

국가들 간의 협력이 갈등을 완화시킬 것이라는 점에 대해서는 의심할 여지가 없다. 그러나 국가들 간의 협력은 동시에 전쟁의 가능성을 높일 수도 있다. 왜냐하면 두 국가들은 제3국을 향해 전쟁을 일으키기 위해 협력할 수도 있기 때문이다. 1939년 독일과 소련이 협력해서 폴란드를 공격했고, 1973년 이집트와 시리아는 협력해서 이스라엘을 공격했다. 더 나아가 강력한 국가들은 때로 약한 국가의 자원을 탈취하기 위해 협력했는데 제1차 세계대전 당시인 1916년, 영국과 프랑스는 사이크스 피콧(Sykes-Picot) 협정을 통해 중동 지역 대부분을 나누어 가졌다. 협력과 평화는 분명히 연계되어 있지만 두 가지는 같은 것이 아니다. 자유주의 이론가들이 반드시 설명해야 할 것은, 그들의 이론이 왜 더 많은 협력을 초래하는가가 아니라, 왜 전쟁의 가능성을 없애는가이다.

어떤 자유주의 이론가들도 그들의 이론들이 작동하는 경우 전쟁의 가능성이 완전히 소멸된다고 말하지는 않는다. 그들은 과감한 주장들을 하지만 전쟁의 가능성이 완전히 없어졌다고 말하지는 않는다. 그들은 때로 국가들 사이의 협력이 증진된다는 것을 강조하거나 혹은 전쟁의 가능성이 매우 낮아진다는 점을 강조한다. 과감한 주장을 하는 민주주의적 평화론자들은 민주주의 국가들은 "거의" 전쟁을 벌이지 않거나 혹은 "아주 희귀한 경우"에만 전쟁을 한다고 말한다.[7] 마이클 도일이 말한 것처럼, "누구도 그러한 전쟁이 불가능하다고 주장해서는 안 된다. 그러나 일차적인 증거는 자유주의 국가들 사이에서는 전쟁에 반하는 중요한 성향이 존재하고 있음을 보여준다."[8] 다른 말로 하자면 평화가 완전히 보장된(guaranteed) 것은 아니다. 그러나 바늘이 평화를 향해 움직였다 하더라도, 그리고 크게 움직였다고 하더라도 그것만으로는 충분하지 않은 것이다. 전쟁의 가능성이 존재하고 있는 한, 국가들은 생존을 다른 어떤 가치들—국민들의 권리, 재산 그리고 법—보다 더 우위에 놓고 생각할 수밖에 없는 것이다.

이제까지 나는 자유주의 이론들을 그들의 관점에서 다루었고 그 이론들이 그들이 선전한 바처럼 작동한다고 가정했다. 이제 그들의 가정이 맞는 것인지를 검증해야 할 시간이 되었다.

민주주의적 평화론
Democratic Peace Theory

민주주의적 평화론이라는 용어는 자유주의보다는 민주주의가 어떻게 평화를 가져오는가에 관한 이야기라는 생각이 들게 한다. 그러나 이 같은 용어는 잘못된 것인데, 왜냐하면 민주주의적 평화론의 기본적인 주장은 민주주의는 물론 자유주의도 중요한 것으로 간주하기 때문이다. 이 계열에 속하는 여러 학자들은 "자유주의적 평화(Liberal Peace)"라는 용어를 사용하기도 한다. 그래서 이 이론은 자유주의적-민주주의적 평화론(liberal-democratic peace theory)이라고 부르는 것이 타당할 것 같다. 더 나아가 자유주의 국가들은 거의 대부분이 민주주의 국가이기도 하다. 왜냐하면 자유를 강조하고 천부인권을 강조한다는 것은 시민들이 누가 그들을 통치할 것인가를 스스로 결정한다는 것을 분명히 의미하기 때문이다. 서문에서도 강조했던 것처럼, 바로 이 같은 이유 때문에 나는 단순한 자유주의 국가가 아니라 자유민주주의 국가에 초점을 맞추는 것이다. 그래서 나는 민주주의와 자유주의 모두에 근거한 민주주의적 평화론의 배후 논리를 분석해볼 것이다.

민주주의적 평화론은 냉전이 끝난 후 약 20년 동안 대단히 유명한 이론이었다. 마이클 도일은 1983년에 발표된 일련의 논문들을 통해 이 이론을 학계와 관계에 소개했다.[9] 1989년 초강대국들의 대결이 종식된 후 자유민주주의는 점점 지구 전역을 휩쓸면서, 세계 방방곡곡에 평화를 확산시키게 될 것이라고 믿었다. 이러한 관점은 물론 프란시스 후쿠야마의 〈역사의 종언?〉의 핵심적인 주제였다. 그러나 세월은 후쿠야마의 주장에 호의적이지 않았다. 권위주의 정부가 강력한 대안 중 하나로 출현했고 자유주의가 곧 전 지구를 장악하게 될 것이라는 전망은 거의 보이지 않는다. 프리덤 하우스(Freedom House)는 2006년부터 2016년 사이 세계 전체에서 민주주의 국가가 차지하는 비중은 오히려 줄어들었다고 주장하고 있으며, 이 같은 사실은 자연적으로 민주주의적 평화론이 적용될 수 있는 범위를 축소시킨다.[10]

그러나 민주주의가 확산 중에 있다고 할지라도, 그것은 평화가 확산될 것이라는 전망을 강화하지는 못한다. 이론 그 자체에 너무나 심각한 문제가 있기 때문이다. 이 이론의 핵심적인 주장들을 생각해보자. 이 이론을 따르는 사람들 중 일부는 민주주의 국가들 사이에서는 결코 전쟁이 발발한 적이 없었다고 주장한다. 그러나 이 같은 주장은 잘못된 것이다. 현대에 들어 민주주의 국가들 사이에서 전쟁이 발발한 경우가 최소 4번 있었다. 민주주의적 평화론이 주장하는 바와는 정반대로 제1차 세계대전 당시(1914-1918) 독일은 자유민주주의 정치 체제였으며 독일은 4개의 자유민주주의 국가들인 영국, 프랑스, 이탈리아 그리고 미국에 대항해서 전쟁을 치른 것이다.[11] 보어전쟁(1899-1902)에서 영국은 남아프리카 공화국과 오렌지 자유국(Orange Free State)과 전쟁을 벌였는데 두 나라 모두 민주주의 정부를 가진 나라들이었다.[12] 1898년의 미서전쟁(Spanish-American War)과 1999년 인도와 파키스탄 사이에 벌어진 카길전쟁(Kargil War) 역시 민주주의 국가들끼리 싸운 전쟁이었다.[13]

민주주의 국가들끼리의 전쟁이라고 말해질 수 있는 사례들이 몇 개 더 있다.[14] 미국의 남북전쟁은 일반적으로 국가 간의 전쟁이라기보다는 내전으로 간주되고 있다. 그러나 혹자는 이 같은 분류가 별로 의미가 없다고 주장한다. 남부연합은 1861년 2월 4일 성립되었고 전쟁은 4월 이후에 발발했는데, 당시 남부연합은 실질적인 주권국가라고 볼 수 있었다. 또한 민주주의 국가들이 군사적 분규(militarized disputes)의 당사국인 경우가 여럿 있었는데, 비록 규모가 작아서 전쟁으로 간주되지는 않지만 전투가 발발했고 인명 피해가 발생했던 경우도 있었다.[15] 또한 민주주의 국가가, 특히 미국이 민주적으로 선출된 다른 나라의 지도자들을 축출하려고 시도한 경우가 여러 차례 있었는데 이것들 역시 민주주의적 평화론이 말하는 민주주의 국가들은 서로 평화적으로 행동한다는 주장에 반하는 사례들이다.

그러나 내가 제시한 민주주의 국가들끼리 실제적으로 전쟁을 벌였던 4가지 사례로 돌아가보자. 혹자는 나의 주장이 맞기는 하지만 겨우 4가지밖에 안 되는 사례가 민주주의적 평화론에 심각한 도전을 제기할 수는 없다고 말할 수 있을 것이다. 그러나 이 같은 결론은 틀린데, 민주주의적 평화론자인 제임스 L. 레이(James L. Ray)가 말했던 바에 의해서도 분명히 증명된다. 그는 "국가들 간의 전쟁은 통계학적으로 대단히 희귀한 것이기 때문에… 민주주의 국가들 사이에 소수의 전쟁이라도 존재했다면 이는 민주주의 국가들 사이에 벌어진 전쟁의 역사적 비율과 일반적인 국가들 사이에 벌어진 전쟁의 비율 사이에 통계적으로, 따라서 실질적으로 중요한 차이가 있다는 주장을 완전히 붕괴시키게 된다."[16]라고 말했다. 다른 말로 하자면, 민주주의 국가들 사이에 발발했던 그 4개의 전쟁은 민주주의적 평화론의 핵심적 주장을 훼손하는 것이다.

민주주의적 평화론이 가지는 두 번째로 심각한 문제는 이 이론은 왜 자유주의 국가들은 서로 잘 싸우지 않는가에 대해 제대로 설명하지 못한다는 점이다. 민주주의적 평화론자들은 다양한 설명을 시도했고 그들 중 일부는 민주주의적 제도와 규범을 강조하고 다른 사람들은 자유주의적 규범을 강조한다. 그러나 이들 중 어느 것도 강력한 설명이 되지는 못한다.

민주주의 제도와 평화
Democratic Institutions and Peace

자유민주주의 국가들은 왜 서로 전쟁을 하지 않는가에 대한 세 가지 제도적 설명이 존재한다. 첫 번째 설명은 일반 시민들은 본시 평화적이라는 점을 강조하며, 시민들에게 전쟁을 원하느냐고 물으면 그들은 거의 예외 없이 전쟁을 원하지 않는다고 대답한다고 설명한다. 칸트는 『영구평화론』에서 이 같이 주장했다. "전쟁을 선포하기 위해 국민들의 동의가 사전에 필요하다면… 그들은 당연히 모든 전쟁의 참상을 스스로 널리 알리며 그처럼 형편없는 일을 벌이는 것에 매우 조심스러워 할 것이다."[17] 이 같은 주장은 냉전 당시 신보수주의자(neoconservatives)들 사이에서 유행했던 것으로, 이들은 자유민주주의 국가들은 독재 국가들을 유화적으로 대하는 경향이 있는데 이는 민주주의 국가의 국민들은 유순할 뿐 아니라 투표권이 있어서 정책결정자들에게

영향력을 발휘할 수 있기 때문이라고 믿었다.[18]

이 같은 주장의 치명적 약점은 그 주장이 너무나 많은 것을 증명해야 한다는 점이다. 만약 자유민주주의 국가의 시민들이 그토록 전쟁을 혐오한다면, 그들은 다른 민주주의 국가들과의 전쟁은 물론 독재 국가들과의 전쟁도 혐오해야 할 것이다. 그들은 결국 모든 전쟁에 대해서 다 싸우기 원치 않아야 한다. 그러나 역사적인 기록을 보았을 때, 전혀 그렇지 않았다. 예로서 미국은 냉전이 끝난 이후에도 7개의 전쟁을 치렀는데 그 모든 전쟁들이 미국에 의해 시작되었다. 이 기간 동안 미국은 3년 중 2년은 전쟁을 치르고 있었다. 미국은 전쟁에 도취되어 있다고 해도 과언이 아니다. 게다가 또 다른 자유민주주의 국가인 영국도 이 전쟁들에서 미국 편에 서서 싸웠다. 이 같은 사실들은 왜 민주주의적 평화론이 민주주의 국가들이 비민주적 국가들보다 일반적으로 더 평화적이라고 주장하지 않는 이유를 설명해준다.

몇 가지 요인들이 왜 민주주의 국가의 국민들도 때로 전쟁의 도발을 선호하는가를 설명해준다. 한 가지 요인은 때로 전쟁을 해야 할 타당한 전략적 이유가 있으며 대부분 시민들은 그 같은 사실을 인정한다는 것이다. 더 나아가 민주주의 국가의 지도자들은 대개 말 없는 시민들에게 전쟁이 필요하다고 설득하는 데 능통하다. 실제로는 전쟁이 필요하지 않을 때조차도 말이다.[19] 어떤 경우에는 국민을 그렇게 확신시킬 필요가 없는데, 국민들의 민족주의적 열정이 너무 강해서 전쟁이 필요하든 필요하지 않든, 국민들이 오히려 지도자들을 전쟁으로 떠밀기 때문이다.[20] 마지막으로 국가가 전쟁에 들어갈 경우 시민들이 언제라도 높은 희생을 치르게 된다는 가정 역시 올바른 가정이 아니다. 부유한 국가들은 때로 대단히 자본화된 군사력(capitalized military)을 보유하고 있는데 이는 국민 중 아주 적은 수만이 실제로 전쟁을 수행한다는 것을 의미한다. 더 나아가 자유민주주의 국가는 인명 피해를 최소화할 수 있는 기술을 가지고 있다. 예로서 적을 향해 무인비행기를 사용하는 경우 등이다. 재정적인 측면에서도 국가들은 국민들에게 심각한 부담을 지우지 않은 채 전쟁을 수행할 수 있는 다양한 방법이 있다.[21]

민주주의 국가들이 왜 서로 전쟁을 하지 않는가에 대한 두 번째 제도적 설명은 민주주의 국가의 경우 정부 지도자들이 전쟁을 시작하기가 더 어렵다는 것이다. 그러한 정책 결정이 느리고 복잡한 이유는 국민들의 허락을 받아야 하기 때문인데, 이 과정은 국민들이 당연히 전쟁을 치르고 죽음을 감수하기를 꺼려하므로 시간이 오래 걸리게 된다. 그리고 견제와 균형 같은 민주주의 국가들 내에 구축된 제도적 방해물들이 전쟁을 결정하는 과정을 늦추게 된다. 이러한 문제들은 전쟁을 시작하는 것을 어렵게 할 뿐만 아니라 현명한 외교정책을 형성하고 집행할 수 있게 한다고 말해진다.

만약 이 같은 주장들이 사실이라면, 민주주의 국가들은 민주주의가 아닌 나라들을 향해서도 전쟁도 일으키지 않아야 할 것이다. 그러나 그렇지 않다. 민주주의의 비효율성 덕분에 정치 엘리트들이 자신의 나라를 전쟁으로 몰아가는 것을 막을 수 있었던 경우들이 있기는 하지만, 내가 위에서 지적했던 바처럼, 그런 경우는 별로 많지 않다. 게다가 지도자들이 전쟁을 향해 나아가는 것을 막는 데 있어 제도적 장치들은 대체로 그다지 큰 역할을 하지 못한다. 전쟁을 하겠다는 결심은 때로 심각한 국가적 위기 상황에서 결정되며, 이런 경우 행정부가 총지휘를 하게 되는데 개인의 권리는 물론 견제와 균형은 국가안보적인 관심사에 종속되게 된다. 극단적인 위기 상황에서 자유민주주의 국가들은 신속하고 결정적인 대응을 할 수 있는 능력을 가지고 있으며, 필요하다면 전쟁을 시작할 수 있다.

마지막으로 어떤 사람들은 "청중의 대가(audience costs)"라는 요인이 민주주의적 평화론을 설명하는 핵심 요소라고 말한다.[22] 이 같은 주장은 민주적으로 선출된 지도자들은 위기 상황에서 자신의 결의를 전달하는 데 특별히 능숙하다는 믿음에 근거한다. 왜냐하면 그들은 어떤 특정 상황에서 행동하겠다는 공적인 약속을 할 수 있는데, 그런 다음 그들은 그대로 해야만 하기 때문이다. 다른 말로 하자면, 민주주의 국가의 지도자들은 그들 자신의 손을 묶어놓을 수 있다. 만약 지도자가 자신의 약속을 어긴다면 국민들은 다음 선거에서 그를 낙선시킴으로써 처벌할 수 있다. 지도자들이 한 번 꼭 지켜야 하는 선(red line)을 설정한다면, 그의 말을 들은 청중들은 그가 약속을 지키도록 압박하게 된다는 것이다. 두 개의 민주주의 국가들은 상대방에게 자신이 싸우려는 목적이 무엇인지 분명히 전달할 수 있으며, 그렇게 함으로써 두 나라는 오산(miscalculation)을 피하고 협상에 의한 타결을 이룩할 수 있게 된다.

'청중의 대가' 이야기는 직관적으로는 매력적이지만 경험적인 측면에서 그다지 설명력을 가지지 못한다.[23] 실제로 국가가 위기에 당면했을 때 청중의 대가라는 논리가 작동한 사례는 거의 찾아보기 어렵다. 더 나아가 이 이론의 바탕에 깔려 있는 논리를 의심해야 할 많은 이유가 있다. 예로서 지도자들은 레드라인을 설정하는 것을 주저하며, 그들이 직면한 위협을 모호하게 해둠으로써 자신들의 협상 공간을 극대화하려는 경향이 있다. 이 같은 경우 청중-대가라는 논리는 설 자리가 없게 된다. 그러나 지도자들이 레드라인을 설정한 후 그 레드라인을 따르지 못했다 할지라도, 지도자가 유리한 위치에서 위기를 끝내는 경우 시민들이 그를 비난할 가능성은 별로 없다. 더 나아가 우리들은 상황을 왜곡할 수 있는 정치가들의 능력을 결코 과소평가하면 안 된다. 정치가들은 자신이 실제로 약속을 지키지 못한 경우에도 사실을 왜곡해서 대중을 속일 수 있다. 설사 지도자가 어떤 신호를 보낸다 할지라도, 상대방이 그 신호를 정확하게 알아차린다는 보장도 없다.

요약하자면, 민주주의 제도에 포함된 어떤 장치도 왜 민주주의 국가들은 서로 전쟁을 하는 경우가 드문가라는 질문에 만족스런 설명을 제시하지 못한다.[24] 일부 유명한 민주주의적 평화론자들은 이 같은 제도적 설명의 한계를 인지하고 있으며, 그래서 제도 대신 민주주의와 자유주의에 연계되어 있는

규범에 근거한 설명을 제시하려 한다.[25]

규범적 논리
The Normative Logics

자유주의로부터 흘러나오는 규범적 논리와 민주주의로부터 흘러나오는 규범적 논리는 상당 부분 겹친다. 양자는 모두 4가지 기본적인 개념을 강조한다. 평화적인 분쟁 해결, 타자에 대한 존중, 관용 그리고 신뢰가 그것이다. 그러나 민주주의와 자유주의는 이 개념들을 서로 다른 이유 때문에 강조하며 4가지를 중시하는 정도도 서로 다르다.

민주주의의 기본적인 양식은 선거라는 과정인데, 이 과정을 통해 시민들은 그들 간의 차이점을 해결하고 정치질서에 대한 누구의 비전이 지배할지를 결정한다. 민주주의의 이 같은 방식은 평화로운 분쟁 해결의 가능성을 높인다. 러셋(Russett)은 "자유민주주의 이론의 기본적인 규범"은 "민주주의적인 절차를 통해서 힘을 사용하지 않은 채 분규가 해결되는 것"이라고 기술했다.[26] 더 나아가 러셋은 "규제된 정치적 경쟁, 타협을 통한 정치적 갈등의 해결, 그리고 권력의 평화적 이양의 규범들은 민주주의 국가에 의해 국제관계의 영역으로 확장된다."고 말한다. 더 중요한 것으로 "두 개의 민주주의 국가들이 이익의 갈등에 직면하는 경우, 그들은 이 갈등을 해결하기 위해 민주주의적 규범을 적용할 수 있다."[27]

심각한 분규라도 보통 평화적으로 해결되는 세계에서는, 행위자들 사이에 상당한 수준의 신뢰가 존재할 가능성이 높다. 그들은 상대방이 자신들을 향해 폭력을 사용할 가능성에 대해 우려하지 않아도 되기 때문이다. 또한 정치적으로 큰 싸움을 벌이는 경우라도 반대편에 있는 사람들에 대한 약간의 존경심이 있어야만 한다. 모든 이들이 선거의 결과를 받아들이려 한다는 사실은 그들이 라이벌이 승리할 가능성을 용인하려 한다는 것을 의미한다. 그리고 만약 그들이 상대방과 타협을 통해 문제를 해결하고자 한다면 양측은 서로에 대한 약간의 존경심을 보여야만 한다. 그렇지 않을 경우 타협을 이룩하기는 어려울 것이다. 그렇기 때문에 민주주의 국가에 살고 있는 개인들은 서로 간의 차이를 선거를 통해 해결하고자 할 뿐만 아니라, 다른 사람들을 신뢰하고 관용하고 존경하는 경향이 있다. 이와 같은 믿음들이 민주주의 국가들 사이의 관계에도 적용된다고 말해진다.

선거의 중요성을 강조하는 민주주의와는 달리 자유주의는 개인의 권리를 이야기한다. 물론 이 같은 차이점은 이 책을 여기까지 읽은 독자들에게는 익숙한 사안일 것이다. 정치적 자유주의자들은 권리와 관용은 사람들이 서로 간에 심각한 견해의 불일치가 있을 때조차도 서로를 존경하고 그러한 차이를 평화적으로 해결하도록 만드는 데 함께 기여한다고 주장한다. 자유주의의 세상에서 폭력이 들어설 자리는 거의 없다는 것이다.

개인의 권리들은 보편적이기 때문에 자유주의자들의 논리는 자유민주주의 국가 내부의 일상생활뿐만 아니라 자유민주주의 국가들 간의 상호작용에도 당연히 적용된다. 마이클 도일의 말을 인용하자면, "자유주의 국제정치 이론이 기본적으로 상정하는 것은 국가들은 다른 나라의 개입으로부터 자유로울 권리를 갖고 있다는 것이다. 도덕적으로 자율적인 시민들은 자유를 향유할 권리를 갖고 있기 때문에, 그들을 대표하는 국가들 역시 정치적 독립성을 행사할 권리를 갖고 있다. 그렇기에 이 같은 권리에 대한 상호 존중이 국제적 자유주의 이론의 기초가 된다."[28] 양도할 수 없는 권리에 속하는 것 중 하나가 삶의 권리인데 이는 자유주의적인 국가들로 하여금 서로를 향해 전쟁을 일으키지 못하도록 한다. 왜냐하면 상대방 자유주의 나라에 살고 있는 개인들이 가진 삶의 권리도 존중해야 하기 때문이다.

관용 또한 국경을 초월해서 자유주의 국가들 간의 관계에 적용된다. 자유주의 국가들은 서로 믿고 존경해야 하며 그들의 차이점을 해결하기 위해 결코 전쟁을 일으키면 안 된다. 도일은 이 같은 "상호 존중의 관습"은 "자유민주주의 국가들의 관계에 있어 놀랍도록 효과적인 형태의 협력 기반을 형성해 왔다."고 기술했다.[29] 다른 말로 한다면 자유주의적 규범은 민주주의적 평화를 설명한다. 존 오웬(John Owen)은 기본적인 관점을 다음과 같이 요약했다. "자유주의자들은 세상 어느 곳에 있든 개인들은 본질적으로는 똑같은 사람들이라고 믿으며 모두 자신의 보존과 물질적 복지를 최고의 가치로 추구한다고 본다. 이 같은 추구를 위해 자유는 필수적이며, 자유를 위해서 평화는 필수적이다. 강압과 폭력은 비생산적인 것일 뿐이다. 그렇기 때문에 모든 개인들은 평화를 유지하는 데 관심을 가지고 있으며 오로지 평화를 초래하는 수단으로서만 전쟁을 인정한다."[30]

민주주의와 자유주의는 왜 자유민주주의 국가들은 그들이 중대한 위기를 야기하는 근본적인 견해 차이를 가지고 있는 경우에도 서로 전쟁을 하지 않는가를 설명하는 서로 구분되지만 상호 보완적인 논리를 제공해준다는 점은 분명하다. 민주주의적 평화론에 의하면 전쟁은 일어나지 않는데 그 이유는 위에서 제시한 논리들이 개별적으로 또는 함께 작동해서, 평화적 분쟁 해결, 상대방에 대한 존중, 관용, 신뢰 등을 지지하는 막강한 규범들을 증진시키기 때문이다.

규범들은 왜 효과가 없는가
Why Norms are Ineffectual

자유민주주의적 규범들이 평화를 위한 강력한 힘이 된다는 주장에는 다섯 가지 중요한 문제점들이 있다. 내가 5장에서 주장했던 바처럼 질서를 유지할 수 있는 상위의 권위가 존재하지 않는 곳에서 자유주의는 그들이 선전하는 바대로 작동될 수 없다. 그 이유는 단순하다. 자유주의는 개인들이 때때로 삶의 첫 번째 원칙에 대해 본질적인 견해 차이를 가지고 있다는 사실 그리고 권리에 대한 존중과 관용이 당사자들 모두가 결코 폭력에 호소하지 않으리라는 것을 보장하지 못한다는 사실을 인정한다. 갈등이 평화적으로 해결될 것이라고 확신할 수 있는 방법이 없는 것이다. 이것이 바로 관용의 마법적인 힘에 대해서 특별히 낙관적인 견해를 가졌던 존 롤스를 포함한 거의 모든 자유주의자들이 국가의 필요성을 말하는 이유다.

민주주의도 마찬가지 문제에 직면한다. 민주주의 역시 시민들이 때로 핵심적인 정치적, 사회적 문제에 대해 격렬한 차이를 보일 수 있다는 가정에 기초해 있다. 민주주의 국가의 시민들은 그들의 분쟁을 투표장에서 해결하도록 강력한 사회화 과정을 거치지만 그러한 사회화 과정은 한계가 있으며, 그래서 민주주의 국가들은 언제라도 사회 질서를 유지하기 위해 막강한 경찰력을 보유하고 있다. 평화로운 분쟁 해결의 규범만으로는 민주주의 국가 내에서 평화를 보장할 수 없다. 자유주의처럼, 민주주의는 자신들의 주장을 관철하기 위해 폭력에 호소하려는 생각을 가진 사람들에 대처하기 위한 막강한 국가를 필요로 한다.

세계국가(world state)가 존재하지 않기 때문에, 국제체제에는 국가들이 다른 나라가 자신을 위협할 때 의지할 수 있는 상위의 조직이 없다. 세상에 관한 이 같은 단순한 사실은, 자유민주주의 국가들이 항상 서로에 대해 관용적이거나 존중심을 보이거나 평화적인 것은 아니다라는 사실과 더불어, 그들이 심지어 자유민주주의 국가를 상대할 때조차도 생존의 문제를 걱정해야 한다는 것을 의미한다. 이 같은 논리가 작동하게 된다면, 자유민주주의 국가들은 서로 세력균형의 정치에 빠져들 수밖에 없을 것이다.

민족주의는 자유민주주의 규범에 관한 주장들에 있어 또 다른 문제다. 민족주의란 국가들로 하여금 그들이 다른 나라와 다르다는 사실을 강조하도록 만드는 진정으로 막강한 영향력이 있는 이데올로기다. 각각의 민족국가들은 자신을 다른 나라보다 우월하다고 생각하는 경향이 있으며, 때로 국가들 간에 본질적인 미움의 감정이 존재하는 경우도 있다. 이처럼 다른 민족을 향한 적대적 감정—나는 이것을 초민족주의(hyper-nationalism)라고 부르려 한다—이 존재하는 이유는 민족국가들이 때로 첫 번째 원칙에 대해 심각한 견해 차이를 가지고 있기 때문이며, 때로 전쟁으로 비화할 수도 있는 강력한 안보 경쟁에 빠져들기 때문이다. 자유민주주의 국가들도 민족주의의 영향으로부터 결코 자유롭지 못하며 민족주의는 관용과 상호 신뢰를 약화시키고 심지어 자유민주주의 국가들이 그들의 의견 불일치를 폭력에 의해 해결하도록 만드는 원인이 되기도 한다. 또한 자유주의자들이 종종 그 중요성을 과장하는 양도할 수 없는 권리라는 자유주의 원칙에 대한 뿌리깊은 존중이 세계 전역에 존재하는 것도 아니다. 특히 양도할 수 없는 권리가 민족주의와 충돌을 일으키는 경우 자유주의자들의 보편적인 원리는 그들이 생각하는 것보다 막강한 힘을 발휘하지 못한다.

더 나아가 자유주의적 규범들은 평화의 막강한 힘이 될 수 있다는 주장에 반하는 충분한 경험적인 사례들이 존재한다. 예를 들자면 미국은 특히 냉전시대에 민주적으로 선출된 정권을 여러 차례 붕괴시킨 풍부한 역사적 사례를 가진 나라이다. 몇 가지 유명한 사례들은 1953년의 이란, 1954년의 과테말라, 그리고 1973년 칠레 정권을 붕괴시킨 사례들이다.[31] 2006년 팔레스타인 선거에서 하마스(Hamas)가 미국이 지원한 파타당(Fatah party)를 누르고 승리한 직후, 미국과 (또 다른 민주주의 국가인) 이스라엘은 새로운 정부를 흔들기 위해 움직였고 하마스를 하찮은 존재로 만들고자 하였다. 미국과 이스라엘은 파타당이 선거에서 패배했음에도 불구하고 파타당을 팔레스타인 시민들의 정당한 대표로 간주했다.[32] 우리가 이미 살펴본 것처럼 미국은 2013년 민주적으로 선출된 이집트의 무슬림 형제단을 축출하는 데 관여했다. 세바스찬 로사토(Sebastian Rosato)는 "개발도상 국가들에 대한 미국의 개입 기록들은 민주주의적 신뢰와 존중이 종종 국가안보 혹은 경제적인 이익에 종속되어

왔다는 것을 보여준다."고 지적한다.[33]

아마도 자유주의적 민주주의의 규범을 결정적으로 훼손시키는 증거들은 크리스토퍼 레인(Christopher Layne)의 주의 깊은 연구에 잘 나타나 있다. 그는 민주주의 국가들이 전쟁 직전까지 나아갔다가 막판에 한 쪽이 후퇴함으로써 위기가 종식된 사례 4가지를 연구했다. 그는 1861년 발생한 트렌트 사건(Trent Affair)과 1895년부터 96년 사이에 발생한 베네수엘라 위기, 영국과 프랑스 사이에 1898년 발발했던 파쇼다 위기, 1923년 프랑스와 독일 사이에 야기되었던 루르 위기(Ruhr Crisis)를 조사했고, 이들 위기를 해결하는 과정에서 자유주의적 규범들은 별 영향력을 발휘하지 못했다고 확신을 가지고 주장했다. 이들 위기에서 양측의 국가들은 모두 상당한 정도의 민족주의적 열정을 갖고 있었으며, 4가지 위기 모두는 일차적으로 세력균형을 포함하는 전략적 계산에 의해 그 결과가 결정되었다.[34]

비록 간접적이기는 하지만, 자유주의적 규범이 국제정치에 상당한 영향력을 미친다는 사실에 대해 의구심을 가지는 마지막 이유는 민주주의 국가들이 특별히 도덕적인 방식으로 싸운다는 증거가 거의 없다는 것이다. 자유주의가 양도할 수 없는 인간의 권리를 강조한다는 사실에 비추어본다면, 자유주의 국가들은 민간인들의 살상을 피하기 위해 어느 정도 애를 쓴다거나 적어도 독재 국가들보다는 더 낫게 행동할 것으로 기대된다. 이것이 바로 정의 전쟁론(正義戰爭論, Just War Theory)의 핵심적인 교리이고, 정의의 전쟁론은 개인의 권리를 핵심으로 삼는 철저하게 자유주의적인 이론이다.[35] 예로서 마이클 도일은 모든 전쟁의 당사국들은 "전쟁법에 대한 양심적인 존경심"을 유지해야 한다고 요구했다.[36]

그러나 알렉산더 다운즈(Alexander Downes)는 전쟁에서 민간인의 피해에 관한 선구적인 연구를 진행한 후 "민주주의 국가들은 독재 국가들보다 오히려 더 민간인을 표적으로 삼는 경우가 많았다."[37]는 사실을 밝혀냈다. 존 터만(John Tirman)은 미국은 어떻게 전쟁을 하는가에 관한 자세한 분석에서, 미국이 의도적으로 수백만 명의 시민을 살해했다는 사실을 보여주었다.[38] 비록 조프리 월라스(Geoffrrey Wallace)의 연구는 독재 국가가 민주주의 국가들보다 전쟁포로를 더 잔인하게 다룰 가능성이 높지만 민주주의 국가들도 포로들을 험악하게 다룬다는 많은 증거들을 찾아냈다.[39] 9·11 이후 미국도 고문을 널리 자행했다는 사실은 하나의 예에 불과하다. 다운즈와 월라스 모두는 국가들이 전쟁 중 절박한 상황에 처하게 되었을 때, 국가들은 적이 지닌 인간성을 빠르게 망각하고 인권을 전쟁에서 효과적으로 싸우는 것보다 훨씬 덜 중요하게 여기기 시작한다는 사실을 보여준다. 자유민주주의 국가들도 예외가 아닌 것이다.

요약하자면 자유민주주의의 규범들은 민주주의 국가들은 왜 결코 서로 싸우지 않는가에 대한 설득력 있는 설명을 제공하지 못한다. 민주주의적 평화론을 떠받치는 강력한 근거는 제도적 이론 혹은 규범적 이론 어디에서도 찾아지지 않는다.

이 이론을 의심하는 또 다른 이유는 국가들의 퇴행(backsliding)이 나타날 수 있다는 문제다. 현재의 민주주의 국가들은 언제라도 독재 국가가 될 가능성이 있다.[40] 그런 사례는 여러 번 있었으며, 내가 이미 지적한 바대로 프리덤하우스의 보고서에 의하면, 최근 전 세계적인 차원에서 민주주의는 퇴조하는 추세를 보이고 있다. 민주주의 국가는 잘 성립되어 있는 경우라 할지라도 영원토록 민주주의 국가로 남아 있으리라는 보장이 없다.[41] 만약 중국이 앞으로 10년 이내에 민주주의 국가가 된다고 하더라도 우리는 중국이 그 같은 민주주의 체제를 오랫동안 유지할 수 있을 것이라는 높은 확신을 가질 수는 없다. 미국은 중국이 그렇게 되지 않을 가능성에 대비해야 하며, 미국은 중국과 상대하기 위해 가능한 한 최대의 국력을 확보하도록 노력하는 것이 안전한 일이다.

자유민주주의 국가들은 독재 국가들에 비해 지구력이 더 강한 경향이 있다. 자유민주주의 국가들은 민주주의적 가치는 물론 자유주의적 가치에 의해 지탱되는데 이 두 가지 가치가 결합되어 막강한 힘을 발휘하기 때문이다. 그럼에도 불구하고 자유민주주의 국가들이 영원히 존재할 수 있다는 보장은 없다. 자유민주주의 국가였던 바이마르 공화국(Weimar Republic)을 생각해보라. 이 나라는 1933년 역사상 가장 공격적이고 사악했던 정권에게 통치권을 빼앗길 때까지 겨우 십여 년을 존속했을 뿐이었다. 그렇기 때문에 자유민주주의 국가들은 그들 간의 국제관계에서도 국가들이 나쁜 모습으로 되돌아갈 수 있는 가능성에 대비해야만 하며, 이는 자유민주주의 국가들이 오직 현실주의가 지시하는 바에 따라 서로를 상대해야 한다는 것을 의미한다.

경제적 상호 의존론
Economic Interdependence Theory

경제적 상호 의존론에 의하면, 상호 간 경제 의존도가 높은 두 나라는 그들의 경제적인 복지를 위해 심각한 정치적인 견해 차이가 있음에도 불구하고 전쟁에 빠져들지 않게 된다. 그들은 전쟁을 시작할 전략적으로 타당한 이유가 있을지라도 전쟁을 회피하고자 노력하는데, 그 이유는 전쟁은 양측 모두에게 경제적으로 재앙적 결과를 초래할 것이기 때문이다. 본질적으로 전쟁의 경제적 대가가 잠재적인 전략적 이득을 포함한 정치적 이득보다 더 크다는 것이다. 이 이론은 생존보다는 번영이 더욱 중요한 국가 제일의 목표라고 가정한다. 다른 말로 하자면 경제적인 고려가 전략적인 고려를 압도한다는 것이다.

이 이론이 경제적인 번영을 강조하는 이유는 대체적으로 국민들은 그들의 지도자들이 자신들의 경제적 복지를 보호하고 증진해줄 것을 요구하며, 정치 지도자들이 이 같은 요구를 충족시키는 데 성공하지 못할 경우 국민들은 그들을 공직에서 몰아낼 것이라는 사실에 기초하고 있다. 그럴 경우 심각한 불안이 있을 수 있다. 이처럼 부를 증대시켜야 하는 강박감이 존재하는 경우 합리적인 지도자라면 전쟁을 시작할 수 없을 것이다. 또한 많은 이익집단들이 있는데 그들도 전쟁이 발발하면 경제적인 이익이 훼손당할 것이기 때문에 전쟁에 반대한다는 것이다.[42] 일부 학자들은, 예를 들자면 은행가들이 언제나 평화를 위한 막강한 힘이라고 주장하는데, 이는 지도자가 권좌를 유지하려면 그들을 거스르는 위험을 감수하지 않을 가능성이 높기 때문이다. 결국 경제적으로 상호의존적인 국가들의 세계에서 지도자들은 전쟁에 대해 극도의 반감을 보이는데, 이는 전쟁은 경제번영을 망칠 것이고 그럼으로써 자신들의 정치적인 경력도 파탄내버릴 것이라는 두려움 때문이라는 것이다. 경제적으로 상호 의존적인 나라들 사이에는 안보 경쟁도 완화될 가능성이 있는데, 이는 지도자들이 자국의 부를 극대화하는 데만 신경 쓰길 원하기 때문만이 아니라, 심각한 적대관계는 의도치 않게 전쟁과 경제적인 파탄을 불러올 수 있기 때문이다.

다양한 학자들이 이 같은 기초적인 논리를 다양한 방식으로 정교하게 정리했다. 초기에는 이 이론은 경제적인 상호 의존을 국가들 간의 무역 거래로 묘사했다. 노먼 엔젤(Norman Angel)은 1910년에 출간된 고전인 『대환상The Great Illusion』에서 약간 다른 주장을 전개했지만 그의 이름은 이 같은 관점과 깊이 연계되어 있다.[43] 보다 최근에는 리처드 로즈크란스(Richard Rose-crance)가 1986년 출간한 저서 『무역국가의 성장Rise of the Trading State』에서 무역이 국제평화를 촉진한다고 주장했다.[44] 그러나 에릭 가츠크(Erik Gartzke)는 경제적 상호 의존 관계를 평가하고자 할 때 무역 자료는 적절한 요소가 아니라고 주장하고, 그 대신 자본시장에 초점을 맞춰야 한다고 주장했다.[45] 그는 "통합된 자본시장"이 국가들 간의 평화를 증진하는 요인이라고 주장했다. 반면 패트릭 맥도널드(Patrick MacDonald)는 "자유주의적 경제제도… 시장을 촉진하는 제도의 존재"에 의해 뒷받침되는 무역이 국제평화 증진을 위해 대단히 중요한 요소라고 주장했다. 그는 "국내 경제에 존재하는 막강한 사유재산 제도와 경쟁적인 시장 구조는… 평화를 산출한다."고 강력하게 주장했다.[46]

경제적 상호 의존 이론가들 모두가 무역과 자본의 흐름이 무력분쟁을 완화시킨다고 주장하지는 않는다. 예로서 스티븐 브룩스(Stephen Brooks)는 오늘날과 같이 세계화된 세상에서 평화를 위한 핵심적인 사실은 다국적 기업의 생산 시설이 전 세계에 퍼져 있다는 것이며, 이는 모든 주요 국가들은 자신들이 소비해야 할 물건의 생산을 다른 많은 나라들에 의존하고 있다는 의미다.[47] 그래서 발전된 어떤 나라들도 자국의 다국적 기업들을 마비시키고, 결국 그 나라의 경제를 파탄시킬 것을 두려워하기 때문에 전쟁을 감당할 수 없다는 것이다. 마지막으로, 대체로 현실주의자로 분류되는 데일 코플랜드(Dale Copeland)는 자유주의적 관점과 현실주의적 관점을 모두 포함하는 주장을 했다.[48] 그는 어떤 두 나라가 서로 간에 높은 수준의 무역이 지속되기를 기대할 때는 기본적인 경제적 상호 의존의 논리가 평화로운 관계를 촉진할 것이라고 주장한다. 하지만 두 나라가 그러한 무역이 오래 지속되기를 기대하지 않을 때는 현실주의적 논리가 끼어들어 두 나라를 전쟁으로 밀어넣게 된다는것이다.

마지막으로 경제적 상호 의존 이론가들은 때로 정복은 현대 세계에서 이득이 남는 일이 아니라고 주장한다. 산업혁명 이전 시대에 영토 확장은 실질적인 경제적 이득을 가져다주었지만, 오늘날 국가들이 다른 나라를 정복했을 경우 야기되는 경제적 이익은 별로 없다. 이는 사실『대환상』에서 엔젤이 주장했던 중요한 관점이며『무역국가의 성장』의 중요한 주제이기도 하다. 우리가 이 같은 추가적인 주장을 포함시킨다면, 이 이론의 핵심적인 주장은 경제적인 상호 의존은 전쟁의 대가를 너무나 처참한 것으로 만들며, 정복도 별 이득이 없다는 것이다. 나는 경제적 상호 의존론의 핵심적 주장, 즉 경제적 상호 의존은 전쟁의 대가를 높임으로써 평화를 가져온다는 주장에 초점을 맞추어 분석하고자 한다.

경제적 상호 의존론의 한계
The Limits of Economic Interdependence Theory

경제적 상호 의존이 아무런 영향이 없다고 말하는 것은 옳지 않다. 경제적 상호 의존으로 인해 전쟁이 회피되어진 경우가 확실히 존재하며 특히 경제적인 대가는 크고 기대되는 정치적 이익은 별로 없을 경우에 그러하다. 그럼에도 불구하고 수많은 경우, 경제적 상호 의존은 정책결정자들을 설득하지 못하며, 그래서 경제적으로 상호 의존적인 나라들 사이의 평화를 보장하지는 못한다. 현실주의적 논리를 무용지물로 만들기 위해서는 경제적 상호 의존 관계가 평화를 보장할 수 있다는 사실이 필수적으로 증명되어야 한다.

경제적 상호 의존론은 세 가지 중요한 문제점을 내포하고 있다. 첫째, 경제적으로 상호 의존적인 나라들이 전쟁을 치를 때 그 경제적인 대가가 항상 높은 것만은 아니며, 대가가 아주 높다고 입증된 경우에도, 전쟁을 하기 전 그 대가는 과소평가되곤 한다. 더 나아가 전쟁은 경제적으로 이득이 되는 일일 수도 있다. 두 번째로 국가들이 전쟁의 대가가 매우 크다는 사실을 인지하는 경우에도, 전쟁을 하겠다는 욕구는 일반적으로 경제적인 고려를 압도한다. 특히 핵심적인 안보 문제가 걸려 있을 경우에 그러하다. 마지막으로 경제적 상호 의존이 국제평화를 위한 중요한 요인이라는 사실을 증명할 수 있는 경험적 증거들이 별로 없다.

경제적으로 상호 의존적인 국가들은 때로 심각한 경제적인 대가를 피하면서 전쟁을 할 수 있다. 어떤 나라는 단 하나의 라이벌 국가만을 겨냥해, 영리한 군사전략을 개발해서 신속하고 결정적인 승리를 거둘 수도 있다. 또는 자신이 쉽고 빠르게 쳐부술 수 있는 훨씬 약한 적을 골라서 전쟁을 벌일 수도 있다. 대부분의 나라들은 항상 원하는 결과를 얻는 것은 아니지만 신속한 승리를 기대하며 전쟁에 빠져든다.[49] 그러나 나라들이 전쟁을 치를 때, 경제적인 대가가 그다지 크지 않는 경우도 있다.[50] 비용이 가장 많이 드는 전쟁은 여러 나라들이 전쟁에 참여하고 전쟁이 지연되는 경우인데, 예로서 양차 세계대전과 같은 경우들이다. 그러나 많은 정치지도자들이 전쟁이 그처럼 지연될 것이라는 생각을 가지고 전쟁을 시작하는 것은 아니다.

더 나아가 핵무기의 존재는 현대의 강대국들이 제2차 세계대전과 같은 대전쟁을 할 가능성을 별로 없게 만들었다. 강대국들의 전쟁은 그 수단과 목표에서 제한적일 가능성이 높다. 중국과 미국이 아시아에서 전면적인 재래식 전쟁에 빠져들 것이라고 상상하기는 어렵다. 그러나 미국과 중국이 남중국해혹은 타이완을 둘러싸고 제한적인 전쟁을 벌이는 것을 떠올리기는 어렵지 않다. 미국과 중국은 그 같은 제한적인 전쟁이 초래할 경제적인 피해는 관리가 가능하다고 생각할 수 있을 것이다.

또한 전쟁을 치르는 나라들이 항상 경제 관계를 단절하지는 않았다는 풍부한 사례를 찾아볼 수 있다. 전쟁 중에 있는 국가들이 전시에 적과 무역거래를 하는 경우가 있는데 양측 모두 경제관계를 지속하는 것이 서로에게 이득이 된다고 생각하기 때문이다. 이 같은 주제에 관한 대표적인 두 전문가인 잭 리비(Jack Levy)와 캐서린 바비에리(Katherine Barbieri)는 "전쟁이 적대국 사이의 무역을 체계적으로 그리고 심각하게 저해한다는 일반적인 상식을 반박하기에 충분할 정도로 적국과의 무역이 빈번하게 이루어지고 있음은 분명한 사실이다."라고 썼다. 그들은 "적국과의 무역은 제한적인 무력 충돌이 벌어지는 동안은 물론이고 국가의 독립 혹은 지구적 패권을 놓고 싸우는 전면 전쟁의 동안에도 이루어진다."[51]라고 덧붙인다. 요약하자면 국가들은 라이벌 국가와 전쟁하는 동안에도 그 나라와 경제적인 상호 의존 관계를 지속하고, 그럼으로써 자신들의 번영 그 자체를 위협하지 않을 수 있다.[52]

마지막으로, 피터 리버맨(Peter Liberman)이 자신의 중요한 책인 『정복은 수지맞는 일인가?Does Conquest Pay?』에서 설명하듯이, 전쟁은 때때로 수지가 맞는다.[53] 예로서 중국이 남중국해에서 전쟁을 벌이고 승리를 거둔다면 중국은 엄청난 양의 해저 자원을 획득할 수 있으며 이는 분명히 중국의 경제 발전에 도움이 될 것이다. 국가들은 때때로, 전쟁에서 승리하는 경우 상호 의존 관계를 훼손하는 것의 비용을 능가하는 더 큰 경제적, 전략적 이득을 얻을 수 있을 것이라는 기대를 갖고 전쟁에 돌입한다.

경제보다 더 중요한 정치
Primacy of Politics over Economics

그러나 경제적으로 상호 의존적인 국가들이 전쟁을 하는 경우 그 대가가 대단히 클 것이라고 가정하는 경우에도 전쟁이 발발할 가능성은 그대로 남아 있다. 경제적 상호 의존론의 지지자들은 전쟁의 경제적인 대가가 기대되는 정치적인 이득보다 훨씬 크다고 믿기 때문에 동의하지 않을 것이다. 그들은 국가의 가장 중요한 목표를 생존이 아니라 번영에 있다고 본다. 그러나 이 같은 주장은 틀린 것이다. 정치적인 계산은 때로 경제적인 계산보다 훨씬 중요하다. 국가안보 문제가 걸려 있는 경우에 특히 그러한데, 생존이 궁극적으로 번영보다 더 중요하기 때문이다. 국가는 생존할 수 없다면 번영할 수도 없다. 그러나 전쟁으로 피폐해진 나라라도 경제적으로 회생하고 다시 부자가 되는 것은 가능하다. 1914년 이전 유럽은 대단히 번영하고 있었지만 제1차 세계 대전의 발발을 막지 못했다. 이 전쟁에 가장 큰 책임이 있는 독일은 러시아가 더욱 강력해지는 것을 막아야 한다고 생각했을 뿐만 아니라 자신이 스스로 유럽의 패권국이 되고자 했다.[54] 정치가 경제를 압도한 것이다.

혹자는 안보와 관련된 모든 분쟁이 궁극적으로 국가의 존망이 달린 문제는 아니라고 주장할지도 모른다. 모든 위기가 1914년 7월에 발발했던 위기와 같은 것은 아니다. 이러한 주장에는 분명히 진실된 부분이 있으며, 그래서 경제적 상호 의존은 전쟁을 회피하게 한다는 논리가 때로는 타당할 수 있다. 그러나 궁극적으로 이 같은 주장은 강력한 설득력을 갖지 못하는데 그 이유는 대체적으로 내가 "사소하지만 결정적인 요인(want of a nail)"이라고 부르는 것 때문이다. 국가들은 때로 사소한 안보 문제에 제대로 대처하지 못하는 것을 두려워하는데, 적국이 그러한 상황을 계속해서 이용하려 들 것이고 궁극적으로 세력균형이 자국에게 대단히 불리한 상황으로 귀결될 수 있기 때문이다. 그래서 나중에 큰일 당하지 않으려면 문제가 사소할 경우라도 제때에 잘 대처하는 것이 중요하다. 이 같은 관점의 위력은 생존이 국가들에게 얼마나 중요한 문제인가에 따라 증폭된다.[55]

코플랜드(Copeland)의 주장에 대해 간략히 언급하고자 한다. 그는 라이벌 국가들 사이에 향후에도 무역의 전망이 있을 경우 경제적인 상호 의존 관계는 현실주의적인 정치적 고려를 압도할 수 있다고 주장한다. 이런 주장은 말이 되지 않는다. 문제 중 하나는 얼마나 오랜 기간 동안 상호 의존 관계가 지속될지를 알 수 있는 방법이 없다는 점이며, 그래서 국가들은 그 같은 상호 의존이 끝날 때를 대비해야 한다는 강한 동기를 갖게 된다. 코플랜드의 말대로라면, 경제적 상호 의존이 끝나면 그 국가들은 다시 현실주의적 세계로 돌아가게 된다. 결국 현실주의적인 논리에 따라 "비 오는 날"이 오기 전에 대비하는 것이 언제라도 가장 좋은 정책이 된다. 더 나아가 코플랜드 그 자신이 스스로 강조하는 바처럼 국가들이 미래에 어떤 의도를 가지게 될지 알 수 있는 방법이 없다.[56] 상대방의 의도에 대해 무지하다는 것은 국가들이 오늘 평화와 번영에 깊게 몰두해 있을지라도 언젠가는 경제적인 대가에도 불구하고 전쟁을 해야 할 이유를 찾게 될 수 있다는 것을 의미한다. 비가 올 때에 대비해서 준비하는 정책이 또다시 가장 최선의 정책이 되는 것이다.[57]

민족주의가 작동하는 경우에도 정치적인 고려는 경제적인 고려를 압도한다. 타이완에 대한 중국의 입장을 고려해보자. 중국의 지도자들은 만약 타이완이 독립을 선언한다면 중국은 심각한 경제적 손실을 입더라도 전쟁을 불사할 것임을 반복적으로 말하고 있다. 타이완에 대한 중국의 생각은 민족주의에 의해 깊은 영향을 받는 것이다. 중국 국민 거의 모두는 타이완을 궁극적으로 본토와 통합되어져야 할 신성한 영토로 간주하고 있다.[58] 역사는 내전들로 점철되어 있다는 점도 지적해야만 할 것 같다. 그리고 거의 모든 내전의 경우, 전쟁이 시작되기 전 당사자들은 모두 경제적으로 대단히 상호 의존적이었다는 사실도 지적해야 할 것이다. 그럼에도 불구하고 정치적인 고려가 더 영향력이 큰 것으로 입증되었다.

많은 경우 정치적, 전략적 고려가 경제적인 고려들을 압도한다는 사실을 결론내리기 위해 경제 제재의 효용성에 대해 생각해보자. 역사적인 기록들은 경제 제재는 대체로 원하는 목표를 달성하는 데 실패했다는 사실을 분명히 보여준다. 경제 제재가 실패하는 하나의 이유는 표적이 된 국가들은 엄청난 경제적인 처벌을 흡수할 수 있고 그럼으로써 제재를 가하는 나라의 요구에 굴복하지 않을 수 있다는 것이다.[59] 국가가 지닌 이 같은 강인함은 주로 민족주의로부터 나온다. 민족주의는 표적이 된 국가의 국민들이 자국 정부에 반항하기보다는 거의 예외 없이 자기 나라 지도자들과 뭉쳐서 제재를 가하는 나라에 대항하도록 한다. 미국과 영국은 이 같은 사실을 제2차 세계대전 중 발견한 바 있었는데, 독일과 일본의 도시들을 향한 영국과 미국의 폭격작전은 독일과 일본 시민들의 자국 정부에 대한 반항을 부추기는 데 실패했다.[60] 러시아가 우크라이나를 침공한 데 대한 서방측의 러시아 제재에 대해 러시아 사람들이 블라디미르 푸틴(Vladimir Putin)과 함께 서방측에 대항했다는 사실은 놀라운 일이 아니다.

우크라이나 위기는 제재가 정치적 혹은 전략적인 계산 앞에 번번히 실패하는 이유를 잘 보여준다. 러시아에게 있어서 우크라이나는 핵심적인 전략적 이익이며, 우크라이나를 러시아의 궤도로부터 떼어낸 다음 이 나라를 자신들의 제도 속으로 편입시키려는 서방측의 노력은 러시아가 결코 용납할 수 없는 일이었다. 푸틴의 관점에서 보았을 때 미국과 그 유럽 동맹국들의 정책은 러시아의 생존에 대한 위협이었다. 이 같은 관점은 우크라이나가 서방측에 편입되지 못하도록 하기 위해 최선을 다하지 않을 수 없게 하는 러시아의 동기가 되었다.[61]

우리는 세력균형의 논리와 민족주의 모두에 의해 압도되는 경제적 상호 의존론이 역사적인 경험으로 볼 때도 거의 지지받지 못했다는 사실에 놀랄 필요는 없다. 물론 경제적 상호 의존론을 지지하는 사람이 그것이 전쟁 가능성을 완전히 없애 버렸다고 주장하는 경우는 거의 없지만, 경제적으로 거의 완벽하게 상호 의존적인 나라들 사이에서 전쟁의 가능성을 낮추는 데 기여했다는 연구는 많이 있다.[62] 그러나 경제적 상호 의존과 전쟁 발발 가능성 사이에 별 관계가 없다는 연구 결과도 있다.[63] 일부 학자들은 경제적인 상호 의존이 오히려 전쟁의 가능성을 높인다고 주장하는데 그 이유는 경제적으로 어려운 시기에 경제적 상호 의존은 무역 파트너들 간의 긴장에 오히려 기름을 부을 수 있기 때문이라는 것이다.[64] 예로서 유로화를 둘러싼 위기가 어떻게 유럽에서 민족주의를 격화시켰는지 생각해보면 된다. 1990년 8월 이라크는 쿠웨이트를 침공했는데, 당시 두 나라는 경제적으로 대단히 밀접한 관계에 있었다. 그럼에도 불구하고 이라크가 쿠웨이트를 침공한 이유 중 하나는 쿠웨이트가 석유생산국기구(OPEC)가 규정한 생산 한도를 어기고 석유를 더 많이 생산함으로써, 이라크의 석유 수익이 줄어들었기 때문이다.

요약하자면, 비록 경제적인 상호 의존이 때때로 전쟁을 방지하는 브레이크 역할을 하는 경우가 있을지 몰라도, 그것이 국제평화를 위한 튼튼한 기반을 만든다고 믿을 수 있는 근거는 별로 없다.

자유주의적 제도주의
Liberal Institutionalism

자유주의적 제도주의는 아마도 세 가지 자유주의 이론들 중에서 가장 허약한 이론일지 모른다.[65] 이 이론을 따르는 주요 인물들은 어떤 국제적 제도가 실제로 평화를 초래할 수 있는가에 대해 그다지 강하게 주장하지 않으며, 역사적 기록들은 전쟁을 준비하는 어떤 강대국들에게 있어 그러한 국제적 제도들은 기껏해야 속도를 늦추게 하는 과속 방지턱에 지나지 않는다는 사실을 분명하게 보여준다. 미국과 영국과 같은 자유민주주의 국가들의 경우에도 마찬가지이다.

제도란 국가들이 서로 어떻게 협력하고 경쟁해야 하는지를 말해주는 규칙들의 집합이라고 볼 수 있다. 제도는 용납할 수 있는 행동 형태를 규정하고 용납할 수 없는 행동 형태를 금지한다. 규칙들은 국가들 간의 합의로 만들어지는 것이지 강요되는 것은 아니다. 강대국들은 이 같은 규칙을 만드는 데 지배적인 힘을 행사하고, 그 규칙들에 복종하기로 선언한다. 그렇게 하는 것이 그들의 이익에 반하는 경우에도 그렇게 한다. 국가들이 국제적 제도에 참여하는 것은 사실상 자발적으로 자신의 손발을 묶는 것이나 마찬가지다. 규칙들은 전형적으로 국제적 합의를 통해 공식화되며, 자체 인력과 예산을 가진 조직에 의해 운영된다. 그러나 그 같은 조직들은 그 자체의 힘으로는 국가들이 규칙들에 복종하도록 강제할 수 없다는 사실을 강조하는 것이 중요하다. 국제기구는 국제체제를 구성하는 국가들과 독립적으로 존재할 수 있는 강력한 실체가 아니며 국제기구는 국가들로 하여금 국제적 규칙들에 복종하도록 강제할 능력이 없다. 그들은 세계정부와 같은 형태의 조직이 아니다. 국가들은 스스로 그들이 만든 규칙에 복종할 것이냐의 여부를 결정해야만 한다. 요약하자면, 국제기구는 "통치를 위한 어떤 효과적인 기제 없이, 주권을 가진 개별 국가들의 분권화된 협력"을 요구한다.[66]

자발적인 복종을 강조한다는 사실은 국제법이 어떻게 작동하는지를 잘 보여주는데, 이는 국제적 차원에서는 법과 기구(institutions) 사이에 큰 차이가 없다는 것을 말해준다. 국제기구들은 때로 "레짐(regime)"이라고도 불리는데, 많은 학자들은 국제기구와 국제 레짐이라는 용어들을 혼용해서 사용한다. 그렇기 때문에 여기에서의 분석은 국제기구와 마찬가지로 국제법과 레짐에도 적용될 수 있다.[67]

궁극적 목적: 국가들 사이의 협력
The Ultimate Goal: Cooperation among States

자유주의적 제도주의자들이 국제기구가 평화를 위한 강력한 힘이라고 주장하는 경우는 거의 없다. 대신에 그들은 보다 덜 야심적인 주장을 펼치는데, 즉 국제기구는 국가 간의 협력을 증진시킴으로써 갈등을 평화적으로 해소하는 데 도움을 준다고 말한다. 이 같은 협력의 증진에 대한 강조는 로버트 코헤인(Robert Keohane)이 저술한 아마도 가장 영향력이 큰 국제적 제도 관련 서적인 『패권 이후: 국제정치 경제에서의 협력과 불화After Hegemony: Cooperation and Discord in the World Political Economy』에 분명하게 표현되어 있다.[68] 그러나 책 제목이 말해주는 것처럼, 코헤인은 국가 간의 경제협력을 어떻게 증진시킬 수 있는가를 설명하는 데 집중했다. 그는 전쟁과 평화에 관해서는 거의 이야기하지 않았다. 일부 자유주의적 제도주의자들은 직접적으로 안보 관련 주제를 다루기도 하지만 그들의 주요 관심 역시 이 같은 안보기구들이 어떻게 협력을 증진시키는가 하는 문제들이다.[69] 협력에 대해 이처럼 초점을 맞추는 현상은 제도주의 관련 문헌들에서 광범하게 발견되는데, 중요한 문헌들은 대개 "협력"이라는 글자를 제목 속에 포함시키고 있다. 그러나 그들은 협력이 어떻게 평화의 원인이 되는지에 대해서는 정교한 설명을 제시하지 못하고 있다.[70]

국제기구가 협력을 증진시킬 수 있는 특별한 환경을 구체적으로 밝히는 것이 중요하다. 국가들이 상호 호혜적인 이익을 가지고 있기는 하나 상황의 구조가 상대방으로부터 이익을 취하도록 유인을 제공하기 때문에 상호적인 이익을 추구할 수 없을 경우에만 국제기구는 협력을 증진시키는 역할을 담당할수 있다. 이 같은 문제의 사례가 고전적인 죄수의 딜레마 게임(prisoner's dilemma game)에 잘 나타나 있다. 죄수의 딜레마에서, 두 죄수는 서로 협력함으로써 더 큰 이익을 얻을 수 있음에도 불구하고 그렇게 할 수가 없는데 각각의 죄수가 상대방이 자신을 배반하고 이득을 취할 것을 두려워하기 때문이다. 그래서 두 죄수는 자신이 상대방을 배반하고 이득을 취하기로 하는데 이는 그들이 협력했을 경우보다 더 나쁜 결과를 초래하게 된다.

집단행동의 논리(collective action logic)는 또 다른 예가 된다. 이 논리는 개인들은 공통의 이익을 가지고 있지만 그 이익을 현실화하지 못한다는 것이다. 왜냐하면 상대방을 이용해서 이득을 취하도록 만드는 강력한 유인이 존재하기 때문이다. 그래서 제도는 이 같은 상황에 처해 있는 개인들에게 그들의 공통의 이익을 현실화시킬 수 있는 기회를 제공한다는 것이다.

이 이론은 국가들의 이익이 갈등관계에 있을 경우, 그리고 어느 나라도 협력함으로써 얻을 게 많지 않다고 생각하는 경우 별 타당성이 없다. 이 같은 상황에서 국가들은 예외 없이 상대방으로부터 이득을 취하고자 하며 때로 폭력을 동원하기도 한다. 다른 말로 하자면, 견해 차이가 심각하고 중요한 문제가 관련된 경우, 국가들은 이기느냐 지느냐의 관점에서 생각하게 하며, 이 같은 상황은 예외 없이 긴박한 안보경쟁 혹은 전쟁을 유발하게 된다. 국제기구는 이 같은 상황에서 국가의 행동에 별로 영향을 미치지 못한다. 그 가장 큰 이유는 자유주의적 제도주의는 국제기구가 어떻게 강대국들 사이의 깊은 갈등을 해결하거나 완화시킬 수 있는지에 대해 별 이야기를 하지 않기 때문이다.[71] 그래서 자유주의적 제도주의 이론이 전쟁과 평화의 원인에 대해 할 말이 별로 없다는 사실은 놀라운 일이 아니다.

제도의 한계를 보여주는 또 다른 방법이 있다. 일부 자유주의적 제도주의자들은 국제정치는 두 가지 영역—정치경제 영역과 안보 영역—으로 나뉘어질 수 있으며, 그들의 이론은 주로 전자, 즉 정치경제의 영역에 적용된다고 주장한다. 예로서 찰스 립슨(Charles Lipson)은 "상당히 다른 제도적 장치들(arrangement)이 국제경제적 이슈 및 안보적 이슈와 연계되어 있다."[72]고 말한다. 더욱이, 이러한 두 영역에서 협력의 가능성은 대단히 상이하다. 경제적 관계가 중요한 문제인 경우 "협력은 자기 이익을 추구하는 몇몇 국가들 사이에서 유지될 수 있다." 반면 "안보적 사안에 있어서는 협력의 전망이 훨씬 떨어진다."[73]

마찬가지 생각이 코헤인의 『패권 이후』에도 반영되어 있는데 그는 그 자신의 관심이 "선진적 시장경제 국가들의 관계에 집중되어 있으며… 이 영역은 국가들 사이의 공통 이익이 크고, 국제적 협력의 이득을 현실화하기가 쉽다."고 강조한다.[74] 이 같은 중요한 차이를 보여주는 하나의 예는 강대국들 사이의 정치적인 분쟁을 해결하는 데 무기력한 UN과, 강대국 사이의 경제적인 협력을 성공적으로 이루어내고 있는 IMF(국제통화기금)와 세계은행(World Bank)의 대조적인 모습이다. 이 같은 차이가 실제로 의미하는 것은 자유주의적 제도주의자들은 주로 경제 및 환경 영역에서 협력을 촉진하는 데 관심을 갖고 있다는 사실이다. 그 같은 영역만이 국가들이 공통 이익을 위해 국제기구의 도움을 필요로 하는 곳이기 때문이다. 자유주의적 제도주의자들은 안보의 영역에 대해서는 별 다른 관심을 보이지 않는다.

혹자는 군사동맹은 안보 관련 국제 제도이며, 군사동맹은 분명히 국제정치에 중요한 영향을 미친다고 주장할지도 모른다. 동맹이 전쟁과 평화의 문제에서 동맹국들의 협력적인 행동을 도출해내는 데 유용하다는 사실에는 의문의 여지가 없다. 동맹은 국가들의 집단적인 행동을 더욱 효과적이고 효율적으로 만든다. 북대서양조약기구(NATO)는 이를 보여주는 중요한 사례다. 북대서양조약기구는 냉전 당시 서방측이 유럽을 향한 소련의 야망을 억제하는 데 정말로 중요한 역할을 했다. 그렇지만 북대서양조약기구는 공통의 위협 때문에 협력해야만 하는 강력한 동기를 가진 국가 사이의 동맹이었지 본질적인 견해 차이를 가졌던 국가들 사이의 동맹은 아니었다. 그렇기 때문에 자유주의적 제도주의자들은 전쟁과 평화의 문제에 대해서는 별 관심을 가지고 있지 않다는 일반적인 주장은 여전히 유효하다.

혹자는 코헤인과 더불어 아마도 가장 중요한 국제 제도주의자 중 한 사람인 존 아이켄베리(John Ikenberry)는 예외라고 말할지도 모른다. 그는 적용 범위(scope)가 진정으로 국제적이고, 경제는 물론 안보 차원에서도 어떻게 국가들이 협력을 이루어낼 수 있는지를 설명할 수 있는 이론을 개발해 왔다. 그의 금자탑 격인 책『승리 이후: 국제기구, 전략적 자제, 그리고 대전쟁 이후 국제질서의 재건After Victory: Institutions, Strategic Restraint, and the Rebuilding Order after Major Wars』에서 그는 국가들이 어떤 환경에서 국제질서를 건설할 수 있는지를 설명하는데, 국제질서란 지구 전체를 대상으로 하는 질서를 암시하는 것으로 보인다.[75] 아이켄베리는 특히 미국이 주요한 역할을 담당했던 제2차 세계대전 이후에 성립된 국제질서에 큰 관심을 가지고 있다. 물론 그 국제질서는 상당히 제도화된 질서였다.

그러나 자세히 살펴볼 경우 아이켄베리의 이야기는 거의 전적으로 서방측 내부의 냉전 질서에 관한 것이며, 냉전 당시 서방 국가들은 서로 심각하게 다툴 일이 별로 없었다. 그는 미국과 소련 간의 안보 경쟁에 대해서는 별 관심을 기울이지 않는다. 또한 그는 진정한 국제기구지만 초강대국들 간의 관계를 관리하는 데 있어서는 거의 역할을 하지 못하는 국제연합(UN)에 대해서도 그다지 많은 말을 하지 않는다. 결국 아이켄베리는 국제질서를 논하고 있는 것이 아니다. 그는 서방측 선진 산업국가들 사이의 경제 및 군사관계를 논하고 있을 뿐이다. 그의 초점은 코헤인의 『패권 이후』와 유사하다. 비록 두 사람은 약간 다른 이론을 전개했지만, 양자 모두 무엇 때문에 안보 경쟁과 전쟁에 빠져드는지 혹은 국제기구는 라이벌 강대국들이 서로 전쟁에 빠져드는 것을 어떻게 막을 수 있는지에 대해서는 설명하지 않는다.

무정부 상태라는 문제
The Anarchy Problem

주요한 자유주의적 제도주의 이론가들이 대부분 현실주의를 대체할 수 있는 분명한 대안을 제공한다고 주장하지 않는다는 사실이 놀라운 일처럼 보일 수 있다. 그들은 현실주의를 넘어서기를 원하지만 그럼에도 불구하고 현실주의의 중요한 부분들은 그대로 유지하기를 원하는 것처럼 보인다. 예로서 아이켄베리는 그의 이론은 "현실주의와 자유주의적 이론적 전통 모두로부터 도출된 것"이라고 말한다. 반면 코헤인은 "우리는 현실주의를 버리기보다는 넘어서야 할 것"이라고 썼다.[76] 안보 관련 국제제도에 관한 책의 편집자들인 헬가 하프텐돈(Helga Haftendorn), 코헤인, 그리고 셀레스트 월랜더(Celeste Wallander) 등은 "우리가 본 것처럼 아직도 안보 연구는 현실주의적 사고에 의해 지배되고 있지만, 제도주의적 접근방법을 결합한다면 더욱 큰 이점을 얻게 될 것이다."라고 쓰고 있다.[77] 현실주의적인 논리에 상당 부분을 의존하고 있는 이론이 어떻게 세력균형의 논리를 떠날 수 있다고 말하는지 이해하기가 대단히 어렵다. 그러나 이 문제를 일단 보류하고, 대신 국제기구는 그것이 국가들 간 협력의 전망을 증진시킨다 할지라도 왜 평화의 전망을 실질적으로 증진시키는 일에 대해서는 별 희망을 걸고 있지 않은가를 설명하는 데 집중해보자.

자유주의적 제도주의는 국제협력을 방해하는 중요한 요인이 상대방으로부터 속을지도 모른다는 위험이라는 믿음에 근거하고 있다. 속을지도 모를 위험은 대체적으로 고질적인 불확실성의 결과이다. 국가들은 다른 나라들이 미래에 어떻게 생각하고 행동할지를 결코 알 수 없다. 국제기구는 4가지 측면에서 이 문제를 완화시켜줄 수 있다는 것이다.

첫째, 국제기구들은 시간이 지남에 따라 국가들 사이의 상호작용 횟수를 증가시킬 수 있다. 이 같은 상호작용의 반복은 협력을 통한 미래 이득의 전망을 조성함으로써 국가들이 상대방을 속일 때 야기되는 비용을 증가시킨다. "미래의 그림자"는 오늘의 속임수를 방지할 수 있다. 왜냐하면 속임수를 저지르는 나라는 상호 협력함으로써 얻게 될 미래의 이득을 날려버릴 것이기 때문이다. 이 같은 일이 반복될 경우 속은 나라들은 속인 나라들에 대한 보복 기회를 가지게 된다. 상대방을 속이는 경우 보복 전략(tit for tat strategy)이 작동하게 되는데, 이러한 과정은 속이는 나라들을 위반 행위로부터 멀어지게 할 것이다. 보복 전략은 속임수를 쓰기로 평판이 나 있는 나라를 처벌하는 것 외에 합의를 잘 따르는 나라들에게는 보상을 해준다.

둘째, 규칙은 서로 다른 이슈(issue) 영역에서 이루어지는 국가들 간의 상호작용들을 결합할 수 있다. 이슈들을 연계시키는 목적은 국가들 간의 더 높은 상호 의존성을 조성하기 위함이며, 그렇게 함으로써 국가들은 한 이슈 영역에서 속임수를 쓰는 행위를 자제하게 되는데 이는 그 국가의 속임수로 인해 피해를 입은 나라나 다른 나라가 다른 이슈에서 보복할까봐 두렵기 때문이다. 과정의 반복처럼, 이슈들이 연계된 경우 속임수를 쓰는 비용이 상승하게 되고, 피해를 입은 나라들에게는 보복할 기회들을 제공한다.

셋째, 규칙의 체계는 협력적인 합의에 참여한 나라들이 사용할 수 있는 정보의 양을 증대시키며, 그렇게 함으로써 누가 속이려 하는지를 긴밀하게 감시할 수 있게 한다. 정보의 수준을 높이는 경우 속임수를 쓰는 나라가 들킬 가능성도 증대되며, 그럼으로써 속임수를 쓰려는 마음을 자제하게 만든다. 국제기구는 또한 피해를 입을 나라들에게 조기경보를 발동함으로써 그들이 심각한 피해를 당하기 전에 예방적인 조치를 취할 수 있게 해준다.

마지막으로, 규칙은 개별적인 합의의 거래 비용을 낮출 수 있다. 국제기구가 위에서 말한 기능을 잘 수행하는 경우, 국가들은 협상을 하고 약속이 잘 지켜지는지 감시하고, 그리고 속이려는 행위에 대비하는 데 드는 노력을 덜 수 있게 된다. 국제 협력의 효율성을 증대시킴으로써 국제기구들은 국제 협력을 더욱 이익이 되는 매력적인 것으로 만들 수 있다.

라이벌 국가가 공개적 혹은 은밀한 방식으로 규칙을 깰 수 있다는 두려움이 바로 현실주의자들의 이야기에서 중심적인 요소이고, 안보 경쟁과 전쟁을 일으키는 견인차 중 하나라는 것은 의문의 여지가 없다.[78] 국가들은 세력균형에 대해 깊은 관심을 가지게 되는데 그것은 국가들이 결코 다른 나라가 행하는 속임수의 희생자가 될 가능성이 없다고 확신할 수 없기 때문이다. 국가들이 희생자가 될 경우 그들이 도움을 기대할 수 있는 야경꾼은 존재하지 않는다. 우리의 목적을 위한 핵심 질문은 국제기구들이 국가들의 속임수 문제를 기본적인 현실주의 논리에 도전하는 어떤 방식으로 해결해줄 수 있느냐는 것이다. 그들이 이 같은 문제를 해결해줄 가능성은 거의 전무하다.

핵심적인 문제는 물론, 반칙을 범하는 나라들을 처벌하겠다고 확실하게 위협을 가할 수 있는 권위 있는 상위의 조직이 없다는 점이다. 국제기구는 국가들이 규칙을 지키는 것이 자신의 이익에 합당한 일이 아니라고 생각하는 경우에도 규칙을 지키도록 강요할 수 있는 독립적인 행위자가 아니다. 어떤 국제기구가 한 강대국을 강압함으로써 그 강대국이 현실주의가 요구하는 바와 다르게 행동하도록 만들 수 있다는 증거는 없다. 그 대신 국제기구는 규칙을 따르는 것이 자국의 장기적인 이익에 도움이 된다고 생각하기 때문에 스스로 규칙을 따르려고 하는 회원국들에 의존한다. 제도주의 이론에 의하면 회원국들은 스스로 경찰의 역할을 해야만 한다.[79]

그러나 우리는 역사적 경험으로부터 국가들은 규칙을 따르는 것이 자국의 이익에 반한다고 생각할 경우, 언제라도 속이거나 규칙에 불복종한다는 사실을 알고 있다. 본질적으로 자유민주주의 국가인 미국이 국제법을 위반하고 1999년에 세르비아를 상대로 그리고 2003년에 이라크를 상대로 전쟁을 일으켰던 사례들을 생각해보자.[80] 이 두 경우 미국은 유엔 안전보장이사회의 결의를 얻어내어 이 전쟁들을 정당화하는 데 실패했다. 그러나 미국은 이 두 가지 사례 모두에서 국제법을 무시하고 전쟁을 개시했다. 미국은 그 전쟁들을 벌여야 할 강력한 도덕적, 전략적 이유를 가지고 있었다. 당연한 일이지만 미국은 결코 이 전쟁들을 일으켰다는 사실 때문에 처벌받지 않았다. 또한 우리들은 독일과 프랑스가 자국의 이익이라 생각하기 때문에 이미 확립된 유럽연합(EU)의 규칙들을 무시하는 것을 보았다.[81] 두 나라 중 아무도 그것 때문에 처벌받지 않았다. 강대국들이 규칙을 어겼다고 해서 국제기구가 심각한 방식으로 그들을 처벌했던 사례는 찾아보기 대단히 어렵다.

국가들은 때로 본질적인 견해 차이를 보이고 있으며, 국제기구들은 국가들의 행동을 의미 있는 방식으로 제약할 방법이 없다는 사실을 고려할 때, 국가들은 자신들이 스스로를 도와야 하는 세상(self-help world)에서 살고 있다는 사실을 깨닫게 된다. 그러한 세상에서는 세계의 힘 중에서 가능한 한 큰 몫을 통제하는 것이 매우 합당한 일이 된다. 국가들이 규칙을 따름으로써 그러한 통제력을 얻는지 여부에 관계 없이 말이다. 만약 한 국가가 규칙을 따르지만 그 대가로 안보가 희생된다면, 그 나라가 라이벌 국가로부터 공격을 받을 때 어떤 나라가 달려와서 그 나라를 도와줄까? 아마도 아무도 그렇게 하지 않을 것이다. 이 같은 논리는 왜 자유주의적 제도주의가 전쟁과 평화에 대해 할 말이 별로 없는지 그리고 왜 자유주의적 제도주의는 현실주의에 심각한 도전을 제기하지 못하는지를 설명해준다.

국가들의 속임수에 대해 마지막으로 한마디 더하고자 한다. 안보 문제가 걸려 있는 경우 속임수에 대한 두려움은 일반적으로 국가들의 협력을 방해하는 더욱 심각한 장애물이 된다.[82] 그와 같은 상황에서 배반은 심각한 군사적 패배를 가져올 수 있다. 이러한 "신속하고, 결정적인 변절"의 위협은 찰스 립슨(Charles Lipson)이 말한 것처럼 국제경제 영역에서는 존재하지 않는다. 그러나 군사적인 영역에서의 "배신의 대가"는 잠재적으로 훨씬 더 심각한 것이라는 사실을 생각할 때, 자유주의적 제도주의 이론이 안보 관련 문제에 대해서는 별 할 말이 없다는 사실은 놀랍지 않다.

이 이론은 경제 및 환경 문제에 대한 국가들의 협력에 관해서만 할 말이 많다. 우리가 이미 본 것처럼 자유주의적 제도주의 이론이 경제의 영역에서만 타당한 또 다른 이유는, 국가들은 때때로 국제기구들이 그 실현을 도와줄 수 있는 공통의 이익을 가지고 있기 때문이다. 국제기구는 국가들 사이의 협력을 용이하게 해줄 수 있다. 라이벌 국가들이 종종 근본적인 견해 차이를 갖고 있는 안보 영역에서 국제기구는 대체로 적실성이 없다. 동맹의 경우를 제외한다면 말이다.

요약하자면, 국가들이 공통의 이익을 가지고 있고 그 실현을 위해 도움을 필요로 할 경우, 국제제도는 국가 운영의 측면에서 효과적인 도구가 될 수 있다. 국제기구는 국가들 사이의 협력을 용이하게 해줄 수 있다. 비록 그 같은 협력이 항상 평화적인 목적을 위한 것은 아닐지라도 말이다. 그러나 더 중요한 관점은, 국제기구들이 국가들을 전쟁으로부터 벗어나게 해줄 수 있다고 믿을 아무런 이유가 없다는 것이다.

나는 왜 현실주의자인가
Why I am a Realist

국제정치학의 중요한 자유주의적 이론들을 논하는 일은 나로 하여금 나 자신은 왜 현실주의자이며, 나는 왜 국가들, 특히 강대국들이 세력균형의 논리에 따라 행동하려 한다고 생각하는지에 대해 돌아보게 한다. 단순하게 말하자면, 어떤 나라들도 잠재적인 라이벌 국가들과 심각한 분쟁 상황에 처했을 경우 상대방이 자유주의적 신념에 따라서만 행동할 것이라고는 결코 확신할 수 없다. 특히 민족주의가 지닌 강력한 영향력을 생각할 경우 그렇다. 만약 라이벌 국가가 전쟁을 하겠다고 마음먹는다면, 그때 표적이 된 국가를 파멸로부터 구해줄 수 있는 최고의 권위를 가진 조직은 존재하지 않는다. 국가들은 살아남기 위해 가능한 한 강해지지 않을 수 없는, 스스로를 도와야 하는 세상에서 살고 있다. 강해지기 위해서라면 무법자처럼 행동해야 할지라도 말이다. 이것은 비록 아름다운 이야기는 아니지만 생존이 국가들의 가장 중요한 목표인 한, 그것보다 더 나은 대안은 존재하지 않는다.

절제된 외교정책의 촉구

The Case for Restraint

내가 이 책을 쓰게 된 주요 목표는 막강한 국가가 자유주의적 외교정책을 추구할 때 어떤 일이 일어나는지 살펴보는 것이었다. 이 같은 목표는 냉전 이후 시대의 미국 외교정책을 보면서 동기부여를 받은 것이다. 하지만 자유주의가 국제정치에서 어떻게 작용하는지 알기 위해서는 우선 국제관계에 중대한 영향을 미치는 민족주의와 현실주의를 이해하고 어떻게 자유주의가 두 이념과 연관되는지를 알아야 한다. 그렇기 때문에 이 책의 핵심은 바로 이 세 가지 이념(ism) 사이의 관계를 연구하는 것이다.

앞 장들에서 행해졌던 분석은 향후 미국 외교정책의 수행에 대한 몇 가지 조언을 제시한 것이다. 첫째, 미국은 자유주의적 패권(liberal hegemony)에 대한 야망을 버려야 한다. 이 정책은 실패할 가능성이 높을 뿐만 아니라 미국 군대를 궁극적으로 패배할 수밖에 없는 값비싼 전쟁에 빠져들게 하는 경향이 있다. 둘째, 미국은 민족주의가 어떻게 막강한 국가의 외교정책을 제약할 수 있는지에 대한 명확한 이해와 현실주의에 근거한 보다 절제된 외교정책을 채택해야 한다. 현실주의가 영구 평화를 위한 최선의 공식은 아니겠지만 현실주의에 근거한 외교정책은 자유주의에 의거한 정책보다 미국이 전쟁에 빠져들어 갈 가능성을 낮추고 보다 큰 외교적 성공을 가져다줄 것이다. 민족주의는 외국을 상대로 한 야심찬 정책을 훨씬 불필요하게 만든다. 간단히 말해, 미국은 절제의 미덕을 배워야 한다.

미국이 자유주의적 패권 추구 정책에서 벗어나 현실주의적 외교정책을 채택할 가능성은 얼마나 되는가? 이 질문에 대한 대답은 밀접하게 관련된 두 가지 고려 사항에 달려 있다. 국제체제의 미래 구조—더 구체적으로 말하면, 전 지구적 힘의 분포 상황—그리고 자유주의 국가들이 외교정책을 선택함에 있어 가지는 자율성 혹은 자유의 정도이다.

다른 강대국들의 위협에 대해 걱정할 필요가 없는 단극(unipolar)체제 하에서만 강력한 힘을 지닌 국가는 자유주의적 패권을 추구할 수 있다. 반면,

세계가 양극 또는 다극적 구조일 때 강대국들은 라이벌 강대국들의 존재로 인해 현실주의가 지시하는 대로 움직일 수밖에 없다. 미국 위주의 단극체제가 끝나가고 있다고 생각할 수 있는 타당한 이유가 있으며, 이는 주로 중국의 놀라운 부상 때문이다. 만약 이것이 사실이라면 미국 정책결정자들은 자유주의적 패권 추구를 포기해야 할 것이다. 그러나 심각한 문제점이 있는데, 바로 미국은 잠재적인 맞수와 경쟁을 벌여야만 할 것이다.

어쩌면 중국은 향후 심각한 경제적 문제를 겪게 되고, 성장이 엄청나게 둔화될 수도 있는데, 그럴 경우 국제체제는 일극체제로 남아 있을 것이다. 그렇게 된다면 미국은 자유주의적 패권 추구를 포기하기 어려울 것이다. 십자군적 충동(crusader impulse)은 자유민주주의 국가들, 특히 그 나라들의 엘리트 계층에 깊이 뿌리박혀 있으며, 그들로서는 세상을 자신들의 이미지대로 재구성하려고 시도하지 않는다는 것은 어려운 일일 것이다. 자유주의 정권들은 자유주의적 패권을 추구할 수 있는 기회가 주어질 경우 이를 자제하기는 어려울 것이다. 그럼에도 불구하고 자유주의적 패권 정책이 계속 실패할 수밖에 없다는 사실이 분명해지면 우리는 그 자유주의적 초강대국이 현명해져서 결함 있는 전략을 버리고 민족주의에 대한 철저한 인식과 현실주의에 기반한 좀 더 절제된 정책을 추구하리라고 희망할 수 있을지도 모른다. 국가들은 때로 실수를 통해 배우기도 한다.

자유주의적 외교정책의 어리석음
The Folly of Liberalism Abroad

이 책을 시작하면서 강조했듯이, 나는 자유민주주의를 최고의 정치 질서라고 믿는다. 완벽하지는 않지만 자유민주주의는 장기적 경쟁에서 승리할 수 있는 정치 체제다. 하지만 외교정책의 영역에서 자유주의는 끝없는 문젯거리의 원천이다. 자유주의적 패권을 추구하는 자유주의 강대국은 불가피하게 국내외에서 심각한 문제에 빠져들게 된다. 더 나아가, 그들은 자신들이 도와주려고 했던 나라들마저 망치게 될 것이다. 서양의 일반적인 통념과는 반대로, 자유주의는 국가들 사이의 평화를 위한 힘이 아니다. 자유주의는 정치 제도로서의 수많은 장점에도 불구하고, 외교정책을 위해서는 형편없는 지침일 뿐이다.

문제의 가장 주요한 원인은, 자유주의의 내부에는 행동주의적 멘탈리티(activist mentality)가 본질적으로 내재되어 있다는 사실이다. 모든 인간은 양도할 수 없는 권리를 가지고 있고 이 권리를 보호하는 것이 다른 문제들보다 훨씬 중요하다는 신념은 자유주의 국가들로 하여금 다른 나라들이 자국 시민들의 권리를 침해할 경우, 그 나라의 문제에 간섭해야만 한다는—실제로 그들은 주기적으로 그렇게 행동한다—강력한 동기를 창출하게 되는 것이다. 몇몇 자유주의자들은 비자유주의적인 국가들은 자기 나라 국민들과 전쟁을 벌이고 있는 것과 마찬가지라고 여긴다. 이러한 논리는 자유주의 국가들이 무력을 사용해서라도 독재 국가들을 자유민주주의 국가들로 전환시키는 일을 선호하게 만든다. 그렇게 함으로써 개인의 권리가 독재 국가들에서 다시는 짓밟히지 않도록 보장할 수 있기 때문이고, 또한 그들은 자유주의 국가들은 서로 전쟁을 하지 않을 것이라고 믿기 때문이다. 따라서 인권을 보호하고 세계 평화를 가져오는 핵심은 자유민주주의 국가들만으로 구성된 국제체제를 만드는 것이다. 자유주의는 또한 국제기구를 창설하고 개방적인 국제경제 체제를 만드는 것을 중요하게 생각하는데, 이러한 수단들 역시 평화를 증진시키는 데 도움이 된다고 여겨진다.

그러나 자유주의는 자유민주주의 국가들이 다른 나라의 정치에 개입하는 것을 반대하는 또 다른 중요한 속성을 가지고 있으며, 특히 다른 나라들을 향해 침략전쟁을 하지 말아야 한다고 본다. 대부분의 자유주의자들은 첫 번째 원칙에 대한 보편적인 합의에 이르는 것이 불가능하다고 주장하며, 따라서 개개인은 그들에게 좋은 삶이 무엇인지를 스스로 정하고 그렇게 살 수 있도록 가능한 한 자유로워야 한다고 본다. 이 같은 근본적인 믿음 때문에 자유주의는 관용의 중요성을 특별히 강조한다. 이는 다른 사람들이 누군가는 잘못된 것이라고 여기는 방식으로 사고하고 행동할 수 있는 권리도 존중할 수 있다는 사실을 의미한다.

혹자는 이 같은 기본적인 논리는 국제정치에도 적용될 것이고, 그래서 자유주의 국가들이 다른 국가의 국내 문제에 관여하지 않게 할 것이라고 생각할지도 모른다. 이 이야기대로라면, 자유주의 국가들은 자유주의가 아닌 나라들의 주권도 존중해야 한다. 하지만 실제로는 그렇지 않다. 왜냐하면 자유주의자들은 자신들이 무엇이 좋은 삶을 구성하는지에 대해 많은 것을 알고 있다고 실제로 믿고 있기 때문이다. 비록 그들은 그 사실을 인정하지 않거나, 심지어 인식조차 못할지라도 말이다. 자유주의자들은 실제로 세계 전역에서 자유주의 국가를 만들고 보호할 것을 요구한다. 왜냐하면 비자유주의 국가에서는 자유주의가 부여하는 개인의 권리와 보호를 누릴 수 없기 때문이다. 실제로 자유주의자들은 자신들이 좋은 삶을 구성하는 것이 무엇인가에 대한 보편적으로 타당하고 오래 지속되는 통찰을 가지고 있다고 믿는다. 그것은 바로 모든 시민들에게 양도할 수 없는 권리를 보장해주는 자유주의 국가를 갖는 것이다. 이 같은 자유주의자들의 강력한 확신을 고려할 때, 힘이 막강한 자유주의 국가들이 고도로 개입주의적인 외교정책을 채택하는 것은 놀라운 일이 아니다.[1]

그러나 자유주의적 패권을 추구하는 국가들은 심각한 문제에 빠진다. 그중한 가지 이유는 개인의 권리에 대한 지지가 대부분의 나라들에서 깊지 않다는 것이고, 이 같은 사실은 독재 국가를 자유민주주의 국가로 전환시키는 것이 엄청나게 힘든 일임을 의미한다. 또한 자유주의적 외교정책은 민족주의 및 세력균형의 정치와 충돌하게 되어 있다. 그런데 자유주의는 이념으로서는 다른 이념들, 즉 민족주의와 현실주의를 상대하기에는 너무 약하다. 그 이유는 현실주의와 민족주의가 자유주의보다 인간 본성과 더 일치하기 때문이다. 민족주의는 자유주의보다 훨씬 큰 영향력이 있는 정치 이데올로기이다. 국제체제가 자유민주주의 국가들이 아니라 민족국가들로 채워진 것은 우연이 아니다. 게다가 국제체제를 지배하는 강대국들은 전형적으로 현실주의적 원칙을 따르고 있으며, 이는 자유주의적 가치를 수출하려는 국가들에게 심각한 문제가 된다.

간단히 말해서, 자유주의는 세계무대에서 활동하는 강대국들에게는 어리석은 지침일 뿐이다. 미국으로서는 자신에게 거의 아무런 도움이 되지 못하는 자유주의적 패권 정책을 포기하고 대외적으로 보다 절제된 외교정책을 추구하는 것이 현명한 일이다. 사실상 이것은 미국 정책결정자들이 현실주의를 수용해야만 한다는 것을 의미한다.

현실주의와 절제
Realism and Restraint

국제정치를 공부하는 대부분의 학생들은 현실주의를 대립이나 갈등과 연관시킨다. 이것이 바로 현실주의가 자유주의적인 사회에서 인기가 없는 이유다.[2] 현실주의가 반감을 사는 또 다른 이유는 현실주의가 전쟁을 세력균형을 유지하거나 유리한 방향으로 변화시키기 위해 이용할 수 있는 정당한 (legitimate) 도구로 보기 때문이다. 더욱이 현실주의 국제정치를 옹호하는 사람들은 국가들 사이의 협력의 전망을 낮게 본다. 왜냐하면 그들은 국가들이 자신들을 보호해 줄 상부의 조직이 없는 세계에서 살아가고 있으며, 따라서 자신들의 안보를 스스로 확보할 수밖에 없다고 생각하기 때문이다. 생존의 가능성을 극대화하기 위해 국가들은 권력을 위해 경쟁할 수밖에 없고, 이것은 무자비하고 피비린내 나는 일일 수 있다. 현실주의는 미래에 대한 희망적인 전망을 품게 하지 않는다.

그럼에도 불구하고 현실주의자들은 자유주의자들보다 덜 호전적(warlike)이다. 전쟁을 국가의 통치를 위한 정당한 도구라는 주장을 거부하면서도, 국제 평화를 위해 무력을 사용하겠다는 강한 성향을 보이는 자유주의자들이 현실주의자들보다 더 호전적이다. 이 부분은 발레리 모케비치우스(Valerie Morkevicius)에 의해 잘 관찰되었다. 그녀가 비교한 두 이론을 보면, 대부분의 현실주의자들은 2003년, 미국의 이라크 침략에 반대했던 반면, 미국의 가장 유명한 3명의 정의의 전쟁(just war) 이론가들인 진 엘스타인(Jean Elshtain), 제임스 터너 존슨(James Turner Johnson) 그리고 마이클 왈저(Michael Walzer)는 "전쟁을 보다 긍정적으로 보았다." 그녀는 "일반적인 이론에 의하면 현실주의자들이 정의의 전쟁이론가들보다 전쟁에 의존하는 것을 더 지지하는 것으로 알려져 있다. 나는 그 반대가 사실이라고 주장하려 한다. 정의의 전쟁론은 현실주의보다 오히려 더 호전적인 성향을 만들어낸다."라고 결론 내렸다.[3]

많은 현실주의자들은 진정으로 국가들이 세력균형의 논리에 따라 행동한다면, 강대국 간의 전쟁은 거의 없을 것이라고 믿는다. 이러한 "방어적 현실주의자들(defensive realist)"은 국제체제의 구조는 대체로 침략자들을 처벌하며, 전쟁을 하라는 압박은 대개 국내 정치 세력들에서 비롯된다고 주장한다. 다시 말하자면, 강대국들은 대부분 종종 비현실주의적인 이유들로 인해 전쟁에 나서게 된다. 찰스 글레이저(Charles Glaser)가 쓴 〈낙관론자로서 현실주의자〉라는 논문의 제목은 이러한 관점을 잘 표현해준다.[4] 잭 스나이더(Jack

Snyder), 스티븐 반 에베라(Stephen Van Evera), 그리고 심지어 국제적인 무정부 상태는 국가들이 힘을 얻기 위해 공격적으로 행동하게 만든다고 주장한 것으로 잘못 말해지고 있는 케네스 월츠(Kenneth Waltz)도 저명한 방어적 현실주의자들이다.[5] 두 명의 다른 현실주의자들인 세바스티안 로사토(Sebastian Rosato)와 존 슈에슬러(John Schuessler)는 미국을 위해 그들이 "전쟁 없이 가능한 국가 안보의 방안"[6]이라고 묘사한 현실주의적 외교정책을 지지한다.

방어적 현실주의자들의 관점으로 세상을 바라보는 역사학자 마크 트래크텐버그(Mark Trachtenberg)는 현실주의가 가르쳐주는 방안을 따르면, 상대적으로 평화로운 세상이 이어질 것이며, 그가 말하는 "비현실적인 이상주의"(impractical idealism)에 따라 행동할 경우 끊임없는 문제가 야기될 것이라고 분명하게 주장한다. 트래크텐버그는 "심각한 문제는 국가가 권력 정치적 측면에서 합당한 방식으로 행동하지 않을 경우에만 발생한다." 국제분쟁은 "국가가 도덕적, 제국주의적 혹은 이상주의적인 과업을 위해 힘을 낭비할 경우 발생한다." 그는 현실주의 "이론의 핵심은 평화이며, 현실주의가 그와 같이 인식되는 것이 중요하다." 간단히 말해서 "힘은 불안정한 것이 아니다."라고 주장했다.[7]

나는 현실주의에 대한 이 같은 낙관적인 견해를 공유하지는 않는다. 국제체제의 구조는 종종 강대국들을 치열한 안보경쟁에 빠져들게 하며, 때로 전쟁을 일으키게 할 수도 있다. 국제정치는 지저분하고 잔인한 비즈니스인데, 이것은 잘못 이해된 자유주의적 이념 혹은 외교정책에 영향을 미치는 악의적 의도를 가진 국내 정치 세력들 때문만은 아니다.

그럼에도 불구하고 국가들이 내가 주장하는 보다 가혹한(harsh) 버전의 현실주의를 따른다면, 국가들은 자유주의적 원칙을 따를 때보다 국제적 전쟁에 빠져들 가능성을 줄일 수 있을 것이다. 나처럼 냉철하고 공격적인 현실주의자들이 자유주의자들보다 전쟁을 옹호할 가능성이 낮은 세 가지 이유가 있다. 첫째, 현실주의가 가르치는 바에 따라 작동하는 강대국들은 주로 세계의 권력에서 차지하는 자신의 비중을 극대화하는 데 관심이 있기 때문에, 그들이 기꺼이 전쟁의 위험을 감수하려고 할 지역들은 극히 제한되어 있다. 그러한 곳들에는 강대국 자신의 주변 지역이나 멀리 떨어져 있는 또 다른 강대국의 본거지나 결정적으로 중요한 자원들이 있는 지역들이 포함된다. 오늘날 미국에는 서반구 이외에 전략적으로 중요한 세 지역이 있다. 바로 다른 강대국들이 자리잡고 있는 유럽과 동아시아 그리고 특별히 중요한 자원인 석유의 주요 생산지인 페르시아만 지역이다.

이것은 미국이 아프리카, 중앙아시아, 혹은 페르시아만 이외의 중동 지역에서는 전쟁을 치르면 안 된다는 것을 의미한다. 예를 들어, 냉전 기간 중 현실주의자들은 미국의 정책결정자들에게 "제3세계" 또는 "개발도상지역"에서의 전쟁은 피해야 한다고 주장했다. 왜냐하면 그 지역은 전략적 중요성이 별로 없는 약소국들이 자리잡고 있는 곳이기 때문이다.[8] 거의 모든 현실주의자들이 베트남 전쟁을 반대했는데, 그 이유는 베트남의 운명이 전 지구적 세력균형에 영향을 미칠 만한 전략적 중요성을 갖지 않았기 때문이다.[9]

이와는 반대로, 자유주의자들은 세계의 모든 지역을 잠재적인 전쟁터라고 생각했는데 그들은 세상 어디에서나 인권을 보호하고, 자유민주주의 정치 체제를 널리 확산시키고자 했기 때문이다. 그들도 당연히 이 같은 목표를 평화롭게 달성하는 것을 선호하지만, 필요할 경우 군사력을 사용하는 것을 기꺼이 지지한다. 간단히 말해서, 현실주의자들은 무력을 어디에 사용할지에 대해 엄격한 제한을 두지만 자유주의자들에게는 그런 제한이 없다. 자유주의자들에게는 사활적으로 중요한 이익(vital interests)이 세계 도처에 있다.

둘째, 현실주의자들은 전쟁을 시도하는 것은 물론 무력 사용의 위협을 가하는 일도 대단히 신중하게 결정하는 경향이 있다. 세력균형의 논리가 다른 국가들로 하여금 침략 국가를 봉쇄하도록 만들 것이기 때문이다. 설사 침략

국가가 자유민주주의 국가라고 하더라도 말이다. 물론 균형이 항상 성공적으로 작동하는 것은 아니기 때문에 때때로 전쟁이 일어난다. 강대국들은 안보에 대해 특별한 경계심을 가지고 있으며, 그들이 위협당한다고 느낄 때 그들은 항상 자신들을 보호하기 위한 조치를 취한다. 이 같은 두려움은 왜 1990년대 중반 이후, 러시아의 지도자들과 미국의 현실주의자들 대부분이 NATO의 확장에 대해 강하게 반대했는지를 설명해준다. 그러나 자유주의자들은 21세기는 세력균형과는 무관한 세상이라며 이 같은 우려를 일축했다. 이러한 신념으로 인해 자유주의자들은 현실주의자들보다 군사력을 사용하는 것에 대한 자제력이 덜하다.

셋째, 현실주의자들은 전쟁에 들어가는 것은 한 나라를 의도하지 않았던 결과의 영역으로 데려간다는 사실을 이해한다는 점에서 클라우제비츠주의자들(Clausewitzians)이라고 말 할 수 있다.[10] 때때로 전쟁의 결과는 참담하다. 사실상 거의 모든 현실주의자들은 이 같은 삶의 기본적인 사실을 잘 알고 있다. 왜냐하면 현실주의자들은 전쟁을 면밀하게 연구하며 나라를 전쟁으로 이끌어간 지도자들이 때로 전쟁의 결과에 놀라게 된다는 사실을 알기 때문이다.[11] 전쟁이 어떤 결과를 가져올지 확신하기 어렵다는 단순한 사실이 현실주의자들로 하여금 전쟁을 시작하는 것에 대해 신중하게 만들지만, 이는 전쟁이 터무니없는 일이라고 말하는 것은 아니다. 상황은 때로 칼을 뽑지 않을 수 없게 만들기도 한다. 반대로 자유주의자들은 전쟁을 국가 운영의 정상적인 도구라고 생각하지 않는 경향이 있기 때문에 지적인 면에서 전쟁에 대해 심각한 연구를 하지 않는 사람들이다. 그들의 독서 목록에는 아마도 클라우제비츠의 『전쟁론』이 들어가 있지 않을 것이다. 그렇기 때문에 자유주의자들은 전쟁의 복잡성과 전쟁이 반갑지 않은 결과를 가져올 가능성에 대해 인식하지 못하는 경향이 있다.

분명하게 말할 수 있는 것은 현실주의가 평화를 위한 방안은 아니라는 점이다. 현실주의는 전쟁의 가능성이 일상의 기본적인 요소들 중 하나인 세계를 묘사한다. 더 나아가, 현실주의는 미국이 지구 상에서 가장 강력한 국가로 남아 있을 수 있도록 노력해야 한다고 지시한다. 미국이 서반구에서 패권(hegemony)을 유지해야 하고, 그 어떤 강대국도 자신의 지역을 지배하고 그럼으로써 미국의 대등한 맞수(peer competitor)가 되도록 놔둬서는 안 된다고 지시한다. 그럼에도 불구하고 현실주의에 기반을 둔 외교정책은 자유주의에 기초한 외교정책보다 덜 호전적일 가능성이 높다.

마지막으로, 민족주의가 어떻게 강대국들을 특히 약소국들과의 관계에 있어 제약하는지에 대한 올바른 이해는 미국이 절제된 외교 정책을 채택해야 할 또 다른 이유를 제공한다.

냉전 기간 중 미국의 정책결정자들이 약소국들과의 상호작용에 대해 어떻게 생각했는가에 대한 간단한 분석은 그들이 민족주의가 어떻게 다른 국가에 개입할 수 있는 미국의 능력을 제약하는지 이해하는 데 실패했을 뿐 아니라, 민족주의가 미국에게 어떤 이점을 주는지에 대해서도 이해하지 못했다는 사실을 보여준다. 만약 미국이 다시 냉전을 벌이게 되거나 혹은 미래에 그와 유사한 안보 경쟁에 빠져들게 된다면, 미국으로서는 과거와는 현저히 다른 방식으로 봉쇄정책을 추구하는 것이 타당할 것이다.[12]

민족주의와 절제
Nationalism and Restraint

거의 대부분의 냉전 기간 동안, 미국의 지도자들은 세계 모든 지역에서 누가 약소국들을 지배하는지에 대해 걱정했다. 이 두려움은 공산주의자가 지배하는 나라들은 이웃 국가들도 공산주의 국가가 되도록 부추길 것이며, 이는 또 다시 다른 국가들을 공산주의 국가로 만들게 되리라는 것이었다. 소련은 당연히 이 이야기에서 핵심적 역할을 담당했다. 강대국 소련이 코민테른(Comintern) 같은 기구를 통해 공산주의를 세계 각국에 전파하는 것은 상대적으로 쉬운 작업이라고 여겨졌다. 공산주의는 광범위한 호소력을 지닌 보편적 이데올로기였다. 소련의 후원으로 점점 더 많은 국가들이 공산 진영에 참여하게 될 것이고, 어느 시점에 가면 모스크바가 국제체제를 지배하게 될 것이다. 이러한 현상은 도미노 이론(domino theory)으로 알려졌다.[13]

이러한 위협 인식에 대한 미국의 대응은 약소국들이 "공산주의 국가가 되는 것"을 막기 위해 모든 힘을 쏟는 것이었다. 워싱턴은 정치적으로 좌경화 경향을 보이는 모든 국가들에 개입했고, 이것은 미국이 세계적인 규모로 단호한 사회공학적 노력을 하게 만들었다. 실제로 이 접근법은 다음과 같다.

1) 미국에 우호적인 정부들이 권력을 유지할 수 있도록 돈, 무기 및 기타 자원을 제공한다.
2) 민주적으로 선출된 통치자들을 포함해 적대적이라고 인식된 다른 나라 정권들에 대해 쿠데타를 조장한다.
3) 미국 군대가 직접 개입한다.

이러한 전략은 실패할 운명이었다. 심지어 자국 내에서 하기도 어려운 일인 사회공학적 시도를 다른 나라에서 한다는 것은 극도로 어려운 일이다. 문제는 다차원적이고 복잡하며, 저항은 불가피하고, 그리고 항상 의도하지 않은 결과가 나타나며, 그중에 나쁜 결과도 있기 마련이다. 사회공학이 외부로부터 강요될 때에는, 그 일이 훨씬 더 어려워진다. 항상 존재하는 민족주의로 인해 모든 나라의 국민들은 외세의 간섭 없이 자신의 운명을 결정하기를 원하기 때문이다. 또한 개입하려는 국가가 표적으로 삼는 국가의 문화와 정치를 이해하지 못하기 때문에 이러한 개입은 실패하기 마련이다. 많은 경우, 외국인들은 현지 언어를 할 줄 모른다. 미국이 냉전 기간에 베트남 전쟁에서 발견했고, 그 뒤 이라크 전쟁과 아프가니스탄 전쟁에서 다시 발견했던 것처럼, 다른 나라의 사회적, 정치적 상황을 바꾸기 위해 군사력을 사용하려 할 경우 문제는 더욱 심각해진다. 그에 따른 폭력은 침략국을 압제자로 보이게 할 것이며, 긍정적인 변화를 촉진하려는 노력을 더욱 복잡하게 만든다.

이것은 냉전 중 미국이 때때로 약소국의 국내 정치에 성공적으로 개입했던 경우가 있다는 사실을 부정하는 것은 아니다. 하지만 그런 성공사례 중 일부조차도 미국의 지도자들을 악몽에 빠지게 했다. 예를 들자면, 1953년 이란에서 발발한 쿠데타는 샤(shah)를 권좌에 복귀시켰고 그 이후 이란은 25년가량 미국의 중요한 동맹국으로 남아 있었다. 하지만 1979년 샤가 축출되고 아야톨라 호메이니(Ayatollah Khomeni)가 권력을 잡게 되자 이란과 미국의 관계는 무너져버렸다. 실제로, 1953년 발생했던 쿠데타의 기억은 60년이 지난 오늘날까지도 미국과 이란의 관계를 계속 적대적으로 만들고 있다. 아주 성공적으로 말이다! 린제이 오루크(Lindsey O'Rourke)가 보여주는 것처럼, 미국이 시도한 대부분의 쿠데타는 단기적인 목표도 달성하지 못했다.[14] 미국의 개입은 표적 국가가 특별히 많은 대가를 치르게 한다는 것 또한 증명되었다. 냉전 기간 동안 미국과 그 동맹국에 의해 살해된 다른 나라 시민들의 수는 충격적이다.[15]

더욱 최악인 사실은, 이러한 개입은 불필요했다는 점이다. 도미노 이론은 어떤 심각한 위협을 묘사하지 않았다. 즉, 도미노 이론은 마르크스주의 같은 보편주의적 이데올로기가 국가적 정체성과 자결의 열망을 압도할 것이라고 가정했다. 하지만 그렇지 않았다. 도미노 이론을 지지하는 사람들은 민족주의가 자유주의보다 훨씬 강력한 이데올로기인 것처럼 공산주의보다 훨씬 더 강력한 이데올로기라는 사실을 이해하지 못했다. 민족주의는 민족자결에 관한 것이다. 국가들은 그들 자신의 운명을 스스로 통제하기 원하고, 주권이 관련된 사안에서 국가의 정치 지도자들은 질투의 화신들이다. 그들은 자신의 국가에 이익이 된다고 생각하는 것들을 하고 싶어 하며, 비록 같은 이데올로기를 공유하고 있을지라도 다른 나라의 지휘를 받는 것을 싫어한다.

동유럽 전역의 공산주의 국가들이 냉전 시대 동안 소련으로부터 명령을 받는 것에 대해 매우 분개했다는 것은 전혀 놀라운 일이 아니다. 중국 또한 그랬다. 또한 우크라이나인, 아제르바이잔인, 아르메니아인, 그루지아인, 에스토니아인, 그리고 다른 많은 사람들이 독립을 원했기 때문에 소련이 붕괴된 것은 우연이 아니다. 약소국들은 독립적인 외교정책을 추구하고 강대국의 영향력에 저항할 가능성이 높다. 물론 강대국들의 영향력이 그들의 이익에 부합할 수도 있겠지만 대부분의 경우는 그렇지 않다. "괴뢰 국가(puppet state)"는 실재하기보다는 단지 이름만으로 존재하는 경우가 더 많았다.

미국의 냉전 정책에서 약소국들에 대한 과도한 개입은 분명히 잘못된 전략이었다. 워싱턴은 약소국의 정치적 성향을 통제하는 대신 방관 정책(hands-off policy)을 채택했어야 했다. 약소국 지도자의 이데올로기 성향은 미국이 그들과 협력하거나 혹은 대립하는 데 별 의미가 없다. 더 중요한 것은 미국과 그 약소국의 이익이 일치하느냐 여부다. 냉전 시대에 미국이 약소국들에 심각하게 관여했던 거의 대부분의 사례에서 현명한 전략은 누가 권력을 장악할지에 영향을 미치려 하기보다는 그가 누구일지라도 권력을 장악한 자와 함께 미국의 이익을 증진시키는 일에 집중하는 것이었다. 엄격한 공산주의 이데올로기로 통치되는 나라에서 이 같은 전략은 수십 년에 걸친 군사 개입(armed intervention)이 이룰 수 없었던 일을 성취했을 것이다. 즉 그들 나라의 대중적 정서를 미국에 유리하게 바꿔놓는 일 말이다.

간략히 말해, 냉전 당시 미국은 마치 민주주의 국가와 비우호적인 관계를 맺는 것이 때때로 의미가 있었던 것처럼, 공산주의 국가와 우호적인 관계를 추구하는 데 훨씬 더 개방적이었어야 했다. 사실 미국은 냉전 시대에 몇몇 공산주의 국가들과 좋은 관계를 맺었는데, 이것은 양측이 잘 지낼 수 있는 전략적 이유가 존재했기 때문이다. 중국과 미국의 관계가 중요한 사례다. 미국과 공산주의 중국은 냉전 초기 20년 동안 깊은 적대감을 보였으나 1970년 초반에는 미중 관계가 크게 바뀌었다. 중국과 소련이 분열된 결과로 그렇게 된 것이다. 미국과 중국 모두 소련에 적대적이었음을 의미하며, 따라서 미국과 중국은 힘을 합쳐야 할 좋은 이유가 있었다. 미국은 이미 쓰러진 도미노라고 인식했던 공산주의 국가와도 협력하게 되었다.

베트남의 사례는 민족주의와 밀접하게 연결되어 있는 국가이익의 힘과 공산주의라는 보편주의적 이데올로기의 한계에 대한 더 많은 증거를 제공한다. 베트남의 지도자인 호치민은 공산주의자인 동시에 열렬한 민족주의자였다. 그는 제2차 세계대전 이후 미국과 친구가 되는 것에 대해 심각한 관심을 가지고 있었다. 하지만 트루먼 행정부는 어리석게도 그가 공산주의자라는 이유로 그 제안을 거부했다. 미국은 결국 도미노 이론에 근거한 잘못된 두려움 때문에 베트남과 길고 잔인한 전쟁을 치르게 되었다.[16] 미국이 베트남과의 불필요한 전쟁에서 결정적인 패배를 겪은 이후, 공산주의 국가인 베트남은 공산주의 국가인 캄보디아와 공산주의 국가인 중국을 상대로 싸웠다. 더 나아가, 냉전이 종식되면서 베트남과 미국의 관계는 현저하게 개선되었고, 오늘날은 그 어느 때보다 미국과 베트남 관계가 양호하다. 두 국가 모두 중국의 부상을 두려워하기 때문이다.

만약 미국이 개발도상국가들에 깊이 개입하지 않았더라면, 그래도 소련은 약소국들을 침략하여 그들을 괴뢰 국가로 만들었을까? 어쩌면 소련이 몇몇 작은 나라들을 공격했었을 수는 있지만, 결과는 공산주의의 연이은 승리는 아니었을 것이다. 거꾸로, 소련은 지속적인 수렁에 빠져들게 되었을 것이다. 1979년 소련군이 아프가니스탄으로 침공해 들어간 이후 그들은 10년 동안 그곳에서 꼼짝 못하고 있었으며, 궁극적으로 굴욕적인 패배를 당하고 말았다. 미국은 소련이 더 많은 아프가니스탄들을 가졌더라면 더 큰 이득을 얻었을 것이다. 이와 유사하게, 미국이 더 많은 베트남들을 가졌더라면 소련은 더 큰 이득을 얻었을 것이다. 미국과 소련 두 초강대국 모두에게 상대방을 '유인해서 피 흘리게 하는 것(baiting and bleeding)'은 똑똑한 전략이었다.[17]

그렇지만 미국의 정책결정자들에게는 이런 맥락으로 생각하는 것이 여전히 어려운 일이다. 그들 대부분은 민족주의의 힘을 제대로 인식하지 못하는 반면 공산주의와 자유주의 같은 보편적인 이데올로기의 능력을 과대 평가한다. 그럼에도 불구하고, 역사적 기록은 강대국이 약소국을 상대하는 가장 좋은 전략은 그들의 국내 정치에 개입하지 않는 것이며, 절대적으로 필요한 경우가 아닌 한 그 나라들을 절대로 침입하거나 정복하지 않는 것이다. 공격적 개입은 강대국 자신이 아니라 자신의 라이벌 국가들이 빠져들도록 만들어야 하는 그러한 행동이다. 미국과 중국의 안보 경쟁이 계속해서 가열된다면 미국의 정책 입안자들은 이 같은 교훈을 명심해야 한다.

자유주의, 민족주의, 그리고 현실주의 간의 관계에 대한 올바른 이해는 미국을 포함해 지구 상에서 가장 막강한 국가들이라도 절제된 외교정책(policy of restraint)을 추구해야 한다는 것을 시사한다. 이 같은 기본적인 메시지를 이해하지 못하고, 세상을 자신의 이미지대로 만들겠다고 시도하는 국가들은 끝없는 문제에 직면하게 될 것이다.

미국은 어디로 가고 있는가?
Where Is the United States Headed?

미국의 외교정책 당국자들은 자유주의적 패권 추구를 포기하고 현실주의에 기반한 외교정책을 채택해야 한다는 어떤 움직임에 대해서도 당연히 저항할 것이다. 비록 자유주의적 패권 정책이 거의 모든 경우 지속적으로 실패했음에도 불구하고 미국의 민주당과 공화당은 모두 세계 도처에서 자유주의를 증진시키는 일에 깊은 관심을 가지고 있다.[18] 비록 미국의 국민들은 절제된 외교정책을 선호하는 경향이 있지만, 통치 엘리트들은 외교정책을 수립할 때—반드시 그래야만 할 상황이 오지 않는 한—여론에 거의 관심을 기울이지 않는다.

그럼에도 불구하고 외교정책 당국자들이 통제할 수 없는 이유들로 인해, 이 같은 상황이 변할 것이라고 생각할 수 있는 타당한 이유가 있다. 중국의 놀라운 부상과 러시아 국력의 부활로 인해 국제체제의 구조가 다극체제로 이동하고 있는 것으로 보인다. 국제체제에 또 다른 강대국이 존재할 경우 자유주의적 패권을 추구하는 일은 불가능하기 때문에, 이러한 상황의 전개는 미국의 정책결정자들로 하여금 다시 현실주의적인 외교정책을 채택하지 않을 수 없게 할 것이다. 미국의 정책결정자들은 냉전이 종식되고 소련이 붕괴된 이후에 세계의 세력균형(global balance of power)에 대해 신경을 쓸 필요가 없었다. 하지만 미국이 주도하는 일극체제(unipolar system)는 오래가지 못했고, 이것은 미국이 다시 다른 강대국들에 대해 우려하지 않을 수 없게 되었다는 것을 의미한다. 트럼프 행정부는 국방장관 제임스 매티스(James Mattis)의 언급을 통해 이 같은 사실을 분명히 했다. "강대국들 간의 경쟁이 또 다시 현실이 되었습니다." "테러리즘이 아닌, 강대국 간의 경쟁이 이제 미국 국가안보 전략의 주안점이 되었습니다."[19]

3개의 강대국이 존재하는 세계에서는, 특히 그들 중 하나가 잠재적으로 막강한 군사력을 가진 중국일 때, 안보경쟁이 분명히 있게 되며, 심지어 전쟁도 있을 수 있다.[20] 미국은 이제 현실주의적 외교정책을 채택하는 것 말고는 다른 선택이 없는데, 이는 단지 미국으로서는 중국이 아시아에서 지역 패권국이 되는 것을 막아야 하기 때문이다. 만약 중국이 경제적으로 그리고 군사적으로 계속 성장할 경우, 이 같은 과제는 쉽지 않을 것이다. 그렇지만 자유주의는 향후 미국의 외교정책에 작은 정도라도 지속적으로 영향을 미칠 것이다. 왜냐하면 민주주의를 확산시키고자 하는 충동은 이제는 미국의 외교정책 담당자들의 DNA에 각인되어 있기 때문이다. 비록 강대국 간의 경쟁이 미국이 전적으로 자유주의적 패권을 추구하려는 것을 막을 수는 있지만, 해외에서 자유주의적 정책을 추구하려는 유혹은 항상 존재할 것이다.

대체로 현실주의적인 외교정책에 자유주의적인 전략을 가미하려는 끈질긴 경향 외에도, 또 다른 위험은 미국의 외교정책 결정자들이 민족주의가 다른 나라에 개입하려는 미국의 능력을 제한하는 것만큼이나 다른 나라를 정복하려는 라이벌 강대국의 능력 또한 제한한다는 사실을 완전히 이해하지 못하고 있다는 점이다. 미국의 외교정책 결정자들은 냉전 당시 그리고 냉전 이후의 세계에서 민족주의의 영향력이 얼마나 큰 것인지를 이해하지 못했으며, 그들이 미래에 그것을 이해하리라는 보장도 없다. 현실주의가 귀환하고 자유주의적 패권 정책이 붕괴한다해도, 자유주의적 외교정책의 위험성과 민족주의가 어떻게 강대국의 능력을 제한하는지에 대한 이해의 중요성에 대해서는 반드시 경종을 울려야 할 것이다.

또 다른 시나리오도 존재한다. 미국 경제가 견고한 속도로 성장하는 동안, 중국 경제는 장기적으로 성장이 둔화되는 심각한 문제에 직면할 수도 있다.[21] 이러한 상황에서는 이미 미국에게 유리한 현재의 힘의 격차(power gap)가 더욱더 벌어질 것이며, 결국 중국으로서는 미국의 권력에 도전할 수 없게 될 것이다. 만약 중국이 아니라면, 러시아가 미래에 미국에 도전할 가능성이 있는지에 대해 궁금할 수 있을 것이다. 20세기 강대국 경쟁에서 미국의 주요 라이벌이었던 독일, 일본, 러시아는 모두 인구감소 현상을 겪고 있으며, 미국은 앞으로 수십 년 후, 이들에 비해 훨씬 더 강력해질 가능성이 높다.[22] 중국만이 미국의 권력에 의미 있는 도전을 할 수 있는 잠재력을 가진 유일한 나라지만, 만약 중국이 이러한 잠재력을 현실화하지 못한다면 미국은 국제체제에서 단연코 가장 막강한 국가로 남아 있게 될 것이다. 다시 말해, 국제체제는 더 이상 다극체제로 남아 있지 않게 될 것이고 일극체제로 되돌아갈 것이다.

이러한 일이 발생한다면, 미국의 정책결정자들은 또다시 자유주의적 패권을 추구할 자유를 얻게 될 것이다. 그들이 다시 지구적 세력균형에서 미국의 지위에 대해 걱정할 이유가 없을 것이기 때문이다. 앞으로의 자유주의적 패권 추구는 분명 재앙을 야기하겠지만 그것이 미국의 국가 안보를 위험에 빠뜨리지는 않을 것이다. 왜냐하면 어떤 강대국도 미국을 위협하지는 못할 것이기 때문이다. 만약 이 같은 시나리오가 현실이 된다면 미국이 자유주의적 패권 정책을 포기하고, 영원한 전쟁보다는 절제를 강조하는 외교정책을 채택하리라는 희망이 있을까?

자유민주주의 국가들은 조건반사적으로 자유민주주의 국가들로만 채워진 세계를 염원한다. 그렇기 때문에 미국이 해외에서 자유주의를 추구하는 것을 멈추게 하기가 대단히 어려우리라는 사실은 의심의 여지가 없다. 버락 오바마(Barak Obama)의 경험은 여기서 유익하다. 2008년 대통령 선거 운동 기간 동안, 그는 아프가니스탄 전쟁과 이라크 전쟁에서 미국의 개입을 종식시키고, 미국이 새로운 갈등들과 엮이지 않도록 하고, 해외가 아닌 국내에서의 국가 건설 노력에 집중할 것임을 강조했다. 그러나 오바마는 미국 외교정책의 방향을 의미 있게 바꾸는 데 실패했다. 오바마가 대통령직에서 물러날 때 미국 군인들은 여전히 아프가니스탄에서 전쟁을 치르고 있었으며, 그는 이집트, 리비아, 그리고 시리아에서의 정권 교체에 대한 미국의 개입을 주도했다. 2011년, 오바마는 이라크에서 미군을 철수시켰지만, 2014년에 이라크와 시리아의 상당 부분을 장악한 ISIS와 전쟁을 벌이기 위해 미군을 다시 이라크에 투입했다. 2017년 1월 대통령직에서 물러나기 전, 오바마는 〈애틀랜틱The

Atlantic〉지와 행한 인터뷰에서 아쉬움을 나타내는 발언을 남겼다. 오바마는 "워싱턴 플레이 북(playbook)"에 심각한 결함이 있다는 것을 알고 있었지만, 그 규칙과 전략에 따라 미국의 외교정책을 운영했다고 말했다.[23] 결국 오바마는 미국의 외교정책을 담당하는 전통적인 엘리트들에 맞서 싸울 만한 상대가 되지 못했다.

하지만 여전히 일극체제 하의 초강대국인 미국이 자유주의적 패권 정책에서 벗어나도록 설득할 수 있다는 희미한 희망의 빛은 존재한다. 강력한 자유주의 국가들은 선택의 여지를 가지고 있으며, 잘못된 전략을 무조건 따라야만 하는 운명인 것은 아니다. 물론 그렇게 해야 한다는 압력이 엄청나겠지만 말이다.[24] 미국이 자유주의적 패권 정책을 뛰어넘을 수 있다고 생각할 수 있는 주된 이유는, 자유주의적 패권 추구의 기회가 처음 주어졌을 때에는 그러한 전략을 채택하는 결정을 거부하기 어렵지만, 그 결정으로 인한 장기적인 결과를 본 후에는 그 같은 정책을 그만두는 것은 그만큼 어렵지는 않기 때문이다. 처음으로 일극체제의 패권국이 된 자유주의 국가가 엄청나게 야심찬 정책을 추구하지 못하게 막는 것은 대단히 어려운 일이다. 그러한 정책은 엄청난 이익을 약속하는 반면 그 대가는 확실치 않기 때문이다. 하지만 자유주의적 패권 추구 전략이 한번 시도되고, 그 결함이 분명하게 나타난 경우라면, 그 같은 정책으로부터 벗어나게 하는 것은 가능한 일이다.

2016년의 대선은 자유주의적 패권 정책이 취약하다는 사실을 보여주었다. 트럼프는 자유주의적 패권 전략의 모든 측면에 도전하면서, 그 전략이 미국에게 좋지 않았다는 것을 미국 유권자들에게 반복적으로 상기시켰다. 가장 중요한 것으로, 그는 자신이 대통령에 당선된다면 미국은 전 세계에 민주주의를 확산시키는 일에서 벗어나게 될 것이라고 약속했다. 트럼프는 그의 행정부가 현재 미국 외교정책을 주도하는 자유주의자들이 극도로 싫어하는 블라디미르 푸틴을 포함한 권위주의적인 지도자들과 우호적인 관계를 가질 것이라고 강조했다. 그는 NATO는 쓸모없는 것이라고 말할 만큼 국제기구에 대해서도 비판적이었다. 그는 제2차 세계대전 말기부터 미국이 주도해온 개방적 국제 질서와는 정반대가 되는 보호주의 정책을 옹호했다. 그동안 힐러리 클린턴은 자유주의적 패권 정책을 적극적으로 옹호했고, 그녀가 현상 유지를 선호한다는 사실에 의심의 여지를 남기지 않았다. 비록 외교정책이 미국 대통령 선거에서 중심적인 이슈는 아니지만, 자유주의적 패권 정책에 대한 트럼프의 반대는 많은 유권자들의 지지를 끌어낼 수 있었다는 사실에 의문의 여지가 없다.

어떤 이는 외교정책 엘리트들이 전임자를 길들인 것처럼 트럼프도 길들일 것이기 때문에, 트럼프가 캠페인 당시 주장했던 언급들은 실제와는 무관할 것이라고 말한다. 오바마가 후보가 되었을 때 그도 자유주의적 패권 정책에 도전했지만 결국 그는 대통령이 되고 난 후 워싱턴의 경기 규칙에 따라 행동해야 했다. 이 같은 일은 트럼프에게도 마찬가지로 일어날 것이다. 실제로 트럼프를 길들이려는 외교정책 엘리트들의 노력은 적어도 부분적으로 성공했으며, 그의 취임 초기 정책은 전임자의 정책을 상당 부분 이어가는 것으로 보였다.[25]

미국이 다시 자유주의적 패권으로 돌아가지 않도록 하기 위해서는, 특히 중국도 러시아도 미국에 맞설 수 있는 충분한 경쟁자라는 것을 증명하지 못하는 경우라면, 도널드 트럼프나 어떤 후임 대통령과도 독립적인 작전 계획(game plan)을 세우는 것이 필수적인 일이다. 우선, 자유주의 패권 정책을 막을 수 있는 가장 좋은 방법은 현실주의에 기반한 외교정책을 옹호할 수 있는 대항 엘리트들을 육성하는 것이다.[26]

좋은 소식은 이미 해당 그룹의 기초가 될 수 있는, 절제된 외교 정책을 주장하는 소규모의 핵심 인물들이 있다는 사실이다.[27] 그렇지만 기왕의 외교 정책을 담당하는 엘리트 집단에 속한 다른 사람들을 설득해 우군으로 만드는 것이 필수적이다. 대부분의 사람들은 학습을 하기 때문에 이 같은 일은 가능할 것이며, 세계적인 차원에서 사회공학적 시도를 하는 것은 성공할 수 없다는 사실이 이제는 분명해질 것이다. 우리는 그것을 실험했었고, 그 실험은 실패했다. 학습할 수 있는 능력을 가진 사람들은 대안적인 외교정책을 고려할 때 최소한 개방적인 태도를 가지고 있어야 한다. 많은 외교정책 엘리트들은 자유주의적 패권 정책을 고집하고 그것을 더 성공적으로 구현하려고 시도할 것이 분명하지만, 자유주의적 패권 정책의 근본적인 결함은 극복될 수 없는 것이다.

역사적 기록은 외교정책을 엘리트들 중 많은 이들이 현실주의와 절제된 외교정책의 장점에 대해 확신할 수 있을 것으로 생각되는 이유들을 제공한다. 스티븐 킨저(Stephen Kinzer) 기자가 『진실의 깃발The True Flag』(원서에는 책명이 The New Flag로 잘못 표기되어 있다—옮긴이)에서 분명히 논했듯이, 미국은 외교정책에서 절제를 보였던 최상위 외교정책 결정자들의 풍부한 전통을 가지고 있다. 그는 『진실의 깃발』에서 19세기 말 미국에서 야기된 제국주의자들과 반제국주의자들 사이의 대단한 논쟁을 묘사했다.[28] 비록 확장주의자들(expansionists)이 승리를 거두었지만 간신히 거둔 승리였고, 절제된 외교정책을 주장한 사람들은 20세기 내내 미국의 대외정책에 관한 논쟁에서 강력한 존재로 남아 있었다. 그렇기 때문에 킨저가 말한 것처럼, "미국이 보다 신중하고 절제된 외교정책으로 나아가게 하려고 하는 이들은 거인들—그러한 견해를 처음 강조한 위대한 인물들—의 어깨 위에 서 있으며, 지속적으로 그 같은 주장을 하는 것은 전형적으로 미국적인 것이다."[29]

앞으로 외교정책 수립에 참여하게 될 젊은 사람들을 설득시키는 것도 매우 중요하다. 신참자들은 자유주의적 패권 정책에 많은 노력이나 시간을 투자하지 않았기 때문에 오래된 사람들보다 새로운 아이디어에 개방적일 가능성이 더 높다.

미국의 외교정책을 주도하기 희망하는 대항 엘리트들이 가장 먼저 해야 할 일은 그들 자신의 입장을 대변할 수 있는 막강한 기관을 세우는 것이다. 이 같은 메시지는 정치인과 정책결정자뿐만 아니라 일반 대중을 대상으로 해야 한다. 대중은 절제된 외교정책에 대한 주장을 수용할 가능성이 높기 때문에 더욱 중요한 대상이다. 대부분의 미국인들은 끝없는 전쟁을 치러가며 세계를 주도하는 것보다는 국내 문제를 해결하는 데 집중하는 것을 더 선호한다. 외교정책 엘리트 집단들과는 달리, 미국 국민들은 자유주의적 패권 정책에 깊이 전념하고 있지 않으며, 그래서 그들 중 많은 이들이 그 같은 정책을 버리도록 설득될 수 있을 것이다. 자유주의적 패권 정책에 대한 미국 국민의 불만을 보여주는 가장 좋은 증거는 지난 3명의 미국 대통령이 모두 이 같은 정책을 반대함으로써 대통령에 당선될 수 있었다는 점이다.[30] 그들과는 반대로 힐러리 클린턴은 2008년, 그리고 2016년에 자유주의적 패권 정책을 옹호했고, 그 결과 처음엔 오바마, 그리고 그 다음엔 트럼프에게 패배당했다.

절제된 외교정책을 주장하는 사람들이 강력하게 전달해야 할 핵심적인 메시지는, 자유주의적 패권 정책은 외교정책을 평가하는 제일 중요한 기준을 충족시키지 못한다는 것이다. 즉, 그것은 미국의 국가이익에 해당하지 않는다. 다시 말해, 국민들이 현실주의적 외교정책을 지지하게 하려면 민족주의에 호소해야 하는데, 이는 미국인들에게 그들 자신과 미국 국민들에게 가장 합당한 외교정책이 무엇인지에 대해 진지하게 생각해보라고 요청하는 것을 의미한다. 이는 다른 집단이나 국가를 악마화하는 극단적 민족주의를 채택하라는 것이 아니다. 대신 미국 국민에게 무엇이 최선인가라는 하나의 기준에만 거의 전적으로 기초해 외교정책을 추구해야 함을 강조하는 것이다.

절제된 외교정책을 주장하는 사람은 자신들의 입장을 옹호하기 위해 세 가지 점을 강조해야 한다. 첫째, 미국은 역사가 기록된 이래 가장 안전한 강대국이고, 따라서 지구 상의 모든 나라들의 정치에 간섭할 필요가 없다. 미국은 서반구의 패권국이며 다른 강대국들이 역사적으로 자리 잡아온 동아시아와 유럽과 두 개의 거대한 안전판인 대서양과 태평양에 의해 분리되어 있다. 미국은 수천 개의 핵무기를 보유하고 있으며, 우리가 여기서 고려하고 있는 시나리오 상에서 미국은 국제체제의 유일한 강대국이다.

둘째로, 자유주의적 패권 정책은 작동 자체가 불가능하다. 25년 동안 시도되었지만 결국 쓸데없는 전쟁들의 유산, 실패한 외교, 그리고 위신의 추락만을 남겨놓았다.

마지막으로, 자유주의적 패권 정책은 삶과 돈 두 측면에서 미국 국민들에게 막대한 희생을 요구한다. 아프가니스탄과 이라크에서 치른 전쟁에 들어간 돈은 5조 달러 이상이 될 것으로 예상된다.[31] 미국의 막대한 국가 채무에 그 많은 돈을 추가하려 했다면, 그 돈은 교육, 보건, 수송 인프라 및 과학 연구 등에 투자되어 미국을 더 풍요롭고 살기 좋은 나라로 만드는 데 더 유용하게 쓰였어야 했다. 하지만 자유주의적 패권 정책의 가장 큰 대가는 어쩌면 다른 것이다. 그것은 미국 정치 및 사회 구조에 미친 피해다. 개인의 권리와 법의 지배라는 원칙은 전쟁에 중독된 나라에서는 지켜지기 힘들다.

절제된 외교정책을 주장하는 사람들은 분명히, 미국 민족주의에 호소하는 것은 이기적인 것이며, 미국 같은 강력한 국가는 전 세계의 곤경에 처한 사람들을 도울 수 있는 자원과 책임이 있다는 주장에 직면하게 될 것이다. 자유주의적 패권 정책이 선전되는 것처럼 작동했다면 이 같은 주장은 타당할 수도 있다. 하지만 그렇지 않다. 냉전 종식 이후에 미국의 실패한 정책들로 인해 가장 큰 대가를 지불한 사람들은 미국의 정책결정자들이 정권 교체의 표적으로 삼은 나라들의 운 없는 국민들이었다. 이 같은 사실은 오늘날의 중동 지역을 살펴보면 잘 알 수 있다. 자유주의적 패권을 추구하는 미국은 오히려 중동 지역이 거대한 재앙의 땅이 되게 하는 데 기여했다. 만약 미국인들이 전 세계에 민주주의를 확산시키고자 한다면, 그 목표를 달성하는 가장 좋은 방법은 다른 나라들이 모방하고 싶어 하는 건강한 민주주의를 미국 내에 건설하는 데 집중하는 것이다.

현실주의에 근거한 외교정책에 대한 옹호는 간단명료하고 강력하며, 대다수의 미국인들에게 설득력이 있어야 한다. 하지만 현실주의 외교정책에 대한 지지를 얻기는 대단히 어려운 일인데, 외교정책 엘리트들 중 많은 이들이 자유주의적 패권 정책에 깊이 헌신하고 있고 그 정책을 방어하기 위해 엄청난 노력을 기울일 것이기 때문이다. 물론, 미국의 자유주의적 패권 정책에 종지부를 찍는 가장 좋은 방법은 중국이 지속적으로 부상하는 것이다. 중국의 부상은 미국이 주도하는 일극체제를 끝내고 그 문제를 고려할 가치가 없게 만들 것이다.

중국이 지속적으로 부상할 경우 미국은 잠재적으로 대등한 경쟁자와 경쟁을 벌여야 하는데, 어떤 강대국도 이런 상황에 당면하는 것을 원하지 않는다. 미국으로서는 자신이 주도하는 일극적인 세계(unipolar world)를 유지하는 편이 바람직할 것이다. 비록 그것이 미국의 정책결정자들로 하여금 자유주의적 패권 정책을 고수하도록 유혹할지라도 말이다. 미국이 자유주의적 패권을 계속 추구하는 일이 일어나지 않으려면 미국인들은 자유주의 외교정책의 위험성과 절제된 외교정책의 장점을 이해해야만 한다. 나는 이 책이 그 같은 노력에 도움이 되기를 바란다.

01 불가능한 꿈

1. 이 같은 점은 미국 사람들이 진보와 보수에 대해 논할 때 일반적으로 나타나는 것
   이다. 자유주의자들은 대체로 민주당과 같은 부류라고 생각되는 반면, 보수적인
   사람들은 공화당이라고 생각된다. 이 같은 구분을 고려한다면 미국을 진정 심각한
   자유주의 국가라고 말한다는 것은 그다지 옳은 일 같지는 않다. 나는 자유주의라
   는 개념을 루이스 하츠(Louis Hartz)가 "고전적인 로크적 관점"이라고 말한 것과
   유사한 관점에서 사용하고자 한다. 루이스 하츠의 관점에서 본다면, 미국은 그 핵
   심적인 측면에서 자유주의적 국가라고 말해도 될 것이다. 민주당과 공화당 사이에
   는 현저한 차이점이 있기는 하지만 두 당은 모두 자유주의적인 기관이라고 말할
   수 있다. Louis Hartz, *The Liberal Tradition in America: An Interpretation
   of American Political Thought since the Revolution* (New York: Harcourt
   Brace, 1955), p. 4.
2. 토니 스미스가 분명히 밝힌 것처럼, 미국은 20세기를 통해 세계 전체에 민주주의
   를 확산시키기 위해 노력했다. Tony Smith, *America's Mission: The United
   States and the Worldwide Struggle for Democracy in the Twentieth Century*
   (Princeton, NJ: Princeton University Press, 1994). 그러나 냉전이 종식되기 이
   전 자유민주주의를 확산시킨다는 목표는 현실주의 권력 정치에 근거한 견고한 외
   교정책에서 우선순위가 밀려 뒷좌석에 앉아 있는 격이었다. 민주적 절차에 의해
   당선된 외국의 정권을 붕괴시키는 경우도 있었지만 독재자들과 잘 지내기도 했었
   다. 다른 말로 한다면, 미국은 1989년까지는 자유주의적 패권을 추구하려는 외교
   정책을 시행하지는 않았다.
3. Francis Fukuyama, "The End of History?," *National Interest*, no. 16
   (Summer 1989), pp. 3-18. 또한 Francis Fukuyama, *The End of History and
   the Last Man* (New York: Free Press, 1992) 도 참조할 것.
4. "The 1992 Campaign; Excerpts from Speech by Clinton on U.S. Role,"
   New York Times, October 2, 1992.
5. "President Discusses the Future of Iraq," Hilton Hotel, Washington, DC,

February 26, 2003. For the White House transcript see https://georgewbush-whitehouse.archives.gov/news/releases/2003/02/print/20030226-II.html.

6. "President Bush Discusses Freedom in Iraq and Middle East," 20th Anniversary of the National Endowment for Democracy, Washington, DC. 에서 행한 언급. September 6, 2003. For the White House transcript see https://georgewbush-whitehouse.archives.gov/news/releases/2003/II/20031106-2.html.

7. John Locke, *The Second Treatise of Government*, ed. Thomas P. Peardon (Indianapolis: Bobbs-Merrill, 1952), p. 4. Fukuyama, *The End of History and the Last Man*, pp. 138-39; John Rawls, *The Law of Peoples: With "The Idea of Public Reason Revisited"* (Cambridge, MA: Harvard University Press, 1999), pp. 12-13, 17, 19. Alan Ryan, *The Making of Modern Liberalism* (Princeton, NJ: Princeton University Press, 2012), p. 26.

8. 나는 *The Tragedy of Great Power Politics,* updated ed. (New York: Norton, 2014)에서 현실주의 이론을 설명했다. 혹자들은 이 책『미국 외교의 거대한 환상』이 어떻게 『강대국 국제정치의 비극』과 연관되는지 궁금할 것이다. 이 두 권의 책은 두 가지 측면에서 상호 보완적이다. 『강대국 국제정치의 비극』에서는 자유주의를 별로 다루지 않았고 민족주의에 관해서는 거의 아무런 언급을 하지 않았다. 그 책의 초점은 현실주의 이론의 적실성을 시험해보는 데 맞추어졌다. 그럼에도 불구하고 현실주의가 자유주의 및 민족주의와 어떻게 연결되는지는 국제체제가 어떻게 작동하는지 이해하는 데 큰 도움을 줄 것이다. 더 나아가 새 책은 현실주의의 뿌리를 더 깊이 이해하는 데 도움이 될 것이다. 『강대국 국제정치의 비극』에서 인간의 본질에 대한 이야기를 하지 않았지만 이 책에서는 인간성의 본질이 핵심적인 부분으로 다루어졌다. 인간의 본질에 대해서 더 깊이 파고 들어가게 될 경우, 우리는 현실주의가 기본으로 깔고 있는 가정에 대해 더 잘 이해할 수 있으리라는 기대를 할 수 있을 것이다.

9. 이 책의 핵심이 되는 세 가지 이념—자유주의, 민족주의, 그리고 현실주의—은 모두 정치 이념 혹은 정치 이론으로서 취급되었다. 정치 이념, 정치 이론은 서로 겹쳐지는 부분이 많을 것이다. 나는 이론을 현실에 대한 간략한 그림이라고 생각하며, 이론은 세상이 어떤 특정 영역에서 실제로 어떻게 작동하는지를 시도하는 것

이라고 본다. 이론이란 특정한 결과를 추론해내는 인과 관계들의 이야기를 말해주기 위해 서로 연계되는 개념과 변수들에 의존한다. 이론은 본질적으로 설명을 위해 존재한다. John J. Mearsheimer and Stephen M. Walt, "Leaving Theory Behind: Why Simplistic Hypothesis Testing Is Bad for International Relations," *European Journal of International Relations* 19, no. 3(September 2013): 427-57. 반면 정치 이념이란 어떤 특정한 사회 혹은 더 일반적으로 국제체제가 나아갈 방향을 설명해주는 개념 혹은 원칙을 의미한다. 다른 말로 하자면 정치 이념은 규범적인(prescriptive) 것이며 정치 질서가 어떻게 작동되어야 하는가에 대한 청사진을 제공한다. 모든 이념의 배후에는 이론이 존재한다 하더라도 이데올로기(이념)는 본질적으로 규범적이다. 그래서 이념과 이론이라는 두 개념은 상당 부분 겹친다고 말하는 것이다. 이데올로기는 이런 점에서 설명을 위한 이론(explanatory theory)과는 반대로 규범적 이론(normative theory)이라고도 말해진다.

10. Samuel Moyn, *The Last Utopia: Human Rights in History* (Cambridge, MA: Harvard University Press, 2010), p. 1. Moyn의 책을 서평하면서 John Gray는 그 책을 "인권에 관한 현대판 광신(the contemporary cult of human rights)"이라고 말했다. Gray, "What Rawls Hath Wrought," *National Interest*, no. III (January/February 2011), p. 81.

11. 이 같은 두 가지 종류의 자유주의—일상적 자유주의와 진보적 자유주의—는 이상형이며, 그렇기 때문에 대부분의 자유주의자들의 저술들이 이 두 가지 중 어느 한 카테고리에 꼭 맞아떨어지는 것은 아니다. 예로서 존 로크는 분명히 일상적 자유주의자로 분류될 수 있고, 반면 존 롤스는 진보적 자유주의자로 분류될 수 있기는 하다. 그렇지만 내가 바라는 바는 어떤 학자가 어떤 자유주의에 속하고, 다른 학자들은 또 다른 자유주의의 분파에 속하는지를 구분하려는 것은 아니다. 대신 나의 목표는 자유주의자들을 갈라놓는 중요한 차이점을 분석하는 것이고, 이들이 국내 및 국제정치에 어떤 영향을 미치는지를 살펴보는 것이다. 더 나아가 내가 이처럼 두 가지 자유주의를 구분하려는 시도는 새로운 것도 아니다. 실제로 나는 이와 유사한 분류방법을 택한 수많은 학자들의 저술을 읽고 배운 것이다. 물론 그들은 내가 사용한 용어와는 다른 용어를 사용했고 각각의 자유주의의 내용에 대해서도 약간씩 상이한 설명을 제시했다. 예로서 존 그레이는 다음의 책에서 일상적 자유주의와 진보적 자유주의를 분류했다. John Gray, *The Two of Liberalism*

(New York: New Press, 2000); 반면 알란 라이언은 다음의 책 Ryan, *The Making of Modern Liberalism*, chap. I에서 "고전적 자유주의", "현재적 자유주의"라는 용어를 사용했다. "두려움의 자유주의(Liberalism of Fear)"라는 말로 유명해진 주디스 슈클라는 진보적 자유주의와 유사한 법률주의(legalism)라는 개념을 사용했다. John Gray, *The Two Faces of Liberalism* (New York: New Press, 2000); Ryan, *The Making of Modern Liberalism*, Chapter. I.; Judith N. Shklar, *Political Thought and Political Thinkers*, ed. Stanley Hoffmann (Chicago: University of Chicago Press, 1998), chap. I.

12. David Armitage, *The Declaration of Independence: A Global History* (Cambridge, MA: Harvard University Press, 2008), p. 80에서 인용.

13. E. H. Carr, *The Twenty Years' Crisis, 1919-1939: An Introduction to the Study of International Relations*, 2nd ed. (London: Macmillan, 1962).

14. 이 견해는 Jeanne Morefield, *Covenants without Swords: Idealist Liberalism and the Spirit of Empire* (Princeton, NJ: Princeton University Press, 2005)에서 발전되었다.

15. Markus Fischer, "The Liberal Peace: Ethical, Historical, and Philosophical Aspects" (BCSIA Discussion Paper 2000-07, Kennedy School of Government, Harvard University, April 2000), p. 5.

16. Fischer, "The Liberal Peace," pp. 1-6; Stephen Holmes, Passions and Constraint: *On the Theory of Liberal Democracy* (Chicago: University of Chicago Press, 1995), pp. 8-10, 31-36.

17. Kenneth N. Waltz, *Man, the State and War: A Theoretical Analysis* (New York: Columbia University Press, 1965).

02 인간의 본성과 정치

1. Joseph de Maistre, *Considerations on France*, trans. Richard A. Lebrun (Montreal: McGill-Queen's University Press, 1974), p. 97.

2. Mark Pagel, *Wired for Culture: Origins of the Human Social Mind* (New York: Norton, 2012), p. 12.

3. Pierre Bourdieu, *Outline of a Theory of Practice* (New York: Cambridge University Press, 1977).

4. James D. Fearon, "What Is Identity (as We Now Use the Word)?" (unpublished paper, Stanford University, November 3, 1999); Samuel P. Huntington, *Who Are We? The Challenges to American National Identity* (New York: Simon & Schuster, 2004), chap. 2.

5. Jeanne E. Arnold, "The Archaeology of Complex Hunter-Gatherers," *Journal of Archaeological Method and Theory* 3, no. 2 (March 1996): 77-126; T. Douglas Price and James A. Brown, eds., *Prehistoric Hunter-Gatherers: The Emergence of Cultural Complexity* (San Diego, CA; Academic Press, 1985).

6. Leo Strauss, *An Introduction to Political Philosophy: Ten Essays by Leo Strauss*, ed. Hilail Gildin (Detroit: Wayne State University Press, 1989), p. 3.

7. Richard A. Posner, *The Problematics of Moral and Legal Theory* (Cambridge, MA: Harvard University Press, 1999), p. 137. 또한 이 책 36페이지를 보라. 이곳에서 그는, "인간 사회에서 가장 중요한 협력의 법칙은 그 사회의 도덕적 코드에 스며들어 있다."라고 기술했다.

8. "이성이 세상을 지배한다." 헤겔의 말은 Hegel, *Introduction to the Philosophy of History*, trans. Leo Rauch (Indianapolis: Hackett Publishing, 1988). p. 12. 이 세상 모든 곳의 사람들이 첫 번째 원칙에 대해 동의할 수 있다고 믿는 학자들의 사례는 다음의 책을 보라. Derek Parfit, *On What Matters*, 2 vols. (New York: Oxford University Press, 2011). 또한 루이스 안토니 "영국과 미국을 대표하는, 모두 전통적인 종교적 신념을 포기한 20명의 철학자들"이 공저한 책의 서문에 쓴 코멘트를 참조하라. 무신론자들은 일상적으로 "도덕적 가치가 없다."고 말해지지만 그녀는 "이 책에 게재된 논문들은 이 같은 견해를 확실하게 부정한다. 이 책에 기고한 모든 저자들은 옳고 그름의 객관성을 강력하게 확인해준다."고 말하고 있다. Louise M. Antony, ed., *Philosophers without Gods: Meditations on Atheism and the Secular Life* (New York: Oxford University Press, 2007), pp. x, xii. 객관적 진리에 대한 이 같은 낙관론적 견해는 다음 책에서도 분명하게 반영되어 있다. J. L. Mackie, *Ethics: Inventing Right and Wrong* (London: Penguin Books, 1990). 비록 맥키 그녀 자신은 이와는 반대의 주장을 전개했지

만 말이다.

9. 혹자들은 무엇이 좋은 삶을 구성하는 것이냐에 대한 핵심적인 질문을 받을 때 절대적인 진리가 존재한다고 주장할 수 있을 것이다. 그러나 우리의 판단력은 절대적인 진리를 찾아내는 데 별 도움이 되지 못함을 알려준다. 그러나 이런 식의 주장은 우리의 판단력에는 한계가 있다는 나의 주장과 맥을 같이 한다.

10. Peter Gay, *The Enlightenment: The Rise of Modern Paganism* (New York: Norton, 1966); Peter Gay, *The Enlightenment: The Science of Freedom* (New York: Norton, 1966); Isaac Kramnick, ed., *The Portable Enlightenment Reader* (New York: Penguin Books, 1995); Anthony Pagden, *The Enlightenment: And Why It Still Matters* (New York: Random House, 2013).

11. Kramnick, *The Portable Enlightenment Reader*, p. 388.

12. William Godwin, *An Enquiry concerning Political Justice, and Its Influence on General Virtue and Happiness* (Harmondsworth, UK: Penguin Books, 1976), pp. 140, 168.

13. Frederick C. Beiser, *The Fate of Reason: German Philosophy from Kant to Fichte* (Cambridge, MA: Harvard University Press 1987); Isaiah Berlin, *The Proper Study of Mankind: An Anthology of Essays* (New York: Farrar, Straus and Giroux, 1998), pp. 243-68; Max Horkheimer, *Eclipse of Reason* (New York: Continuum, 2004).

14. Alasdair MacIntyre, *After Virtue: A Study in Moral Theory* (Notre Dame, IN: University of Notre Dame Press, 1981), p. 6. 우리들이 윤리적 혹은 도덕적 원칙에 대해 합의를 이룩할 수 있는 능력이 없다고 주장하는 다른 글들에는 다음과 같은 책들이 있다. Stuart Hampshire, *Morality and Conflict* (Cambridge, MA; Harvard University Press, 1984); Bernard Williams, *Ethics and the Limits of Philosophy* (Cambridge, MA: Harvard University Press, 1985).

15. 막스 베버는 다음과 같은 언급을 함으로써 관계되는 점을 지적했다. "나는 프랑스문화, 독일 문화의 가치를 과학적으로 결정하기를 원하는 사람들이 어떻게 그렇게 할 수 있는지를 알지 못한다. 이곳에서도 두 명의 다른 신이 지금도 그리고 앞으로도 영원히 갈등을 벌이고 있을 것이다. Max Weber, "Science as a Vocation," in *From Max Weber: Essays in Sociology*, ed. and trans. H. H.

Gerth and C. Wright Mills (New York: Oxford University Press, 1971), p. 148.

16. 이곳에서 인용한 모든 글들은 Brad S. Gregory, *The Unintended Reformation: How a Religious Revolution Secularized Society* (Cambridge, MA; Harvard University Press, 2012), p. 21에서 가져온 것이다.

17. Brian Leiter, "Legal Realism and Legal Positivism Reconsidered," *Ethics* III, no. 2 (January 2001): 285.

18. Richard A. Posner, *Economic Analysis of Law*, 9th ed. (New York: Wolters Kluwer Law & Business, 2014).

19. Ronald Dworkin, *A Matter of Principle* (Cambridge, MA: Harvard University Press, 2000), pp. 3, 69.

20. Dworkin, *A Matter of Principle*, p. 162.

21. *The Essential Holmes: Selections from the Letters, Speeches, Judicial Opinions, and Other Writings of Oliver Wendell Holmes*, Jr., ed. Richard A. Posner (Chicago: University of Chicago Press, 1992), p. 107.

22. "Why Obama Voted against Roberts," *Wall Street Journal*, June 2, 2009.

23. Irving Kristol, "Some Personal Reflections on Economic Well-Being and Income Distribution," in *The American Economy in Transition*, ed. Martin Feldstein (Chicago: University of Chicago Press, 1980), p. 486. 영국의 경제학자 라이오넬 로빈스(Lionel Robins)는 유사한 언급을 했다. 그는 경제학이란 "규범과 목표에 관심이 없다. 경제학은 주어진 목적을 위해 희소한 자원을 어떻게 할당할 것이냐에 관한 패턴을 형성하는 데 대해 절대적인 관심을 가지고 있다." S. M. Amadae, *Rationalizing Capitalist Democracy: The Cold War Origins of Rational Choice Liberalism* (Chicago: University of Chicago Press, 2003), p. 91.

24. C. Bradley Thompson with Yaron Brook, *Neoconservatism: An Obituary for an Idea* (Boulder, CO: Paradigm Publishers, 2010), pp. 68, 106.

25. Leo Strauss, *Natural Right and History* (Chicago: University of Chicago Press, 1953), p. 5.

26. Strauss, *An Introduction to Political Philosophy*, p. 5.

27. Strauss, *Natural Right and History*, p. 6.

28. Strauss, *Natural Right and History*, pp. 26-27, 253; Strauss, *An Introduction to Political Philosophy*, pp. 94-98. John G. Gunnell, "Strauss

before Straussianism: Reason, Revelation, and Nature," *Review of Politics*, special issue on the thought of Leo Strauss, 53, no. 1 (Winter 1991): 72-73; Laurence Lampert, *Leo Strauss and Nietzsche* (Chicago: University of Chicago Press, 1996). 이 책에서 로렌스 램퍼트는 니체, 플라톤, 그리고 스트라우스 등은 모두 이성은 최종적인 진리를 제공할 수 없다고 주장했다. 그러나 이들을 서로 다르게 구분하는 것은 플라톤과 스트라우스는 이 같은 일상생활에서의 심각한 사실을 일반 시민들(public)로부터 숨기려 했던 반면 니체는 자신의 저술들에서 이 같은 사실을 과감하고 분명하게 표현했다는 점이다.

29. Jonathan Haidt, "The Emotional Dog and Its Rational Tail: A Social Intuitionist Approach to Moral Judgment," *Psychological Review* 108, no. 4 (October 2001): 827.

30. 개인들은 때로 심사숙고할 시간이 없기 때문에, 그래서 자신들의 직관에 의한 순간적인 판단을 내리는 수밖에 없을 것이다. 이와는 달리 어떤 사람들은 이 주제를 생각해보고 싶은 마음이 아예 없을 수도 있다. 이 같은 일은 상당한 노력을 필요로 하며 원치 않는 결론에 도달할 수도 있기 때문이다. Alan Jacobs, *How to Think: A Survival Guide for a World at Odds* (New York: Currency, 2017).

31. 다니엘 케네만은 우리가 생각하는 방식에 영향을 주는 두 가지 체계가 있다고 주장했다. 체계 1은 신속히 생각하고 주로 직관에 의존한다. 그리고 체계 2는 천천히 생각하고 사려 깊은 추론에 의거한다. Kahneman, *Thinking Fast and Slow* (New York: Farrar, Straus and Giroux, 2011), 특히 1장을 보라. 또한 다음을 참고하라. Richard H. Thaler and Cass R. Sunstein, *Nudge: Improving Decisions about Health, Wealth, and Happiness*, rev. ed. (New York: Penguin, 2009). 이 책은 자동적인 체계와 반사 체계를 구분했다. 이 두 가지 인지 과정의 차이점을 구분하는 것은 심리학 문헌에 널리 반영되어 있다.

32. Antonio Damasio, *Descartes' Error: Emotion, Reason, and the Human Brain* (New York: Penguin Books, 2005).

33. 예로서 하이트는 다음과 같이 기술했다. "사회적 직관주의 모델이 주장하는 바의 핵심은 도덕적 판단은 즉각적인 도덕적 직관에 의거하는 것이며, (필요할 경우) 더 천천히 작동하는, 과거를 소급해보는 도덕적 이성이 따라오게 된다." Haidt, "The Emotional Dog and Its Rational Tail," p. 187. 일부 학자들은 우리의 판단력은 시간이 지남에 따라 진화할 것이라고 생각한다. 그런데 그것은 우리가 진리를 발

견하고 올바른 결정을 하는 일을 돕기 위해서가 아니라 다른 사람들과의 논쟁에서 이기도록 하기 위해서라는 것이다. Patricia Cohen, "Reason Seen More as Weapon than Path to Truth," *New York Times*, June 14, 2011; Hugo Mercier and Dan Sperber, "Why Do Humans Reason? Arguments for an Argumentative Theory," *Behavioral and Brain Sciences* 34, no. 2 (April 2011): 57-74.

34. David Hume, *A Treatise of Human Nature* (London: Clarendon Press, 1896), pp. 415, 457.

35. John Dewey, *Liberalism and Social Action* (New York: Capricorn Books, 1963), p. 70.

36. Dewey, *Liberalism and Social Action*, p. 79.

37. John J. Mearsheimer, "The Aims of Education," *Philosophy and Literature* 22, no. 1 (April 1998): 137-55.

38. Michael Powell, "A Redoubt of Learning Holds Firm," *New York Times*, September 3, 2012.

39. Jean-Jacques Rousseau, *The First and Second Discourses*, ed. Roger D. Masters, trans. Roger D. Masters and Judith R. Masters (New York: St. Martin's Press, 1964), p. 79.

40. 개인주의를 강조하고 사회 혹은 공동체의 중요성을 과소평가하는 자유주의자들도 일상적으로 인간들은 결코 자연 상태의 원자적인 개인으로 남아 있을 수는 없다는 사실, 그리고 모든 사람들은 사회 내의 다른 사람들에 의해 양육될 수밖에 없다는 사실을 수긍한다. 그럼에도 불구하고 그들은 이 같은 발명된 이야기는 인간의 조건을 생각하는 데 유용한 이론적 도구가 될 수 있다고 믿는다. 이 같은 접근 방법은 그 자체로 가치가 있지만, 이 같은 방법의 큰 단점은 세상이 어떻게 작동하는가를 알기 위해 너무나도 중요한 인간의 사회적인 본질을 영화 편집실의 마룻바닥에 버려두는 것과 같다는 것이다. Jean Hampton, "Contract and Consent," in *A Companion to Contemporary Political Philosophy*, ed. Robert E. Goodin and Philip Pettit (Malden, MA: Blackwell, 2007), pp. 379-82.

41. Daniel Defoe, *Robinson Crusoe: An Authoritative Text, Contexts, Criticism*, ed. Michael Shinagel, 2nd ed. (New York: Norton, 1994), p. 310.

42. Pagel, *Wired for Culture*.

43. 흄은 "욕망의 열정과 자연적인 애정(Passion of Lust and natural affection)"은 인간의 사회를 "피할 수 없는 것"으로 만든다고 주장했다. Hume, *A Treatise of Human Nature*, p. 486.

44. Emile Durkheim, *The Rules of Sociological Method*, trans. Sarah A. Solovay and John H. Mueller, 8th ed. (New York: Free Press, 1938), p. 103.

45. Antonio Gramsci, *Selections from the Prison Notebooks*, trans. and ed. Quintin Hoare and Geoffrey Nowell-Smith (New York: International Publishers, 1971), p. 324.

46. 야엘 타밀은 인간들이 그들의 필요와 욕구를 만족시킬 수 있는 문화를 선택하는 데 최대한 유연성을 부여하는 것의 중요성을 강조했다. Tamir, *Liberalism and Nationalism* (Princeton, NJ: Princeton University Press, 1993).

47. Christoph Frei, *Hans J. Morgenthau: An Intellectual Biography* (Baton Rouge: Louisiana State University press, 2001); Peter Graf Kielmansegg, Horst Mewes, and Elisabeth Glaser-Schmidt, eds., *Hannah Arendt and Leo Strauses: German Emigres and American Political Thought after World War II* (New York: Cambridge University Press, 1997), chaps. 4-8; Mark Lila, "Leo Strauss: The Europena," *New York Review of Books*, October 21, 2004; William E. Scheuerman, Morgenthau (Malden, MA: Polity Press, 2009); Michael C. Williams, ed., *Realism Reconsidered: The Legacy of Hans J. Morgenthau in International Relations* (New York: Oxford University Press, 2007).

48. Edmund Burke, *Reflections on the Revolution in France*, ed. J. G. A. Pocock (Indianapolis: Hackett Publishing, 1987), p. 85.

49. 법의 지배라는 개념은 때때로 자유민주주의와 함께 존재하는 개념이다. 그러나 어떤 사회라도 그 사회가 효과적으로 작동하기 위해서는 규칙의 체계를 필요로 한다. 나치 독일의 경우에도 잘 설립된 법의 체계가 있었다. 물론 그 같은 법적 체계가 정의롭다고 말하는 것은 아니다. Alan E. Steinweis and Robert D. Rachlin, eds., *The Law in Nazi Germany: Ideology, Opportunism, and the Perversion of Justice* (New York: Berghahn, 2013); Michael Stolleis and Thomas Dunlap, eds., *The Law under the Swastika: Studies on Legal History under Nazi Germany* (Chicago: University of Chicago Press,

1998).

50. 나의 이야기에서 무정부 상태란 무질서 혹은 혼란을 의미하는 것은 아니다. 무정부 상태는 질서의 원칙 중 하나를 의미하는데 정치 혹은 사회 체계에 상위의 권위가 존재하지 않는 상태를 의미한다. 위계질서가 있는 곳에는 중요한 권위가 존재한다. Kenneth N. Waltz, *Theory of International Politics* (Reading, MA: Addition-Wesley, 1979), pp. 102-16을 참조할 것.

51. Sarah Boseley, "Power to the People" *Guardian*, August 11, 2008. Barack Obama도 같은 코멘트를 하였다. William Finnegan, "The Candidate: How the Son of a Kenyan Economist Became an Illinois Everyman," *New Yorker*, May 31, 2004.

52. Jack Knight, *Institutions and Social Conflict* (New York: Cambridge University Press, 1992).

53. Harold D. Lasswell, *Politics: Who Gets What, When, How* (New York: Whittlesey House, 1936).

54. 나는 다음의 논문에서 무정부 상태 하에서 규칙의 한계에 대해 논술했다. John J. Mearsheimer, "The False Promise of International Institutions," *International Security* 19, no. 3 (Winter 1994/1995): 5-49.

55. Steven Pinker, *The Better Angels of Our Nature: Why Violence Has Declined* (New York: Viking, 2011), chaps. 2-3.

56. *The Landmark Thucydides: A Comprehensive Guide to the Peloponnesian War*, ed. Robert B. Strassler (New York: Simon & Schuster, 1998), p. 352.

57. Joseph M. Parent, *Uniting States: Voluntary Union in World Politics* (New York: Oxford University Press, 2011); Sebastian Rosato, *Europe United: Power Politics and the Making of the European Community* (Ithaca, NY: Cornell University Press, 2011); Ashely J. Tellis, "The Drive to Domination: Toward a Pure Realist Theory of Politics" (PhD diss., University of Chicago, 1994).

58. 이 같은 인생의 기본적 사실이 군주론의 핵심적 주제다. 마키아벨리는 분열된 이탈리아의 도시국가들을 하나로 통일시킬 수 있고, 이탈리아를 강력하게 만들어 이탈리아의 국내 문제에 간섭하는, 때로 군사적으로 간섭하는 오스트리아 및 프랑스와 대적할 수 있는 강대국으로 만들 수 있는 능력을 갖춘 군주를 찾기 위해 골몰했

다. 이 같은 목적을 달성하기 위해 한 도시국가의 군주는 다른 도시국가들을 정복하고 복속시켜야 했다. 마키아벨리는 패배한 적대국가를 완전히 굴복시키는 것이 얼마나 어려운 일인지를 완벽하게 이해하고 있었다. 예로서 그는 "언어, 습관 그리고 질서가 상이한 지방에 있는 국가를 자신의 국가에 포함시킨 경우, 여기에는 어려움이 존재하며, 여기 있는 누군가는 그것들을 유지하기 위한 대단한 행운과 대단한 노력을 필요로 한다."고 기술했다. Niccolo Machiavelli, *The Prince*, trans. Harvey C. Mansfield, 2nd ed. (Chicago: University of Chicago Press, 1998), pp. 9-10. 놀라운 일도 아니지만 이 고전에는 군주들은 어떻게 적대적인 인구와 다른 군주들의 저항에 대처해야 하는지에 대한 마키아벨리의 충고가 가득하다. 비록 마케아벨리가 『군주론』을 저술한 때는 1513년이었는데, 이탈리아는 1870년에 이를 때까지 통일을 이룩하지 못했다.

59. 미국의 개신교 분파들의 간극을 야기한 것이 무엇인가에 대한 한 연구는 "간극을 예측할 수 있는 가장 훌륭한 변수는 분파에 소속된 사람들이 얼마나 많은가 여부라는 사실을 발견했다. 분파에 소속된 사람이 많으면 많을수록 그 분파에서 간극이 발생할 가능성이 높았던 것이다. Robert C. Liebman, John R. Sutton, and Robert Wuthnow, "Exploring the Social Sources of Denominationalism: Schisms in American Protestant Denominations, 1890-1980," *American Sociological Review* 53, no. 3 (June 1988): 343-52. James R. Lewis and Sarah M. Lewis, eds., *Sacred Schisms: How Religions Divide* (New York: Cambridge University Press, 2009).

60. 현대 세계에서 힘의 투사가 얼마나 어려운 일인지에 대해서는 다음을 참조할 것. Patrick Porter, *The Global Village Myth: Distance, War, and the Limits of Power* (Washington, DC: Georgetown University Press, 2015). Stopping power of water는 John J. Mearsheimer, *The Tragedy of Great Power Politics*, updated ed. (New York: Norton, 2014), pp. 114-28.

61. 슈미트는 "혹자는 국가와 정치적 이념에 관한 이론들의 실험을 그들의 인류학에 따라 행할 수 있을 것이며, 그렇게 함으로써 이 이론들이 의식적으로 혹은 무의식적으로 인간을 본원적으로 선하다 혹은 악하다고 보았는지에 따라 구분할 수 있을 것이다."라고 기술했다. Carl Schmitt, *The Concept of the Political*, trans. George Schwab (New Brunswick, NJ: Rutgers University Press, 1976), p. 58.

62. 이것이 바로 루소가 작성한 다음 논문의 핵심적 주제다. Rousseau's

"Discourse on the Origin and Foundations of Inequality among Men,"
Rousseau, *The First and Second Discourses*, p. 110. 이곳에서 루소는 "우리의
잘못들 중 대부분은 우리 스스로의 일에서 연원한 것이다.… 우리는 우리에게 자
연적으로 주어진 단순하고, 일관성 있고, 고독한 삶의 방식을 유지함으로써 이것
들을 회피할 수 있다."고 기술했다.

63. John Patrick Diggins, *Why Niebuhr Now?* (Chicago: University of Chicago
Press, 2011).

64. Carl N. Degler, *In Search of Human Nature: The Decline and Revival of
Darwinism in American Social Thought* (New York: Oxford University
Press, 1991); Dominic D. P. Johnson and Badley A. Thayer, "The
Evolution of Offensive Realism: Survival under Anarchy from the
Pleistocene to the Present," *Politics and the Life Sciences* 35, no. 1 (Spring
2016): 1-26; Hans J. Morgenthau, *Scientific Man vs. Power Politics*
(London: Latimer House, 1947), pp. 165-67; Hans J. Morgenthau, *Politics
among Nations*, 5th ed. (New York: Knopf, 1973), pp. 34-35; Edward O.
Wilson, *Sociobiology: The New Synthesis*, 2nd ed. (Cambridge, MA:
Harvard University Press, 2004), chap. 27; Edward O. Wilson, *On Human
Nature*, rev.ed. (Cambridge, MA; Harvard University Press, 2004).

03 정치적 자유주의

1. John Locke, *The Second Treatise of Government*, ed. Thomas P. Peardon
(Indianapolis: Bobbs-Merrill, 1952), p. 4.

2. Alexis de Tocqueville, *The Ancien Regime and the French Revolution*,
trans. and ed. Gerald Bevan (New York: Penguin Books, 2008), p. 102.

3. Sanford A. Lakoff, *Equality in Political Philosophy* (Cambridge, MA:
Harvard University Press, 1964).

4. 홉스는 두 가지 관점에서 봤을 때 자유주의자가 아니다. 첫째, 그는 자유주의자들
의 핵심인 자연권에 대해서 거의 관심을 갖지 않았다. 둘째, 그는 진정 막강한 국
가가 필요하다고 주장했는데, 이는 국가의 힘을 가능한 한 제약하려는 자유주의자

들의 생각과 반대되는 것이다.

5. Locke, *The Second Treatise of Government*, p. 56, pp. 11-14, 70-73,

6. 알란 라이언은 다음과 같이 기술했다. "권리로서의 관용을 촉구함 혹은 거부함은 자유주의와 비자유주의를 무엇보다 더욱 날카롭게 분리하는 것이다." Alan Ryan, *The Making of Modern Liberalism* (Princeton, NJ: Princeton University Press, 2012), p. 31. pp. 22-23.

7. 이 같은 관점은 다음의 책에 잘 반영되어 있다. John Stuart Mill, *On Liberty* (Indianapolis: Bobbs-Merrill, 1956).

8. Max Weber, "Politics as a Vocation," in From *Max Weber: Essays in Sociology*, ed. and trans. H. H. Gerth and C. Wright Mills (New York: Routledge, 2009), p. 78.

9. John Dewey, *Liberalism and Social Action* (New York: Capricorn Books, 1963), p. 22.

10. 자유주의적 사상에 나타나는 공평한 심판관으로서 국가의 중요성은 폴 켈리 책의 핵심적인 주제이다. Paul Kelly, *Liberalism* (Malden, MA: Polity Press, 2005).

11. Judith N. Shklar, *Political Thought and Political Thinkers*, ed. Stanley Hoffmann (Chicago: University of Chicago Press, 1998), p. 3.

12. 페인의 언급을 모두 인용하면 "어느 국가의 사회든 그것은 축복이지만 가장 훌륭한 국가의 정부라고 할지라도 그것은 필요악일 뿐이다. 가장 사악한 상태의 정부는 감내할 수 없는 정부다." Thomas Paine, *Common Sense*, ed. Isaac Kramnick (London: Penguin, 1986), p. 61.

13. Aristotle, *Nicomachean Ethics*, trans. C. D. C. Reeve (Indianapolis: Hackett Publishing, 2014), p. 13.

14. 다음 장에서 논할 예정이지만, 민족주의는 자유주의 국가들과 그 시민들과의 깊은 연대감을 창출한다. 실제로 어떤 자유주의 국가들이라고 할지라도 민족주의가 없다면 오래 지속될 수 없다. 그렇기 때문에 대단히 자유주의적인 국가라고 할지라도 그 나라는 동시에 민족국가이기도 하다.

15. Sheldon S. Wolin, *Politics and Vision: Continuity and Innovation in Western Political Thought*, expanded ed. (Princeton, NJ: Princeton University Press 2004), chap. 9. Karl Marx, "On the Jewish Question," in *The Marx-*

Engles Reader, ed. Robert C. Tucker (New York: Norton, 1972), p. 280.

16. Wolin, *Politics and Vision*, p. 280.

17. Markus Fischer, "The Liberal Peace: Ethical, Historical, and Philosophical Aspects" (BCSIA Discussion Paper 2000-07, Kennedy School of Government, Harvard University, April 2000), p. 18. 피셔는 또한 "자유주의의 공허함(emptiness of liberalism)"을 논하고 있다. 이 책 59페이지 참조. 존 롤스는 자유주의는 "정신적인 공허함으로 인해 제정신이 아니다."라는 공격을 잘 이해하고 있었다. 그러나 그는 기술하기를 "정신적인 문제"는 분명히 중요하기는 하지만, 그런 문제는 정부가 다룰 일은 아니다. 대신 그는 "그 문제는 시민 각자가 스스로를 위해 결정할 문제다."라고 말했다. John Rawls, *The Law of Peoples: With "The Idea of Public Reason Revisited"* (Cambridge, MA: Harvard University Press, 1999), p. 127.

18. Stephen Holmes, *Passions and Constraint: On the Theory of Liberal Democracy* (Chicago: University of Chicago Press, 1995), p. 10.

19. Wolin, *Politics and Vision*, chap. 9. Carl Schmitt, *The Concept of the Political*, trans. George Schwab (Chicago: University of Chicago Press, 2007); Francis Fukuyama, "The End of History?," *National Interest*, no. 16 (Summer 1989), pp. 3, 16, 18. 존 듀이는 자유주의 내부의 위대한 전환은 정치가 경제에 복속되는 경우 일어날 수 있는 것이라고 주장했다. Dewey, *Liberalism and Social Action*, pp. 7-11.

20. John Gray, *Two Faces of Liberalism* (New York: New Press, 2000), p. 16. John Gray, *Endgames: Questions in Late Modern Political Thought* (Cambridge: Polity Press, 2004), pp. 51-54. 자유주의적 법률이론가인 Ronald Dworkin은 자신의 진보적인 자유주의 아젠다를 자연적으로 정치가 아닌 법정에 초점을 맞추었다.

21. Niccolo Machiavelli, *Discourses on Livy*, trans. Julia C. Bondanella and Peter Bondanella (New York: Oxford University Press, 2009).

22. 무신론자와 카톨릭을 향한 존 로크의 인내할 수 없는 마음은 David J. Lorenzo, "Tradition and Prudence in Locke's Exceptions to Toleration," *American Journal of Political Science* 47, no. 2 (April 2003): 248-58. 주디스 슈클라는 "자유주의는 개인적 영역과 공적인 영역을 구분하지 않는 어떤 정치적인 교리라도

거부해야 한다. 왜냐하면 관용은 공무원들의 첫 번째로 중요한 요소이기 때문이며 자유주의자들은 항상 이러한 선을 견지해야만 한다."고 기술했다. Shklar, *Political Thought and Political Thinkers*, p. 6.

23. Gray, *Two Faces of Liberalism*, p. 3.

24. Holmes, *Passions and Constraint*, p. 2. Classical liberalism은 modus vivendi liberalism과 동의어다.

25. 알란 라이언은 고전적(일상적) 자유주의자들은 현대적(진보적) 자유주의자들과는 달리 "이상주의적 혹은 도덕적 그리고 문화적 진보에 대해 특별한 애착을 보여주지 않는다고 지적한다. Ryan, *The Making of Modern Liberalism*, p. 24.

26. Isaac Kramnick, ed., *The Portable Enlightenment Reader* (New York: Penguin Books, 1995), pp., xi-xii.

27. Jeremy Waldron, "Theoretical Foundations of Liberalism," *Philosophical Quarterly* 37, no. 147 (April 1987): 134.

28. Kramnick, *The Portable Enlightenment Reader*, p. xi에서 인용.

29. Ronald Dworkin, *A Matter of Principle* (Cambridge, MA: Harvard University Press, 2000), p. 203.

30. 이 문장의 인용문은 다음을 보라. Dworkin, *A Matter of Principle*, pp. 119, 145, 187, 203. 좀 더 객관적으로 말한다면, 드보르킨은 실질적인 사례에 도덕적인 원칙을 적용한다는 것은 특히 어려운 일임을 이해하고 있었다. 그래서 그는 자신의 이상적인 재판관을 "허큘리스"라고 지칭했다. Ronald Dworkin, *Law's Empire* (Cambridge, MA: Harvard University Press, 1986), pp. 238-40.

31. Francis Fukuyama, *The End of History and the Last Man* (New York: Free Press, 1992), p. xii. 다른 인용문은 후쿠야마의 다음 글을 보라. "The End of History?," pp. 4, 5, 18.

32. 이 문장에서 인용한 글은 Steven Pinker, *The Better Angels of Our Nature: Why Violence Has Declined* (New York: Viking, 2011), pp. 182, 650, 662, 690-91, 692 페이지에서 핑커는 마치 후쿠야마가 말했던 것처럼 자유민주주의의 확신을 이야기하고 있다. 그는 "자유화를 행한 많은 개혁들은 서유럽 혹은 아메리카 대륙의 해안에서 연원하며 시간을 두고 좀 더 보수적이었던 다른 세계에서도 이를 모방하기 시작한 것이다."라고 쓰고 있다.

33. Jeremy Waldron, "How Judges Should Judge," review of *Justice in*

Robes, by Ronald Dworkin, *New York Review of Books,* August 10, 2006.

34. 이 문장은 Fukuyama, *The End of History and the Last Man,* pp. 296, 298, 338에서 인용.

35. 이 문장은 Fukuyama, *The End of History and the Last Man,* pp. 128, 294, 332, 334에서 인용. 놀라운 일도 아니지만 후쿠야마는 오늘날 그가 1989년에 예 상했고 1992년 그가 *The End of History and the Last Man*을 썼을 때보다 별로 더 큰 기대를 가지고 있지는 않다. 예로서 다음의 글을 보라. Francis Fukuyama, "At the End of History' Still Stands Democracy," *Wall Street Journal,* June 6, 2014.

36. Stephen Holmes, "The Scowl of Minerva," *New Republic,* March 23, 1992, p. 28. 드보르킨과 핑커는 비록 후쿠야마처럼 단호하지는 않지만 때로 이성 은 우리를 어디로 끌고 갈 수 있을까에 대한 그들의 과감한 주장으로부터 후퇴할 때도 있다. 예로서 드보르킨은 이성의 힘에 대한 그의 낙관적인 견해는 법률가들 사이에서는 분명히 소수파 견해라는 사실을 인정했다. 그렇다면 이는 그가 주장했 던 바, 이성은 변호사 혹은 판사들로 하여금 어려운 사례들의 경우 "올바른 해답" 을 위한 합의에 도달하게 할 수 있다는 주장을 훼손하는 일이 될 것이다. 드보르킨 의 말을 직접 인용한다면 "만약 변호사 혹은 판사들이 법이 무엇이냐에 대해 동의 하지 않는다면, 또한 어느 편도 상대방을 KO시킬 만큼 강력한 논리를 제시하지 못한다면, 어떻게 우리는 한 의견은 맞고 다른 것은 틀리다고 말할 수 있겠는가?" Dworkin, *A Matter of Principle,* p. 3. 물론 대답은 그것이 말이 되지 않는다는 것이다. 핑커는 "이성의 상승적 작용"을 강조했음에도 불구하고 폭력이 점차 줄어 들고 있다는 현상은 불가역적인 것은 아님을 분명하게 말하고 있다. 예로서 그는 "폭력의 사용이 줄어든 과정은 결코 손쉬운 과정은 아니었다. 그 같은 과정이 폭력 행사를 영(zero)으로 만들지는 못했다. 그리고 폭력의 사용이 지속적으로 완화될 것임도 보장할 수 없는 일이다."고 기술했다. 더 나아가 그는 인간은 대단히 공격 적이라는 사실에 대해 그렇지 않다고 말하지 않았다. 그는 "우리들 대부분은—이 책을 읽고 있는 당신을 포함해서—폭력과 연계되어 있다."고 썼다. 그는 더 나아가 아직도 막강한 전략적인 논리—그는 이를 평화주의자들의 딜레마라고 말하고 있 다—가 작동되고 있으며 이는 분쟁의 중요한 원인이 된다고 말했다. 그래서 핑커 는 "탐욕, 두려움, 지배, 그리고 야망은 우리들로 하여금 끊임없이 공격적이게 한 다."고 결론 내린다. 그러나 그의 희망은 우리의 본성 속에 있는 천사와 같은 측면

은 우리 본성 속의 어두운 측면을 지속적으로 압도할 것이라고 보는 것이다. 그러나 핑커는 이 같은 상황이 가까운 미래에 현실이 될 것이라는 보장은 없다는 사실을 시인했다. Pinker, *Better Angels*, pp. xxi, 483, 678-80, 695.

37. Deborah Boucoyannis, "The International Wanderings of a Liberal Idea, or Why Liberals Can Learn to Stop Worrying and Love the Balance of Power," *Perspectives on Politics* 5, no. 4 (December 2007):707-8; Michael C. Desch, "America's Liberal Illiberalism: The Ideological Origins of Overreaction in U.S. Foreign Policy," *International Security* 32, no. 3 (Winter 2007/8):11-15; Gray, *Two Faces of Liberalism*, pp. 2, 19, 27-29, 34, 70, 137; Kenneth N. Waltz, "Kant, Liberalism, and War," *American Political Science Review* 56, no. 2 (June 1962): 331-40.

38. Waltz, "Kant, Liberalism, and War," p. 331.

39. Rawls, *The Law of Peoples*, pp. 34, 85.

40. 이 인용문과 다음의 인용문은 다음의 책을 보라. John Rawls, *Political Liberalism*, expanded ed. (New York: Columbia University Press, 2005), p. xxxvii.

41. Rawls, *The Law of Peoples*, pp. 25, 125. 공공의 이성에 대한 롤스의 더욱 정교한 분석은 *Political Liberalism*, pp. xlviii-lviii, 212-54, 440-90. 또한 다음의 책을 참고하라. *A Theory of Justice* (Cambridge, MA: Harvard University Press, 1971), pp. 416-24.

42. George Klosko, *Democratic Procedures and Liberal Consensus* (New York: Oxford University Press, 2004), p. vii. 또한 George Klosko, "Rawls's 'Political' Philosophy and American Democracy," *American Political Science Review* 87, no. 2 (June 1993): 348-59; Gerald N. Rosenberg, "Much Ado about Nothing? The Emptiness of Rights' Claims in the Twenty-First Century United States," in "Revisiting rights," ed. Austin Sarat, special issue, *Studies in Law, Politics, and Society* (Bingley, UK: Emerald Group, 2009), pp. 1-4; Shaun P. Young, "Rawlsian Reasonableness: A Problematic Presumption?," *Canadian Journal of Political Science* 39, no. 1 (March 2006): 159-80.

43. Rawls, *The Law of Peoples*, pp. 74, 81.

44. Rawls, *Political Liberalism*, p. xxv.

45. Rawls, *Political Liberalism*, p.xl

46. Young, "Rawlsian Reasonableness," p. 162. 마찬가지 주제로 롤스는 다음과 같이 기술했다. "사람들은 서로 간에 도무지 타협할 수 없는 최종 목표를 설정할 때가 있다. 그리고 만약 이 같은 목표들이 대단히 근본적인 것이라고 간주된다면, 그리고 하나 혹은 그 이상의 사회 집단들이 정치적으로 합리적인 것에 대한 생각을 받아들이기를 거부한다면 그들 간에는 진퇴양난의 상황이 발생할 것이며 미국의 남북 전쟁에서 보았듯이 전쟁이 발발하게 될 것이다. Rawls, *The Law of Peoples*, p. 123.

47. Rawls, *The Law of Peoples*, p. 126.

48. Rawls, *The Law of Peoples*, pp. 98-105.

49. Harold J. Laski, *The Rise of European Liberalism: An Essay in Interpretation* (London: Allen & Unwin, 1947); C. B. Macpherson, *The Political Theory of Possessive Individualism: Hobbes to Locke* (New York: Oxford University Press, 1975).

50. F. A. Hayek, *The Constitution of Liberty: The Definitive Edition* (Chicago: University of Chicago Press, 2011), p. 57.

51. Hayek, *The Constitution of Liberty*, p. 148. 6장을 보라. William Graham Summer는 자유에 대하여 비슷한 견해를 가지고 있었다. Robert C. Bannister, ed., *On Liberty, Society, and Politics: The Essential Essays of William Graham Summer* (Indianapolis: Liberty Fund, 1992); William Graham Summer, *The Forgotten Man and Other Essays* (New Haven, CT: Yale University Press, 1919).

52. Brian Barry, *Why Social Justice Matters* (Malden, MA: Polity Press, 2005); Michael Walzer, *Spheres of Justice: A Defense of Pluralism and Equality* (New York: Basic Books, 1983). 켈리는 '자유주의'라는 책에서 진보적 자유주의자들에게서 평등한 기회를 증진시키는 것의 중요성을 강조하였다.

53. Dworkin, *A Matter of Principle*, pp. 4, 179; Rawls, *A Theory of Justice*.

54. Dworkin, *A Matter of Principle*, p. 188.

55. 냉전 시대 미국의 사회과학자들이 어떻게 미국에 기여했는가에 관한 논의는 다음을 보라. Joy Rohde, *Armed with Expertise: The Militarization of*

American Social Research during the Cold War (Ithaca, NY: Cornell University Press, 2013); Mark Solovey and Hamilton Cravens, eds., *Cold War Science: Knowledge Production, Liberal Democracy, and Human Nature* (New York: Palgrave Macmillan, 2012).

56. 국가를 받아들이기를 주저하는 롤스의 입장은 그의 *The Law of Peoples*에 잘 나타나 있다. 이 책에서 그는 의도적으로 국가에 초점을 맞추는 것을 피했다. 그러나 국가는 국제정치학에서는 언제라도 가장 중요한 행위자로 간주된다. 대신 롤스는 국민(people)에 대해서 주로 말하고 있는데 이는 국제정치학자들로부터는 별로 관심을 받지 못하는 주제다.

57. Gary Gerstle, *Liberty and Coercion: The Paradox of American Government from the Founding to the Present* (Princeton, NJ: Princeton University Press, 2015). 이 책에서는 미국이 국제적 개입주의 국가로 성장하는 데 있어서 일상적 자유주의가 제한적 의미이기는 하지만 어떻게 영향을 미쳤는지를 논하고 있다.

58. Michael McGerr, *A Fierce Discontent: The Rise and Fall of the Progressive Movement in America, 1870-1920* (New York: Oxford University Press, 2003); Charles Postel, *The Populist Vision* (New York: Oxford University Press, 2007); Stephen Skowronek, Stephen M. Engel, and Bruce Ackerman, eds., *The Progressives' Century: Political Reform, Constitutional Government, and the Modern American State* (New Haven, CT: Yale University Press, 2016); Alan Trachtenberg, *The Incorporation of America: Culture and Society in the Gilded Age* (New York: Hill and Wang, 1982); Robert H. Wiebe, *The Search for Order, 1877-1920* (New York: Hill and Wang, 1967).

59. David Burner, *Herbert Hoover: A Public Life* (New York: Knopf, 1978); Ellis W. Hawley, "Neo-institutional History and the Understanding of Herbert Hoover," in *Understanding Herbert Hoover: Ten Perspectives*, ed. Lee Nash (Stanford, CA: Hoover Institution Press, 1987), pp. 65-84; Glen Jeansonne, *Herbert Hoover: A Life* (New York: New American Library, 2016); Joan Hoff Wilson, *Herbert Hoover: Forgotten Progressive* (Long Grove, IL: Waveland Press, 1992).

60. Alan Brinkley, *The End of Reform: New Deal Liberalism in Recession and War* (New York: Knopf, 1995); Alan Brinkley, *Liberalism and Its Discontents* (Cambridge, MA: Harvard University Press, 1998), chap. 7; David Ciepley, *Liberalism in the Shadow of Totalitarianism* (Cambridge, MA: Harvard University Press, 2006); Richard Hofstadter, *The Age of Reform From Bryan to F.D.R.* (New York: Knopf, 1981).

61. Rick Unger, "Who Is the Smallest Government Spender since Eisenhower? Would You Believe It's Barack Obama?," *Forbes*, May 24, 2012. 크리스토퍼 패리시는 1967년부터 2006년 사이 정부의 직접적 혹은 간접적 지출을 분석해본 후 "민주당 정부가 연방정부를 장악하고 있을 경우라도 전체적인 사회적 지출액수가 더 증가되었다는 통계학적 증거를 찾아볼 수 없었다."고 결론 내렸다. Christopher Faricy, "The Politics of Social Policy in America: The Causes and Effects of Indirect versus Direct Social Spending," *Journal of Politics* 73, no. 1 (January 2011): 74. Robert X. Browning, "Presidents, Congress, and Policy Outcomes: U.S. Social Welfare Expenditures, 1949-77," *American Journal of Political Science* 29, no. 2 (May 1985): 197-216; Andrew C. Pickering and James Rockey, "Ideology and the Size of US State Government," *Public Choice* 156, nos. 3/4 (September 2013); 443-65.

62. Henry Olsen, "Here's How Ronald Reagan Would Fix the GOP's Health-Care Mess," *Washington Post*, June 22, 2017.

63. Libertarian Party, "2016 Platform," adopted May 2016, https://www.lp.org/platform/. 자유당의 "개인 주권"에 대한 강조는 그 정당이 국가에 대해 비록 적대적이기까지는 아닐지라도 얼마나 의심을 하고 있는지를 잘 보여준다. 주권이 란 누가 가장 높은 권위를 가지고 있는가를 의미하는데 그것은 만약 개인이 자신 의 삶에 대해 스스로 가장 높은 권위를 가지고 있음을 의미하는 것이며, 그런 개인 들이 국가가 내리는 모든 결정에 대해 동의하는가 혹은 거부하는가에 대한 궁극적 권위를 가지고 있다는 것이다. 그러나 이 같은 상황은, 그 정의상 주권국가가 자신 의 국민들을 효과적으로 통제할 수 없게 만들 것이다. Mariya Grinberg, "Indivisible Sovereignty: Delegation of Authority and Exit Option" (unpublished paper, University of Chicago, April 24, 2017).

64. Walter Lippmann, *Drift and Mastery: An Attempt to Diagnose the Current*

Unrest (Englewood Cliffs, NJ: Printice-Hall, 1961), p. 147.

65. John Dewey, *The Public and Its Promises: An Essay in Political Inquiry* (University Park: Pennsylvania State University Press, 2012), p. 94. 이러한 현상에 대한 더욱 자세한 분석은 이 책 4장을 참조할 것. 또한 다음의 책도 참조할 것. Gillis J. Harp, *Positivist Republic: Auguste Comte and the Reconstruction of American Liberalism, 1865-1920* (University Park: Pennsylvania State University Press, 1995).

66. 영국은 진정한 산업화를 이룩한 최초의 국가였다. 영국이라는 국가는 영국의 산업화 초기, 영국의 경제를 관리하는 데 깊게 간여했다. Peer Vries, S*tate, Economy and the Great Divergence: Great Britain and China, 1650s-1850s* (New York: Bloomsbury Academic, 2015). 19세기 말 산업혁명의 충격이 미국에 깊게 영향을 미쳤을 때 미국 정부도 유사한 역할을 담당했다. 그러나 국가의 역할은 19세기 동안 대폭 커졌다. 이 주제에 대해서는 다음 책을 참조하라. Brian Balogh, *A Government Out of Sight: The Mystery of National Authority in Nineteenth Century America* (New York: Cambridge University Press, 2009).

67. Bernard E. Harcourt, *The Illusion of Free Markets: Punishment and the Myth of Natural Order* (Cambridge, MA: Harvard University Press, 2011).

68. 핵폭탄이 국제정치는 물론 국내정치에도 큰 영향을 미치게 된, 국가들 상호 간 "폭력의 상호 의존성"을 어떻게 더욱 증폭시키게 되었는가에 대한 논의는 Deudney, *Bounding Power: Republican Security Theory from the Polis to the Global Village* (Princeton, NJ: Princeton University Press, 2007)를 보라.

69. Jennifer Mittelstadt, *The Rise of the Military Welfare State* (Cambridge, MA: Harvard University Press, 2015).

70. Morris Janowitz, *Social Control of the Welfare State* (New York: Elsevier, 1976). pp. 37-38. Ellis W. Hawley, *The Great War and the Search for a Modern Order; A History of the American People and Their Institutions, 1917-1933* (New York: St. Martin's Press, 1979).

71. Irwin F. Gellman, *The President and the Apprentice: Eisenhower and Nixon, 1952-1961* (New Haven, CT: Yale University Press, 2015), p. 478.

72. 이곳에서 인용된 문장들은 모두 Mary L. Dudziak, *Cold War Civil Rights:*

Race and the Image of American Democracy (Princeton, NJ: Princeton University Press, 2000), p. 12. Thomas Borstelmann, *The Cold War and The Color Line: American Race Relations in the Global Arena* (Cambridge, MA: Harvard University Press, 2001)를 참조한 것임.

73. Alexander Keyssar, *The Right to Vote: The Contested History of Democracy in the United States* (New York: Basic Books, 2000), p. xxi.

74. Theda Skocpol, *Protecting Soldiers and Mothers: The Political Origins of Social Policy in the United States* (Cambridge, MA: Harvard University Press, 1992), pp. 59-60.

75. Glenn C. Altschhuler and Stuart M. Blumin, *The G I Bill: A new Deal for Veterans* (New York: Oxford University Press, 2009); Edward Humes, *Over Here: How the G. I. Bill Transformed the American Dream* (New York: Harcourt, 2006).

76. John Troyer, ed., *The Classical Utilitarians: Bentham and Mill* (Indianapolis: Hackett Publishing, 2003), p. 92.

77. Dewey, *Liberalism and Social Action*, p. 19.

78. David Armitage, *The Declaration of Independence: A Global History* (Cambridge, MA: Harvard University Press, 2008), p. 80. 개인의 권리에 관한 Bentham의 더욱 자세한 견해는 pp. 78-81, 173-86을 참조할 것.

79. Troyer, *The Classical Utilitarians*, p. 92.

80. Boucoyannis, "The International Wanderings of a Liberal Idea," P. 709.

81. Wolin, *Politics and Vision*, p. 298에서 인용.

82. E. H. Carr, *The Twenty Years' Crisis: An Introduction to the Study of International Relations* (London: Macmillan, 1962), p. 24.

83. Mill, *On Liberty*, p. 14.

84. 국제정치학 문헌 중에는 일상적으로 협상 이론(bargaining theory)이라고 불리는 공리주의 이론이 있다. James Fearon, "Rationalist Explanations for War," *International Organization* 49, no. 3 (Summer 1995): 379-414; Dan Reiter, "Exploring the Bargaining Model of War," *Perspectives on Politics* 1, no. 1 (March 2003): 27-43; Thomas C. Schelling, *The Strategy of Conflict* (Cambridge, MA: Harvard University Press, 1960), chaps. 2-3. 이들 문헌들

은 전쟁을 국가 간 분규를 해소하는 데 효과는 적은, 그러나 값비싼 방안이라고 보는 사람들에 의해 시작된 것이다. 그래서 이들은 국가들은 이 같은 의견의 불일치를 전쟁터에서 싸움을 통해서 해소하기보다는 평화적인 협상을 통해서 이루는 것이 훨씬 더 좋을 것이라고 본다. 협상이론가들은 국가들이 전쟁을 하는 대신 협상을 통해서 문제를 해결할 수 있는 가능성을 결정하는 3가지 요소가 있다고 주장한다. "이슈의 가분성(Issue divisibility)"이라는 것이 있는데 이는 기본적으로 두 상대방의 차이점이 타협에 도달할 수 있음을 말한다. 어느 편이라도 협상을 이룩하기 위해서는 자신이 중요하다고 생각하는 것을 포기할 의도가 있어야 한다. 더 나아가 각 상대방은 그들 사이에 이루어져 있는 정확한 세력균형 상황에 대한 훌륭한 이해를 하고 있어야 한다. 그럼으로써 그들은 싸움이 시작되었을 경우 누가 이길지를 알고 있어야 한다. 마지막으로 두 나라는 합의를 이루는 데 대해 충실한 믿음을 가지고 있어야 한다. 양측은 모두 상대방이 합의를 깨려 하지 않을 것이라는 사실을 믿어야 한다. 이곳은 협상 이론을 평가하려는 곳이 아니다. 다른 모든 이론들과 마찬가지로 협상 이론에도 장단점이 있을 것이다. 핵심적인 포인트는 협상 이론은 공리주의 이론과 마찬가지로 자유주의적 이론은 아니라는 점이며, 그래서 이 이론은 이 책에서 논의할 범주 밖에 있다.

85. 자유주의적 이상주의(Liberal idealism)는 "신자유주의"(New Liberalism)라고도 불린다.

86. Alan Ryan이 Dewey에 대해 언급하기를 "mid-western T. H. Green"이라 하였다. Alan Ryan, *John Dewey and the High Tide of American Liberalism* (New York: Norton, 1995), p 12.

87. Jack Crittenden, *Beyond Individualism: Reconstituting the Liberal Self* (New York: Oxford University Press, 1992), p. 154. Gerald F. Gaus, *The Modern Liberal Theory of Man* (New York: St. Martin's Press, 1983); Stephen Macedo, *Liberal Virtues: Citizenship, Virtue, and Community in Liberal Constitutionalism* (New York: Oxford University Press, 1990); Avital Simhony and D. Weinstein, ed., *The New Liberalism: Reconciling Liberty and Community* (New York: Cambridge University Press, 2001). 롤스의 자유주의에 대한 공동체주의—나는 이를 진보적 자유주의라고 불렀다—의 비판은 최근 수십 년간 자유주의적 이상주의를 확장하는 데 핵심적인 역할을 했다. 이 같은 논의는 Simhony and Weinstein, *The New Liberalism*을 보라.

88. T. H. Green, *Prolegomena to Ethics*, 3rd ed. (Oxford: Clarendon Press, 1890), p. 311.

89. Dewey, *Liberalism and Social Action*, p. 25.

90. G. W. F. Hegal, *Hegel: Elements of the Philosophy of Right*, ed. Allen W Wood (Cambridge: Cambridge University Press, 1991).

91. 자연권 개념과는 정반대되는 것으로 T. H. 그린은 "따라서 어느 누구도 1) 사회의 구성원인 경우, 그리고 2) 어떤 공동 선이 그 사회의 구성원들에 의해 그들 자신의 이상적인 선으로 인정되는 사회인 경우가 아닌 한, 자연적 권리를 가질 수 없다."고 기술했다. Green, *Lectures on the Principles of Political Obligation* (Ann Arbor: University of Michigan Press, 1967), p. 45. Simhony and Weinstein, *The New Liberalism*, p. 16.

92. 자유주의적 이상주의자들은 자유주의와 민족주의가 하나의 일관성 있는 이데올로기로 효과적으로 통합될 수 있다고 믿는다. 나는 그 두 가지는 서로 구분되는 이념이며 상호 다른 핵심적인 논리를 가지는 것이기 때문에 서로가 통합될 수 없다고 주장한다. 그럼에도 불구하고 비록 두 이념은 서로 충돌할 경우가 많을지라도, 언제라도 공존할 가능성은 있다.

93. Bosanquet의 인용은 다음의 책에서 온 것이다. Jeanne Morefield, *Covenants without Swords: Idealist Liberalism and the Spirit of Empire* (Princeton NJ: Princeton University Press, 2005), p. 46. Green의 인용은 그의 *Lectures on the Principles of Political Obligation*, p 175이다. 세계적 차원의 민족주의 (cosmopolitan nationalism)에 대한 Green의 견해는 다음을 보라. Duncan Bell and Casper Sylvest, "International Society in Victorian Political Thought: T. H. Green, Herbert Spencer and Henry Sidgwick," *Modern Intellectual History* 3, no. 2 (August 2006): 220-21.

94. Carr, *The Twenty Years' Crisis*, p. 46.

95. Erez Manela, *The Wilsonian Moment: Self-Determination and the International Origins of Anticolonial Nationalism* (New York: Oxford University Press, 2007).

96. John Dewey, "Nationalizing Education," in *John Dewey: The Middle Works, 1899-1924*, vol 10 (Carbondale: Southern Illinois University Press, 1980), p. 202. 19세기 후반과 20세기 초반 민족주의가 어떻게 보여졌는가에 대

한 논의는 Mark Mazower, *Governing the World: The History of an Idea, 1815 to the Present* (New York: Penguin Books, 2012), pp. 48-54, 60-67; Casper Sylvest, "James Bryce and the Two Faces of Nationalism," in *British International thinkers from Hobbes to Namier, ed. Ian Hall and Lisa Hill* (New York: Palgrave Macmillan, 2009), pp. 161-79 등을 보라.

97. Dewey, "Nationalizing Education," p. 203; Alfred E. Zimmern, *Nationality and Government with Other War-Time Essays* (New York: Robert M. McBride, 1918), pp. 61-86. 이 장은 1915년 짐먼의 연설에 기초한 것이다.

98. Zimmern, *Nationality and Government with Other War-Time Essays*, p. 100.

99. Hegel, *Hegel: Elements of the Philosophy of Right*, p. 282.

100. 자유주의적 이상주의가 국가에 대해 가지는 모순적인 측면에 대해서는 Green, *Lectures on the Principles of Political Obligation*을 참조할 것. 영국의 이론가들이 헤겔의 이론을 완전하게 포용할 수 없었던 또 다른 이유는 19세기 후반 그리고 20세기 초반 점증하던 영-독 간의 적대감이었다. 이 적대감은 제1차 세계대전으로 귀결되었다. Morefield, *Covenants without Swords*, pp. 57-72.

101. Green, *Lectures on the Principles of Political Obligation*, p. 2.

102. Green, *Prolegmena to Ethics*, p 388.

103. Green, *Lectures on the Principles of Political Obligation*, p. 29.

104. Green, *Prolegmena to Ethics*, p 311.

105. L.T. Hobhouse, *Liberalism* (London: Butterworth, 1011), p. 136.

106. Green, *Prolegmena to Ethics*, p 311.

107. A. D. Lindsay, "Introduction," in Green, *Lectures on the Principles of Political Obligation*, p.vi.

108. Dewey, *Liberalism and Social Action*, p. 70.

109. Dewey, *Liberalism and Social Action*, p. 69.

110. Dewey, *Liberalism and Social Action*, p.65.

111. Dewey, *Liberalism and Social Action*, p.72, 73, 86, 91.

112. On Murray and Zimmern, see Morefield, *Covenants without Swords*.

113. Zimmern, *Nationality and Government with Other War-Time Essays*, p. 61.

114. Morefield, *Covenants without Swords*, p. 156.

1. 공동체주의자들은, 마이클 샌델의 용어를 빌린다면 인간이 자연적으로 "아무런 구 애를 받지 않는" 개인이라는 자유주의의 가정을 가장 강력하게 비판하는 사람들이 다. 이 주제 및 다른 주제들에 관한 공동체주의자들과 자유주의자들의 논쟁은 다 음을 참조하라. Shlomo Avineri and Avner de-Shalit, *Communitarianism and Individualism* (New York: Oxford University Press, 2011). Sandel의 인용은 18페이지부터 있다.

2. 국민(nation)이라는 개념은 추상적인 개념이기 때문에 행동할 수 없다. 그러나 나 는 이 개념을 국가에 속한 멤버들 특히 엘리트를 지칭하는 말로 사용할 것이다. 엘 리트들이란 자율성(agency)을 가지고 국가 건설과 같은 자신들의 정치적 목적을 달성하고 증진하기 위해 행동할 수 있는 사람들이다. 국가(state)라는 용어를 사용 할 때도 마찬가지 논리가 적용된다. 이 경우에도 국가란 자율성을 가진 정치적인 지도자들이다.

3. Ernest Gellner, *Nations and Nationalism* (Ithaca, NY: Cornell University Press, 1983). p. 1. 민족주의에 관한 나의 정의는 다음에 제시하는 여러 학자들의 정의와 비슷하다. John Breuilly, *Nationalism and the State* (Chicago: University of Chicago Press, 1985), pp. 1-3; Ernst B. Haas, "What Is Nationalism and Why Should We Study It?," *International Organization* 40, no. 3 (Summer 1986): 726; E. J. Hobsbarm, *Nations and Nationalism since 1780; Programme, Myth, Reality* (New York: Cambridge University Press, 1991), p. 9; Anthony D. Smith, *Nations and Nationalism in a Global Era* (Malden, MA: Polity Press, 1995), pp. 55, 150.

4. Benedict Anderson, *Imagined Communities: Reflections on the Origin and Spread of Nationalism* (London: Verso, 1990); David A. Bell, *The Cult of the Nation in France: Inventing Nationalism, 1680-1800* (Cambridge, MA; Harvard University Press, 2001); William H. Sewell Jr., "The French Revolution and the Emergence of the Nation Form," in *Revolutionary Currents: Nation Building in the Transatlantic World*, ed. Michael A. Morrison and Melinda Zook (Lanham, MD: Rowman and Littlefield, 2004), pp. 91-125.

5. 국가(nation) 이전에 존재하던 일부 대규모 집단들은 꽤 잘 정의되어 있으며, 그들은 쉽게 국가로 변형되었다. 예를 들자면 네덜란드인, 영국인, 프랑스인, 폴란드인 그리고 러시아인들은 그들이 국가로 발전되기 이전, 이미 분명하게 상호 구분되는 자신만의 존재를 확립했으며 곧바로 국가로 발전할 수 있었다. 로랜드 서니의 용어를 빌린다면 그들은 "문화적 혹은 종족적인 인식"으로부터 "완전히 꽃핀 것과 같은 정치적인 민족주의"로 발전하였다. 즉 그들은 국가의 아젠다를 실현하는 데 적극적으로 몰두했던 것이다. Ronald G. Suny, *The Revenge of the Past: Nationalism, Revolution, and the Collapse of the Soviet Union* (Stanford, CA: Stanford University Press, 1993), p. 48. 그러나 다른 사례들도 있는데 궁극적으로 출현한 국가와 국가 이전에 존재했던 것들의 관계가 불분명한 경우다. 이 같은 사례들은 아제르바이잔인, 벨로루시인, 이탈리아인, 그리고 리투아니아인들의 경우인데 그들은 국가를 건설하기 이전, 특이한 형식의 일체감을 가지고 있지 못했다. 다른 종류의 지역적, 사회적 일체감들이 그들의 핵심적인 요인이 되었는데 이 같은 사실은 국가들이 민족이 되기 위해서는 오랫동안의 노력이 필요하다는 점을 말해준다. 국민과 그들이 형성되기 이전의 연계에 관한 중요한 연구들은 다음들과 같다. John Armstrong, *Nations before Nationalism* (Chapel Hill: University of North Carolina Press, 1982); Patrick J. Geary, *The Myth of Nations: The Medieval Origins of Europe* (Princeton, NJ: Princeton University Press, 2003); Philip S. Gorski, "The Mosaic Moment: An Early Modernist Critique of Modernist Theories of Nationalism," *American Journal of Sociology* 105, no. 5 (March 2000): 1428-68; Anthony W. Marx, *Faith in Nation: Exclusionary Origins of Nationalism* (New York: Oxford University Press, 2003); Miroslav Hroch, *European Nations: Explaining Their Formation*, trans. Karolina Graham (New York: Verso, 2015), chap. 3; Philip G. Roeder, *Where Nation-States Come From: Institutional Change in the Age of Nationalism* (Princeton, NJ: Princeton University Press, 2007); Anthony D. Smith, *The Ethnic Origins of Nations* (New York: Basil Blackwell, 1989).

6. Anderson, *Imagined Communities.*

7. 민족주의가 도래한 이후 사회 집단들 사이의 경계가 더욱 단단해져서 뚫기 어렵게 되었는가에 관한 연구는 Fredrik Barth, ed., *Ethnic Groups and Boundaries:*

The Social Organization of Culture Difference (Long Grove, IL: Waveland Press, 1998). 제임스 스캇은 민족국가 이외의 "사회구조의 궁극적인 가소성(plasticity)"에 대하여 기술했다. 그런 세계에서 "집단 간의 경계는 구멍이 숭숭 뚫려 있으며, 그들의 일체감은 허약하다."고 기술했다. James Scott, *The Art of Not Being Governed: An Anarchist History of Upland Southeast Asia* (New Haven, CT: Yale University Press, 2009), pp. 219, 249.

8. 민족주의와 "모든 시민들이 평등하고 자유롭다는 주장"의 관계에 관한 논의는 다음을 참조하라. Dominique Schnapper, "Citizenship and National Identity in Europe," *Nations and Nationalism* 8, no. 1 (January 2002): 1-14. 인용은 2페이지부터임.

9. Anderson, *Imagined Communities*, p. 16.

10. Geary, *The Myths of Nations*, p. 118. 그는 또한 "충성 대상의 바뀜, 종족 간 결혼, 변환, 전용 등은 항상 일어나는 일이기 때문에 변치 않고 남아 있는 것이란 이름뿐이며, 이런 것들은 다른 시대의 다른 개념을 붙들고 있을 수 있는 도구들이다."(ibid 같은 곳)이라고 기술했다. Norman Davies, *Vanished Kingdoms: The Rise and Fall of States and Nations* (New York: Penguin Books, 2011), 특히 chaps. 1-6.

11. 혹자는 로마제국은 나의 주장과 배치되는 사례라고 말할 수 있을 것이다. 그러나 그렇게 말하는 것은 틀리다. 로마제국은 다양한 종류의 사회 집단들이 자신의 기원으로 삼고 있는 번영하는 정치적 실체이다. 로마는 결코 통일성을 갖춘 단일 문화라고 볼 수 없다. 기어리가 말하는 바처럼 "로마인"이란 로마제국에 영원히 혹은 일시적으로 거주하는 수백만이 스스로 일체감의 첫 번째 요인으로 삼는 개념이다. 개인들은 민족적 혹은 인종적 일체감을 공유하기보다는 계급, 직업 혹은 도시에 더욱더 매달리게 된다. 실제로 로마의 다종교적 혹은 다문화적 전통을 보았을 때 로마의 중앙정부는 결코 배타적인 로마의 가치를 따를 것을 요구한 적이 없다. Geary, *The Myth of Nations*, pp. 64, 67. 로마제국에 거주했던 사람들의 일차적인 충성심은 그들이 속한 특정 사회적 집단을 향한 것이었고 그들은 모두 로마제국 내의 특정한 영토를 차지하고 있었다. 그렇기 때문에 중세 유럽에서 로마시에 거주하는 사람들을 예외로 한다면 "로마적 일체감"이라는 개념이 소멸되게 된 것은 놀라운 일이 아니다. 물론 962년부터 1806년까지 신성로마제국이 존재하기는 했지만 이 나라는 그 선배 국가와 마찬가지로 다양한 사회적 집단으로 구성되었으

며, 그들이 로마인이라는 개념으로 자신을 일체화시킬 수 있었던 사람들은 아니었다. 느슨하게 연계되었던 제국을 파괴하는 데 핵심적 역할을 담당한 것은 19세기 초반 나타난 민족주의였다는 사실을 지적하는 것이 중요할 것 같다.

12. 예를 들자면 패트릭 기어리는 다음과 같이 기술했다. "로마제국의 자유로운 시민들 중 엘리트와 대중을 갈라놓은 간극은 대단히 큰 것이었다." 이 같은 상황은 제국이 해체된 이후에도 별로 변한 바 없었다. Geary, *The Myth of Nations*, p. 66. 민족주의 이전 시대의 유럽에 관한 두 개의 압도적인 계급—귀족과 소작농—에 추가해서 소규모의 부르주아지와 노동자 계층이 존재했다. 비록 이들은 영국과 프랑스에 집중되어 있기는 했지만 말이다. 소작농도 귀족도 그들이 큰 사회 집단의 한 부분이라고 생각하지 않았다. 더욱이 그들은 자신들이 한 나라의 구성원이라고는 생각하지 않았다. 소작농들은 지역적인 측면에서 자신들을 이해했고 그들이 넓은 영토에 산재해 거주하는 확대된 가족의 일원이라고 생각하지 않았다. 그들은 대체적으로 지역의 방언을 사용했고 그들로부터 며칠 정도 걸어가야 할 거리에 떨어져서 살고 있는 다른 소작농들에 대해 거의 아무것도 알지 못했다. 예로서 프러시아에 살고 있던 소작농은 자신들을 프러시아의 소작농이라고 생각하지 않았고 그들은 프랑스 혹은 폴란드의 소작농과 비교하지도 않았다. 그의 일체감은 아주 가까이에 살고 있는 이웃의 소작농과 비교해서 나타나는 것이었다. 귀족들의 경우 그들의 일체감은 대단히 세계적이었으며 국가적 일체감 같은 것이 아니었다. 이 같은 관점은 유럽 귀족들의 결혼을 보면 잘 알 수 있다. 유럽의 귀족들은 대단히 흔하게 다른 나라의 귀족들과 결혼을 했던 것이다. 프러시아 프리드리히 대왕의 사례를 생각해보라. 그는 프랑스 문화를 대단히 숭상했고 독일어로 말하기보다는 불어로 말하는 것을 선호했다. Tim Blanning, *Frederick the Great: King of Prussia* (New York: Random House, 2016), pp. 342-46, 352-53, 357-61, 444. 요약해서 말하자면 "농노들은 반드시 그래야 했었지만 하나의 같은 문화에 속한다는 것은 귀족들에게는 마치 토할 것 같은 일이었으며, 농노들에게는 도무지 이해 불가한 일이었을 것이다. 민족주의라는 것이 나타나기 이전까지는 말이다." Thomas H. Eriksen, *Ethnicity and Nationalism: Anthropological Perspectives*, 3rd ed. (London: Pluto Press, 2010), p. 123.

13. Bell, *The Cult of the Nation in France*, p. 6.

14. Karl Marx and Friedrich Engels, "Manifesto of the Communist Party," in *The Marx-Engels Reader*, ed. Robert C. Ticker (New York: Norton, 1979),

pp. 331-62. 마르크스와 엥겔스는 "노동자에게는 나라가 없다." 산업화와 이에 수반된 일반 노동자들에 대한 착취는 "그들(노동자)로부터 민족의 특징에 관한 모든 흔적을 벗겨버렸다." 그래서 노동자들은 "전체로서 프롤레타리아의 이해관계와 동떨어진 그 어떤 이해관계에도 관심을 가지고 있지 않다."고 기술했다. (pp. 344-45, 350).

15. Michael Howard, *War in European History* (New York: Oxford University Press, 1979), p. 110.

16. *core nation* and *minority nation*이란 개념은 Harris Mylonas, *The Politics of Nation-Building: Making Co-nationals, Refugees, and Minorities* (New York: Cambridge University Press, 2012)에서 나옴.

17. 다수 민족으로 구성된 나라들에는 하나 혹은 그 이상의 소수 민족이 이탈해버려 새로운 자신들만의 국가를 건설할지도 모른다는 위험이 항상 존재한다. 이 같은 불안정한 국가들에게서 공통적인 민족의 일체감에 관한 이야기는 별 의미가 없다.

18. Alfred Stepan, Juan J. Linz, and Yogendra Yadav, *Crafting State-Nations: India and Other Multinational Democracies* (Baltimore: Johns Hopkins University Press, 2011), p. 38. 스티븐, 린츠 그리고 야다프는 두꺼운 혹은 얇은 문화라는 개념을 사용하지는 않았다. 그러나 대신 각각 state-nation 그리고 nations state라는 개념을 사용했다. 또한 Sener Akturk, *Regimes of Ethnicity and Nationhood in Germany, Russia, and Turkey* (New York: Cambridge University Press, 2012)를 보라.

19. Sigmund Freud, *Civilization and Its Discontents*, ed. and trans. James Strachey (New York: Norton, 1961), p. 61.

20. Roeder, *Where Nation-States Come From*, p. 29.

21. Max Weber, *Economy and Society: An Outline of Interpretive Sociology*, vol. 1, ed. Guenther Roth and Claus Wittch (Berkeley: University of California Press, 1978), p. 389.

22. Walker Connor, "A Nation Is a Nation, Is a State, Is an Ethnic Group Is a..." *Ethnic and Racial Studies* 1, no. 4 (October 1978): 379.

23. 홉스바움은 "소속원들이 자신들을 '국민'이라고 생각하는 상당 정도 규모를 가진 어떤 집단일 경우라도 그렇게 인정되어야 한다."고 기술했다. Hobsbawm, *Nations and Nationalism since 1780*, p. 8. 휴그가 쓰길 공동체에 살고 있는

상당수의 사람들이 자기들이 국가를 형성하고 있다고 생각할 때 혹은 그들이 국가를 형성한 것처럼 행동할 때 국가는 존재한다. Seton-Watson, *Nations and States: An Enquiry into the Origins of Nations and the Politics of Nationalism* (Boulder, CO: Westview Press, 1977), p. 5.

24. Scott, *The Art of Not Being Governed*, p. 227. Keith A. Darden, *Resisting Occupation in Eurasia* (New York: Cambridge University Press, forthcoming); Adrian Hastings, *The Construction of Nationhood: Ethnicity, Religion and Nationalism* (New York: Cambridge University Press, 1997).

25. 이 같은 극단적 민족주의(쇼비니즘)는 국가를 특징짓는 하나라는 인식의 결과물 중 하나다. 특히 국민들 사이의 하나라는 동질감, 그리고 국가들 간의 분명한 경계선은 이 같은 편협한 마음을 더욱 조장하게 된다. 국민들의 일체성이 유동적인 세계, 그리고 국민들이 사회적인 집단을 수긍하는 경계선을 보다 쉽게 넘나들 수 있다고 생각하는 곳에서 쇼비니즘이 야기될 가능성은 낮다. 요약하자면, 대규모의 사회적 유동성은 관용의 마음을 더욱 넓히는 경향이 있다. 물론 이렇게 말하는 것이 국가가 생기기 이전에 존재했던 대규모의 집단들이 관용의 모범이었다고 말하는 것은 아니다. 그들은 관용적인 집단들이 아니었다. 그러나 이들은 국가보다는 더욱 관용적이었고 덜 쇼비니즘적이었다. 국가의 경우 소속원의 일체감은 더 강력하며 변하기 어려운 것이며 다른 나라 사람들을 자신들보다 열등하다고 보도록 한다. 심지어 다른 나라 사람들을 악마로 보기까지 한다. 폴란드 사람들과 유태인들의 관계를 보면 이 같은 현상이 분명히 나타난다. 유럽의 기준으로 보았을 때, 민족주의가 야기되기 이전 상당히 관용적인 폴란드는 중세 시기 동안 유태인들의 피난처였다. 어떤 평가에 의하면 16세기 중엽 무렵 세계 도처에 흩어져 살고 있던 유태인의 80% 정도가 폴란드에 살고 있었다고 하는데, 유태인들은 당시의 기준으로 보았을 때 잘들 살고 있었다. 유럽 전역에 민족주의의 바람이 불었던 19세기부터 20세기에 이르는 기간 중 이 같은 상황은 대폭 바뀌게 되었고 폴란드는 가장 반유태적인 지역이 되었다. 이 주제에 대해서는 Brian Porter, *When Nationalism Began to Hate: Imagining Modern Politics in Nineteenth Century Poland* (New York: Oxford University Press, 2000). 이와 같은 일반적인 패턴은 폴란드에서는 제한되지 않았다. Shmuel Almog, *Nationalism and Antisemitism in Modern Europe, 1815-1945* (Elmsford, NY: Pergamon Press, 1990); Timothy Snyder, *The Reconstruction of Nations: Poland, Ukraine, Lithua-*

nia, Belarus, 1569-1999 (New Haven, CT: Yale University Press, 2004).

26. Anatol Lieven, *America Right or Wrong: An Anatomy of American Nationalism* (New York: Oxford University Press, 204), p. 34에서 인용.

27. Ronald Hyam, *Britain's Imperial Century, 1815-1914: A Study of Empire and Expansion*, 2nd ed. (London: Macmillan, 1993), p. 89.

28. Joan Beaumont and Matthew Jordan, *Australia and the World: A Festschrift for Neville Meaney* (Sydney, Australia: Sydney University Press, 2013), p. 276.

29. Albright가 1998년 2월 19일에 NBC Today show에서 이처럼 말했다.

30. Reinhold Niebuhr, *The Irony of American History* (Chicago: University of Chicago Press, 2008), p. 71.

31. 이는 확실히 정치사상가인 존 던이 민족주의를 "20세기의 가장 가혹한 정치적 수치이며, 가장 심오하고 가장 다루기 힘든, 그러나 1900년 이후 역사에서 가장 기대하지 않았던 역사의 얼룩"이었다고 묘사한 이유였을 것이다. John Dunn, *Western Political Theory in the Face of the Future*, 2nd ed. (New York: Cambridge University Press, 1993), p. 59.

32. Stephen Van Evera, "Hypotheses on Nationalism and War," *International Security* 18, no. 4 (Spring 1994): 27.

33. Geary, The Myth of Nations, p. 15. 이 현상에 대한 두 개의 다른 유용한 정보는 Christopher B. Krebs, *A Most Dangerous Book: Tacitus's Germania from the Roman Empire to the Third Reich* (New York: Norton, 2011); Shlomo Sand, *The Invention of the Jewish People*, trans. Yael Lotan (London: Verso, 2009).

34. Ernest Renan, "What Is a Nation?," in *On the Nation and the "Jewish People,"* ed. Shlomo Sand, trans. David Fernbach (London: Verso, 2010), p. 45.

35. C. Burak Kadercan, "Politics of Survival, Nationalism, and War for Territory: 1648-2003" (PhD diss., University of Chicago, 2011); Tamar Meisels, *Territorial Rights*, 2nd ed. (Dordrecht, The Netherlands: Springer, 2009); David Miller, *Citizenship and National Identity* (Malden, MA: Polity Press, 2005); Margaret Moore, *The Ethics of Nationalism* (New York: Oxford University Press, 2001); Peter Sahlins, *Boundaries: The Making of*

*France and Spain in the Pyrenee*s (Berkeley: University of California Press, 1991).

36. 히말라야산맥에 있는 34평방마일의 땅을 둘러싸고 2017년 발발했던 인도와 중국의 분쟁에서 중국의 국가주석 시진핑은 말하기를 "우리는 결코 그 누구라도, 어떤 조직이라도 또는 어떤 정당이라도 어느 때, 어떤 형태로든 중국의 영토를 갈라놓는 일을 허락하지 않을 것이다.… 우리가 우리나라의 주권과 안전 그리고 국가 발전의 이익을 해치게 될 사악한 과실을 삼킬 것이라는 희망을 키우면 안 될 것이다." Chris Buckley and Ellen Barry, "China Tells India That It Won't Back Down in Border Dispute," *New York Times*, August 4, 2017에서 인용함. 이렇게 말하는 것이 국가들이 장악하고 있는 혹은 정복하려고 시도하는 모든 땅덩어리가 다 신성하다고 말하는 것은 아니다. 예외가 있다. 예를 들자면 중국은 이웃나라들과 영토 분쟁을 해결한 사례들이 몇 가지 있다. 이 사례들은 중국이 영토를 다른 나라에게 넘겨주고 양보했던 경우들이다. 다음을 보라. M. Taylor Fravel, *Strong Borders, Secure Nation: Cooperation and Conflict in China's Territorial Disputes* (Princeton, NJ: Princeton University Press, 2008). 그러나 중국이 결코 의도적으로 양보할 수 없는 상당 규모의 영토가 존재한다. 이들에 대해서 중국은 신성함을 부여하고 정당하게 중국에 귀속되는 영토라고 간주한다.

37. Kadercan, "Politics of Survival, Nationalism, and War for Territory." 물론 국가들은 아직도 현실적인 이유 때문에 영토를 대단히 중시한다. 물론 영토를 통제하는 일이 산업 혁명 이전 시대와 비교할 때, 그리고 핵무기를 고려할 때 과거와 마찬가지의 경제적, 안보적 중요성을 가지는 것은 아닐지라도 말이다. 그러나 역설적이게도 민족주의 시대를 살고 있는 국민들은 그들의 선조들에 비해 영토를 더 중요하게 생각하는 것 같은데 이는 그들이 마음속 깊은 곳에서 그들의 조국에 대해 더욱 큰 애착의 마음을 가지고 있기 때문이다. (p. 21)

38. 마리아 그린버그가 지적한 것처럼 주권이라는 개념은 거의 예외 없이 국가와 연계되어 있는 개념이지만 국가가 아닌 다른 종류의 정치 조직에도 적용될 수 있다. 그러나 주권이란 개념은 국제체제를 구성하고 있는 정치적 조직 중에서 가장 최고의 조직—그것이 제국이든, 도시 국가든 혹은 다른 무엇이든 간에—에만 해당될 수 있다. Grinberg, "Indivisible Sovereignty: Delegation of Authority and Exit Option" (unpublished paper, University of Chicago, April 24, 2017).

39. Robert Jackson, *Sovereignty: Evolution of an Idea* (Malden, MA; Polity

Press, 2007), p. 6.

40. Jackson, *Sovereignty*, p. 93.

41. Bell, *The Cult of the Nation in France*, p. 59.

42. Jackson, *Sovereignty*, p. 104.

43. Carl Schmitt, *Political Theology: Four Chapters on the Concept of Sovereignty*, trans. George Schwab (Cambridge, MA: MIT Press, 1988), pp. 5-15.

44. Bernard Yack, "Popular Sovereignty and Nationalism," *Political Theory* 29, no. 4 (August 2001): 518.

45. 민족주의 속에 내재되어 있는 민주주의적 충동은 레난의 유명한 코멘트에 잘 나타나 있다. "내가 은유법을 사용하는 것을 허락해준다면, 국가의 존재라는 것은 매일 매일 이루어지는 국민투표와 같다." Renan, "What Is a Nation?," p. 64. Schnapper, "Citizenship and National Identity in Europe"; Liah Greenfield, *Nationalism: Five Roads to Modernity* (Cambridge, MA; Harvard University Press, 1992); Yack, "Popular Sovereignty and Nationalism." Greenfield는 이 책 10페이지에 "주권이 국민들에게 있다는 개념 그리고 국민들은 어느 계층에 속하든 본질적으로 동등하다는 인식은 현대 국가의 이념을 구성하는 것인데 이것들은 동시에 민주주의의 기초적인 속성이다. 양자는 본질적으로 연계되어 있는 개념인데 이 같은 연관성을 모르고는 두 가지를 완전히 이해할 수는 없다. 민족주의는 민주주의가 세상에 나타난 형태다. 민족주의와 민주주의는 마치 나비와 나비를 품고 있는 고치와 같은 관계다. 원래 민족주의는 민주주의로서 발전한 것이다. 그와 같은 본래의 발전 조건이 지속된 곳에서는 민족주의와 민주주의 간의 일체성이 유지되었다."

46. Maximilien Robespierre, "Report on the Principles of Political Morality,: French Revolution and Napoleon, http://www.indiana.edu/-b356/texts/polit-moral.html.

47. Russell Hardin, *One for All: The Logic of Group Conflict* (Princeton, NJ: Princeton University Press, 1997); Mark Pagel, *Wired for Culture: Origins of the Human Social Mind* (New York: Norton, 2012).

48. Benard Yack, *Nationalism and the Moral Psychology of Community* (Chicago: University of Chicago Press, 2012).

49. Renan, "What Is a Nation?," p. 63.

50. 민족주의는 때때로 1648년 30년 전쟁 이후 유럽에서 종말을 고하게 된 종교적 영향력을 대체한 것이라고 말해진다. 이 같은 과정은 이후 수세기 동안 속도가 더욱 빠르게 진행되었다는 것이다. 그러나 이러한 견해는 올바른 것이 아니다. 이 오랜 기간 동안 종교의 영향력이 쇠퇴한 것은 사실이지만 종교의 영향력이 소멸되지는 않았다. 더욱 중요한 사실은 종교 그 자체가 민족 문화의 중요한 부분이라는 점이다. 종교는 집단의 구성원들을 통합하게 하는 강력한 힘으로 작용할 수 있는 잠재성을 가지고 있다. Ernest Barker, *Christianity and Nationality: Being the Burge Memorial Lecture for the Year 1927* (Oxford: Clarendon Press, 1927), p. 31. 종교가 민족주의를 확대 재생산할 수 있는 요소로 작동하는 방식에 대해서는 Samuel P. Huntington, *Who Are We? The Challenges to American National Identity* (New York: Simon & Schuster, 2005); Marx, Faith in Nation.

51. Charles Tilly, *Coercion, Capital, and European States, AD 990-1922* (Cambridge, MA: Blackwell, 1992), p. 1.

52. Perry Anderson, *Lineages of the Absolutist State* (London: Verso, 1980), p. 20.

53. Andreas Osiander, *Before the State: Systemic Political Change in the West from the Greeks to the French Revolution* (New York: Oxford University Press, 20017), p. 5.

54. Sewell, "The French Revolution and the Emergence of the Nation Form," p. 98.

55. Jackson, *Sovereignty*, p. 32.

56. Joseph R. Strayer and Dana C. Munro, *The Middle Ages: 395-1500* (New York: Appleton-Century-Crofts, 1942), pp. 113, 270.

57. 먼 지역에 대한 힘의 투사의 한계성에 관해서는 Scott, *The Art of Not Being Governed*, chaps. 1-2; David Stasavage, "When Distance Mattered: Geographic Scale and the Development of European Representative Assemblies," *American Political Science Review* 104, no. 4 (November 2010): 625-43.

58. Yael Tamir, *Liberal Nationalism* (Princeton, NJ: Princeton University Press, 1993), pp. xiv, 74.

59. Eugene Weber, *Peasants into Frenchmen* (Stanford, CA: Stanford University Press, 1976).

60. Walker Connor, "Nation-Building or Nation-Destroying?," *World Politics* 24, no. 3 (April 1972): 319-55.

61. Scott의 *The Art of Not Being Governed*는 다음과 같은 사실을 분명하게 해준다. 국가의 외부에서 살고 있는 집단에도 비슷한 논리가 적용된다. 그는 "가능한 한 그 지역에 있는 국가들은 모두 국가의 외부에 살고 있는 사람들을 자국의 일상적인 행정 체계 속으로 들어오게 하려 하며, 그들이 자국 내 다수파 국민들과 언어적, 문화적, 그리고 종교적으로 엮어질 것을 부추기거나 혹은 드문 경우 강요한다"(p.12)고 기술했다. 오늘날 국가가 도달할 수 있는 거리는 대단히 멀며, 그래서 국가의 외부에서 거주할 수 있는 집단은 거의 없다

62. Benjamin A. Valentino, *Final Solutions: Mass Killing and Genocide in the 20th Century* (Ithaca, NY: Cornell University Press, 2004), pp. 157-66.

63. Partha Chatterjee, *The Nation and Its Fragments: Colonial and Postcolonial Histories* (Princeton, NJ: Princeton University Press,1993); Partha Chatterjee, *Black Hole of Empire: History of a Global Practice of Power* (Princeton, NJ: Princeton University Press, 2012).

64. Ernest Gellner, *Nations and Nationalism* (Ithaca, NY: Cornell University Press, 1983), p. 34.

65. 앞 문장에서 묘사한 경제적인 논리는 중요한 군사적 결과를 초래한다. 부는 군사력을 건설하는 두 가지 요소 중 하나이기 때문에 경제를 성장시키려는 어떤 노력도 더욱 강력한 군사력을 보유하는 일에 기여하게 된다. John J. Mearsheimer, *The Tragedy of Great Power Politics*, updated ed. (New York: Norton, 2014), chap. 3.

66. Bary R. Posen, "Nationalism, the Mass Army, and Military Power," *International Security* 18, no. 3 (Fall 1993): 85

67. 다민족 국가로 구성되었던 탓에 집단들이 제대로 통합되지 못하고, 그 때문에 부정적인 결과를 초래한 경우는 19세기 후반, 그리고 20세기 초반에 이르는 기간 동안 오스트리아 헝가리 군대가 제대로 역할을 하지 못했던 사실에 잘 반영되어 있다. Gunther E. Rothenberg, *The Army of Francis Joseph* (West Lafayette, IN: Purdue University Press, 1998), p. 108; Spencer C. Tucker, *The*

European Powers in the First World War: An Encyclopedia (New York: Garland Publishing, 1996), p. 86. Posen, "Nationalism, the Mass Army, and Military Power."

68. 데이비드 벨은 7년 전쟁(1756-1763) 기간 동안, 그리고 프랑스 혁명 전쟁과 나폴레옹 전쟁(1792-1815) 당시 어떻게 프랑스 지도자들이 민족주의에 호소함으로써 쉽게 군사력을 모을 수 있었는지 설명한다. Bell, *The Cult of the Nation in France*, chap. 3; David A. Bell, *The First Total War: Napoleon's Europe and the Birth of Warfare as We Knew It* (Boston: Houghton Mifflin, 2007), chaps. 4, 6, 7. Michael Howard, *War in European History* (New York: Oxford University Press, 2009), chap. 6.

69. Geoffrey Best, *War and Society in Revolutionary Europe, 1770-1870* (London: Fontana Paperbacks, 1982), p. 30.

70. J.F.C. Fuller, *Conduct of War: 1789-1961* (London: Eyre and Spottiswoode, 1961), p. 46에서 재인용. 또한 다음을 참조할 것. Peter Paret, "Nationalism and the Sense of Military Obligation," in *Understanding War: Essays on Clausewitz and the History of Military Power*, ed. Peter Paret (Princeton, NJ: Princeton University Press, 1993), pp. 39-52.

71. Carl von Clausewitz, *On War*, ed. and trans. Michael Howard and Peter Paret (Princeton, NJ: Princeton University Press, 1976), p. 592.

72. Posen, "Nationalism, the Mass Army, and Military Power."

73. Marx, *Faith in Nation*, p. 9.

74. James C. Scott, *Seeing Like a State: How Certain Schemes to Improve the Human Condition Have Failed* (New Haven, CT: Yale University Press, 1998), pp. 72, 78.

75. Judith N. Shklar, *Political Thought and Political Thinkers, ed. Stanley Hoffmann* (Chicago: University of Chicago Press, 1998), p. 4. Markus Fischer, "The Liberal Peace: Ethical, Historical, and Philosophical Aspects" (BCSIA Discussion Paper 2000-08, Kennedy School of Government, Harvard University, April 2000), pp. 22-27, 56.

76. Arch Puddington and Tyler Roylance, "Populists and Autocrats: The Dual Threat to Global Democracy," in *Freedom in the World*, 2017

(Washington, DC: Freedom House, 2017), p. 4.

77. Jeanne Morefield, *Covenants without Swords: Idealist Liberalism and the Spirit of Empire* (Princeton, NJ: Princeton University Press, 2005), P. 208.

78. Stephen Holmes, *Passions and Constraint: On the Theory of Liberal Democracy* (Chicago: University of Chicago Press, 1995), p. 39.

79. Will Kymlicka, *Multicultural Citizenship: A Liberal Theory of Minority Rights* (New York: Oxford University Press, 1995), pp. 90-91.

80. Louis Hartz, *The Liberal Tradition in America: An Interpretation of American Political Thought since the Revolution* (New York: Harcourt Brace, 1955); Gunner Myrdal, *An American Dilemma: The Negro Problem and Modern Democracy*, 2 vols. (New Brunswick, NJ: Transaction Publishers, 1995, 1996); Alexis de Tocqueville, *Democracy in America and Two Essays on America*, ed. Isaac Kramnick, trans. Gerald Bevan (New York: Penguins, 2003). 이 두 책과 Hartz의 *The Liberal Tradition in America* 책에 공통점에 관한 논의는 Rogers M. Smith, *Civic Ideals: Conflicting Visions of Citizenship in U.S. History* (New Haven, CT: Yale University Press, 1997), Introduction and chap. 1.

81. Smith, *Civic Ideals*, p. 14.

82. Smith, *Civic Ideals*, p. 6

83. Smith, *Civic Ideals*, p. 9.

84. Smith, *Civic Ideals*, pp. 9-12, 38-39

85. Huntington, *Who Are We?*; Lieven, *America Right or Wrong*

86. 이곳의 인용문들은 모두 David Armitage, "The Declaration of Independence: The Words Heard around the World," *Wall Street Journal*, July 3, 2014에서 발췌. 더 자세한 논의는 David Armitage, *The Declaration of Independence: A Global History* (Cambridge, MA: Harvard University Press, 2008)을 보라.

87. 이 관점은 Hans Kohn, *The Idea of Nationalism* (New York: Macmillan, 1945); John Plamenatz, "Two Types of Nationalism," in *Nationalism: The Nature and Evolution of an Idea*, ed. Eugene Kamenka (London: Edward Arnold, 1976), pp. 22-36.

88. Gregory Jusdanis, *The Necessary Nation* (Princeton, NJ: Princeton University Press, 2001), chap. 5; Taras Kuzio, "The Myth of the Civic State: A Critical Survey of Hans Kohn's Framework for Understanding Nationalism," *Ethnic and Racial Studies* 25, no. 1 (January 2002): 20-39; Marx, Faith in Nation, pp. 113-17; Smith, *Civic Ideals*; Ken Wolf, "Hans Kohn's Liberal Nationalism: The Historian as Prophet," *Journal of the History of Ideas* 37, no. 4 (October-December 1976): 651-72; Bernard Yack, "The Myth of the Civic Nation," *Critical Review* 10, no. 2 (Spring 1996): 193-211.

89. 이스라엘에 관해서는 Richard Falk and Virginia Tilley, "Israeli Practices toward the Palestinian People and the Question of Apartheid," *Palestine and the Israeli Occupation*, Issue No. 1 (Beirut: United Nations, 2017); Yitzhak Laor, *The Myths of Liberal Zionism* (New York: Verso, 2009); Gideon Levy, "Israel's Minister of Truth," Haaretz, September 2, 2017; Yakov M. Rabkin, *What Is Modern Israel?*, trans. Fred A. Reed (London: Pluto Press, 2016). Regarding India, see Sumit Ganguly and Rajan Menon, "Democracy a la Modi," *National Interest*, no. 153 (January/February 2018), p. 12-24; Christopher Jaffrelot, *The Hindu Nationalist Movement in India* (New York: Columbia University Press, 1998); Pankaj Mishra, "Narendra Modi and the New Face of India," *Guardian*, May 16, 2014: Martha C. Nussbaum, *The Clash Within: Democracy, Violence, and India's Future* (Cambridge, MA: Harvard University Press, 2009)

90. 자유주의가 개인들을 효용을 극대화시키는 사람들로 간주한다는 점에 대한 좋은 예는 S. M. Amadae, *Rationalizing Capitalist Democracy: The Cold War Origins of Rational Choice Liberalism* (Chicago: University of Chicago Press, 2003).

91. 비록 이들은 민족주의 그 자체에 대해서 관심을 갖지는 않았지만 크리스토퍼 H. 에이켄(Christopher H. Achen)과 레리 바텔스(Larry B. Bartels)는 미국 정치에서 내가 주장했던 민족주의와 자유주의의 관계와 딱 들어맞는 주장을 개진하였다. 특히 그들은 다음의 책 *Democracy for Realist: Why Elections Do Not Produce Responsive Government* (Princeton, NJ: Princeton University Press, 2016)

에서 미국인들의 투표 행태는 그들의 사회적, 집단적 일체감으로 가장 잘 설명될 수 있다고 보았다. 가장 중요하다고 생각하는 이슈에 대한 개인 스스로의 평가에 의거한 것이 아니라는 것이다.

92. 대부분의 자유주의 이론들은 개인들은 중요한 사회적 관계를 가지고 있다는 점을 인식하고 있다. 예를 들어 존 롤스는 다음과 같이 기술하고 있다. "각각의 개인은 태어나는 순간 특정한 사회 속에서 특정한 지위를 차지하고 있다는 사실을 알게 된다. 그리고 그가 차지하고 있는 지위의 본질은 그의 인생의 전망에 큰 영향을 미친다." John Rawls, *A Theory of Justice* (Cambridge, MA: Harvard University Press, 1971), p. 13. 게다가 다음의 책 *The Law of Peoples: With "The Idea of Public Reason Revisited"* (Cambridge, MA: Harvard University Press, 1999)에서 롤스는 나라와 동의어인 국민에 대해 직접 초점을 맞추었다. 그러나 *The Law of Peoples*에서 행해진 분석의 대부분은 개인에게 초점이 맞추어져 있는데, 그의 역작인 두 권의 책에서도 역시 개인에 초점을 맞추고 있다. *A Theory of Justice and Political Liberalism*, expanded ed. (New York: Columbia University Press, 2005). 그럼에도 불구하고 개인에 기초한 이론은 국민들은 본질적으로 사회적이다는 사실을 강조할 수는 없다. 왜냐하면 그 두 가지 관점은 서로 양립하기가 어렵기 때문이다. 실제로 롤스는 이 때문에 비판을 받고 있다. 다음을 참조할 것. Andrew Kuper, "Rawls Global Justice: Beyond the Law of Peoples to a Cosmopolitan Law of Persons," *Political Theory* 28, no 5 (October 2000): 640-74; Thomas W. Pogge, "The Incoherence between Rawls's Theories of Justice," *Fordham Law Review* 72, no. 5 (April 2004): 1739-59. 롤스를 비판하는 사람들과 롤스를 찬성하는 사람들의 논쟁의 개괄을 보려면 Gillian Brock, *Global Justice: A Cosmopolitan Account* (New York: Oxford University Press, 2009), chap. 2.

93. Paul W. Kahn, *Putting Liberalism in Its Place* (Princeton, NJ: Princeton University Press, 2005).

94. Uday Singh Mehta, *Liberalism and Empire: A Study in Nineteenth-Century British Liberal Thought* (Chicago: University of Chicago Press, 1999), pp. 117-18.

95. "선언문에서 주장된 권리와 자유는 이 왕국 내부에 살고 있는 사람들의 진정하고, 오래되고, 의심할 나위 없는 권리와 자유다."라고 되어 있다. "English Bill of

Rights 1689," The Avalon Project at the Yale Law School, http://avalon. law.yale.edu/17th_century/england.asp.

96. Hartz, *The Liberal Tradition in America*; Rawls, *The Law of Peoples*.

97. Otto Hintze, "The Formation of States and Constitutional Development: A Study in History and Politics," and "Military Organization and the Organization of the State," in *The Historical Essays of Otto Hintze*, ed. Felix Gilbert (New York: Oxford University Press, 1975), pp. 157-215; Harold D. Lasswell, "The Garrison State," *American Journal of Sociology* 46, no. 4 (January 1941): 455-68.

98. Hannah Arendt, *The Origins of Totalitarianism* (San Diego: Harcourt, 1973), pp. 291-92.

99. Arendt, *The Origins of Totalitarianism*, p. 300.

100. Arendt, *The Origins of Totalitarianism*, pp. 269, 299.

101. 린 헌트는 이를 "자명함의 역설"이라고 표현했다. 그녀는 "권리의 동등성이 그렇게도 자명한 것이라면 왜 이 같은 주장이 있어야 하며, 왜 이 같은 주장이 특정한 시기와 장소에서 행해졌어야 하는가? 인간의 권리가 보편적으로 인정되는 않는다면 어떻게 인권을 보편적인 것이라고 말할 수 있는가?"라고 기술했다. Hunt, *Inventing Human Rights: A History* (New York: Norton, 2007), pp. 19-20.

102. H. L. A Hart, "Rawls on Liberty and Its Priority," in *Essays in Jurisprudence and Philosophy* (Oxford: Clarendon Press, 1983), pp. 223-47.

103. John Rawls, *Political Liberalism*, expanded ed. (New York: Columbia University Press, 2005), p. 162

104. Jeremy Waldron, *The Harm in Hate Speech* (Cambridge, MA: Harvard University Press, 2012)의 견해는 Michael W. McConnell이 이 책에 대해 서평한 "You Can't Say That; A Legal Philosopher Urges Americans to Punish Hate Speech," *New York Times*, June 24, 2012, 그리고 John Paul Stevens가 그 책을 서평한 "Should Hate Speech Be Outlawed?," *New York Review of Books*, June 7, 2012, pp. 18-22.와 대비된다.

105. John Gray, *Two Faces of Liberalism* (New York: New Press, 2000), p. 82.

106. John Stuart Mill, *On Liberty* (Indianapolis: Bobbs-Merrill, 1956), p. 13.

107. Michael Walzer, *Just and Unjust Wars: A Moral Argument with*

Historical Illustrations (New York: Basic Books 2007), p. 268.

108. Rawls, *The Law of Peoples*, p. 105. Giorgio Agamben, *State of Exception*, trans. Kevin Attell (Chicago: University of Chicago Press, 2005); Carl J. Friedrich, *Constitutional Government and Democracy: Theory and Practice in Europe and America* (Boston: Ginn and Company, 1946), chap. 13; Clinton L. Rossiter, *Constitutional Dictatorship: Crisis Government in the Modern Democracie*s (Princeton, NJ: Princeton University Press, 1948); Fredrick M. Watkins, "The Problem of Constitutional Dictatorship," in *Public Policy: A Yearbook of the Graduate School of Public Administration, Harvard University*, ed. C. J. Friedrich and Edward S. Mason (Cambridge, MA: Harvard University Press, 1940).

109. "Inside the Hearts and Minds of Arab Youth," 8th Annual ASDA' A Burson-Marsteller Arab Youth Survey, 2016, p. 26.

110. Stephen Kinzer, "Rwanda and the Dangers of Democracy," *Boston Globe*, July 22, 2017. Stephen Kinzer, *A Thousand Hills: Rwanda' s Rebirth and the Man Who Dreamed It* (Hoboken, NJ: Wiley, 2008).

111. "Stability and Comfort over Democracy: Russians Share Preferences in Poll," *RT News*, April 3, 2014

112. 서구사회에서 자유주의의 권리를 확산시키는 것이 어려운 일이었다는 점은 인권의 역사를 다룬 다음 두 권의 책의 주제가 되었다. Hunt, *Inventing Human Rights; and Samuel Moyn, The Last Utopia: Human Rights in History* (Cambridge, MA: Harvard University Press, 2010). 두 저자는 모두 양도할 수 없는 권리라는 개념은 18세기 후반 미국의 독립선언(1886)과 더불어 프랑스의 인권과 시민에 대한 권리장전(1789) 선언 이후 폭넓은 관심을 받기 시작했음을 분명히 밝히고 있다. 그러나 이후 150년 동안 서구에서 양도할 수 없는 권리라는 개념이 그다지 큰 관심을 받지 못했다는 것이다. 헌트는 이 개념이 1948년에 다시 관심을 받기 시작했다고 말하고 있지만 모인(Moyne)은 1977년이나 되어서야 이 개념이 다시 관심을 끌게 되었다고 말한다. 또한 다음을 참조하라. Markus Fischer, "The Liberal Peace: Ethical, Historical, and Philosophical Aspects" (BCSIA Discussion Paper 2000-07, Kennedy School of Government, Harvard University, April 2000), pp. 20-22. 헌트나 모인 두 사람 모두 '만약의 상태'를

핵심으로 삼고 있다는 점을 지적해야 할 것이다. 헌트는 "자연성, 평등, 그리고 보편성조차 완전한 것이 못 된다. 인권은 거기에 정치적인 내용물이 채워질 경우에만 의미가 있다. 그것은 자연 상태에 있는 사람의 권리를 의미하는 것이 아니다. 그것은 사회 속에 있는 사람들의 권리를 의미한다."(p.21) 다른 말로 한다면 그녀는 자연권에 대해서 반박한다. 모인에게 있어서 인권이란 "다른 것들보다 더 호소력 있는 이데올로기 중 하나일 뿐이다."(p.5)

113. 자유주의를 확산시킨다는 것이 얼마나 어려운 일인가는 영국이 자국의 식민지, 특히 인디아를 향해 그 이데올로기를 수출하려다 당하게 된 문제점들을 보면 잘 알 수 있다. Karuna Mantena, *Alibis of Empire: Henry Maine and the Ends of Liberal Imperialism* (Princeton, NJ:Princeton University Press, 2010); Mehta, *Liberalism and Empire*.

114. Rossiter, *Constitutional Dictatorship*, p. 228. Lincoln's actions, see pp. 223-39.

115. Aristide R. Zolberg, *A Nation by Design: Immigration Policy in the Fashioning of America* (Cambridge, MA: Harvard University Press, 2006), p. 192.

116. 유럽으로부터 온 이민자에 대한 이 같은 차별은 다음 세 권의 책 제목에 잘 나타나 있다. Karen Brodkin, *How Jews Became White Folks and What That Says about Race in America* (New Brunswick, NJ: Rutgers University Press, 1998); Noel Ignatiev, *How the Irish Became White* (New York: Routledge, 2008); David R. Roediger, *Working toward Whiteness: How America's Immigrants Became White* (New York, Basic Books, 2005).

117. David M. Kennedy, *Over Here: The First World War and American Society* (New York: Oxford University Press, 1982), chap. 1; Frederick C. Luebke, *Bonds of Loyalty: German Americans and World War I* (DeKalb: Northern Illinois University Press, 1974); Carl Wittke, *German-Americans and the World War* (Columbus: Ohio State Archaeological and Historical Society, 1936).

118. Armitage, *The Declaration of Independence*, p. 18; Gerald N. Rosenberg, "Much Ado about Nothing? The Emptiness of Rights' Claims in the Twenty-First Century United States," in "Revisiting Rights," ed.

Austin Sarat, special issue, *Studies in Law, Politics, and Society* (Bingley, UK: Emerald Group, 2009), pp. 1-41.

119. Rosenberg, "Much Ado about Nothing?," pp. 20, 23-28. George Klosko, "Rawls's 'Political' Philosophy and American Democracy," *American Political Science Review* 87, no. 2 (June 1993); 348-59; George Klosko, *Democratic procedures and Liberal Consensus* (New York: Oxford University Press, 2004), p. vii; Shaun P. Young, "Rawsian Reasonableness: A Problematic Presumption?," *Canadian Journal of Political Science* 39, no. 1 (March 2006): 159-80.

120. 모든 인용문은 Rosenberg, "Much Ado about Nothing?," p. 33.

121. James Madison, Alexander Hamilton, and John Jay, *The Federalist Papers*, ed. Isaac Kramnick (New York: Penguin, 1987), pp. 122-28.

122. Lisa Blaydes and James Lo, "One Man, One Vote, One Time? A Model of Democratization in the Middle East," *Journal of Theoretical Politics* 24, no. 1 (January 2012): 110-46; Paul Pillar, "One Person, One Vote, One Time," *National Interest Blog*, October 3, 2017, http://nationalinterest.org/blog/paul-pillar/one-person-one-vote-one-time-22583.

123. 미국 시민들 사이에 다양한 간극이 점차 형성되기 시작하고 있다는 우려스런 근거들이 있다. Alan Abramowitz, *The Great Alignment: Race, Party Transformation and the Rise of Donald Trump* (New Haven, CT: Yale University Press, 2018). 놀라운 일도 아니지만 오늘날 미국에서 독재정치의 유혹이 있음을 우려해야 할 만한 증거들이 있다. Steven Levitsky and Daniel Ziblatt, *How Democracies Die* (New York: Crown, 2018).

124. Emile Durkheim, *The Division of Labor in Society* (New York: Free Press, 1964).

125. Michael J. Glennon, *National Security and Double Government* (New York: Oxford University Press, 2016). Michael Lofgren, *The Fall of the Constitution and the Rise of a Shadow Government* (New York: Penguin, 2016).

1.자유민주주의는 번영을 촉진한다는 주장에 대해서는 다음을 보라. Michael C. Desch, *Power and Military Effectiveness: The Fallacy of Democratic Triumphalism* (Baltimore: Johns Hopkins University Press, 2008), pp. 52-53; Yi Feng, "Democracy, Political Stability, and Economic Growth," *British Journal of Political Science* 27, no. 3 (July 1997): 391-418; David A. Lake, "Powerful Pacifists: Democratic States and War," *American Political Science Review* 86, no. 1 (March 1992): 24-37.

2. 대부분 외교정책 분석가들은 냉전이 종식된 후의 국제체제를 단극체제라고 보며, 미국을 유일 초강대국으로 본다. 다른 나라들은 중요한 나라(major powers) 혹은 약소국(minor powers)으로 분류될 수 있을 것이다. 강대국(Great Powers)으로 분류될 수 있는 나라는 없었다. 다음을 참조하라. Nuno P. Monteiro, *Theory of Unipolar Politics* (New York: Cambridge University Press, 2014). 이와는 반대로 나는 현재 세계를 다극체제로 본다. 중국과 러시아를 강대국으로 보기 때문이다. John J. Mearsheimer, *The Tragedy of Great Power Politics*, updated ed. (New York: Norton, 2014). 그렇지만 미국은 중국과 러시와는 상대가 되지 않을 정도로 막강하다는 사실에 의문의 여지가 없다. 실제로 세 나라 중 미국만이 초강대국이다. 그렇기 때문에 내가 인식하는 전 지구적 세력균형 체제와 세계를 일극체제로 보는 사람들 간에는 큰 차이가 없다. 이러한 사실을 인정하고 통상적인 용어들이 어떻게 발전되어 왔는가를 고려할 때, 나는 1989년 이후 국제체제의 모습을 묘사하기 위해 불균형적 다극체제(unbalanced multipolarity)라는 용어 대신 일극체제(unipolarity)라는 용어를 사용했다. 그럼에도 불구하고 나는 다극체제 내에서 다른 나라와 비교할 수 없을 정도로 막강한 국력을 가진 강대국은 자유주의적 패권을 추구할 수 있다고 믿는다. 왜냐하면 다른 강대국은 그들의 국경에서 가까운 지역을 제외하면 지배적인 국가가 패권을 추구하는 것을 막을 능력이 없기 때문이다.

3. Michael W. Doyle, "Liberalism and World Politics," *American Political Science Review* 80, no. 4 (December 1986): 1161.

4. 일부 학자들은 자유주의가 아닌 민주주의의 특정 모습이 자유민주주의 국가들로 하여금 전쟁에 빠져들지 않게 한다고 주장한다. 다른 말로 민주주의 국가들은 전

쟁을 하지 않는다는 현상을 설명하는 핵심 개념인 양도할 수 없는 권리의 중요성을 강조하는 것이 아니다. 이 책 7장에서 나는 자유민주주의 국가들이 전쟁을 하지 못하게 하는 데 기여한다는 민주주의의 특별한 속성들에 대해 논의할 것이다.

5. G. John Ikenberry, "Liberal Internationalism 3.0: America and the Dilemmas of Liberal World Order," *Perspectives on Politics* 7, no. 1 (March 2009): 75.

6. Michael W. Doyle, "Kant, Liberal Legacies, and Foreign Affairs," part 2, *Philosophy and Public Affairs* 12, no. 4 (Fall 1983):324. Doyle, "Liberalism and World Politics," pp. 1156-63.

7. Kenneth N. Waltz, *Man, the State and War: A Theoretical Analysis* (New York: Columbia University Press, 1965), p. III. Doyle, "Liberalism and World Politics," p. 1160. John Owen, "All individuals share an interest in peace, and should want war only as an instrument to bring about peace," John M. Owen, "How Liberalism Produces Democratic Peace," *International Security* 19, no. 2 (Fall 1994): 89.

8. Ikenberry, "Liberal Internationalism 3.0," p. 72.

9. John Rawls, *The Law of Peoples: With "The Idea of Public Reason Revisited"* (Cambridge, MA: Harvard University Press, 1999), p. 35.

10. Rawls, *The Law of Peoples*, p. 24.

11. Bertrand Russell, *Portraits from Memory and Other Essays* (New York: Simon & Schuster, 1956), p. 45.

12. Seyla Benhabib, "Claiming Rights across Borders: International Human Rights and Democratic Sovereignty," *American Political Science Review* 103, no. 4 (November 2009): 691-704.

13. Rawls, *The Low of Peoples*, pp. 5, 93, 113.

14. John M. Owen, *The Clash of Ideas in World Politics: Transnational Networks, States, and Regime Change, 1520-2010* (Princeton, NJ: Princeton University Press, 2010). p. 4.

15. Nicolas Guilhot, *The Democracy Makers: Human Rights and the Politics of Global Order* (New York: Columbia University Press, 2005).

16. Charles R. Beitz, "International Liberalism and Distributive Justice: A

Survey of Recent Thought," *World Politics* 51, no. 2 (January 1999): 270. Brian Barry, "Humanity and Justice in Global Perspective," in *Ethics, Economics, and the Low; Nomos XXIV*, ed. J. Roland Pennock and John W. Chapman (New York: New York University Press, 1982), chap. II; Brian Barry, "International Society from a Cosmopolitan Perspective," in *International Society: Diverse Ethical Perspectives*, ed. David R. Mapel and Terry Nardin (Princeton, NJ: Princeton University Press, 1998), pp. 144-63; Charles R. Beitz, *Political Theory and International Relations* (Princeton, NJ: Princeton University Press, 1999), part 3; Richard W. Miller, *Globalizing Justice: The Ethics of Poverty and Power* (New York: Oxford University Press 2010); Thomas W. Pogge, *Realizing Rawls* (Ithaca, NY: Cornell University Press, 1989), part 3.

17. Doyle, "Kant, Liberal legacies, and Foreign Affairs," part 2, pp. 338-43; Eric Mack, "The Uneasy Case for Global Redistribution," in *Problems of International Justice*, ed. Steven Luper-Foy (Boulder, CO: Westview Press, 1988), pp. 55-66. 강대국들은 때로 자신이 손해를 보더라도 다른 중요한 동맹국이 경제적인 이득을 취하게 하는데, 이는 더욱 막강한 적국을 억제하거나 그 적국에 대항해서 싸우는 데 도움이 되기 때문이다. Mearsheimer, *The Tragedy of Great Power Politics*, pp. 159, 292, 324-25. 그러나 이 같은 논리는 전 지구적 정의를 고양하는 데 아무런 도움이 되지 않는다.

18. Samuel P. Huntington, *Who Are We? The Challenges to America's National Identity* (New York: Simon & Schuster, 2004), p. 268. Samuel P. Huntington, *The Clash of Civilizations and the Remaking of World Order* (New York: Simon & Schuster, 1996), chap. 3.

19. Stephen M. Walt, *The Hell of Good intentions: America's Foreign Policy Elite and the Decline of U.S. Primacy* (New York: Farrar, Straus and Giroux, 2018), chap. 3. Christopher Layne, "The US Foreign Policy Establishment and Grand Strategy: How American Elites Obstruct Adjustment," *International Politics* 54, no. 3 (May 2017): 260-75; Kevin Narizny, *The Political Economy of Grand Strategy* (Ithaca, NY: Cornell University Press, 2007).

20. 현실주의는 두 가지 기본적인 형태로 나타나는데 인간의 본능과 구조이다. 여기서 제시된 이론은 분명히 후자의 카테고리에 속한다. 왜냐하면 이 이론은 국제체제의 일반적인 디자인이 국가들로 하여금 권력을 추구할 수밖에 없도록 한다고 보기 때문이다. 반면, 인간의 본능을 강조하는 현실주의자들은 국가들이 힘을 추구하는 이유는 모든 사람들이 권력에의 욕망을 가지고 태어나기 때문이며, 그들의 마음속에 권력의 욕구가 태생적으로 존재하기 때문으로 본다. 그래서 그 같은 개인이 이끄는 나라들은 자신의 라이벌 국가들을 압도하고자 한다는 것이다. 예를 들어 한스 모겐소 교수는 인간은 지배하려는 욕구(animus dominandi)가 있다고 보는데, 이는 개인뿐만 아니라 국가 행동의 추동력이 되는 것이다. Hans J. Morgenthau, *Scientific Man vs. Power Politics* (London: Latimer House, 1947), pp. 165-67. Hans J. Mogenthau, *Politics among Nations*, 5th ed. (New York: Knopf, 1973), pp 34-35. 이 같은 생각을 공유하는 현실주의자들에게 권력은 구조적 현실주의자들이 생각하듯 생존을 위한 도구라기보다 원칙적으로 목표 그 자체가 된다. 그럼에도 불구하고 인간 본능 현실주의자들은 그들의 이야기에 생존의 논리도 편입시켰다. 왜냐하면 공격적이며 잠재적으로 위험한 이웃 국가들로 가득찬 세상에서 살아가야 하는 나라들이 생존에 대해 두려워하는 것 외에 다른 방법이 없기 때문이다. 그들이 비록 권력을 목적 그 자체로 생각한다고 할지라도 말이다. Nicolas Guilhot, *After the Enlightenment: Political Realism and International Relations in the Mid-twentieth Century* (New York: Cambridge University Press, 2017); Brian C. Schmidt, *The Political Discourse of Anarch: A Disciplinary History of International Relations* (Albany, NY: State University of New York Press, 1998).

21. 이하 현실주의에 관한 논의는 다음의 책에 크게 의존했다. Mearsheimer, *The Tragedy of Great Power Politics*, pp. 29-54, 363-65.

22. Sebastian Rosato, "The Inscrutable Intentions of Great Powers," *International Security* 39, no. 3 (Winter 2014/15): 48-88.

23. Joseph M. Parent and Sebastian Rosato, "Balancing in Neorealism," *International Security* 40, no. 2 (Fall 2015): 51-86.

24. Evan Luard, *Basic Texts in International Relations: The Evolution of Ideas about International Society* (London: Macmillan, 1992), p. 166.

25. 지리적 한계 때문에 어떤 국가도 전 지구적인 패권국(global hegemon)이 될 수

는 없다. 지구의 대단한 규모, 엄청난 규모의 큰 바다들은 어떤 나라라도 지구 전체를 지배하기 어렵게 한다. 국가들이 가질 수 있는 최대의 희망은 지역적인 패권국이 되는 것이다. 즉 자신이 속하고 있는 지역을 지배하는 것이다. 예로서 미국은 19세기 후반 이래 서반구의 패권국이었다. 더 자세한 설명을 보려면 다음을 참조할 것. Mearsheimer, *The Tragedy of Great Power Politics*, pp. 40-42. 다음에서 논의할 것이지만 마찬가지 요인이 세계적 패권국의 출현을 불가능하게 만든다.

26. Robert B. Strassler, ed., *The Landmark Thucydides: A Comprehensive Guide to the Peloponnesian War* (New York: Simon & Schuster, 1998).

27. Markus Fischer, "Feudal Europe, 800-1300: Communal Discourse and Conflictual Practices," *International Organization* 46, no. 2 (Spring 1992): 427-66.

28. Steven Pinker, *The Better Angels of Our Nature: Why Violence Has Declined* (New York: Viking, 2011), p. 55.

29. Thomas Hobbes, *Leviathan*, ed. C. B. Macpherson (Harmondworth, UK: Penguin, 1986), p. 186.

30. 앞장에서 강조한 것처럼 자유주의의 가장 중요한 약점 중 하나는 국가 내부에 살고 있는 국민들을 하나의 독립적인 개인으로 보는 것이다. 실제로 국민들은 본원적으로 사회적인 존재이다. 그러나 이 같은 약점은 국제정치적인 차원에는 적용되지 않는다. 왜냐하면 국가는 어떤 의미 있는 측면에서 보았을 때 사회적인 존재는 아니기 때문이다. 국가란 개별적인 정치적 행위자이며 본질적으로 이기적인 실체이다. 물론 이것이 바로 현실주의가 국가를 대하는 방식이며, 이 방식은 왜 국제체제 속에서 자유주의가 지시하는 대로 행동하는 국가들이 결국 세력균형의 논리에 입각하게 되고 마는가를 설명하는 데 도움을 줄 수 있다.

31. Charles L. Glaser, *Rational Theory of International Politics: The Logic of Competition and Cooperation* (Princeton, NJ: Princeton University Press, 2010), pp. 38-39; Mearsheimer, *The Tragedy of Great Power Politics*, pp. 31, 363; Rosato, "The Inscrutable Intentions of Great Powers," pp. 52-53.

32. John Locke, *The Second Treatise of Government* (Indianapolis: Bobbs-Merrill, 1952), p. 83.

33. Stephen Holmes, *Passions and Constraint: On the Theory of Liberal Democracy* (Chicago: University of Chicago Press, 1997), p. 39.

34. Deborah Boucoyannis, "The International Wanderings of a Liberal Idea, or Why Liberals Can Learn to Stop Worrying and Love the Balance of Power," *Perspectives on Politics* 5, no. 4 (December 2007): 708; G. Lowes Dickinson, *The European Anarchy* (New York: Macmillan, 1916).

35. 자유주의는 국제적인 차원과 국내적인 차원에서 어떻게 다른 관점을 가지고 있는지에 대해서는 다음을 보라. Charles R. Beitz, *Political Theory and International Relations* (Princeton, NJ: Princeton University Press, 1979); Hidemi Suganami, *The Domestic Analogy and World Order Proposals* (New York: Cambridge University Press, 1989).

36. Monteiro, *Theory of Unipolar Politics*, chap. 3.

37. 이렇게 말하는 것이 일부 다민족 국가를 구성하는 민족들이 서로를 같은 권리를 가져야 하는 동등한 실체로 인정하지 않는다는 사실을 부정하는 것이 아니다. 그러나 이것이 중요한 문제가 아닌 여러 가지 사례들이 있다. 즉 다양한 민족들이 더 큰 민족국가 내에서 서로 사이좋게 사는 사례들이 있다.

38. Gerald N. Rosenberg, "Much Ado about Nothing: The Emptiness of Rights' Claims in the Twenty-First Century United States," in "Revisiting Rights," ed. Austin Sarat, special issue, *Studies in Law, Politics, and Society* (Bingley, UK: Emerald Group, 2009), p. 20.

39. Michael Barnett, *Eyewitness to a Genocide: The United Nations and Rwanda* (Ithaca, NY: Cornell University Press, 2002), pp. 12-13, 34-39, 68, 85, 116-17, 163; Samantha Power, *"A Problem from Hell": America and the Age of Genocide* (New York: Basic Books, 2002), pp. 366-67, 374-75.

40. Scott D. Sagan and Benjamin A. Valentino, "Use of Force: The American Public and the Ethics of War," *Open Democracy*, July 2, 2015, https://www.opendemocracy.net/openglobalrights/scott-d-sagan-benjamin-valentino/use-of-force-american-public-and-ethics-of-war.

41. Julia Hirschfeld Davis, "After Beheading of Steven Sotloff, Obama Pledges to Punish ISIS," *New York Times*, September 3, 2014; White House Press Office, "Statement by the President on ISIL," September 10, 2014.

42. John Tirman, *The Deaths of Others: The Fate of Civilians in America's Wars* (New York: Oxford University Press, 2011), pp. 295-302. Michal R.

Belknap, *The Vietnam War on Trial: The My Lai Massacre and the Court-Martial of Lieutenant Calley* (Lawrence: University Press of Kansas, 202); Kendrick Oliver, *The My Lai Massacre in American History and Memory* (Manchester, UK: Manchester University Press, 2006).

43. John Mueller, *War and Ideas: Selected Essays* (New York: Routledge, 2011), p. 174.

44. Tiran, *The Deaths of Others*, p. 3.

45. 이 사례는 6장에서 자세히 설명되었다.

46. Rawls, *The Law of Peoples*, pp. 4-5, 80-81, 90.

47. Rawls, *The Law of Peoples*, p. 126.

48. John J. Mearsheimer, "The False Promise of International Institutions," *International Security* 19, no 3 (Winter 1994/1995): 5-49.

49. 미국 내에서 일상적 자유주의에 근거한 외교정책을 시행해야 한다는 가장 강력한 주장들은 자유당(Libertarian Party)과 CATO 연구소에서 발견된다. Christopher A. Preble, *The Power Problem: How American Military Dominance Makes Us Less Safe, Less Prosperous, and Less Free* (Ithaca, NY: Cornell University Press, 2009); Libertarian Party, "2016 Platform," adopted May 2016, https://www.lp.org/platform/. 프레블과 그의 견해를 공유하는 다른 전문가들은 미국은 대체적으로 보아 상당히 양호한 전략 환경에 놓여 있다고 보며, 그래서 이들은 일상적 자유주의에 근거한 외교정책이 세력균형의 논리와 어긋나지 않는다고 보는 것이다.

50. Charles Tilly, *Coercion, Capital, and European States*, AD 990-1992 (Cambridge, MA: Blackwell, 1992), chaps. 1-2.

51. David Armitage, "The Contagion of Sovereignty: Declarations of Independence since 1776," *South African Historical Journal* 52, no. 1 (January 205): 1. Robert Jackson, *Sovereignty: The Evolution of an Idea* (Cambridge: Polity Press, 2007); Andreas Wimmer, *Waves of War: Nationalism, State Formation, and Ethnic Exclusion in the Modern World* (New York: Cambridge University Press, 2013).

52. 국제정치적 차원에서 민족주의와 현실주의가 양립할 수 있는지에 대한 언급이 필요할 것이다. 이미 지적한 것처럼 현실주의는 시간을 초월하는 이론이며, 그렇

기 때문에 국제체제가 무정부적이며 국가들이 언제라도 폭력의 위협에 당면하고 있는 한, 어떤 유형의 정치 체제가 국제체제를 구성하고 있는가 여부는 문제가 되지 않는다. 그러나 현존하는 국제정치 체제를 구성하는 것은 배타적으로 민족국가들이며 이는 민족국가들이 현재 현실주의 이론이 분석하는 핵심적인 단위임을 의미한다. 민족국가는 역시 민족주의의 핵심적인 단위이기도 하다. 실제로 내가 4장에서 주장했던 것과 같이 민족국가란 민족주의가 구현된 모습이다. 민족주의와 현실주의는 국제체제 속에 존재하는 민족국가들이 행동의 동기가 무엇인가에 대해 유사한 이야기를 제공한다. 민족주의와 현실주의는 모두 특수한 이론인데 주요 행위자는 독립적인 단위이며 상호 거래를 하며 때로 서로 본질적으로 상이한 이익을 가지고 있다. 그들 간의 상호 관계는 이득이 되기도 하며 위험한 것이기도 하기 때문에 각 단위들—우리가 이곳에서 말하는 단위는 민족국가—은 다른 단위의 행동이 자신에게 어떤 영향을 미치는지에 대해 조심성 있는 관찰을 해야 한다. 궁극적으로 국가들은 자신의 이익을 극대화시키는 정책을 채택하게 되는데 이럴 경우 상대방의 이익을 해칠 수밖에 없는 경우도 있을 것이다. 자신의 이득을 위해 민족국가들은 때때로 다른 나라들에게 해를 입히거나 심지어 라이벌 국가를 파괴하는 경우도 있다. 국가들은 이기적인 행동을 하기는 하지만 모든 경우 국가들은 상대방에 대해 적개심을 표현하는 것은 아니며 국가들이 끊임없는 전쟁 상태에 있는 것도 아니다. 실제로 국가들은 서로 협력한다. 그럼에도 불구하고 모든 민족국가들은 다른 나라들이 언젠가는 자기를 위협할 것이라는 사실을 알고 있다. 이처럼 갈등의 잠재력이 항상 존재하기 때문에 국가들은 직접적인 위협이 없을 때라도 자신의 생존에 대해 걱정하지 않을 수 없다. 그래서 두 이론의 핵심에는 생존의 문제가 있다. 물론 생존은 민족국가의 단 하나의 목표는 아니다. 그러나 생존은 가장 중요한 목표가 되어야만 하는데 생존하지 못한다면 다른 목표들도 이룰 수 없을 것이기 때문이다. 요약하자면, 민족주의와 현실주의는 내가 2장에서 주장했던 정치학 이론들과 그 궤가 일치한다

53. Fischer, "Feudal Europe: 800-1300," Robert Barlett, *The Making of Europe: Conquest, Colonization, and Cultural Change, 950-1350* (Princeton, NJ: Princeton University Press, 1994); Tilly, *Coercion, Capital, and European States.*

54. Tilly, *Coercion, Capital, and European States.* Otto Hintze, "The Formation of States and Constitutional Development: A Study in History

and Politics," and "Military Organization and the Organization of the State," in *The Historical Essays of Otto Hintze*, ed. Felix Gilbert (New York: Oxford University Press, 1975), pp. 157-215.

55. Niccolo Machiavelli, *The Prince*, trans. Harvry C. Mansfield, 2nd ed. (Chicago: University of Chicago Press, 1998), pp. 53, 84, 105.

56. Machiavelli, *The Prince*, p. 102. pp. 101-5.

57. Mearsheimer, *The Tragedy of Great Power Politics*, pp. 272-88.

58. Barry R. Posen, "Nationalism, the Mass Army, and Military Power," *International Security* 18, no.2 (Fall 1993): 89-99. Peter Paret, *Yorck and the Era of Prussian Reform, 1807-1815* (Princeton, NJ: Princeton University Press, 1966); Peter Paret, *Clausewitz and the State* (New York: Oxford University Press, 1976).

59. Jackson, *Sovereignty*, chaps. 3-4.

60. John Gray, *Black Mass: Apocalyptic Religion and the Death of Utopia* (New York: Farrar, Straus and Giroux, 2007), p. 30. Reinhold Niebuhr, *The Irony of American History* (Chicago: University of Chicago Press, 2008).

61. Ronald Suny, *The Revenge of the Past: Nationalism, Revolution, and the Collapse of the Soviet Union* (Stanford, CA: Stanford University Press, 1993).

62. Benedict Anderson, *Imagined Communities: Reflections on the Origin and Spread of Nationalism* (London: Verso, 1983), pp. 1-3.

63. Luis Cabrera, *Global Governance, Global Government: Institutional Visions for an Evolving World System* (Albany: State University of New York Press, 2011), chap.2; Daniel Deudney, *Bounding Power: Republican Security Theory from the Polis to the Global Village* (Princeton NJ: Princeton University Press, 2007); Alexander Wendt, "Why a World State Is Inevitable," *European Journal of International Relations* 9, no. 4 (December 2003): 491-542. 과거 여러 번 미국에서 세계정부에 대한 관심이 고조되었던 때가 있었다. 실제로 한스 모겐소 그리고 라인홀드 니버 같은 현실주의자들도 핵무기의 발달은 세계국가의 필요성을 높였다고 주장했다. 세계국가에 관

해 미국 사람들이 지닌 사고의 배경을 알기 위해서는 다음을 참조하라. Luis Cabrera, "World Government: Renewed Debate, Persistent Challenges," *European Journal of International Relations* 16, no. 3 (2010): 511-30; Campbell Craig, "The Resurgent Idea of World Government," *Ethics & International Affairs* 22, no. 2 (Summer 2008):133-42; Thomas G. Weiss, "What Happened to the Idea of World Government?," *International Studies Quarterly* 53, no. 2 (June 2009): 253-71.

64. 이것은 디킨슨의 핵심적 주제가 된다. Dickinson, *The European Anarchy* 일극적 국제정치 체제와 세계국가는 본질적으로 다르다는 사실을 아는 것이 중요하다. 일극체제 하에서 국제체제는 무정부 상태이다. 이 체제는 비록 한 나라가 다른 나라들에 비해 훨씬 힘이 막강하다고 할지라도, 여러 개의 국가들로 구성되어 있기 때문이다. 여러 개의 국가들은 모두 다 주권을 가진 실체들이다. 세계국가란 지구 상에 단 하나의 주권국만이 존재함을 의미한다. 그래서 세계국가가 존재한다면 그 국제체제는 위계체제(hierarchic)가 된다.

65. Rawls, *The Law of Peoples*, p. 36. Ian Shapiro, *Politics against Domination* (Cambridge, MA: Harvard University Press, 2016), chap. 5.

06 문제의 근원으로서 자유주의

1. 2017년 10월 미국 의회 조사국(The Congressional Research Service)은 다음과 같은 보고서를 간행했다. "instances in which the United States has used its Armed Forces abroad in situations of military conflict or potential conflict or for other than normal peacetime purposes" from 1798 to 2017. Barbara Salazar Torreon, "Instances of Use of United States Armed Forces Abroad, 1798-2017," Congressional Research Service Report, R42738, Washington, DC, October 12, 2017. 이 보고서는 냉전이 종식된 이후 시기 동안(1990-2017) 미국이 얼마나 빈번하게 군사력을 전개했는지를 보여주는데, 이 시기 동안 미국은 1789년에서 1989년에 이르는 기간과 비교해 6배 이상 빈번하게 군사력을 전개했음을 알 수 있다.

2. Alex J. Bellamy, *Responsibility to Protect* (Malden, MA: Polity Press, 2009);

Alex J. Bellamy and Time Dunne, eds., *The oxford Handbook of the Responsibility to Protect* (New York: Oxford University Press, 2016); Gareth Evans, *The Responsibility to Protect: Ending Mass Atrocity Crimes Once and for All* (Washington, DC: Brookings Institution, 2009); Ronald Paris, "The 'responsibility to Protech' and the Structural Problems of Preventive Humanitarian Intervention," *International Peacekeeping* 21, no. 5 (October 2014): 569-603; Ramesh Thakur and William Maley, eds., *Theorizing the Responsibility to Protect* (New York: Cambridge University Press, 2015).

3. 이 문장에 포함된 두 개의 인용문은 다음의 자료를 보라. Christopher Layne, "Kant or Cant: The Myth of the Democratic Peace," *International Security* 19, no. 2 (Fall 1994): 46.

4. John Rawls, *The Law of Peoples: With "The Idea of Public Reason Revisited"* (Cambridge, MA: Harvard University Press, 1999), pp. 93, 113.

5. Rawls, *The Law of Peoples*, pp. 89-93.

6. John M. Owen, "How Liberalism Produces Democratic Peace," *International Security* 19, no. 2 (Fall 1994): 88-89.

7. 부시 대통령은 2003년 3월 이라크를 공격하기 직전 "반테러 전쟁을 수행하는 데 가장 큰 위협은 대량 파괴무기로 무장된 깡패 정권입니다."라고 말했다. George W. Bush, speech at the American Enterprise Institute (AEI) Annual Dinner, Washington, DC, February 28, 2003. On the Bush Doctrine, see *The National Security Strategy of the United States* (Washington, DC: White House, September 17, 2004).

8. Bush, speech at the AEI Annual Dinner. On the Bush Doctrine, see *The National Security Strategy of the United States*; George W. Bush, address to the West Point Graduating Class, June 1, 2002; Robert Jervis, "Understanding the Bush Doctrine," *Political Science Quarterly* 118, no. 3 (Fall 2003): 365-88; Jonathan Monten, "The Roots of the Bush Doctrine: Power, Nationalism, and Democracy Promotion in U.S. Strategy," *International Security* 29, no. 4 (Spring 2005): 112-56.

9. Bush, speech at the AEI Annual Dinner.

10. Henry A. Kissinger, *A World Restored: Metternich, Castlereagh, and the Problems of Peace, 1812-22* (Boston: Houghton Mifflin, 1957), p. 2.

11. W. H. Lawrence, "Churchill Urges Patience in Coping with Red Dangers," *New York Times*, June 27, 1954.

12. 칼 슈미트는 이러한 관점을 파악하고 있다. "인간성이라는 용어를 독점하는 것은 계산할 수 없을 정도의 확실한 효과가 있다. 적은 도무지 인간성이라고는 없는 집단이라며 부정할 수 있으며 적들은 인류를 위해 불필요한 인간들이라고 선언할 수 있을 것이다. 그럴 경우 전쟁은 가장 극단적인 비인간적 상태까지 도달할 수 있게 된다." Schmitt, *The Concept of the Political*, trans. George Schwab (New Brunswick, NJ: Rutgers University Press, 1976), p. 54. 정치사상가인 마이클 왈저는 *Just and Unjust Wars*에서 이 같은 경향이 존재하고 있음을 분명히 인식했고, 이 같은 경향에 대해 투쟁할 결의를 가지고 있었다. 왈저의 목표는 전쟁을 제한적으로 만드는 것이었고 십자군적 전쟁에 빠져들지 않도록 하는 것이었다. Walzer, *Just and Unjust Wars: A Moral Argument with Historical Illustrations* (New York: Basic Books, 2007), chap. 7.

13. Marc Trachtenberg, "The Question of Realism: A Historian's View," *Security Studies* 13, no. 1 (Autumn 2003): 168-69.

14. Robert Jackson, *Sovereignty: Evolution of an Idea* (Malden, MA: Polity Press, 2007).

15. Stephen D. Krasner, *Sovereignty: Organized Hypocrisy* (Princeton, NJ: Princeton University Press, 1999).

16. John J. Mearsheimer, "The False Promise of International Institutions," *International Security* 19, no. 3 (Winter 1994/1995): 5-49.

17. 30년 전쟁에 관해서는 Geoffrey Parker, ed., *The Thirty Years' War*, 2nd ed. (New York: Routledge, 1998); C. V. Wedgwood, *The Thirty Years War* (London: Jonathan Cape, 1938); Peter H. Wilson, *The Thirty Years War: Europe's Tragedy* (Cambridge, MA; Harvard University Press, 2011) 웨스트팔리아 조약이 주권 국가의 시대를 연 계기가 되었다는 중요성에 관해서는 다음을 참조할 것. Leo Gross, "The Peace of Westphalia, 1648-1948," *American Journal of International Law* 42, no. 1 (January 1948): 20-41. 그러나 일부 학자들은 그로스의 해설에 도전한다. 다음을 보라. Andreas Osiander,

"Sovereignty, International Relations, and the Westphalian Myth,"
International Organization 55, no. 2 (April 2001): 251-87; Derek Croxton,
"The Peace of Westphalia of 1648 and the Origins of Sovereignty,"
International History Review 21, no. 3 (September 1999): 569-91. 나는 다니
엘 필폿의 다음과 같은 주장에 동의한다. "웨스트팔리아는 현대 국제정치 체제를
더욱 공고히 한 것이지 아무것도 없던 상태에서 새로운 것을 만들어낸 것은 아니
다. 즉각적인 변형이 이루어진 게 아니며, 주권국가를 형성하는 요소들이 300년
동안 누적된 결과이다." Daniel Philpott, "The Religious Roots of Modern
International Relations,:" *World Politics* 52, no. 2 (January 2000); 209.

18. Wilson, *The Thirty Years War*, p. 787.

19. Marc Trachtenberg, "Intervention in Historical Perspective," in *Emerging
Norms of Justified Intervention* ed. Laura W. Reed and Carl Kaysen
(Cambridge, MA: American Academy of Arts and Sciences, 1993), pp. 15-36.

20. 주권 및 탈식민화의 규범이 유럽제국주의를 종식시키는 데 어떤 기여를 했는가
에 관한 논의는 다음을 참조할 것. Neta C. Crawford, "Decolonization as a
International Norm: The Evolution of Practices, Arguments, and Beliefs,"
in Reed and Kaysen, *Emerging Norms of Justified Intervention*, pp. 37-61.
Crawford는 변화하는 이익과 제국주의 국가의 능력은 물론 지역 주민들의 생각이
최종 결과를 결정하는 데 큰 영향을 미쳤다고 주장했다.

21. Blair's 1999 speech, https://www.globalpolicy.org/component/content/
article/154/26026.html.

22. "Full Text: Tony Blair's Speech," *Guardian, March* 5, 2004,http://www.
theguardian.com/politics/2004/mar/05/iraq.iraq.

23. Joschka Fischer, "From Confederacy to Federation? Thoughts on the
Finality of European Integration" (speech at Humbolt University, Berlin,
May 12, 2000), http://germanhistorydocs.ghi-dc.org/sub_document.cfm?
document_id=3745.

24. Gene M. Lyons and Michael Mastanduno, eds., *Beyond Westphalia?
National Sovereignty and International Intervention* (Baltimore: Johns
Hopkins Universtiy Press, 1995); Joseph A. Camilleri and Jim Falk, *The
End of Sovereignty? The Politics of a Shrinking and Fragmenting World*

(Cheltenham, UK: Edward Elgar, 1992). Claire Cutler, "Critical Reflections on the Westphalian Assumptions of International Law and Organization: A Crisis of Legitimacy," *Review of International Studies* 27, no. 2 (April 2001): 133-50.

25. 혹자는 자유주의와 주권 사이의 긴장은 궁극적으로 해소될 것이라고 주장할 수 있을 것이다. 왜냐하면 세계의 국가들이 모두 자유주의 국가인 경우, 그런 나라들은 다른 나라의 국내 문제에 개입할 필요성이 없을 것이기 때문이다. 결국 모든 자유민주주의 국가들은 심각한 인권 유린 국가들이 아닐 것이며 그들은 서로 싸우지도 않을 것이다. 그럼으로써 또다시 주권은 존중되는 개념이 될 것이다. 자유주의적인 원칙과 웨스트팔리아적 원칙 사이에서 더 이상 갈등이 야기되지 않을 것이기 때문이다. 그러나 이 같은 결과는 미국이나 영국 같은 나라들이 지구 전역에 성공적으로 민주주의를 확산시킬 수 있을 때, 때때로 무력을 동원해서라도 민주주의를 확신시킬 수 있다고 가정할 때 가능한 것이다. 그러나 이 같은 가정은 잘못된 것이다. 외국에 대한 사회공학적 행동은 실패할 가능성이 훨씬 높으며 때로는 완전한 파탄을 야기하기도 한다. 부시 독트린에서 보여졌듯이 말이다.

26. Carl Gershman, "Former Soviet States Stand Up to Russia, Will the U.S.?," *Washington Post*, September 26, 2013.

27. Michael McFaul, "Moscow's Choice," *Foreign Affairs* 93, no. 6 (November/December 2014): 170. David Remnick, "Letter from Moscow: Watching the Eclipse," *New Yorker*, August 11 and 18, 2014.

28. Keith Bradsher, "Some Chinese Leaders Claim U.S. and Britain Are behind Hong Kong Protests," *New York Times*, October 10, 2014; Zachary Keck, "China Claims US behind Hong Kong Protests," *The Diplomat*, October 12, 2014. Chris Buckley, "China Takes Aim at Western Ideas," *New York Times*, August 19, 2013. 위의 자료들은 시진핑 주석과 그의 관리들이 "미국에 의해 주도되는 서방의 반중국적인 힘은 하나둘씩 점차 결합될 것이며, 중국 내부의 반동 세력과 결합해서 언론의 자유, 헌법적 민주주의 미명 아래 중국을 야비하게 공격할 것이며 저들은 우리 정치 체제를 파탄내려고 한다."고 믿고 있음을 보여준다.

29. Michael Forsythe, "China Issues Report on U.S. Human Rights Record, in Annual Tit for Tat," *New York Times*, June 26, 2015.

30. 미 국방부에 의하면 2017년 9월 현재, 8,900명의 미군이 이라크에 주둔하고 있다. Christopher Woody, "There's Confusion about US Troop Levels in the Middle East and Trump May Keep It That Way," *Business Insider*, November 28, 2017.

31. Helene Cooper, "Putting Stamp on Afghan War, Obama Will Send 17,000 Troops," *New York Times*, February 17, 20009; Eric Schmitt, "Obama Issues Order for More Troops in Afghanistan," *New York Times*, November 30, 2009; Sheryl Gay Stolberg and Helene Cooper, "Obama Adds Troops, but Maps Exit Plan," *New York Times*, December 1, 2009; Mark Landler, "U.S. Troops to Leave Afghanistan by End of 2016," *New York Times*, May 27, 2014.

32. Mark Landler, "Obama Says He Will Keep More Troops in Afghanistan than Planned," *New York Times*, July 6, 2016.

33. 2014년 현재, 미국은 아프가니스탄을 재건하기 위해 1,090억 달러를 썼다. 트루먼 행정부는 1,034억 달러를 마샬 플랜에 투입했다(인플레 감안한 수치). 아프가니스탄에 쓴 11,090억 달러 중 620억 달러는 국가안보를 위한 장치를 구축하는 데 쓰여졌다. Special Inspector General for Afghanistan Reconstruction, Quarterly Report to the United States Congress, July 30, 2014, https://www.sigar.mil/pdf/quarterlyreports/2014-07-30qr.pdf. 2016년 말까지 미국은 아프가니스탄 재건에 1,170억 달러를 썼다. Special Inspector General for Afghanistan Reconstruction, Quarterly Report to the United States Congress, January 30, 2017, https://www.sigar.mil/pdf/quarterly reports/2017-01-30qr.pdf. 이 보고서는 아프가니스탄과 이라크 분쟁을 통해 "적어도 300억 달러, 아마도 600억 달러 정도가 행방불명되었든가 혹은 사기에 의해 소실되었다."라고 평가한 연구를 인용하고 있다.

34. 리비아의 재앙적 상황에 대한 자세한 논의는 다음을 참조. Foreign Affairs Committee, British House of Commons, "Lybia: Examination of Intervention and Collapse and the UK's Future policy Options," September 9, 2016. Jo Becker and Scott Shane, "the Libya Gamble," Parts 1 and 2, *New York Times*, February 27, 2016, https://www.nytimes.com/2016/02/28/us/politics/hillary-clinton-libya.html and https://www.nytimes.

com/2016/02/28/us/politics/libya-isis-hillary-clinton.html; Alan J. Kuperman, "A Model Humanitarian intervention? Reassessing NATO's Libya Campaign," *International Security* 38, no. 1 (Summer 2013): 105-36; Dominic Tierney, "The Legacy of Obama's 'Worst Mistake,'" *Atlantic Monthly*, April 15, 2016.

35. Tim Anderson, *The Dirty War on Syria: Washington, Regime Change and Resistance* (Montreal: Global Research Publishers, 2016); Stephen Gowns, *Washington's Long War on Syria* (Montreal Baraka Books, 2017); Mark Mazzetti, Adam Goldman, and Michael S. Schmidt, "Behind the Death of a \$1 Billion Secret C.I.A. War in Syria," *New York Times*, August 2, 2017; Jeffrey D. Sachs, "America's True Role in Syria," *Project Syndicate*, August 30, 2016.

36. Scott Wilson and Joby Warrick, "Assad Must Go, Obama Says," *Washington Post*, August 18, 2011; Steven Mufson, "'Assad Must Go': These 3 Little Words Are Huge Obstacle for Obama on Syria," *Washington Post,* October 19, 2015.

37. Mazzetti, Goldman, and Schmidt, "Behind the Death of a \$1 Billion Secret C.I.A. War in Syria."

38. 시리아의 인구는 대략 2,300만 명인데 그중 610만 명 정도는 국내에서 다른 곳으로 이주했고, 480만 명은 난민으로 해외로 탈출했다. 대략 1,350만 명 정도의 시리아인들이 인도주의적인 지원이 필요한 상황에 처해 있다. United Nations Office for the Coordination of Humanitarian Affairs, "Syrian Arab Republic," http://www.unocha.org/syria

39. Helene Cooper and Mark Landler, "White House and Egypt Discuss Plan for Mubarakk's Exit," *New York Times*, February 3, 2011; Tim Ross, Matthew Moore, and Steven Swinford, "Egypt Protests: America's Secret Backing for Rebel Leaders behind Uprising," *Telegraph*, January 28, 2011; Anthony Shadid, "Obama Urges Faster Shift of Power in Egypt," *New York Times*, February 1, 2011.

40. Shadi Hamid, "Islamism, the Arab Spring, and the Failure of America's Do Nothing Policy in the Middle East," *Atlantic Monthly*, October 9, 2015;

Emad Mekay, "Exclusive: US Bankrolled Anti-Morsi Activists," *Al Jazeera,*
July 10, 2013; Dan Roberts, "US in Bind over Egypt after Supporting Morsi
but Encouraging Protesters," *Guardian,* July 3, 2013.

41. 형제단(Brothrhood Members)과 그 동맹 세력을 살해한 데 대해서는 다음의
자료를 보라. "All According to Plan: The Rab'a Massacre and Mass Killings
of Protestors in Egypt," *Human Rights Watch*, August 12, 2014,
https://www.hrw.org/report/2014/08/12/all-according-plan/raba-
massacre-and-mass-killings-protesters-egypt. U.S. law and the coup in
Egypt, see Max Fischer, "Law Says the U.S. Is Required to Cut Aid after
Coups. Will It?," *Washington Post,* July 3, 2013; Peter Baker, "A Coup? Or
Something Else? $1.5 Billion in U.S. Aid Is on the Line," *New York Times,*
July 4, 2013. On the U.S. response to the coup, see Amy Hawthorne,
"Congress and the Reluctance to Stop US Aid to Egypt," MENASource,
Atlantic Council, Washington, DC, January 14, 2014.

42. Hamid, "Islamism, the Arab Spring and the failure of America's Do-
Nothing Policy in the Middle East." 미국은 또한 결정적으로 중요한 자산(공중
급유, 정보, 폭탄 제공 등)을 예멘의 내란(2015-현재)에 잔인한 방식으로 개입하
고 있는 사우디아라비아에 제공했다. 사우디아라비아 공군이 예멘의 민간 시설들
을 향해 대대적으로 실시했던 폭격 작전은 예멘 국민들에게 극심한 인명 피해를
초래했던 주요 요인이었다.

43. David E. Sanger and Judith Miller, "Libya to Give Up Arms Programs,
Bush Announces," *New York Times,* December 20, 2003.

44. U.S. Army and Marine Corps, Counterinsurgency Field Manual 3-24
(Chicago: University of Chicago Press, 2007), pp. 2, 43.

45. Bruce Bueno de Mesquita and George W. Downes, "Intervention and
Democracy," *International Organization* 60, no. 3 (Summer 2006): 627-
49; William Easterly, Shanker Satyanath, and Daniel Berger, "Superpower
Interventions and Their Consequences for Democracy: An Empirical
Inquiry" (National Bureau of Economic Research Working Paper No.
13992, Cambridge, MA, May 2008); Andrew Enterline and J. Michael
Greig, "The History of Imposed Democracy and the Future of Iraq and

Afghanistan," *Foreign Policy Analysis* 4, no. 4 (October 2008): 321-47; Nils petter Gleditsch, Lene Siljeholm Christiansen, and Harvard Hegre, "Democratic Jihad? Military Intervention and Democracy" (World Bank *Research Policy Paper* No. 4242, Washington, DC, June 2007); Arthur A. Goldsmith "Making the World Safe for Partial Democracy? Questioning the Premises of Democracy Promotion," *International Security* 33, no. 2 (Fall 2008): 120-47; Jeffrey Pikering and Mark Peceny, "Forging Democracy at Gunpoint," *International Studies Quarterly* 50, no. 3 (September 2006): 556.

46. Enterline and Greig, "The History of Imposed Democracy," p. 341.

47. Pickering and Peceny, "Forging Democracy at Gunpoint," p. 556.

48. Alexander B. Downes and Jonathan Monten, "Forced to Be Free: Why Foreign Imposed Regime Change Rarely Leads to Democratization," *International Security* 37, no. 4 (Spring 2013): 94.

49. George W. Downes and Bruce Bueno de Mesquita, "Gun-Barrel Diplomacy Has Failed Time and Again," *Los Angeles Times*, February 4, 2004.

50. Pickering and Peceny, "Forging Democracy at Gunpoint," p. 554.

51. Easterly, Satyanath, and Berger, "Superpower Interventions and Their Consequences for Democracy," p. 1.

52. 미국과 유럽의 동맹국들은 때로 보스니아의 사례를 내정개입의 성공 사례로 자부한다. 미국과 동맹국들이 1995년 보스니아의 유혈사태를 중지시킬 수 있었다는 데는 의문의 여지가 없다. 그러나 보스니아는 주로 유럽연합과 미국에 의해 만들어진 고위급 대표단 사무소(Office of High Representative)가 보스니아를 통치하고 있기 때문에 아직도 독립국이 아닌 상태다. 보스니아가 독립국이라 하더라도 그 나라는 민주주의 국가라고 말할 수 있는 자격을 갖추지 못하고 있다. 보스니아의 헌법은 부분적으로 유럽의 인권협약을 위배하고 있기 때문이다. 마지막으로 유럽연합은 보스니아의 적대적인 파벌들이 다시 무력분쟁을 야기할지 모르기 때문에 아직도 그곳에 군사력을 주둔시키고 있다.

53. 이 사례에 대한 보다 완전한 묘사는 다음을 참조할 것. John J. Mearsheimer, "Why the Ukraine Crisis Is the West's Fault," *Foreign Affairs* 93, no. 5

(September/October 2014): 77-89; John J. Mearsheimer, "Moscow's Choice," *Foreign Affairs* 93, no. 6 (November/December 2014): 175-78.

54. 이것은 위기가 발생한 이후 일부 분석가들이 논한 것이다. 위기가 시작되기 전 이 같은 상황을 논한 경우란 거의 없다. Stephen Sestanovich, "How the West Has Won," *Foreign Affairs* 93, no. 6 (November/December 2014): 171, 173. 이 견해를 따르면 NATO의 확장은 현실적인 정책이었다. 그러나 우리가 알고 있는 증거에 의하면 이와 같은 해석은 현실과는 반대된다. 러시아는 1990년 당시 공격을 할 수 있는 능력을 가지고 있지 못했으며, 2000년 이후 경제력과 군사력이 일부 증가되었지만 유럽의 그 어떤 나라들도 러시아가 이웃나라를 침략할지도 모르는 심각한 위협이라고 생각하지 않았다. 특히 2월 22일 구데타가 발발하기 전 우크라이나의 경우에 그러하였다. 실제로 러시아는 대규모의 전투부대를 서쪽 국경에 배치하지 않았으며 어떤 진지한 러시아의 정책결정자 혹은 평론가들도 러시아가 동부 유럽의 영토를 정복하는 것에 대해 이야기하지 않았다. 그래서 미국의 지도자들이 나토의 확장을 정당화시키기 위한 근거로서 러시아의 침략 위협을 말하지 않았다는 사실은 놀랍지 않다.

55. G. John Ikenberry, *After Victory: Institutions, Strategic Restraint, and the Rebuilding of Order after major Wars* (Princeton, NJ: Princeton University Press, 2001), pp. 235-39, 245-46, 270-73. 우크라이나 위기가 발생한 지 6개월 후 오바마 대통령은 에스토이나에서 청중들에게 "우리의 나토 동맹은 어떤 나라도 적으로 표적을 삼지 않습니다. 우리는 민주주의의 동맹이며 우리 스스로의 집단 방어를 위해 헌신하는 것입니다."라고 말했다. Official transcript of "remarks by the President to the People of Estonia," Nordea Concert hall, Tallinn, Estonia, September 3, 2014 (Washington, DC: White House).

56. Mary Elise Sarotte, "A Broken Promise? What the West Really Told Moscow about NATO Expansion," *Foreign Affairs* 93, no. 5 (September/October 2014): 90-97; Joshua R. I. Shifrinson, "Deal or No Deal? The End of the Cold War and the U.S. Offer to Limit NATO Expansion," *International Security* 40, no. 4 (Spring 2016): 7-44.

57. "Yeltsin Sees War Threat in NATO Enlargement," Jamestown Foundation *Monitor* 1, no. 91 (September 8, 1995). Roger Cohen, "Yeltsin Opposed Expansion of NATO in Eastern Europe," *New York Times*, October 2,

1993; Steven Erlanger, "In a New Attack against NATO, Yeltsin Talks of a 'Conflagration of War,' " *New York Times*, September 9, 1995.

58. "Bucharest Summit Declaration Issued by the Heads of State and Government Participating in the Meeting of the North Atlantic Council in Bucharest on 3 April 2008," http://www.summitbucharest.ro/en/doc_201.html.

59. "NATO Denies Georgia and Ukraine," BBC News, April 3, 2008; Adrian Blomfield and James Kirkup, "Stay Away, Bladimir Putin Tells NATO," *Telegraph*, April 5, 2008; International Crisis Group, "Ukraine: Running Out of Time" (Europe Report No. 231, May 14, 2014).

60. On the Russia-Georgia war, see Tonald D. Asmus, *A Little War That Shook the World: Georgia, Russia, and the Future of the West* (New York Palgrave, 2009); Andres A. Michta, "NATO Enlargement Post-1989: Successful Adaptation or Decline?," *Contemporary European History* 18, no. 3 (August 2009): 363-76; Paul B. Rich, ed., *Crisis in the Caucasus: Russia, Georgia and the West* (New York: Routledge, 2012).

61. "The Eastern Partnership-an Ambitious New Chapter in the Relations with Its Eastern Neighbors," *European Commission*, press release, Brussels, December 3, 2008, http://europa.eu/rapid/press-release_IP-08-1858_en.htm?locale=FR%3E 유럽연합의 동부 유럽 국가들을 향한 '이웃 국가들에 대한 정책'과 과거의 '동유럽 파트너십'에 관한 논의는 다음을 보라. Stefan Lehne, "Time to Reset the european Neighborhood Policy," *Carnegie Europe*, February 4, 2014, http://carnegieeurope.eu/ publications/?fa =54420.

62. Valentina Pop, "EU Expanding Its 'Sphere of Influence,' Russia Says," *euobserver*, March 21, 2009.

63. 유럽연합이 2013년 우크라이나에게 사인을 강요한 제휴 합의(Association Agreement)는 경제적인 문제만을 다루는 것이 아니다. 이 합의는 중요한 안보적인 측면을 내포하고 있다. 특히 이 합의는 모든 협약 당사국이 "우크라이나가 유럽의 안보 영역에 더욱 깊이 들어오도록 하기 위해 외교와 안보 문제에 있어 유럽과의 점진적 수렴을 촉진"할 것을 요구하고 있다. 이 합의는 또한 "협력 당사국 모두

가 외교적, 군사적 채널들을 완전하게 적절한 시점에 이용할 것이며 또한 제3국, 유엔, 그리고 유럽 안보 협력기구 및 다른 국제적인 기구들 내에서 적절히 협력할 것을 촉구한다. 이 같은 것은 확실히 우크라이나를 북대서양조약기구의 회원국으로 은밀히 가입시키는 것과 같아 보이며, 어떤 사려 깊은 러시아 지도자라 할지라도 이 같은 상황을 다르게 해석하지는 않을 것이다. 우크라이나 대통령이 2014년 3월 21일 그리고 2014년 6월 27일 서명한 이 합의에 대한 복사본과 배경적 정보를 위해서는 다음을 보라. "A Look at the EU-Ukraine Association Agreement," *European Union External Action*, April 27, 2015, http://collections.inter-netmemory.org/haeu/content/20160313 172652/heep://eeas.europa.eu/top_stories/2012/140912_ukraine_en.htm. 위의 인용은 Title II, Article 4, 1: Title II, Article 5, 3b.

64. 유럽 담당 국무차관보인 빅토리아 뉴랜드(Victoria Nuland)는 2013년 12월, 미국은 우크라이나가 "자신이 획득할 수 있는 미래를 획득할 수 있도록" 돕기 위해 1991년 이후 50억 달러 정도를 지출했다고 평가했다. Nuland, "remarks at the U.S.-Ukraine foundation Conference," Washington, DC, December 13, 2013, https://www.youtube.com/watch?x-yt=ts=1422411861&v=yoy-JUsPTU&x-yt-cl=84924572. A Key organization spearheading that effort is the National Endowment for Democracy (NED), a private nonprofit foundation heavily funded by the U.S. government. Robert Parry, "A Shadow US Foreign Policy," *Consortium News*, February 27, 2014; Robert Parry, "CIA's Hidden Hand in 'Democracy' Groups," *Consortium News*, January 10, 2015. NED는 우크라이나의 시민사회를 지원하기 위해 60개 이상의 프로젝트에 기금을 제공했는데 이곳의 회장인 칼 거쉬맨이 평가하듯 그것은 NED 사상 최대 규모였다. Gershman, "former Soviet States Stand Up to Russia"; William Blum, "US Policy toward Ukraine: Hypocrisy of This Magnitude Has to Be Respected," *Foreign Policy Journal*, March 8, 2014. Regarding the NED-funded projects, see National Endowment for Democracy, "Ukraine 2014," http://www.ned.org/region/central-and-eastern-europe/ukraine-2014/. 빅토르 야누코비치(Viktor Yanukovych)가 2010년 2월 우크라이나의 대선에서 승리한 이후, NED는 야누코비치가 민주주의를 향한 운동에 방해를 하고 있다고 결정했다. 그래서 NED는 야누코비치의 반대

파들을 지원하기 시작했고 우크라이나의 민주제도를 강화하려 노력했다.

65. 2014년 2월 22일의 쿠데타에 대해 더 자세한 논의를 보려면 다음을 참고할 것. Richard Sakwa, *Frontline Ukraine: Crisis in the Borderlands* (London: I.B. Tauris, 2015), chaps 1-4. See Rajan Menon and Eugene Rumer, *Conflict in Ukraine: The Unwinding of the Post-Cold War Order* (Cambridge, MA:MIT Press, 2015), chap. 2.

66. Geoffrey Pyatt (@USAmbGreece), Twitter, February 22, 2014, 2:31 p.m., https://mobile.twitter.com/GeoffPyatt/status/437308686810492929.

67. 나토를 동쪽으로 확장하려는 최초의 결정에 대해서는 다음을 보라. Ronald D. Asmus, *Opening NATO's Door: How the Alliance Remade Itself for a New Era* (New York: Columbia University Press, 2002); James M. Goldgeier, *Not Whether but When: The U.S. Decision to Enlarge NATO* (Washington, DC: Brookings Institution Press, 1999).

68. Thomas L. Friedman, "Foreign Affairs; Now a Word from X," *New York Times*, May 2, 1998.

69. "MOSCOW Looks with Concern at NATO, EU Enlargement-2004-02-17," Voice of America English News, October 26, 2009.

70. 나토의 확장에 대해 자유주의자들이 아무런 반대도 하지 않았던 이유는, 자유주의자들이 적어도 유럽에서의 국제정치는 그 본질이 변했기 때문에 나토동맹은 새로운 안전 보장의 약속을 지킬 필요가 없을 것이라고 가정했기 때문이다. 유럽에서 전쟁의 가능성은 소멸되었다는 것이다. 미국과 유럽의 동맹국들은 우크라이나를 핵심적인 안보 이익이 있는 곳으로 생각하지 않았다는 사실을 지적해야 할 것이다. 사실 미국과 유럽은 우크라이나에 위기가 발생했을 때 군사력을 사용해서 우크라이나를 도와야겠다고 생각하지 않았다. 현실주의적인 관점에서 보았을 때, 동맹 회원국들이 그 나라를 방어할 마음도 없었는데 그 나라를 동맹의 회원국으로 초청했다는 것은 최악의 바보 같은 행동이 아닐 수 없다. 그러나 자유주의자들은 우크라이나를 방어해야 할 필요가 없다고 생각했다. 그들의 현실 국제정치 인식에 의하면 그럴 수밖에 없을지도 모를 일이다. 그래서 그들은 자기가 지키고 싶지도 않은 나라에 대해 안전을 보장해줄 것이라고 약속했던 것이다.

71. "Full Transcript: President Obama Gives Speech Addressing Europe, Russia on March 26," *Washington Post*, March 26, 2014; "Face the Nation

Transcripts March 2, 2014: Kerry Hagel," *CBS News*, March 2, 2014. See the official transcript of "Remarks by the President at the New Economic School Graduation," MOSCOW, July 7, 2009 (Washington, DC: White House).

72. James Madison, "Political Observations. April 20, 1795," in *Letters and Other Writings of James Madison*, vol. 4 (New York: Worthington, 1884), p. 492. See Michael C. Desch, "America's Liberal Illiberalism: The Ideological Origins of Overreaction in U.S. Foreign Policy," *International Security* 32, no. 3 (Winter 2007/8): 7-43; David C. Hendrickson, *Republic in Peril: American Empire and the Liberal Tradition* (New York: Oxford University Press, 2018), especially chap. 4.

73. 군사화된 자유주의 국가들이 국내적으로 군사화된 정책을 추구하는 것으로 귀결하는지에 대해서는 다음을 볼 것. Radley Balko, *Rise of the Warrior Cop: The Militarization of America's Police Forces* (New York: PublicAffairs, 2013), especially chaps. 7-8; Bernard E. Harcourt, *The Counterrevolution: How Our Government Went to War against Its Own Citizens* (New York: Basic Books, 2018).

74. James Risen, *State of War: The Secret History of the CIA and the Bush Administration* (New York: Free Press, 2006); James Risen, *Pay Any Price: Greed, Power, and Endless War* (New York: Houghton Mifflin Harcourt, 2014). See Dana Priest and William M. Arkin, *Top Secret America: The Rise of the New American Security State* (New York: Back Bay Books, 20110; Charlie Savage, *Power Wars: The Relentless Rise of Presidential Authority and Secrecy* (New York: Back Bay, 2017).

75. Glenn Greenwald, *No Place to Hide: Edward Snowden, the NSA, and the U.S. Surveillance State* (New York: Picador, 2015), chap. 5.

76. Jonathan Easley, "Obama Says His Is 'Most Transparent Administration' Ever," *The Hill*, February 14, 2013.

77. 이 정의는 다음의 책에서 인용했다. John J. Mearsheimer, *Why Leaders Lie: The Truth about Lying in International Politics* (New York: Oxford University Press, 2011), chap. 1.

78. 이 같은 문제는 특히 미국의 경우 더욱 심각한데, 미국의 광대한 규모의 영토와 자비스러울 정도로 유리한 지리적 조건은 미국을 너무나도 안전한 나라로 만들어주었기 때문이다. 그래서 미국의 일반 대중들은 선택에 의한 전쟁은 강하게 회피하려 한다.

79. Lee Ferran, "America's Top Spy James Clapper: 'I Made a Mistake but I Did Not Lie,'" ABC News, February 17, 2016; Glenn Kessler, "Clapper's 'Least Untruthful' Statement to the Senate," *Washington Post*, June 12, 2013; Abby D. Phillip, "James Clapper Apologizes to Congress for 'Clearly Erroneous' Testimony," ABC News, July 2, 2013.

80. Risen, *State of War*.

81. Greenwald, *No Place to Hide*.

82. Jennifer Martiez, "Wyden Warns Data Collection under Patriot Act Is 'Limitless,'" *The Hill*, July 23, 2013.

83. Greenwald, *No Place to Hide*, pp.. 27-30, 127-30, 229-30, 251.

84. Siobhan Gorman, "Secret Court's Oversight Gets Scrutiny," *Wall Street Journal*, June 9, 2013.

85. Thomas A. Durkin, "Permanent States of Exception: A Two-Tiered System of Criminal Justice Courtesy of the Double Government Wars on Crime, Drugs & Terror," *Valparaiso University Law Review* 50, no. 2 (Winter 2016): 419-92.

86. Spencer Ackerman, "Obama Lawyers Asked Secret Court to Ignore Public Court's Decision on Spying," *Guardian*, June 9, 2015; Charlie Savage and Jonathan Weisman, "NSA Collection of Bulk Call Data Is Ruled Illegal," *New York Times*, May 7, 2015.

87. "Guantanamo by the Numbers," American Civil Liberties Union, March 2017, https://www.aclu.org/infographic/guantanamo-numbers. 비교를 위해 설명한다면 2013년 8월 12일 당시 관타나모에는 149명이 갇혀 있었는데, 그중 37명은 무기한 구속해야 할 사람들이었고 79명은 풀어주게 되어 있었지만 구류 상태에 있는 사람들이었다. "By the Numbers," *Miami Herald*, August 12, 2013, http://www.miamiherald.com/news/nation-world/world/americas/guanta-namo/article1928628.html.

88. Mark Fallon, *Unjustifiable means: The Inside Story of How the CIA, Pentagon, and US Government Conspired to Torture* (New York: Regan Arts, 2017).

89. Amrit Singh, *Globalizing Torture: CIA Secret Detention and Extraordinary Rendition* (New York: Open Society Foundation, 2013).

90. 이렇게 말하는 것이 테러리스트로 의심되는 사람을 체포하는 것이 불가능한 사례가 있음을 부인하는 것은 아니며, 그래서 미국의 정책결정자들이 테러리스트들을 사살하거나 혹은 도망가도록 놔두는 방법밖에 다른 선택지가 없다고 말하려는 것은 아니다. 그러나 이곳에서의 초점은 의심스러운 테러리스트들을 체포하는 것이 가능한 경우, 그러나 수감자들을 다루는 데 관한 법적 문제들 때문에 테러리스트들을 사살하는 것으로 결정한 경우이다.

91. Jo Becker and Scott Shane, "Secret 'Kill List' Proves a Test of Obama's Principles and Will," *New York Times*, May 29, 2012; Clive Stafford Smith, "Who's Getting Killed Today?," *Times Literary Supplement*, June 28, 2017.

92. Micah Zenko, "How Barack Obama Has Tried to Open Up the One-Sided Drone War," *Financial Times*, May 23, 2013. 2016년 1월 작성한 글에서 젠코는 "부시 대통령은 약 50회의 드론 공격을 허가했고 296명의 테러리스트들과 195명의 예멘, 파키스탄, 소말리아 사람들을 살해했는 데 비해 오바마는 506회의 드론 공격을 허가했고 3,040명의 테러리스트들과 391명의 민간인들을 살해했다."고 기록했다. Micah Zenko, "Obama's Embrace of Drone Strikes Will Be a Lasting Legacy," *New York Times*, January 12, 2016. Micah Zenko, "Do Not Believe the U.S. Government's Official Numbers on Drone Strike Civilian Casualties: It's Way, Way Too Low," *Foreign Policy*, July 5, 2016; "Get the Data: Drone Wars," The Bureau of Investigative Journalism, September 13, 2016, https://www.thebureauinvestigates.com/category/projects/drones/drones-graphs/.

93. Tom Engelhardt, *Shadow Government: Surveillance, Secret Wars, and a Global Security State in a Single-Superpower World* (Chicago: Haymarket Books, 2014), pp. 88-89.

94. Doyle McManus, "Who Reviews the U.S. Kill List?," *Los Angeles Times*, February 5, 2012.

95. 이렇게 말함이 양극체제 혹은 다극체제 하에서 강대국들의 경쟁은 그들로 하여 금 전시에는 물론이지만 평화시에도 시민의 자유에 위협이 될 수 있는 대규모 군 사력을 유지하는 것 외에 다른 선택지가 없게 한다는 사실을 부정하는 것은 아니 다. 그러나 단극체제의 경우 유일 초강대국은 단순히 너무나 막강하다는 사실 때 문에 자신의 군사력 규모를 축소하고 전쟁을 자제할 수 있는 옵션을 가질 수 있다. 이 같은 경우 단극체제의 외교정책은 국내에서의 자유주의에 대한 위협이 되지 않 을 것이다. 그러나 이와는 반대로 자유주의적 패권 국가는 결국 막강한 군사력을 보유하게 되고 전쟁에 도취되는 것으로 귀결되고 만다.

96. 이 문장과 다음 두 문장의 인용문들은 모두 다음에서 인용했다. James C. Scott, *Seeing Like a State: How Certain Schemes to Improve the Human Condition Have Failed* (New Haven, CT: Yale University Press, 1998), pp. 4-5.

97. 또한 다음을 보라. John Gray, *Black Mass: Apocalyptic religion and the Death of Utopia* (New York: Farrar, Straus and Giroux, 2007). 이 저자는 스 캇의 글을 참조하지는 않았지만 내가 주장하는 바와 유사한 주장을 했다.

07 자유주의 평화 이론

1. Immanuel Kant, *Perpetual Peace* (Minneapolis: Filiquarian, 2007), pp. 13-32.

2. Burce Russett and John R. Oneal, *Triangulating Peace: Democracy, Interdependence, and International Organizations* (New York: Norton, 2000).

3. Michael W. Doyle, "Three Pillars of the Liberal Peace," *American Political Science Review* 99, no. 3 (August 2005): 463. 이 이론의 다른 예 는 Dale C Copeland, *Economic Interdependence and War* (Princeton, NJ: Princeton University Press, 2015), pp. 24-25.

4. Strobe Tallbott, "Why NATO Should Grow," *New York Review of Books*, August 10, 1995. 나토의 팽창에 관한 탈봇의 견해는 클린턴 행정부 고위 외교정 책 결정자들에 의해 널리 공유되고 있었던 생각이었다. 다음을 참조할 것. Warren Christopher, "Reinforcing NATO's Strength in the West and Deepening Cooperation with the East" (opening statement at the North Atlantic

Council Ministerial Meeting, Noordwijk, Netherlands, May 30, 1995); Madeleine Albright, "A Presidential tribute to Gerald Ford" (Ford Museum Auditorium, Grand Rapids, MI, April 17, 1997); Madeleine Albright, Commencement Address, Harvard University, Cambridge, MA, June 5, 1997.

5. Madeleine Albright, "American Principle and Purpose in East Asia" (1997 Forrestal Lecture, U.S. Naval Academy, Annapolis, MD, April 15, 1997). See Warren Christopher, "America and the Asia-Pacific Future" (address to the Asia Society New York City, May 27, 1994); "A National Security Strategy of Engagement and Enlargement," The White House, February 1995, pp. 28-29; "A National Security Strategy for a New Century," The White House, October 1998, pp. 41-47. 국무차관이었던 로버트 조엘릭이 2005년 처음으로 "책임 있는 당사자(responsible stakeholder)"라는 용어를 사용했다. Deputy Secretary of State Robert Zoellick "Whither China"? From Membership to Responsibility" (remarks to the National Committee on U.S.-Chian Relations, New York City, September 21, 2005).

6. Alexander Wendt, "Anarchy Is What States Make of It: The Social Construction of Power Politics," *International Organization* 46, no. 2 (Spring 1992): 408.

7. John M. Owen, "How Liberalism Produces Democratic Peace," *International Security* 19, no. 2 (Fall 1994): 87; Bruce Russett, *Grasping the Democratic Peace: Principles for a Post-Cold War World* (Princeton, NJ: Princeton University Press, 1993), p. 4.

8. Michael W. Doyle, "Kant, Liberal legacies, and Foreign Affairs," part 1, *Philosophy and Public Affairs* 12, no. 3 (Summer 1983): 213. 똑같은 페이지에 그는 "민주주의 국가들이 서로 간에 전쟁을 하지 않는다는 경향에 대한 일부 예외적인 상황이 있는 것 같아 보인다."라고 썼다.

9. Doyle, "Kant, Liberal Legacies, and Foreign Affairs," Part 1, pp. 205-35; Michael W. Doyle, "Kant, Liberal Legacies, and Foreign Affairs," part 2, *Philosophy and Public Affairs* 12, no. 4 (Fall 1983): 323-53. Michael W. Doyle, "Liberalism and World Politics," *American Political Science Review* 80, no. 4 (December 1986): 1151-69.

10. Arch Puddington and Tyler Roylance, "Populists and Autocrats: The Dual Threat to Global Democracy," in *Freedom in the World*, 2017 (Washington, DC: Freedom House, 2017), p. 4. See *Anxious Dictators, Wavering Democracies: Gloval Freedom under Pressure*, Freedom House's Annual Report on Political Rights and Civil Liberties (Washington, DC: Freedom House, 2016); Larry Diamond and Marc F. Plattner, eds., *Democracy in Decline?* (Baltimore: Johns Hopkins University Press, 2015); Larry Diamond, Marc F. Plattner, and Christopher Walker, eds., *Authoritarianism Goes Global: The Challenge to Democracy* (Baltimore: Johns Hopkins University Press, 2016).

11. 독일을 왜 자격을 충분히 갖춘 자유민주주의 국가로 분류할 수 있는가에 대해서는 다음을 참조할 것. Christopher Layne, "Shell Games, Shallow Gains, and the Democratic Peace," *International History Review* 23, no. 4 (December 2001): 803-7. See Ido Oren, "The Subjectivity of the 'Democratic' Peace: Changing U.S. Perceptions of Imperial Germany," *International Security* 20, no. 2 (Fall 1995): 147-84. 1900년 당시 영국 인구 중 18%가 하원 의원 선거에 참여할 수 있는 투표권을 보유하고 있었는데 당시 독일 국민의 22%가 같은 투표권을 보유하고 있었다. Niall Ferguson, *Pity of War. Explaining World War I* (New York: Basic Books, 1999), p. 29. Michael Doyle acknowledges that "Imperial Germany is a difficult case." Doyle, "Kant, Liberal Legacies, and Foreign Affairs," part 1, p. 216.

12. 민주주의적 평화론자들은 이 사례를 배제한다. 그들은 이 두 개의 남아프리카 국가를 영국으로부터 충분할 정도로 독립을 이룩하지 못한 나라라고 보든가 혹은 충분할 정도로 민주주의를 갖추지 못한 나라라고 보았기 때문이다. 그러나 이들은 두 가지 측면에서 모두 틀렸다. 영국이 비록 그들에게 완전한 주권을 부여하기 원치 않았음에도 불구하고 두 나라는 분명히 독립성을 갖추고 있었으며, 남아프리카 공화국이 비록 일부 계층에 투표권을 주지 않았다고 하지만 당시 대부분의 민주국가들도 마찬가지였다.

13. 카길의 경우 논란이 없는 사례다. 미국과 스페인 간의 전쟁(미서전쟁)은 논란이 있는 사례다. 레인은 이 경우를 왜 민주주의 국가들이 서로 싸운 경우라고 보아야 할지를 설명하고 있다. Layne, "Shell Games," p. 802.

14. 예를 들자면, James L. Ray는 민주주의라고 지칭되는 국가들이 서로 전쟁을 벌였다고 보이는 20개의 사례를 조사하였다. James L. Ray, *Democracy and International Conflict: An Evaluation of the Democratic Peace Proposition* (Columbia: University of South Carolina Press, 2009), chap. 3. See Russett, *Grasping the Democratic Peace*, pp. 16-23; Spencer R. Weart, *Never at War: Why Democracies Will Not Fight One Another* (New Haven, CT: Yale University Press, 1998). 어떤 국가가 민주주의라고 "지칭"될 수 있는가의 여부는 우리가 민주주의를 어떻게 정의하느냐에 따라 달라질 수 있다. 민주주의의 정의는 관찰자의 편견에 따라 달라질 수 있다. Sarah S. Bush, "The Politics of Rating Freedom: Ideological Affinity, Private Authority, and the Freedom in the World Ratings," *Perspectives on Politics* 15, no. 3 (September 2017); 711-31; Oren, "the Subjectivity of the 'Democratic' Peace."

15. 군사화된 분쟁(militarized conflict)이란 한 국가가 상대국에 대해 군사력으로 위협을 가하고, 군사력을 배치하고, 혹은 사용했으나 전쟁(1000명 이상의 전투 사망자가 발생한 경우)에는 미치지 못하는 상황을 의미한다. 브루스 러셋은 비록 민주주의 국가들이 상호 간 군사화된 분쟁을 벌인 적이 여러 차례 있기는 하지만 그들은 분쟁의 당사국들 중 한편이 민주주의 국가가 아닌 경우와 비교할 때 훨씬 덜 이 같은 분쟁에 빠져들었다. Russett, *Grasping the Democratic Peace*, pp. 20-21, 72-93. 러셋의 분석은 맞을지 모르지만, 중요한 점은 민주주의 국가들도 상호 간 싸움을 했다는 점이다. 비록 그 싸움이 전쟁이라고 부를 수 있을 정도로 잔인한 수준에는 미달했을지라도 말이다.

16. Ray, *Democracy and International Conflict*, p. 42. 놀라운 일도 아니지만 레이는 민주주의 국가들끼리 싸운 전쟁처럼 보이는 모든 사례들을 다 없애버리려 시도했다. 그래서 그는 이 사례들에 관한 그의 책의 핵심적인 장에서 다음과 같이 결론을 내렸다. "회의적인 혹은 심지어 관심이 없는 독자들은 이 지점에서, 아마도 몇 가지 표면적 예외(ostensible exception)들에서 민주주의 국가들은 결코 서로 국제적인 전쟁을 벌이지 않는다는 전제의 신뢰성을 망가트리는 것이라고 결론지을지 모른다. '연기가 그렇게 많이 피어 오른 곳이라면 아마도 반드시 작은 불이라도 났을 것이다.' 라는 생각은 이해할 만한 반응이다." (p. 124).

17. Kant, *Perpetual Peace*, p. 14.

18. Donald Kagan, "World War I, World War II, World War III," *Commentary*,

March 1987, pp. 21-40.

19. Chaim Kaufmann, "Threat Inflation and the Failure of the Marketplace of Ideas: The Selling of the Iraq War," *International Security* 29, no. 1 (Summer 2004): 5-48; Walter Lippmann, *Public Opinion* (New York: Harcourt, Brace, 1922); John J. Mearsheimer, *Why Leaders Lie: The Truth about Lying in International Politics* (New York: Oxford University Press, 2012); John M. Schuessler, *Deceit on the Road to War: Presidents, Politics, and American Democracy* (Ithaca, NY: Cornell Universit Press, 2015); Marc Trachtenberg, *The Craft of International History: A Guide to Method* (Princeton, NJ: Princeton University Press, 2006), chap. 4.

20. 예를 들자면 민족주의적 감정은 1853년 전쟁에 참전하기를 주저했던 영국의 엘리트들로 하여금 크리미아 전쟁에 개입하도록 하는 데 핵심적인 요인으로 작동했다. 이에 대해서는 다음을 보라. Gavin B. Henderson, "The Foreign Policy of Lord Palmerston," *History* 22, no. 88 (March 1938): 335-44; Kingsley Martin, *The Triumph of Lord Palmerston: A Study of Public Opinion in England before the Crimean War* (London: Allen & Unwin, 1924), chap. 2; Norman Rich, *Why the Crimean war? A Cautionary Tale* (Hanover, NH: University Press of New England, 1985), pp. 4, 10. 중국의 민족주의는 1937년 장개석과 그의 휘하 관리들로 하여금 대일 선전포고를 하게 하는 데 큰 힘이 되었다. 당시 그들은 일본과 전쟁을 하는 것이 중국의 가장 좋은 국가이익이라고는 생각하지 않았다. 이 주제는 다음을 참고하라. James M. Bertram, *Crisis in China: The Story of the Sian Mutiny* (London: Macmillan, 1937), pp. 117-23, 127-29; John Israel, *Student Nationalism in China, 1927-1937* (Stanford, CA: Stanford University Press, 1966), pp. 170-71. 오스틴 카슨은 전쟁 중인 나라들의 지도자들은 각각 자국의 국민들에게 전쟁이 진행되는 사실을 숨기기 위해 서로 협력한다는 사실을 보여준다. 왜냐하면 전쟁의 사실이 국민들에게 알려져 민족주의를 자극함으로써 원치 않는 확전으로 치닫는 것을 두려워하기 때문이다. 이 주제는 다음을 보라. Carson, "Facing Off and Saving Face: Covert Intervention and escalation Management in the Korean War," *International Organization* 71, no. 1 (January 2016): 103-31. 민족주의와 전쟁에 관한 자세한 관계는 Andreas Wimmer, *Waves of War: Nationalism,*

State Formation, and Ethnic Exclusion in the Modern World (New York: Cambridge University Press, 2013).

21. Jeff Carter and Glenn Palmer, "Regime Type and Interstate War Finance," *Foreign Policy Analysis* 12, no. 4 (October 2016): 695-719; Jonathan D. Caverley, *Democratic Militarism: Voting, Wealth, and War* (New York: Cambridge University Press, 2014); Gustavo A. Flores-Macias and Sarah E. Kreps, "Borrowing Support for War: The Effect of War Finance on Public Attitudes toward Conflict," *Journal of Conflict Resolution* 61, no. 5 (May 2017): 997-1020; Matthew Fuhrmann and Michael C. Horowitz, "Droning On; Explaining the Proliferation of Unmanned Aerial Vehicles," *International Organization* 71, no. 2 (April 2017): 397-418; Benjamin A. Valentino, Paul K. Huth, and Sarah E. Croco, "Bear Any Burden? How Democracies Minimize the Costs of War," *Journal of Politics* 72, no. 2 (April 2010): 528-44; Rosella Cappella Zielinski, *How States Pay for Wars* (Ithaca, NY: Cornell University Press, 2016).

22. 청중의 대가(audience cost)에 관한 핵심적인 연구는, James D. Fearon, "Domestic Political Audiences and the Escalation of International Disputes," *American Political Science Review* 88, no. 3 (September 1994): 577-92; James D. Fearon, "Signaling Foreign Policy Interests: Tying Hands versus Sinking Costs," *Journal of Conflict Resolution* 41, no. 1 (February 1997): 68-90; Kenneth Schultz, *Democracy and Coercive Diplomacy* (New York: Cambridge University Press, 2001). See Matthew Baum, "Going Private: Public Opinion, Presidential Rhetoric, and the Domestic Politics of Audience Costs in U.S. Foreign Policy Crises," *International Studies Quarterly* 48, no. 5 (October 2004): 603-31; Charles Lipson, *Reliable Partners: How Democracies Have Made a Separate Peace* (Princeton, NJ: Princeton University Press, 2003); Alastair Smith, "International Crises and Domestic Politics," *American Political Science Review* 92, no. 3 (September 1998): 623-38.

23. 청중의 대가에 대한 가장 중요한 비판은 다음 논문들을 참조. Alexander B.

Downes and Todd S. Sechser, "The Illusion of Democratic Credibility," *International Organization* 66, no 3 (July 2012): 457-89; Jack Snyder and Erica D. Borghard, "The Cost of Empty Threats: A Penny, Not a Pound," *American Political Science Review* 105, no. 3 (August 2011): 437-56; Marc Trachtenberg, "Audience Costs: An Historical Analysis," *Security Studies* 21, no. 1 (January 2012): 3-42. Bronwyn Lewis, "Nixon, Vietnam, and Audience Costs," H-Diplo/ISSF Forum, no. 3 (November 7, 2014), pp. 42-69; Marc Trachtenberg, "Kennedy, Vietnam, and Audience Costs," H-Diplo/ISSF Forum, no. 3 (November 7, 2014), pp. 6-42.

24. 나는 민주주의적 평화론에 관한 3가지 중요한 제도주의적 설명에 대해 논했다. 세바스티안 로사토는 3가지 의미 있는 다른 측면에 대해 지적을 하고 있다. 비록 그것들이 인과관계에 대한 강력한 근거를 제공하지는 못하더라도 말이다. 첫째, 민주주의 국가의 지도자들은 독재자들보다 더욱 조심성이 있다고 말해지는데, 왜 냐하면 민주주의적 지도자들은 국민들에 대해 더욱 큰 책임감을 가지고 있으며, 국민들을 패배하는 전쟁으로 끌어들였을 때 더욱 큰 책임을 져야 하기 때문이다. 하인 고에만스와 다른 저자들의 연구 결과를 활용한 로사토는 독재 국가든 민주주의 국가든 패배한 전쟁에 빠지든 지도자들은 대체적으로 비슷한 정도의 대가를 치렀다는 사실을 보여준다. 둘째, 민주주의 국가들에는 전쟁에 반대하는 이익집단들이 있으며 이들은 민주주의 국가의 지도자들이 전쟁으로 향하는 데 장애물로 작용할 수 있다. 그러나 민주주의 국가의 반전 그룹이 전쟁에 찬성하는 집단보다 정책 결정자에 더 큰 영향을 미치는지에 대해서는 확실한 증거가 별로 없다. 더 나아가 독재자는 전쟁을 하지 않겠다는 막강한 동기를 가질 수 있다. 왜냐하면 독재자는 보통 그 사회의 작은 부분을 대변하는데, 전쟁으로 빠져들어갈 경우 일반적으로 사회 내의 다른 생각을 지닌 사람들을 자극해 그들의 힘이 표출되게 할 수 있으며, 그들이 국가의 대부분을 차지하지는 않을지라도, 이들은 독재자의 지배력을 위협할 가능성이 있는 것이다. 셋째로, 민주주의 국가들은 정책결정 과정이 너무나도 투명하기 때문에 기습공격을 감행할 수 없다고 한다. 로사토가 지적하는 바처럼 1956년의 수에즈 전쟁은 이 같은 주장이 사실과 다르다는 점을 보여준다. 3개의 민주주의 국가들(영국, 프랑스, 이스라엘)은 협력 작전으로 이집트에 대해 기습공격을 감행하려 했는데, 이는 이집트인들뿐만 아니라 미국 역시 놀라게 했다. 더 나아가 대부분의 전쟁이 기습공격을 통해서 시작되는 것도 아니다. 다음을 참조할

것. Sebastian Rosato, "The Flawed Logic of Democratic Peace Theory," *American Political Science Review* 97, no. 4 (November 2003): 585-602.

25. 존 오웬은 다음과 같이 기술했다. "나는 민주주의 국가들의 구조는 국가가 전쟁을 못하게 제어하는 것만큼 전쟁에 빠져들게도 한다는 사실을 발견했다." Owen, "How Liberalism Produces Democratic Peace," p. 91. 또한 다음을 참조할 것. Bruce Russett, *Controlling the Sword: The Democratic Governance of National Security* (Cambridge, MA: Harvard University Press, 1990), p. 124.

26. Russett, *Controlling the Sword*, p. 124. See William J. Dixon, "Democracy and Peaceful Settlement of International Settlement," *American Political Science Review* 88, no. 1 (March 1994): 14-32; Zeev Maoz and Bruce Russett, "Normative and Structural Causes of Democratic Peace, 1946-1986," *American political Science Review* 87, no. 3 (September 1993): 624-38; Russett, *Grasping the Democratic Peace*; Weart, *Never at War*.

27. Russett, *Grasping the Democratic Peace*, p. 33.

28. Doyle, "Kant, Liberal Legacies, and Foreign Affairs," part 1, p. 213.

29. Doyle, "Kant, Liberal Legacies, and Foreign Affairs," part 1, p. 213.

30. Owen, "How Liberalism Produces Democratic Peace," p. 89.

31. Stephen Van Evera, "American Intervention in the Third World: Less Would Be Better," *Security Studies* 1, no. 1 (August 1991): 1-24.

32. John B. Judis, "Clueless in Gaza: New Evidence That Bush Undermined a Two-State Solution," *New Republic*, February 18, 2013; David Rose, "The Gaza Bombshell," *Vanity Fair*, March 3, 2008; Graham Usher, "The Democratic Resistance: Hamas, Fatah, and the Palestinian Elections," *Journal of Palestine Studies* 35, no. 3 (Spring 2006): 20-36.

33. Rosato, "The Flawed Logic of Democratic Peace Theory," p. 591. ...Lindsey O' Rourke makes the same point in *Covert Regime Change: America' s Secret Cold War* (Ithaca, NY: Cornell University Press, 2018).

34. Christopher Layne, "Kant or Cant: The Myth of the Democratic Peace," *International Security* 19, no. 2 (Fall 1994): 5-49.

35. Michael Walzer, *Just and Unjust Wars: A Moral Argument with Historical*

Illustrations (New York: Basic Books, 2007).

36. 도일은 이 같은 점을 강조하기 위해 칸트의 주장을 풀어서 말하고 있다. Doyle, "Kant, Liberal Legacies, and Foreign Affairs," part 2, p. 344. 정의의 전쟁론과 민주주의적 평화론이 겹쳐지는 부분이 John Rawls, *The Law of Peoples: With "The Idea of Public Reason Revisited"* (Cambridge, MA: Harvard University Press, 1991)에 반영되어 있다. 정의의 전쟁에 관한 Rawls의 토론은 Walzer's *Just and Unjust War*에 많이 의존하고 있다. Rawls, *The Law of Peoples*, pp. 94-105.

37. Alexander B. Downes, *Targeting Civilians in War* (Ithaca, NY: Cornell University Press, 2008), p. 3. 민주주의 국가들이 다수의 민간인을 살해했다는 더 많은 증거에 대해서는 Robert A. Pape, *Bombing to Win: Air Power and Coercion in War* (Ithaca, NY: Cornell University Press, 1996); Benjamin Valentino, Paul Huth, and Dylan Balch-Lindsay, "'Draining the Sea' : Mass Killing and Guerrilla Warfare," *International Organization* 58, no. 2 (Spring 2004): 375-407.

38. John Tirman, *The Deaths of Others: The Fate of Civilians in America's Wars* (New York: Oxford University Press, 2011), quoted on back cover.

39. Geoffrey P. R. Wallace, *Life and Death in Captivity: the Abuse of Prisoners during War* (Ithaca, NY: Cornell University Press, 2015).

40. Doyle, "Liberalism and World Politics," p. 1159. See Larry Diamond, "Facing Up to the Democratic Recession," *Journal of Democracy* 26, no. 1 (january 2015): 141-55; Ethan B. Kapstein and Nathan Converse, *The Fate of Young Democracies* (New York: Cambridge University Press, 2008); Juan J. Linz and Alfred Stepan, *Problems of Democratic Transition and Consolidation: Southern Europe, South America, and Post-Communist Europe* (Baltimore: Johns Hopkins University Press, 1996); Ko Maeda, "Two Modes of Democratic Breakdown: A Competing Risk Analysis of Democratic Durability," *Journal of Politics* 72, no. 4 (October 2010): 1129-43; Dan Slater, Benjamin Smith, and Gautam Nair, "Economic Origins of Democratic Breakdown? The Redistributive Model and the Postcolonial State," *Perspectives on Politics* 12, no. 2 (June 2014): 353-74.

41. 실제로 3명의 저명한 학자들이 현대의 "미국은 타락할 위험이 있다."고 말하고 있다. Robert Mickey, Steven Levitsky, and Lucan A. Way, "Is America Still Safe for Democrcy?," *Foreign Affairs* 96, no. 3 (May/June 2017): 20-29. See Steven Levitsky and Daniel Ziblatt, *How Democracies Die* (New York: Crown, 2018).

42. Jonathan Kirshner, *Appeasing Bankers: Financial Caution on the Road to War* (Princeton, NJ: Princeton University Press, 2007); Beth Simmons, "Pax Mercatoria and the Theory of the State," in *Economic Interdependence and International Conflict*, ed. Edward D. Mansfield and Brian M. Pollins (Ann Arbor: University of Michigan Press, 2003), pp. 31-43; Etel Solingen, "Internationalization, Coalitions, and Regional Conflict and Cooperation," in Mansfield and Pollins, *Economic Interdependence and International Conflict*, pp. 60-68.

43. Norman Angell, *The Great Illusion: A Study of the Relationship of Military Power in Nations to Their Economic and Social Advantage* (London: William Heinemann, 1910).

44. Richard N. Rosecrance, *The Rise of the Trading State: Commerce and Conquest in the Modern World* (New York: Basic Books, 1986).

45. Erik Gartzke, "The Capitalist Peace," *American Journal of Political Science* 51, no. 1 (January 2007): 166-91; Erik Gartzke, Quan Li, and Charles Boeher, "Investing in the Peace: Economic Interdependence and International Conflict," *International Organization* 55, no. 2 (Spring 2001): 391-438.

46. Patrick J. McDonald, *The Invisible Hand of Peace: Capitalism, the War Machine, and International Relations Theory* (New York: Cambridge University Press, 2009), p. 5.

47. Stephen G. Brooks, *Producing Security: Multinational Corporations, Globalization, and the Changing Calculus of Conflict* (Princeton, NJ: Princeton University Press, 2005).

48. Dale C. Copeland, "Economic Interdependence and War: A Theory of Trade Expectations," *International Security* 20, no. 4 (Spring 1996): 5-41;

Copeland, *Economic Interdependence and War.*

49. John J. Mearsheimer, *Conventional Deterrence* (Ithaca, NY: Cornell University Press, 1983).

50. 혹자는 체제 내의 경제적으로 의존적인 국가들은 두 라이벌 국가들이 서로 전쟁에 빠져드는 것을 막기 위해 열심히 노력하는데, 이는 두 라이벌 국가가 전쟁에 빠져들어갈 경우 중립국들의 경제에 피해가 오게 될 것이 두렵기 때문이라는 것이다. 그러나 유진 골츠와 대릴 프레스가 지적하는 바와 같이 "전쟁이 중립국에 주는 피해의 대가는 일반적으로 대단히 과장되어 있다. 실제로 중립 국가들의 다수는 전쟁으로 인해 변화된 경제로부터 오히려 약간의 득을 보는 것으로 나타났다." Eugene Gholz and Darryl G. Press, "The Effects of Wars on Neutral Countries: Why It Doesn't Pay to Preserve the Peace," *Security Studies* 10, no. 4 (Summer 2001): 3.

51. Jack S. Levy and Katherine Barbieri, "Trading with the Enemy during Wartime," *Security Studies* 13, no. 3 (Spring 2004): 2, 7. See Charles H. Anderton and John R. Carter, "The Impact of War on Trade: An Interrupted Time-Series Study," *Journal of Peace Research* 38, no 4 (July 2001): 445-57; Katherine Barbieri and Jack S. Levy, "Sleeping with the Enemy: The Impact of War on Trade," *Journal of Peace Research* 36, no. 4 (July 1999): 463-79; Katherine Barbieri and Jack S. Levy, "The Trade-Disruption Hypothesis and the Liberal Economic Theory of Peace," in *Glabalization and Armed Conflict*, ed. Gerald Schneider, Katherine Barbieri, and Nils Petter Gleditsch (anham, MD: Rowman& Littlefield, 2003), pp. 277-98.

52. 앞으로 전쟁을 할지도 모른다고 두려워하는 나라와 경제적으로 높은 상호 의존 관계에 있는 나라들은 전쟁이 발발할 경우에 대비해서 사전에 경제적 의존도를 줄이려 노력할 것이라는 점을 지적하는 일도 중요할 것 같다. James Morrow, "How Could Trade Affect Conflict?" *Journal of Peace Research* 36, no. 4 (July 1999): 481-89. See Albert O. Hirschman, *National Power and the Structure of Foreign Trade* (Berkeley: University of California Press, 1980), pp. v-xii.

53. Peter Liberman, *Does Conquest Pay? The Exploitation of Occupied*

Industrial Societies (Princeton, NJ: Princeton University Press, 1998).

54. Dale C. Copeland, *The Origins of Major War* (Ithaca, NY: Cornell University Press, 2000), chaps. 3-4.

55. 아주 사소한 일을 의미하는 '못 하나가 부족해서(want of a nail)' 라는 문구는 유명한 "라인란트 이야기(Rhineland Parable)"에서 따온 것인데, 벤자민 프랭클린의 말로 알려져 있다.

못 하나가 부족해서 신발을 잃어버렸다.
신발을 잃어버렸기 때문에 말을 잃어버렸다.
말을 잃어 버렸기 때문에 마부를 잃어 버렸다
마부가 없었기 때문에 전투에서 패배했다.
전투에서 패배했기 때문에 왕국을 잃어버렸다.
이 모든 것이 못 하나가 부족해서 야기된 일이었다.

예를 들자면 혹자는 영국과 프랑스는 1939년까지 기다려서 폴란드에서 히틀러와 싸울 것이 아니라, 1936년 히틀러가 라인란트를 군사화시켰을 때 히틀러와 직접 맞장을 떠야 했었다고 주장할 수 있을 것이다. 결국 독일군은 1939년이 되었을 때 1936년에 비해 훨씬 막강한 전투력을 가진 군대가 되어 있었다. 이 같은 사례는 대단히 중요한 위기 상황을 바로 "못 하나가 부족해서"라는 논리로 설명하는 것과 같다. 잠재적으로 위험한 적은 정말 위태로운 상황에 이를 때까지 기다리는 것보다 그 적이 실존하는 위험이 되기 이전에 대처하는 편이 더 낫다는 것이다.

56. Dale C. Copeland, "The Constructivist Challenge to Structural realism: A Review Essay," *International Security* 25, no. 2 (Fall 2000): 187-212; Copeland, *Economic Interdependence and War*, pp. 39-42; Copeland, *The Origins of Major War*, pp. 15, 22, 29; Dale C. Copeland, "Rationalist Theories of International Politics and the Problem of the Future," *Security Studies* 20, no. 3 (July-September 2011): 441-50.

57. "비 오는 날"의 논리는 "못 하나가 부족해서"라는 논리와는 다르다. "비 오는 날"에 대비한다는 논리는 어떤 특정 국가가 위협이 될지도 모른다는 증거가 지금 현재는 전혀 보이지 않지만, 언제라도 그 나라는 미래에 적국이 될 수 있는 가능성이 있다는 것이다. "못 하나가 부족해서"라는 논리는 한 나라가 이미 위협을 주는 나

라인데, 그 위협이 아직은 실존적인 위협이 아니라는 사실을 의미한다. 그러나 앞으로 더 큰 위협이 될 가능성이 있다는 것이다. 이 논리는 예방 전쟁의 핵심 논리이다.

58. 민족주의는 오늘날 중국에서 특히 막강한 영향력을 발휘하고 있으며 중국 국민들과 지도자들이 국제관계를 생각할 때 막강한 영향력을 행사할 가능성이 높다. William A. Callahan, *China: The Pessoptimist Nation* (New York: Oxford University Press, 2010); Peter Hays Gries, *China's New Nationalism: Pride, Politics, and Diplomacy* (Berkeley: University of California Press, 2004); Christopher R. Hughes, *Chinese Nationalism in the Global Era* (London: Routledge, 2006); Christopher Hughes, "Reclassifying Chinese Nationalism: The Geopolitik Turn," *Journal of Contemporary China* 20, no. 71 (September 2011): 601-20; Zheng Wang, *Never Forget National Humiliation: Historical Memory in Chinese Politics and Foreign Relations* (New York: Columbia University Press, 2012); Suisheng Zhao, *A Nation-State by Construction; Dynamics of Modern Chinese Nationalism* (Stanford, CA: Stanford University Press, 2004); Suisheng Zhao, "Foreign Policy Implications of Chinese Nationalism Revisited: The Strident Turn," *Journal of Contemporary China*, 22, no. 82 (July 2013): 535-53.

59. Robert A. Pape, "Why Economic Sanctions Do Not Work," *International Security* 22, no. 2 (Fall 1997): 90-136.

60. Pape, *Bombing to Win*, chaps. 4, 8.

61. Andrei Kolesnikov, "Russian Ideology after Crimea," Carnegie Moscow Center, September 2015, Alexander Lukin, "What the Kremlin Is Thinking: Putin's Vision for Eurasia," *Foreign Affairs* 93, no. 4 (July/August 2014): 85-93.

62. Gartzke, "The Capitalist Peace"; Edward D. Mansfield and Jon C. Pevehouse, "Trade Blocs, Trade Flows, and International Conflict," *International Organization* 54, no. 4 (Autumn 2000): 775-808; John R. Oneal and Bruce M. Russett, "The Classical Liberals Were Right: Democracy, Interdependence, and Conflict, 1950-1985," *International Studies Quarterly* 41, no. 2 (June 1997): 267-94.

63. Barry Buzan, "Economic Structure and International Security: The Limits of the Liberal Case," *International Organization* 38, no. 4 (Autumn 1984): 597-624; Patrick J. McDonald, "The Purse Strings of Peace," *American Journal of Political Science* 51, no. 3 (July 2007): 569-82; James D. Morrow, "How Could Trade Affect Conflict?," *Journal of Peace Research* 36, no. 4 (July 1999): 481-89.

64. Barbieri and Levy, "Sleeping with the Enemy," Katherine Barbieri, *The Liberal Illusion: Does Trade Promote Peace?* (Ann Arbor: University of Michigan Press, 2002); Robert Gilpin, *War and Change in World Politics* (New York: Cambridge University Press, 1981); Kenneth N. Waltz, "The Myth of National Interdependence," in *The International Corporation*, ed. Charles P. Kindelberger (Cambridge, MA: MIT Press, 1970), pp. 205-23.

65. 이곳에서의 관심은 국제제도(국제기구)에 관한 자유주의적 관점을 살펴보는 것이다. 국제제도에 관한 구성주의자들의 다른 이야기들도 있지만 이 책의 연구 주제를 넘는 것 같다. John J. Mearsheimer, "The False Promise of International Institutions," *International Security* 19, no. 3 (winter 1994/1995): 5-49.

66. Charles Lipson, "Is the Future of Collective Security Like the Past?," in *Collective Security beyond the Cold War*, ed. George W. Downs (Ann Arbor: University of Michigan Press, 1994), p. 114.

67. 국제체제(regime)와 제도(기구) 사이에 분명한 구분은 없다는 분명한 주장은 다음을 참조할 것. Stephen D. Krasner, "Structural Causes and Regime Consequences: Regimes as Intervening Variables," in "International Regimes," ed. Stephen D. Krasner, special issue, *International Organization* 36, no. 2 (Spring 1982): 185-205.

68. Robert O. Keohane, *After Hegemony: Cooperation and Discord in the World Political Economy* (Princeton, NJ: Princeton University Press, 1984).

69. Helga Haftendorn, Robert O. Keohane, and Celeste A. Wallander, eds., *Imperfect Unions: Security Institutions over Time and Space* (New York: Oxford University Press, 1999); Celeste A. Wallander, Mortal Friends, *Best Enemies: German-Russian Cooperation after the Cold War* (Ithaca, NY:

Cornell University Press, 1999); Seth Weinberger, "Institutional Signaling and the Origins of the Cold War," *Security Studies* 12, no. 4 (Summer 2003): 80-115.

70. Robert Axelrod and Robert O. Keohane, "Achieving Cooperation under anarchy: Strategies and Institutions," *World Politics* 38, no. 1 (October 1985): 226-54; Charles Lipson, "International Cooperation in Economic and Security Affairs," *World Politics* 37, no. 1 (October 1984): 1-23; Lisa L. Martin, "Institutions and Cooperation: Sanctions during the Falkland Islands Conflict," *International Security* 16, no. 4 (Spring 1992): 143-78; Lisa L. Martin, *Coercive Cooperation: Explaining Multilateral Economic Sanctions* (Princeton, NJ: Princeton University Press, 1992); Kenneth A. Oye, "Explaining Cooperation under Anarchy: Hypotheses and Strategies," *World Politics* 38, no. 1 (October 1985): 1-24; Arthur A. Stein, *Why Nations Cooperate: Circumstance and Choice in International Relations* (Ithaca, NY: Cornell University Press, 1990).

71. Haftendorn, Keohane, and Wallander, *Imperfect Unions*; Krasner, "Structural Causes and Regime Consequences," p. 192; Robert Jervis, "Security Regimes," in Krasner, "International Regimes," special issue, *International Organization*, pp. 357-78; Wallander, *Mortal Friends, Best Enemies*, pp. 5, 20, 22.

72. Lipson, "International Cooperation in Economic and Security Affairs," p. 2, 12. See Axelrod and Keohane, "Achieving Cooperation under Anarchy," pp. 232-33; Keohane, *After Hegemony*, pp. 39-41.

73. Lipson, "International Cooperation in Economic and Security Affairs," p. 18.

74. Keohane, *After Hegemony*, pp. 6-7.

75. G. John Ikenberry, *After Victory: Institutions, Strategic Restraint, and the Rebuilding of Order after Major Wars* (Princeton, NJ: Princeton University Press, 2001). See G. John Ikenberry, *Liberal Leviathan: The Origins, Crisis, and Transformation of the American World Order* (Princeton, NJ: Princeton University Press, 2012).

76. Ikenberry, *After Victory*, p. xiii; Keohane, *After Hegemony*, p. 16.

77. Haftendorn Keohane and Wallander, *Imperfect Unions*, p. 1. 이들은 결론 부분에서 다음과 같이 그다지 과격하지 않은 주장을 하고 있다. "이 책은 제도주의 이론이 안보 관련 주제를 다룰 수 있다고 주장했다."(p.326) 독일과 러시아의 관계를 다룬 책 *Mortal Friends, Best Enemies*에서 월랜더는 다음과 같이 결론을 내렸다. "권력과 이익이라는 주제는 독일과 러시아의 안보 계산에서 핵심적 요소로 남아 있다."

78. 협력을 방해하는 또 다른 중요한 장애 요소는 누가 더 이득을 보느냐에 관한 것인데 나는 그 주제를 여기서는 다루지 않았다. 주로 지면의 제약 때문이었다. 이에 관한 나의 견해를 보려면 다음을 참조하라. Mearsheimer, "The False Promise of International Institutions," pp. 9-26.

79. 우리는 스스로 강제하는 것에 대해 이야기하고 있다. 거의 모든 자유주의자들은 그것이 국가 내부에서 작동하지 않는 것으로 이해하고 있으며, 이는 왜 당신들은 강제력을 가진 국가가 필요한가와 관련되어 있다. 국내에서도 작동하지 않는 것이라면 어떻게 그것이 국제정치 차원에서 작동할 것이라고 기대할 수 있다는 말인가?

80. Grenada (1983), Panama (1989), and Libya (2011).

81. Jan-Werner Muller, "Rule-Breaking," *London Review of Books*, August 27, 2015; Sebastian Rosato, "Europe's Troubles: Power Politics and the State of the European Project," *International Security* 35, no. 4 (Spring 2011): 72-77.

82. 이러한 관점은 다음의 책에서 분명하게 주장되었다. Lipson, "International Cooperation in Economic and Security Affairs," especially pp. 12-18. The subsequent quotations in this paragraph are from ibid. See Axelrod and Keohane, "Achieving Cooperation under Anarchy," pp. 232-33.

08 절제된 외교정책의 촉구

1. 존 롤스나 마이클 왈저 같은 학자들은 자유주의 이론 내에 구축된 십자군적 충동에 대해 이해하고 있으며, 세상을 더욱 좋은 곳으로 만들기 위해 군사력을 사용하

는 것에 반대하는 논리를 상당히 길게 개진하였다. 이 주제에 대해서는 다음을 참고할 것. Michael Walzer, *Just and Unjust Wars: A Moral Argument with Historical Illustrations* (New York: Basic Books, 2007); John Rawls, *The Law of Peoples: With "The Idea of Public Reason revisited"* (Cambridge, MA: Harvard University Press, 1999). 왈저의 견해에 관한 논의는, 자유민주주의의 확산을 위해서 전쟁을 먼저 시도한다는 것은 정의의 전쟁론에 배치되는 행동이라는 것이다. 정의의 전쟁론은 아주 특별한 경우가 아닌 경우 공격적인 전쟁을 거부하며 민주주의를 증진시킨다는 목적도 특별한 경우에 포함되지 않는다. 그러나 실제로 막강한 자유민주주의 국가가 세계를 더욱 평화로운 곳으로 만들겠다는 목표에 저항한다는 것은 특히 어려운 일이 아닐 수 없다.

2. E. H. Carr, *The Twenty Years' Crisis: An Introduction to the Study of International Relations*, 2nd ed. (London: Macillan, 1962); Robert Gilpin, "Nobody Loves a Political Realist," *Security Studies* 5, no. 3 (Spring 1996); 3-26; John J. Mearsheimer, "E.H. Carr vs. Idealism: The Battle Rages On," *International Relations* 19, no. 2 (June 2005): 139-52; Mearsheimer, "The Mores Isms the Better," *International Relations* 19, no. 3 (September 2005): 354-59.

3. Valerie Morkevicius, "Power and Order: The Shared Logics of Realism and Just War Theory," *International Studies Quarterly* 59, no. 1 (March 2015): II. See Valerie Morkevicius, *Realist Ethics: Just War Traditions as Power Politics* (New York: Cambridge University Press, 2018).

4. Charles L. Glaser, "Realists as Optimists: Cooperation as Self-Help," *International Security* 19, no. 3 (Winter 1994/95): 50-90. See Charles L. Glaser, *Rational Theory of International Politics: The Logic of Competition and Cooperation* (Princeton, NJ: Princeton University Press, 2010).

5. Jack Snyder, *Myths of Empire: Domestic Politics and International Ambition* (Ithaca, NY: Cornell University Press, 1993); Stephen Van Evera, *Causes of War: Power and the Roots of Conflict* (Ithaca, NY: Cornell University Press, 1999); Kenneth N. Waltz, *Theory of International Politics* (Reading, MA: Addison-Wesley, 1979).

6. Sebastian Rosato and John Schuessler, "A Realist Foreign Policy for the

United States," *Perspectives on Politics* 9, no. 4 (December 2011): 812. They also write: "Realism as we conceive it offers the prospect of security without war" (p. 804).

7. Marc Trachtenberg, "The Question of Realism: An Historian's View," *Security Studies* 13, no. 1 (Fall 2003): 159-60, 167, 194. See Michael C. Desch, "It's Kind to Be Cruel: The Humanity of American Realism," *Review of International Studies* 29, no. 3 (July 2003): 415-26.

8. Stephen M. Walt, "U.S. Grand Strategy: The Case of Finite Containment," *International Security* 14, no 1 (Summer 1989): 5-49; Stephen Van Evera, "Why Europe Matters, Why the Third World Doesn't: America's Grand Strategy after the Cold War," *Journal of Strategic Studies* 13, no. 2 (June 1990): 1-51...Cuba (Western Hemisphere), Iran (Persian Gulf), and South Korea (Northeast Asia) are three prominent examples.

9. 베트남은 동남아시아에 위치하고 있는데 동남아시아는 냉전 당시 전략적으로 중요한 지역은 아니었다. 20세기 동안 미국으로 하여금 관심을 갖게 한 아시아의 강대국은 러시아와 일본이었다. 이 두 나라는 모두 동북아시아에 위치하고 있으며, 바로 그 이유 때문에 동남아시아가 아니라 동북아시아가 미국에게 전략적으로 더욱 중요하다고 이야기하는 것이다. 수세기 동안 강대국이 아니었지만 최근 급속히 부상하고 있는 중국은 동남아시아와 동북아시아 지역에 공히 존재하고 있는 나라다. 그래서 오늘날 동북아시아라기보다는 동아시아라고 말하는 것이 더 타당하며, 동아시아는 미국에게 세계에서 가장 중요한 세 지역 중 하나이다.

10. 예로서 클라우제비츠는 다음과 같이 썼다. "전쟁은 기회(chance)의 영역이다. 인간 행동 중 어떤 것도 전쟁보다 더 큰 기회의 영역은 없다. 어떤 것도 이처럼 끊임없고 변화무쌍한 것은 없다. 기회는 모든 것을 더욱 불확실하게 만들며 이 사건이 진행되는 전 과정에 개입한다." 그는 또 다른 관점에서 다음과 같이 말한다. "전쟁은 불확실성의 영역이다. 요소들 중에서 약 4분의 3 정도는 다르겠지만 안개에 둘러싸여 있는 것과 같다." Carl von Clausewitz, *On War,* ed. and trans. Michael Howard and Peter Paret (Princeton, NJ: Princeton University Press, 1976), p. 101. Also see p. 85.

11. 비록 현실주의자들은 의도하지 않았던 결과가 국제정치에서 중요한 역할을 담당하고 있다는 사실을 알고 있지만, 이 같은 믿음이 현실주의 이론에서 도출되는 것

은 아니다. 지적한 바처럼 이는 주로 국제정치의 갈등적인 측면에 대한 연구에서 주로 연유한다.

12. 이 같은 주제는 다음의 연구에서 강조되었다. Rosato and Schuessler, "A Realist Foreign Policy for the United States."

13. Robert Jervis and Jack Snyder, eds., *Dominoes and Bandwagons: Strategic Beliefs and Geat Power Competition in the Eurasian Rimland* (New York: Oxford University Press, 1991); Jerome Slater, "Dominoes in Central America: Will They Fall? Does it Matter?," *International Security* 12, no. 2 (Fall 1987): 105-34; Jerome Slater, "The Domino Theory and International Politics: The Case of Vietnam," *Security Studies* 3, no. 2 (Winter 1993/94): 186-224; Van Evera, *Causes of War*, chap. 5.

14. Lindsey O'Rourke, *Covert Regime Change: America's Secret Cold War* (Ithaca, NY: Cornell University Press, 2018).

15. 예로서 한국전쟁(1950-1953)과 베트남 전쟁(1965-1972) 당시 미국이 적국에 대해 가한 죽음과 파멸을 생각해보자. 정확한 수치에 대해서는 이견이 있을 수 있지만 미군은 약 100만 명 정도의 북한군과 시민을 살해했고, 약 40만 명의 중공군을 살해했으며 약 100만 정도의 베트남의 민간인과 군인을 살해했다. 곤래드 크레인이 지적하는 것처럼 "대부분의 저자들은 한국전쟁 당시 양측 모두 100만 명 이상의 민간인들이 살해된 것으로 추정한다. 이 논의는 Conrad C. Crane, *American Airpower Strategy in Korea, 1950-1953* (Lawrence: University Press of Kansas, 2000), p. 8. See Guenter Lewy, *America in Vietnam* (New York: Oxford University Press, 1978), p. 450; John Tirman, *The Deaths of Others: The Fate of Civilians in America's Wars* (New York: Oxford University Press, 2011), p. 92. 북한 병사들 수십만 명이 전투에서 사망했는데 북한 사람들 100만 명 이상이 미군에 의해 살해되었다는 사실은 보수적인 평가일 것이다. 유엔군이 북한군에 대해 행한 전쟁의 잔인성에 대해서는 다음을 보라. Crane, *American Airpower Strategy in Korea*; Robert A. Pape, *Bombing to Win: Air Power and Coercion in War* (Ithaca, NY: Cornell University Press, 1996), chap. 5. The number of Chinese battle deaths is from Michael Clodfelter, *Warfare and Other Conflicts: A Statistical Encyclopedia of Casualty and Other Figures, 1494-2007*, 3rd ed. (Jefferson, NC:

McFarland, 2008); Tirman, *The Deaths of Others*, p. 92. 베트남 전쟁 "가장 많이 알고 있는 권위자들이 보이는 압도적인 견해"는 "공산주의 측 전투 요원 중 100만 명 가까운 사람들이 목숨을 잃었고, 남베트남 군인은 25만 명이 전사했으며 남북 베트남의 알려지지 않는 수의 민간인 사망자들이 있었다. Charles Hirschman, Samuel Preston, Vu Manh Loi, "Vietnamese Casualties during the American War.: A New Estimate," *Population and Development Review* 21, no. 4 (December 1995): 783-84. 이 연구는 1965년부터 1975년 사이 베트남에서 전쟁 관련 사망자 숫자는 100만 명이 약간 넘을 것이라고 추정한다. 물론 이 모든 죽음이 미군에 의한 것은 아니다. 이 연구는 베트남 정부가 전쟁으로 인한 사망자를 310만 명으로 추정하고 있음을 보여준다. (p.807) 귄터 루이는 130만 명 정도로 추정하며 이 중 28%(365,000명)를 민간인이라고 추정한다. (Lewy, *America in Vietnam*, pp. 451-53). 미군이 분명 이 민간인 사망자들의 다수를 죽였으리라는 점은 확실하다. 미국은 화력 중심의 전략을 가지고 있으며, 적국에 대해 그들이 인내할 수 없는 범위까지 몰아붙여 최대한의 응징을 가하는 전략을 갖고 있기 때문이다. 이에 관한 논의는 John E. Mueller, "The Search for the 'Breaking Point' in Vietnam: The Statistics of a Deadly Quarrel," *International Studies Quarterly* 24, no. 4 (December 1980): 497-519. 류이에 의하면 미국 국방부는 북베트남 군과 베트콩 사망자만도 66만 명에 이른다고 평가했다. (Lewy, *America in Vietnam*, p. 450). See Tirman, *The Deaths of Others*, pp. 320-22, 또한 Tirman, *The Death of Others*, pp. 320-322를 보라. 여기서 여러 자료가 제시되어 있는데, 이들에 의하면 미군은 적어도 100만 명의 베트남인을 죽였다고 생각할 수 있는 타당한 근거가 있다. 미국이 냉전이 종식된 이후에도 중동 지방에서 끊임없이 전쟁을 하고 있는 데 관해서 전직 CIA 분석관이며 중동 문제 전문가인 그레엄 훌러는 "지난 수십 년 동안 미국의 중동 지역에 대한 군사적 개입"은 "적어도 200만 명의 무슬림 교도들을 죽이는" 결과를 산출했다고 말한다. Fuller, "Trump-Blundering into European Truths," *Graham E. Fuller* (blog), June 5, 2017, http://grahamefuller,com/ trump-blundering-into-european-truths/. 미국이 전쟁을 시작하고 부추기는 데 핵심적인 역할을 하고 많은 사람을 살해하기는 했지만, 이 모든 죽음에 미군이 직접 관련되어 있는 것은 물론 아니다.

16. Fredrik Logvall, *Choosing War: The Lost Chance for Peace and the*

Escalation of War in Vietnam (Berkeley: University of California Press, 1999).

17. 미끼와 피흘리기 전략에 대해서는 John J. Mearsheimer, *The Tragedy of Great Power Politics*, updated, ed. (New York: Norton, 2014), pp. 153-54.

18. Stephen M. Walt, *The Hell of Good Intentions: America's Foreign Policy Elite and The Decline of U.S. Primacy* (New York: Farrar, Straux and Giroux, 2018).

19. "Remarks by Secretary Mattis on the National Defense Strategy," Paul H. Nitze School of Advanced International Studies, Washington, DC, January 19, 2018. For the Department of Defense transcript, see https://www. defense.gov/News/Transcripts/Transcript-View/Article/1420042/remarks-by-secretary-mattis-on-the-national-defense-strategy/. See "National Security Strategy of the United States of America," White House, Washington, DC, December 2017; "Summary of the 2018 National Defense Strategy of the United States of America," Department of Defense, Washington, DC, January 2018.

20. Mearsheimer, *The Tragedy of Great Power Politics*, chap. 10.

21. Michael Beckley, "China's Century? Why America's Edge Will Endure," *International Security* 36, no. 3 (Winter 2011/12): 41-78.

22. UN에 따르면 미국 인구는 2010년에 3억 1,000만 명이었고 2050년에는 3억 8,900만 명이 된다. 똑같은 시기에 독일은 8,000만 명에서 7,500만 명이 되며, 일본은 1억 2,700만 명에서 1억 700만 명, 러시아는 1억 4,300만 명에서 1억 2,900만 명이 된다. United Nations, Department of Economic and Social affairs, Population Division, World Population Prospects: The 2015 Revision, https://esa.un.org/unpd/wpp/DataQuery/.

23. Jeffrey Goldberg, "The Obama Doctrine: The U.S. President Talks Through His Hardest Decisions about America's Roe in the World," *Atlantic Monthly*, April 2016.

24. 자유주의적 패권국이 어떻게 좌절당하는가에 관한 다음의 논의는 엘리자 게오르그(Eliza Gheorghe), 샨 린 존스(Sean Lynn Jones) 그리고 스티븐 월트(Stepehn Walt)와의 토론에서 큰 도움을 받았다.

25. Walt, *The Hell of Good Intentions*, Chapter 6.

26. 이 주제에 관한 자세한 논의는 Walt, *The Hell of Good Intentions,* chap. 7.

27. Some of the key works making the case for restraint include Andrew J. Bacevich, *The Limits of Power: The End of American Exceptionalism* (New York: Holt Paperbacks, 2009); Richard K. Betts, *American Force: Dangers, Delusions, and Dilemmas in National Security* (New York: Columbia University Press, 2013); David C. Hendrickson, *Republic in Peril: American Empire and the Liberal Tradition* (New York: Oxford University Press, 2018); Chalmers Johnson, *Dismantling the Empire: America's Last Best Hope* (New York: Metropolitan Books, 2010); Christopher Layne, *The Peace of Illusions: American Grand Strategy from 1940 to the Present* (Ithaca, NY: Cornell University Press, 2007); Anatol Lieven and John Hulsman, *Ethical Realism: A Vision for America's Role in the World* (New York: Pantheon, 2006); Michael Lind, *The American Way of Strategy: U.S. Foreign Policy and the American Way of Life* (New York: Oxford University Press, 2006); Walter A. McDougall, Promised Land, *Crusader State: The American Encounter with the World since 1776* (New York: Houghton Mifflin, 1997); David Mayers, *Dissenting Voices in America's Rise to Power* (New York: Cambridge University Press, 2007); John J. Mearsheimer and Stephen M. Walt, "The Case for Offshore Balancing," *Foreign Affairs* 95, no. 4 (July/August 2016): 70-83; Rajan Menon, *The Conceit of Humanitarian Intervention* (New York: Oxford University Press, 2016); Joseph M. Parent and Paul K. MacDonald, "The Wisdom of Retrenchment: America Must Cut Back to Move Forward," *Foreign Affairs* 90, no. 6 (November/December 2011): 32-47; Barry R. Posen, *Restraint: A New Foundation for U.S. Grand Strategy* (Ithaca NY: Cornell University Press, 2015); Christopher A. Preble, *The Power Problem: How American Military Dominance Makes Us Less Safe, Less Prosperous, and Less Free* (Ithaca, NY: Cornell University Press, 2009); Rosato and Schuessler, "A Realist Foreign Policy for the United States," pp. 803-19; A Trevor Thrall and Benjamin H. Fiedman, eds., *US Grand Strategy in the 21st Century:*

The Case for Restraint (New York: Routledge, 2018); Stephen M. Walt, *Taming American Power: The Global Response to U.S. Primacy* (New York: Norton, 2005). 절제의 외교를 원하는 것은 현실주의자들만이 아니라는 사실을 지적하는 것이 중요하다. 외교정책에서 현실주의자의 접근 방법을 따르지 않는 사람들도 절제를 강조하기 때문이다. 실제로 일부 자유주의적 국제주의자들 가운데서도 절제의 외교를 선호하는 사람들이 있다. 예를 들면 Tony Smith, *Why Wilson Matters: The Origin of American Liberal Internationalism and Its Crisis Today* (Princeton, NJ: Princeton University Press, 2017).

28. Stephen Kinzer, *The True Flag: Theodore Roosevelt, Mark Twain, and the Birth of American Empire* (New York: Henry Hold, 2017).

29. Robin Lindley, "The Origins of American Imperialism: An Interview with Stephen Kinzer," *History News Network*, October 1, 2017.

30. 오바마와 트럼프뿐만 아니라, 2000년 선거전에서 조지 부시 후보는 자신은 좀 더 "겸손한" 외교를 추구할 것이며, 타국의 국가 건설에 관여하지 않겠다고 약속했다. Condoleezza Rice, "Promoting the National Interest," *Foreign Affairs* 79, no. 1 (January/February 2000): 45-62. 조지 부시는 9·11 직후 곧바로 현실주의적 외교정책을 폐기하고 자유주의적 패권 정책을 적극적으로 추구했다.

31. Neta C. Crawford, "United States Budgetary Costs of Post 9/11 Wars through FY2018: A Summary of the $5.6 Trillion in Costs for the US Wars in Iraq, Syria, Afghanistan," Costs of War Project, Watson Institute, Brown University, November 2017.